UTB **2400**

Eine Arbeitsgemeinschaft der Verlage

Beltz Verlag Weinheim und Basel
Böhlau Verlag Köln · Weimar · Wien
Wilhelm Fink Verlag München
A. Francke Verlag Tübingen und Basel
Paul Haupt Verlag Bern · Stuttgart · Wien
Verlag Leske + Budrich Opladen
Lucius & Lucius Verlagsgesellschaft Stuttgart
Mohr Siebeck Tübingen
C. F. Müller Verlag Heidelberg
Ernst Reinhardt Verlag München und Basel
Ferdinand Schöningh Verlag Paderborn · München · Wien · Zürich
Eugen Ulmer Verlag Stuttgart
UVK Verlagsgesellschaft Konstanz
Vandenhoeck & Ruprecht Göttingen
WUV   Facultas · Wien

Thomas Laubach (Hrsg.)

Angewandte Ethik und Religion

A. Francke Verlag Tübingen und Basel

Bibliografische Information der Deutschen Bibliothek

Die Deutsche Bibliothek verzeichnet diese Publikation in der Deutschen Nationalbibliografie; detaillierte bibliografische Daten sind im Internet über <http://dnb.ddb.de> abrufbar.

© 2003 · A. Francke Verlag Tübingen und Basel
Dischingerweg 5 · D-72070 Tübingen
ISBN 3-7720-2995-7

Einbandgestaltung: Atelier Reichert, Stuttgart
Satz: Informationsdesign D. Fratzke, Kirchentellinsfurt
Druck und Bindung: Hubert & Co., Göttingen
Printed in Germany

ISBN 3-8252-2400-7 (UTB Bestellnummer)

Gerfried W. Hunold
zum 65. Geburtstag
zugeeignet

Inhalt

Vorwort

Es vergeht kaum ein Tag, an dem es nicht mindestens ein ethisches Problem oder Thema schafft, auf die Titelblätter der Zeitungen oder in Radio- und Fernsehnachrichten zu gelangen. Das zeigt sich beispielsweise auch im Frühjahr 2003: Diskutiert, kommentiert, beschrieben und kontrovers thematisiert werden die Erlaubtheit eines so genannten Präventivkrieges, die Frage der gerechten Konstruktion des Sozialstaates, das Problem des Umgangs mit Arbeitslosigkeit, das Gefälle von Arm und Reich in den westlichen Gesellschaften, die Versorgung von kranken Menschen und die Rechtmäßigkeit der aktiven Sterbehilfe, um nur einige der aktuellen gesellschaftlichen Konfliktfelder zu nennen.

In solchen und anderen ethischen Problemfragen der Gegenwart melden sich unter anderem auch Theologinnen und Theologen, Bischöfinnen und Bischöfe, Vertreterinnen wie Vertreter christlicher Organisationen, Verbände und Gruppierungen zu Wort. Doch ihre Beiträge sind keineswegs unumstritten, unabhängig davon, ob die Stammzellenforschung, die Frage nach einem gerechten Krieg, die Globalisierung oder die Abholzung des Tropenwaldes auf der politisch-gesellschaftlichen Agenda stehen. Zwar werden ›die Kirche‹ und ihre Repräsentanten immer wieder aufgefordert, sich in die laufenden ethischen Debatten einzuschalten, doch ebenso häufig werden ihre Positionen wahlweise als ideologisch, argumentativ unzureichend, sachlich unangemessen oder auch begründungstheoretisch defizitär zurückgewiesen. Andererseits beharren nicht nur so genannte christliche oder islamische »Fundamentalisten« auf einer Leitfunktion ihres jeweiligen Glaubens im ethischen Diskurs, weil ihnen die säkulare und pluralistische Welt nicht in der Lage zu sein scheint, anstehende ethische Fragen adäquat zu lösen.

Das vorliegende Buch will den schwierigen Weg zwischen beiden Extremen bahnen. Es stellt sich der Frage, in welcher Hinsicht Menschen, die sich zu einem bestimmten Glauben bekennen oder von ihm aus denken und argumentieren, im angewandten ethischen Diskurs Glauben geschenkt werden kann.

Da dieses Buch vor allem den christlichen Glauben in den Blick nimmt, lautet seine Grundfrage: Worin liegt die Bedeutung der christlichen Religion und des christlichen Glaubens für den praktisch-ethischen Diskurs im 21. Jahrhundert?

In ihren durchaus divergenten Antworten zeigen die unterschiedlichen Artikel die Stärken wie die Grenzen des christlich fundierten Sprechens über konkrete Fragen der Moral und Ethik auf. Dabei wird in zwei ineinander greifenden Diskursen das Verhältnis von Angewandter Ethik und Glaube, Religion und Theologie näher geklärt. Da die ethische Fragestellung im Mittelpunkt steht, wird dabei auf eine randscharfe Differenzierung zwischen christlichem Glaube, christlicher Religion und christlicher Theologie verzichtet. Verhandelt wird insgesamt die Relevanz des Christlichen für den ethischen Diskurs, die in unterschiedlichen Kontexten, Sprachformen und Denkhorizonten zu Tage treten kann.

Der *erste Teil* des vorliegenden Buches thematisiert grundsätzlich die Beziehung des christlichen Glaubens zu den Fragen Angewandter Ethik und greift dabei auch die zentralen Anfragen auf, mit denen sich Menschen christlichen Glaubens innerhalb des angewandt-ethischen Diskurses konfrontiert sehen.

- Zunächst gilt es, den wissenschaftstheoretischen Ort der Theologie wie auch des religiösen Denkens und Sprechens im Konzert der Wissenschaft zu bestimmen (Fuchs).
- Von dort aus werden die traditionellen theologischen Quellen sittlicher Erkenntnis auf ihre Bedeutung für Fragen der Angewandten Ethik abgeklopft: die Offenbarung bzw. Gott und sein Wort (Merks), die Bibel (Limbeck), die Tradition (Müller) und das Lehramt der Kirche bzw. die Kirche als Institution (Riedl).
- Schließlich wird nach der handlungspraktischen Relevanz des Glaubens gefragt. Denn der ethische Diskurs zielt gerade in Fragen der Angewandten Ethik nicht allein auf das ethisch richtige Urteil, sondern muss stets auch das sittliche Handeln im Blick behalten. Hier bleibt zu fragen, was der Glaube für die praktischen sittlichen Haltungen und Einstellungen des Menschen bedeutet (Sautermeister) und welchen Einfluss der Glaube auf das »ethische Lernen« besitzen kann (Biesinger/Kießling).

Der *zweite Teil* des vorliegenden Buches widmet sich vor diesem Hintergrund ausgewählten Sachbereichen Angewandter Ethik. Die einzelnen Artikel führen dabei sowohl in die jeweiligen Sachbereichsethiken ein, wie sie auch – zum Teil anhand konkreter Probleme – jeweils die Rolle erörtern, die der theologischen Reflexion und dem christlichen Glauben in diesen speziellen ethischen Diskursen zukommen kann.

- Behandelt werden die traditionell eher der individualethischen Reflexion zugeschriebenen Sachbereiche der Bioethik (Laubach), der Medizinischen Ethik (Virt) und der Beziehungsethik (Gründel).
- Thematisiert wird aber auch die Rolle des christlichen Glaubens in den Feldern, die traditioneller Terminologie entsprechend als Teil der Sozialethik verstanden werden: die Politische Ethik (Droesser), die Wirtschaftsethik (Hoffmann), die Kulturethik (Mieth), die Medienethik (Greis) und die Ökologische Ethik (Halter).

Beide Teile des Buches lassen sich zusammen als Versuch lesen, die Bedeutung und die Grenzen des Christlichen für das Ethische zu skizzieren. Die einzelnen Artikel widmen sich dabei dem konkreten Versuch, das Eigenprofil des Christlichen hinsichtlich der Angewandten Ethik näher herauszuarbeiten. Damit legt dieses Buch ein Gesprächsangebot für den ethischen Diskurs in einer pluralen und säkularen Welt vor, indem neben dem Christlichen viele andere Weltanschauungen ihre Positionen, Überzeugungen und Einstellungen einbringen.

Bei der Darstellung wurde bewusst das Genre eines Lehrbuches gewählt. Studierende und andere Interessierte können so recht schnell Einblick in die wesentlichen Antwortversuche von Theologinnen und Theologen auf die Frage nach der ethischen Relevanz des Christlichen gewinnen. Zugleich wird in zentrale und gegenwärtig viel diskutierte Sachbereiche der Angewandten Ethik eingeführt. Beides dient dazu, das interdisziplinäre ethische Gespräch von möglichen Missverständnissen oder Verzerrungen zu entlasten – sowohl hinsichtlich der ethischen wie der theologisch-christlichen Seite dieses Gesprächs. Wer seine Einsichten in die Sache vertiefen will, der dürfte zudem in den umfangreichen Literaturlisten am Ende der einzelnen Artikel weitere Anstöße finden.

Ich danke allen Autorinnen und Autoren für Ihre Bereitschaft zur Mitwirkung und ihre freundliche Zusammenarbeit.
Der Kreis der Beiträger ist keineswegs zufällig. Er setzt sich aus
Kollegen, Freunden und Schülern von Prof. Dr. Gerfried W. Hunold zusammen, die ihm diesen Band als Zeichen ihrer Aufmerksamkeit zum 65. Geburtstag zueignen.

Dank gebührt auch Bettina Kaul, Elfriede Lay, Ralf Lutz und
Jochen Sautermeister für vielfältige Hilfestellungen, Anstöße
und die Mühen der Korrektur. Dem Francke-Verlag und insbesondere seinem Lektor Stephan Dietrich gilt schließlich mein
Dank für das Interesse und die engagierte Betreuung des vorliegenden Buches.

Tübingen, im April 2003   Thomas Laubach

Was hat die Religion in der Angewandten Ethik verloren?
Eine Problemorientierung

Thomas Laubach

▣ Die Angewandte Ethik reagiert mit Hilfe einer Vielzahl unterschiedlichster Bereichsethiken auf den durch die Moderne und ihrer zentralen Charakteristika (Individualisierung; Komplexität; Pluralisierung; Segmentierung; Entmoralisierung; Medialisierung u.a.) hervorgerufenen Verlust an gemeinsamen und geteilten moralischen Überzeugungen wie auf neue ethische Fragestellungen und die durch sie entstehenden sittlichen Herausforderungen.

▣ Der Begriff der Angewandten oder Speziellen Ethik signalisiert das wiedergewonnene Interesse an der praxisorientierten Seite der ethischen Reflexion. Der Angewandten Ethik geht es um das konkrete Handeln und anstehende Entscheidungs- und Handlungsprobleme. Damit ist die Angewandte Ethik zu begreifen als bereichsbezogene Entfaltung dessen, was es heißt, als Mensch moralisch zu sein.

▣ In den Diskursen der Angewandten Ethik spielen religiöse Aspekte eine dreifache Rolle. Auf der metaphorischen Ebene ist die Verwendung religiöser Topoi in der Öffentlichkeit gang und gäbe. In theologisch-ethischer Hinsicht kommt dem Glauben eine mehrfache Bedeutung zu: Er hilft, ethische Probleme zu entdecken, er sensibilisiert für Fragen der Moral, er motiviert zum sittlichen Handeln und er relativiert die Relevanz der Moral. In struktureller Hinsicht schließlich müssen ethische Urteile immer auch als Urteile verstanden werden, die weltanschaulich gebunden sind, da sie sich auf bestimmte Einstellungen und Überzeugungen beziehen. Der spezifisch religiös gebundene Glauben, vor dessen Horizont sich Gläubige in den ethischen Diskurs einschalten stellt damit einen Spezialfall, aber keinen Sonderfall innerhalb des angewandt-ethischen Diskurses dar.

Ethik boomt. Wie kaum eine andere geisteswissenschaftliche Disziplin hat es die Ethik, wahlweise auch Praktische Philosophie oder Theologische Ethik, geschafft, dem allgemeinen Trend der Abwertung der ›weichen‹ Geisteswissenschaften zugunsten der Aufwertung der so genannten Lebens- und Naturwissenschaften zu widerstehen. Denn es ist unübersehbar: Ethik ist in ganz unterschiedlichen institutionellen Zusammenhängen und Orten präsent, konkrete ethische Fragen werden in universitären Seminaren und öffentlich-rechtlichen Talkshows, in Kommissionen und an Stammtischen, in akademischen Zirkeln und unter Freunden diskutiert. Dabei sind es weniger die grundlegenden Fragen und Prinzipien der Ethik, die dort zur Disposition stehen. In der Regel sind es Themen der Angewandten Ethik, die für hitzige Debatten sorgen: Stammzellenforschung, Arbeitslosigkeit, Kindesmissbrauch, Klonen von Menschen, Präimplantationsdiagnostik und andere mehr.

Wie in kaum einem anderen Bereich des öffentlichen Lebens nehmen auch Vertreterinnen und Vertreter der christlichen Kirchen sowie anderer Religionen und religiöser Gemeinschaften Anteil an diesen Diskussionen, melden sich zu Wort und gehören Gremien und Kommissionen an, in denen solche und andere ethische Fragen verhandelt werden. In der Regel betrachtet die Öffentlichkeit diese Mitsprache von Bischöfen und Bischöfinnen, Theologinnen und Theologen, Priestern und Vorstehern unterschiedlichster Religionsgemeinschaften – noch – als selbstverständlich, sind doch die Kirchen und Religionen Teil der pluralen Gesellschaften vor allem der westlichen Welt. Bisweilen aber wird diese Mitsprache als Einmischung oder gar als Überfremdung des ethischen Diskurses interpretiert, der doch weltanschaulich neutral vollzogen werden sollte. Angewandte Ethik und Religion passen, folgt man dieser Kritik, nicht zusammen. So stößt ein latent oder offen ausgesprochener »Fundamentalismusverdacht« immer wieder auf das Interesse, aus dem christlichen Kontext heraus den öffentlichen Diskurs um Fragen der Angewandten Ethik mitzugestalten. Diese ›Fronten‹ lassen sich nur klären, wenn der Gegenstand der Debatte näher in den Blick genommen wird: die Angewandte Ethik und ihre Fragen.

Von daher ist zunächst zu erörtern, was hinter den zunehmenden Problemen Angewandter Ethik steht, was Angewandte Ethik ist und wie sie verstanden werden kann, und wie schließlich systematisch der Ort der Religion innerhalb der Angewandten Ethik und ihrer Themen zu bestimmen ist.

1. Warum überhaupt Angewandte Ethik?

Dass ausgerechnet das 21. Jahrhundert nicht allein durch technologische Erkenntnisse, sondern vielmehr durch das ethische
Ringen um ihre Richtung und Anwendung geprägt ist, kommt
nicht überraschend. Die gegenwärtige Aufmerksamkeit für
ethische Fragen verknüpft sich gerade mit den Möglichkeiten
der technologischen Veränderung oder sogar der Gefährdung
des Lebendigen (Göbel: Verortung). Mehr noch: Der technologische Fortschritt zwingt durch eine Vielzahl von neuen Handlungsmöglichkeiten und damit auch neuen Entscheidungssituationen zur vertieften ethischen Reflexion. Denn der Fortschritt
selber gibt weder seine Richtung noch seine Richtigkeit zu erkennen. Vielmehr zwingt er eine plurale und globalisierte Gesellschaft, sich ihrer Ziele und Richtungen zu vergewissern und
von dort her auch die weiteren Entwicklungen ihres technologischen Könnens zu bestimmen.

Darüber hinaus lassen sich eine Vielzahl zusammenhängen-
der gesellschaftlich-wissenschaftlicher Transformationen beobachten, die als Ursache vermehrter ethischer und angewandt-
ethischer Reflexionen ausgemacht werden können:

- die radikale Individualisierung des moralischen Subjekts,
  des Menschen, und das gleichzeitige ›Verdunsten‹ kollekti-
  ver, gemeinsamer Wertüberzeugungen (Göbel: Verortung
  19f.),
- die Komplexität der sich immer weiter ausdifferenzierenden
  autonomen Sachbereiche in Wissenschaft, Forschung und
  Gesellschaft (Honnefelder: Ethik 70),
- die Pluralisierung und Globalisierung der Welt, in der unter-
  schiedlichste moralische Überzeugungen aufeinander pral-
  len (Thurnherr: Ethik 13),
- die Abwertung traditioneller moralischer Autoritäten, wie
  sie etwa durch die Kirchen repräsentiert wurden (Düwell
  u.a.: Ethik 18),
- die massenmedial beeinflusste und unterstützte Veränderung der Öffentlichkeit als Medium politischer Entscheidungsfindung (Hunold: Medienethik 221),
- der Wegfall naturaler Grenzen, die bislang auch das Handeln
  des Menschen begrenzten, und die Neuauflage ›alter‹ Fragen

rund um die »conditio humana« angesichts neuer wissenschaftlicher Erkenntnisse und technologischer Möglichkeiten (Honnefelder: Ethik 70).

Vor diesem Hintergrund ist nachvollziehbar, warum ethische Fragen in den letzten Jahren auf eine so starke Resonanz stießen. Denn letztlich beschreiben die angezeigten Problemfelder Transformationsprozesse, die einen erhöhten »Ethikbedarf« hervorrufen (Düwell u.a.: Ethik 18). Dieser Nachfrage entspricht das immer noch und immer weiter wachsende Angebot an Ethik. Vor allem mit Hilfe unterschiedlichster »Bereichs- oder Spezialethiken« (Pieper/Thurnherr: Ethik 10) soll dem Verlust an gemeinsamen und geteilten moralischen Überzeugungen und dem damit entstandenen moralischen »Vakuum« begegnet werden. Darüber hinaus lassen sich mit Hilfe solcher Ethiken auch neue ethische Fragestellungen bearbeiten. So reagieren Bioethik, Tierethik, Medienethik oder Wissenschaftsethik auf neue technologische Entwicklungen und die gesteigerten Handlungs- und Entscheidungsmöglichkeiten des Menschen. In allerjüngster Zeit haben sich beispielsweise auch die Internet- und die Cyberethik (Greis: Identität; Kolb/Bauer: Cyberethik) als Sprosse der sich ausdifferenzierenden Angewandten Ethik etabliert. Daran zeigt sich, dass auch zunächst vermeintlich kohärente Angewandte Ethiken, wie etwa die Medienethik im Laufe des technologischen oder gesellschaftlichen Fortschritts selbst wieder weiter ausdifferenziert wird. Ähnliche Prozesse lassen sich auch bei der Bioethik feststellen, innerhalb der neue Bereiche wie etwa die Pflegeethik oder eine Ethik des Alterns (Hilpert: Caritas; Auer: Altern) entstehen.

In all diesen Entwicklungen lassen sich sowohl quantitative als auch qualitative Veränderungen des ethischen Diskurses ausmachen: In quantitativer Hinsicht vermehren sich die Handlungs- und Eingriffsmöglichkeiten des Menschen und damit zugleich die Entscheidungssituationen und -zwänge, in qualitativer Hinsicht nimmt die Unüberschaubarkeit der Eingriffe zu wie auch die möglichen Folgen des Handelns immer weiter reichen können. Wie sich die Gesellschaft durch ihre zunehmende ›Internetisierung‹ verändert, welche Konsequenzen aus Eingriffen in die Keimbahn von Embryonen folgen, welche ökologischen Auswirkungen die Abholzung des südamerikanischen Tropenwaldes hat: All diese und andere Probleme machen deutlich, dass die »Möglichkeiten nicht intendierter Nebenwirkungen ins Unübersehbare wachsen« (Honnefelder: Ethik 70).

Mit den vorgestellten Überlegungen und Diagnosen sind die zentralen Herausforderungen und Problemstellungen benannt, denen sich die Angewandte Ethik stellen soll. Wie aber lässt sich die Angewandte Ethik verstehen? Ist sie eine Problemlösungsinstanz für die Schwierigkeiten, in die sich der Mensch im 21. Jahrhundert selbst hineinmanövriert hat? Ist sie nicht ein Widerspruch in sich, da Ethik doch immer schon auf Anwendung und Praxis zielt? Kurz: Was ist eigentlich Angewandte Ethik?

2. Was heißt Angewandte Ethik?

»Der Terminus Angewandte Ethik (Applied Ethics) hat sich als Sammeltitel für die Versuche eingebürgert, mit denen die philosophische Ethik (wie auch die Theologische Ethik! Anm. des Verf.) jene Herausforderungen anzunehmen versucht, die durch die modernen Wissenschaften und die von ihnen eröffneten Handlungsmöglichkeiten in den letzten Jahrzehnten auf sie zugekommen sind« (Honnefelder: Ethik 69). Knapper lässt sich wohl weder der Begriff der Angewandten Ethik noch ihre Aktualität auf den Punkt bringen. Nicht wenige Autoren liegen mit ihren Definitionen und Beschreibungen einer Angewandten Ethik auf der gleichen Linie wie Ludger Honnefelder. Angewandte Ethik zielt auf »die Klärung spezieller Probleme« (Pieper/Thurnherr: Ethik 10), sie ist eine »problemorientierte Ethik« (Bayertz: Philosophie 20), ihr geht es um die »systematische Anwendung normativ-ethischer Prinzipien auf Handlungsräume, Berufsfelder und Sachgebiete« (Thurnherr: Ethik 14).

Begrifflich sind diese Beschreibungen zutreffend, genealogisch allerdings greifen sie zu kurz. Denn schon seit Beginn des ethischen Diskurses in der Antike stehen Fragen konkreten Handelns und praktischer moralischer Probleme auf der Agenda ethischer Reflexion. Etwas überspitzt formuliert: Angewandte Ethik gibt es, so lange es ethisches Denken gibt. Von daher ist Angewandte Ethik nichts prinzipiell Neues innerhalb der Ethik. Das lässt sich auch anhand der langen Geschichte christlicher Moraltheologie zeigen, in der die konkreten Fragen menschlichen Lebens und Handelns stets einen hohen Stellenwert einnahmen und die Begründungsfragen der Ethik ergänzten.

Und doch: Die aufgezeigten Transformationen und die ihnen zu Grunde liegenden charakteristischen Probleme der modernen Lebenswelt lassen die ›moderne‹ Angewandte Ethik in einem neuen Licht erscheinen. Denn der traditionelle anwendungsorientierte ethische Diskurs argumentiert sehr häufig, etwa im naturrechtlich geprägten Verständnis, aus einem Wissen um das ›Richtige‹ heraus. Ethische Probleme werden in das Raster des Bekannten eingepasst, anhand erprobter Normen reflektiert und mit Hilfe bewährter Argumentationsmuster ›gelöst‹. Demgegenüber lässt sich die heutige Angewandte Ethik als Teilbereich ethischen Denkens klassifizieren, dem aufgrund sozialer Umwälzungen, technologischer Fortschritte und erweiterter Handlungsmöglichkeiten des Menschen eine neue und zunehmende Aktualität und Brisanz zugesprochen werden muss. Letztlich zeigen nämlich diese Entwicklungen, dass der Orientierungsbedarf des Menschen als Ausgangspunkt aller Angewandten Ethik begriffen werden muss.

Dass Ethik und somit auch Angewandte Ethik menschliches Handeln orientieren können, scheint unumstritten. Doch über die Art und Weise dieser Orientierungsleistung lässt sich trefflich streiten (Ott: Frage). Die Angewandte Ethik muss in diesem Zusammenhang gegen mindestens drei Missverständnisse verteidigt werden.

Missverständnis 1: Angewandte Ethik wendet ethische Theorien auf die Praxis an. Die Angewandte Ethik ist keine Verlängerung der Allgemeinen Ethik ins Praktische hinein. Denn eine solche Beschreibung würde unzulässigerweise davon ausgehen, dass sich ethische Theorien und Begründungen eins zu eins auf bestimmte Praxisbereiche übertragen ließen. Doch auch die andere Richtung ist zu beachten: Angewandte Ethik fordert im Angesicht der zu bearbeitenden Probleme die ethische Theoriebildung dazu auf, »ihre Begriffe und Konzepte zu präzisieren und hinsichtlich ihrer Anwendungsbedingungen neu zu reflektieren« (Düwell u.a.: Ethik 21). Diese Überlegungen werden von dem Gedanken geleitet, dass die konkreten Probleme, die in der Angewandte Ethik verhandelt werden, selber wieder Einfluss auf die ethischen Theorien besitzen. Insofern ist das Verhältnis zwischen praktischen Problemen, Angewandter Ethik und ethischer Theorie als dynamisches und mehrdimensionales Verhältnis zu denken. Das heißt: Angewandte Ethik ist vor diesem Hintergrund »nicht allein als eine technische Anwendung von ethischen Theorien auf beliebige Handlungsbereiche zu verstehen. Vielmehr handelt es sich um ein komplexes Beziehungsgefüge zwischen theoretischen Reflexionen auf Grundbegriffe und -prinzipien der Moral auf der einen und praktischen Orientierungsfragen auf der anderen Seite« (Düwell: Einleitung 243). Positiv formuliert lässt sich die Angewandte Ethik damit auch als »Bewährungsfeld ethischer Reflexion« (Hunold) beschreiben. Kurz: Die ethische Reflexion hat sich in konkreten Sachbereichen zu bewähren.

Missverständnis 2: Angewandte Ethik ist die Anwendung von Normen auf Situationen. Die Aufgabe der Angewandten Ethik besteht nicht darin, bekannte und bewährte Normen auf konkrete Probleme, Fragen und Situationen ›anzuwenden‹. Dies würde die Orientierungsleistung der Angewandten Ethik in doppelter Hinsicht verkennen. Zum einen legt der Terminus der »Angewandten Ethik« zwar nahe, dass es darum geht, ethische Standards auf konkrete Fälle anzuwenden und somit sowohl über Handlungsweisen wie konkrete individuelle Handlungen zu richten. Doch die Anwendungsleistungen moralischer, individueller Handlungspraxis kann die Ethik schlechterdings nicht übernehmen. Handeln bleibt immer das Handeln des Menschen. Angewandte Ethik leistet also selber nicht die praktische Anwendung, sondern unterstützt das Interesse an der stärker praxisorientierten Seite der ethischen Reflexion. Zum anderen liegt ein Dilemma des gesteigerten Interesses an der praxisorientierten Seite ethischer Reflexion eben darin, dass häufig gar keine Normen für neue Handlungs- und Entscheidungsfelder bereit stehen. Angewandte Ethik muss sich so zunächst selbst in den neuen Praxisfeldern orientieren. Erst vor dem Hintergrund einer solchen Orientierungsleistung könnte dann die Angewandte Ethik, so folgert etwa Martin Seel, auch sagen, was aus bestimmten moralischen Verbindlichkeiten für ganz unterschiedliche Handlungsbereiche folgt; anders formuliert: »[w]elche Normen Aussicht haben, im Licht eines plausiblen Verständnisses von Moral begründet zu werden« (Seel: Philosophie

326). Kurz: Angewandte Ethik kann neue Normen für neue Situationen entdecken, begründen und bereitstellen.

Missverständnis 3: Angewandte Ethik wendet Prinzipien auf Praxis an. Im Unterschied zu den Prinzipienfragen der Allgemeinen Ethik oder Fundamentalethik – »Was soll ich tun? Wie kann mein Leben gelingen?« – geht es der Angewandten Ethik um konkrete sittliche Handlungen und Urteile. Ihre strukturelle Grundfrage lautet so folgerichtig: »Wie soll ich in einem konkreten Fall, in einer konkreten Situation entscheiden und handeln?« Dennoch ist die Angewandte Ethik keineswegs als Anwendungsfall der Allgemeinen Ethik und ihrer Prinzipien – Freiheit, Menschenwürde etc. – zu verstehen. Sie überträgt vielmehr die Strukturen der ethischen Reflexion auf das konkrete Handlungsfeld und dessen praktische Probleme. Die Angewandte Ethik erläutert also im Hinblick auf bestimmte Lebensbereiche des Menschen die Grundüberlegungen der Allgemeinen Ethik und sucht damit eine Antwort auf die Frage, was es heißt, in konkreten Situationen menschlich und sittlich verantwortlich zu handeln. Sie zielt also nicht auf die Anwendung von Prinzipien, sondern erarbeitet unter Berücksichtigung von Prinzipien Kriterien und Vorzugsregeln zur Bewältigung konkreter Situationen. Kurz: Angewandte Ethik operiert im Spannungsfeld von Prinzipien und Normen einerseits und den konkreten Situationen und Handlungsproblemen andererseits und versucht beide über die Handlungssubjekte miteinander zu vermitteln.

Zusammenfassend signalisiert der Begriff der Angewandten oder Speziellen Ethik das sich neu entfaltende Interesse an einer praxisorientierten Seite der ethischen Reflexion. Der Angewandten Ethik geht es also um das konkrete Handeln und anstehende Entscheidungs- und Handlungsprobleme. Angewandte Ethik ist deshalb nicht als Anwendungsfall der Allgemeinen Ethik zu verstehen. Sie ist vielmehr die bereichsbezogene Entfaltung dessen, was es heißt, als Mensch moralisch zu sein. Damit muss sie in besonderer Weise den Menschen, der handelt, in den Blick nehmen, ihn als sittliches Subjekt ernst nehmen, wie auch der konkreten Situation, dem Entscheidungs- und Handlungsraum sittliche Bedeutung zumessen. Angewandte Ethik kann dabei nicht allein als reaktive Ethik konzipiert werden, die auf ethische Herausforderungen und Probleme reagiert oder sich bemüht, Forschung und Wissenschaft einzugrenzen. Sie muss zudem als prospektive, vorausblickende Ethik verstanden werden, die den ethischen Problemen vorausgeht und die eine Zielklärung des Handelns im Blick hat (Laubach: Entscheidungen 264–266).

3. Welchen Ort hat die Religion im anwendungsethischen Diskurs?

Für die Öffentlichkeit war es eine Sensation, als die Agenturen im Februar 2003 den Tod von Dolly meldeten. Gerade einmal sieben Jahre alt wurde das berühmte Klon-Schaf – was nicht unbeträchtliche Aufmerksamkeit erregte. Denn als Dolly, das Symbol des biotechnologischen Fortschritts starb, war es krank und körperlich viel älter, als es sein biologisches Alter ahnen ließ. Galt das Schaf zu Lebzeiten als Chiffre für die unbegrenzte Macht des Menschen, sich das Leben verfügbar zu machen, so wurde es mit seinem frühen Tod für viele zum Beweis der Risiken des Klontraums.

Wenige Tage später machte eine Karikatur in der »Südwestpresse« vom 21.02.2003 den Tod Dollys zum Thema. Umgeben von Wolken hält ein bärtiger Mann, offensichtlich Gott, sein Stethoskop an ein Schaf, offensichtlich Dolly, das auf einem Seziertisch vor ihm steht. Mit grimmiger Miene horcht Gott das Schaf ab und stößt erbittert aus: »Nicht zu fassen! Diese Pfuscher!« Der Karikaturist spielte damit wohl auf die wiederholt geäußerte Kritik von Christen unterschiedlichster Couleur an, dass mit Hilfe der Biotechnologie Gott ins Handwerk gepfuscht würde.

Doch die Begründungsfigur »Gott pfuscht man nicht ins Handwerk« steht auf tönernen Füßen. Zum einen lässt sich nicht bestimmen, wann eine Handlung des Menschen überhaupt als ein solcher Eingriff in eine wie auch immer geartete Handlungshoheit Gottes zu werten sei. Fängt dieser Übergriff erst beim Klonen von Schafen an? Ist bereits die Gabe von Medikamenten als eine Einmischung in den Bereich Gottes zu werten? Und wenn nicht, mit welcher Handlung überschreitet der Mensch die Grenze von legitimer und illegitimen Aktion? Diese Fragen machen deutlich, dass eine systematische Bestimmung des »Handwerk Gottes« vor großen Schwierigkeiten steht. Seit dem Hochmittelalter wurde darüber hinaus theologisch die Position vertieft, dass der Mensch als Geschöpf Gottes mit Vernunft begabt wurde und der rechte Gebrauch dieser Vernunft dem Schöpfungswillen Gottes entspricht. Später wurde diese Konzeption um die Vorstellung ergänzt, dass der Mensch von Gott in die Verantwortung und damit in den verantwortlichen Umgang mit sich, mit anderen und mit seiner Welt und Umwelt gerufen wurde. Nimmt man diese Überlegungen ernst, dann kann es streng genommen gar keine Einmischung des Menschen ins göttliche Schöpfungswerk geben. Möglich ist allein ein verantwortungsloses oder unvernünftiges Handeln des Menschen, theologisch gesprochen: Der Mensch verfehlt den Auftrag Gottes.

Dass der Satz »Gott pfuscht man nicht ins Handwerk« zu kurz greift, lässt sich zudem in anthropologischer Hinsicht zeigen. Denn es ist gerade das Kennzeichen menschlicher Existenz, dass sie sich nicht durch eine ›blanke Natur‹ auszeichnet. Der Mensch ist per se als Wesen einer Natur-Kultur-Verschränkung zu verstehen, er eignet sich Selbst und Welt reflektierend und handelnd an. Insofern kann er gar nicht anders, als das »Handwerk Gottes« selbst in die Hände zu nehmen: Er muss als Kulturwesen gestalten und gestaltend tätig werden.

Dass damit der Mensch trotzdem nicht an die Stelle Gottes tritt, das ist das Thema der beschriebenen Karikatur. Denn sie stellt das menschliche Handeln als ›Pfuscharbeit‹ hin. Offensichtlich zeigt der frühe Tod von Dolly und ihr Gesundheits- oder besser Krankheitszustand, dass es dem Menschen eben nicht gelingt, in die Fußstapfen des Schöpfergottes zu treten. Systematisch gesprochen ist es die grundsätzliche Möglichkeit der Fehlbarkeit des Menschen, sein Ausgeliefertsein an die eigene Kontingenz und Endlichkeit, die es ihm nicht ermöglicht, gottgleich zu handeln.

Die vorgestellte Karikatur ist kein Einzelfall, wenn es um die Verwendung religiösen Gedankenguts und religiöser Metaphorik in den Diskursen der Angewandten Ethik geht. Sie kann als Beispiel für die gängige Praxis gelten, Ethisches und Religiöses zusammenzubringen: In anderen Fragen der Angewandten Ethik wird beispielsweise Geld als Gott interpretiert, ein Krieg zum Kreuzzug stilisiert, es heißt, Eltern »spielen Gott« oder Ärzte mutieren zu Heilsbringern. Aller Säkularisierung zum Trotz scheint in ethischen Debatten damit das religiöse Gedankengut einen wichtigen Stellenwert einzunehmen.

Allerdings ist auch klar, dass eine solche explizite oder implizite Aufladung des ethischen Diskurses mit religiös besetzten Metaphern und Denkfiguren nicht im Sinne eines allgemein akzeptierten Urteils verstanden werden kann. Folgt man dem Modell einer Theologischen Ethik als Ethik im Horizont des christlichen Glaubens (Auer: Moral; Böckle: Fundamentalmoral; Mieth: Moral), dann will sie auch gar nicht die Urteilsbegründung mittels des philosophischen Instrumentariums ersetzen. Ganz im Gegenteil ist sie darauf angewiesen. Die Theologie als Glaubenswissenschaft verfügt zudem über kein Geheimwissen, aus dem sich besondere, ›richtigere‹ oder plausiblere Argumente oder gar Normen ableiten lassen, die dem nicht-glaubenden Verstand verschlossen blieben. Die Bedeutung des religiösen Denkens für die Diskurse der Angewandten Ethik liegt auf einer anderen Ebene. Theologie ist nämlich »relevant für die Entdeckung ethischer Probleme, für die Sensibilisierung der Moral, für die moralische Motivation und für die Relativierung der Moral in der Beurteilung von Menschen« (Mieth: Biopolitik 175).

Im Diskurs Angewandter Ethik kommt also, folgt man Dietmar Mieths Beschreibung, der theologisch-ethischen Reflexion vor allem die Aufgabe zu,

- aus dem Horizont des eigenen, am Glauben erprobten, hinterfragten und geschulten Denkens die Ethizität bestimmter Handlungen zu entdecken,
- auf moralisch-sittliche Missstände und Probleme aufmerksam zu machen und den wissenschaftlichen und technologischen Fortschritt kritisch zu beleuchten,
- nicht nur das richtige Urteilen zu fördern, sondern auch zum richtigen Handeln anzuhalten
- und schließlich immer wieder darauf zu beharren, dass Moral nicht das Gesamt menschlichen Lebens und seines Gelingens ausmacht und leisten kann.

Moralisch Sein und sittlich Handeln sind, das legt der christliche Glaube nahe, nicht die Spitze dessen, was der Mensch erreichen und anstreben kann. Sehr pointiert formuliert: Moral ist nur das

Vorletzte des Menschseins. In theologischer Perspektive folgen nämlich Glück, Heil und Erlösung nicht aus dem moralisch richtigen und guten Handeln, sondern verdanken sich Gott. Allgemeiner formuliert: Glück und Heil lassen sich nicht durch den Menschen herstellen, sind nicht Produkt des Menschen und seines Handelns, sondern sie kommen ihm von außen zu.

Neben der Metaphorik und der ethischen Relevanz theologisch-gläubigen Denkens kommt der religiösen Dimension schließlich auch in struktureller Hinsicht Bedeutung für den Diskurs Angewandter Ethik zu.

Diese These mag überraschen. Denn nach Jürgen Habermas steht der nachmetaphysische Diskurs der Philosophie unter der Voraussetzung eines »methodischen Atheismus« (Habermas: Texte 134). Gilt dies auch für die Angewandte Ethik, so haben religiöse Erfahrungen und religiöse Gehalte in ihrem Diskurs – scheinbar – kein Heimatrecht. Doch gerade wenn es um ethische Urteile geht, steht die Forderung nach einem methodischen Atheismus auf unsicherem Gelände. Dabei geht es nicht um die Urteile selber, die plausibel, transparent, nachvollziehbar und rational begründet sein müssen. Vielmehr geht es um die lebensweltlichen Voraussetzungen ethischer Rede und sittlichen Handelns.

- Zum einen sind ethische Urteile stets solche Urteile, in der und mit denen der Urteilende einen bestimmten Sinn[1] postuliert. Gerade in der Angewandten Ethik geht es um eine praktische Antwort auf die Frage nach dem Sinn des moralischen Seins. In der Angewandten Ethik wird die begründungstheoretisch hochbrisante Frage »Warum soll ich überhaupt moralisch sein?« in praktischer Hinsicht beantwortet. Egal ob man ethischerseits ein Verbot der aktiven Sterbehilfe begründet, die Stammzellenforschung erlaubt oder den Suizid für moralisch neutral hält; immer wird die Sinnhaftigkeit eines bestimmten Handelns begründet, immer wird auch der Glaube an etwas als richtig, gerecht, sinnvoll oder wertvoll vermittelt, immer werden in Urteilen nicht nur

---

[1] Vgl. zur Sinnkategorie den Artikel »Lebenskunst im christlichen Horizont« in diesem Band.

ethische Richtigkeit postuliert, sondern explizit oder implizit bestimmte Ziele und Hoffnungen damit verknüpft, die das Urteil selber nicht begründen kann.

- Zum anderen wollen ethische Urteile orientieren. Orientierung aber folgt immer aus einem bestimmten Ort heraus, aus dem Standort des Betrachters. Dieser kann sich selbstverständlich ändern. Aber Orientierung kann nie ortlos sein. Das heißt: Letztlich ist jedes orientierende Urteil selber an einen Ort gebunden, der nicht nur ein Ort des Denkens sein kann, sondern immer auch ein Ort des geschichtlich denkenden und reflektierenden Subjekts ist: Es ist somit ein auch biographischer, lebensweltlicher Ort.

Die Sinndimension und die Orientierungsfunktion sittlicher Urteile machen darauf aufmerksam, dass sich ethische Reflexion nicht im ›Vakuum‹ vollzieht. Sie steht vielmehr in einem bestimmten, je nach reflektierendem Subjekt und konkreter Situation und Handlungsmöglichkeit anders gelagerten Kontext. Dieser Kontext lässt sich mit dem Begriff der »Weltanschauung« (Vgl. Muck: Gotteslehre; Muck: Rationalität) näher fassen. Unter Weltanschauung wird hierbei »die jeweilige Überzeugung und Einstellung eines Menschen verstanden, die sich in der Gestaltung seines Lebens auswirkt. Genauer gesagt ist dies eine *gelebte* Weltanschauung. Von ihr getragen ist dann eventuell eine *ausdrückliche* Formulierung dieser Haltung« (Muck: Gotteslehre 78). Muck unterscheidet damit die subjektive Dimension der Weltanschauung (sie wird von konkreten Subjekten gelebt) und ihre objektive Dimension (sie wird ausformuliert und begründet).

Die Rede von etwas Sinnvollem und die Orientierung auf ein bestimmtes Ziel hin beruht auf solchen Überzeugungen und Einstellungen eines Menschen, die sich in der Gestaltung seines Lebens auswirken. Der weltanschauliche Kontext lässt sich so in ein Bild bringen: Er ist die Brille, durch die das Handlungs- und Urteilssubjekt auf die ethische Frage blickt.

Der weltanschaulichen Dimension kommt in den Diskursen der Angewandten Ethik zwangsläufig Bedeutung zu: In ihre Urteile fließen nämlich, siehe oben, Überzeugungen im Sinne von Lebens-, Welt- und Sinndeutungen ein, wie auch individuelle Einstellungen und objektive ›Glaubenssätze‹, etwa zu Menschen, zur Natur, zum Leben, zum Erfolg, zum Fortschritt etc.

Die Reflexion auf das Moment der Weltanschauung macht zudem deutlich, dass es ein weltanschaulich neutrales Leben – und damit auch Arbeiten oder Forschen – gar nicht geben kann. Es gehört zum Menschen, sein Leben aufgrund bestimmter Erfahrungen, Überzeugungen und Einstellungen zu gestalten. Damit aber fließt das Moment der Weltanschauung nicht nur in ethische Urteile mit ein, sondern auch in die biotechnologische Forschung und Anwendung, in kulturelle Prozesse, in ökologische Fragen, in Beziehungsprobleme oder politische Vorgänge. Stimmen diese Überlegungen, dann ist das Postulat weltanschaulicher Neutralität sowohl im Blick auf die ethische Reflexion wie auch auf die ethischen Problemkreise menschlichen Handelns nicht zu halten. Forscher wie Ethiker sind demnach herausgefordert, die eigenen und möglicherweise auch fremden weltanschaulichen Voraussetzungen zu entdecken und als Teil des Diskurses auch der Angewandten Ethik einzubringen.

Der evangelische Religionspädagoge Karl Ernst Nipkow hat genau diesen Gedanken stark gemacht. Er wies mit Recht darauf hin, dass Moral nicht nur Handlungen reguliert, sondern zugleich auch bestimmte »Welt- und Lebenssichten« (Nipkow: Moral 46) tradiert. Hier, in den Welt- und Lebenssichten, trifft sich, so Nipkow, Moral mit Religion. Denn der Religion geht es explizit um das Ganze, um die Interpretation des Lebens, mehr noch: die Interpretation von Mensch, Welt und Gott – und in der Konsequenz um die moralischen Dimensionen dieser Interpretation. Nur die Erinnerung an diese – häufig impliziten – Deutungen lässt die ethischen Probleme der modernen Technologien, Forschungen und Handlungen in aller Schärfe erkennen.

Die Reflexion auf das weltanschauliche Moment aller ethischen Urteile zieht einige wesentliche Konsequenzen nach sich, die für eine Ortsbestimmung des Religiösen in den Diskursen der Angewandten Ethik nicht unerheblich sind:

- Die ethische Rede ist immer von weltanschaulichen Dimensionen geprägt und äußert sich in impliziten oder reflexiven Einstellungen, Überzeugungen und Handlungsweisen. Im Rahmen der Suche nach plausiblen, nachvollziehbaren und rationalen Urteilen ist jeder Diskursteilnehmer aufgefordert, seine eigene Weltanschauung in subjektiver wie objektiver Hinsicht offen zu legen.

• Der christliche Glaube muss im Rahmen einer pluralen Gesellschaft als eine religiös gebundene Formulierung einer Weltanschauung verstanden werden, die neben anderen solchen Formulierungen zu stehen kommt.

• Formal betrachtet kommt damit Menschen, die sich zum christlichen Glauben bekennen, kein anderer Status zu, als Menschen, die sich einer anderen Weltanschauung verpflichtet fühlen. Die vorgestellte Bestimmung von »Weltanschauung« macht allerdings deutlich, dass alle Menschen eine solche Weltanschauung besitzen und diese in ethische Urteile einfließen.

Damit schiebt sich aber unübersehbar die Frage in den Vordergrund, ob ein ethischer Konsens überhaupt möglich sei. Denn wenn alle Menschen ihre weltanschaulichen Einstellungen und Überzeugungen ins ethische Gespräch einbringen, wie lassen sich dann noch konsensuell begründete Urteile finden? In einem Dialog werden sich immer zwei Formen der Argumentationen finden: Intersubjektive Begründungen, in denen die für die Argumentation erforderlichen Aussagen von allen Beteiligten anerkannt werden, und subjektive, persönliche Begründungen, in denen ein Partner Gründe vorbringt, die vom anderen nicht akzeptiert werden können oder ihm nicht zugänglich sind. Diese beiden Formen aber sind kein Problem des religiösen Glaubens, sondern sind grundsätzlich auf die weltanschauliche Gebundenheit aller am Diskurs Beteiligten zurückzuführen. Soll es demnach zu einem Konsens oder Kompromiss in ethischen Fragen kommen, muss geklärt werden, welches die prinzipiellen Möglichkeiten und Grenzen der Kommunikabilität weltanschaulicher Positionen und damit auch des christlichen Glaubens sind (Vgl. zum Folgenden Muck: Rationalität).

Wenn Weltanschauungen lebenspraktische und theoretische Überzeugungen und Einstellung bereitstellen, müssen sich alle Beteiligten des epistemologischen und praktischen Status von Weltanschauungen bewusst sein. Zunächst muss daher sichergestellt sein, wie sich diese Weltanschauungen rechtfertigen lassen. Dies gelingt nur dann, wenn sie den Kriterien der Widerspruchsfreiheit und der Einheitlichkeit gehorchen, wenn sie erfahrungsbezogen und anwendbar sind und wenn sie schließlich umfassend sind.

Welches sind vor diesem Hintergrund die prinzipiellen Möglichkeiten und Grenzen der Kommunikabilität weltanschaulicher Positionen und damit auch des christlichen Glaubens? Grundsätzlich sind Weltanschauungen nicht nur auf eine innere Einheitlichkeit und Widerspruchsfreiheit, sondern auch auf die Klärung des eigenen Vorverständnisses wie auf den guten Willen des Gegenübers angewiesen. An seiner Interpretation liegt es nämlich ebenfalls, ob eine Weltanschauung verzerrt und bruchstückhaft interpretiert wird, oder ob sich der Diskurs auf die nachvollziehbaren Gehalte unter Berücksichtigung auch bedingter und mangelhafter Formulierungen fokussiert. Ist das der Fall, dann ist ein Dialog und die Suche nach einem Konsens möglich. Dieser wiederum muss intersubjektive Begründungen von persönlicher Begründung trennen. Während erstere Aussagen enthalten, die von beiden Partnern anerkannt werden, enthalten letztere Gründe, die vom anderen nicht akzeptiert werden oder ihm nicht zugänglich sind.

In seiner Friedenspreisrede 2001, »Glauben und Wissen«, hat Jürgen Habermas ein solches Modell des Dialogs am Beispiel der Gentechnik vorexerziert (Habermas: Glauben). Habermas arbeitet sich hier an der »Übersetzung« (Habermas: Glauben 29) des jüdisch-christlichen Topos der Geschöpflichkeit des Menschen ab, entdeckt die ›säkularen‹ Potenziale dieses Grundbegriffs jüdisch-christlichen Denkens und integriert sie in seine eigene ethische Reflexion über den Umgang des Menschen mit dem Menschen im Blick auf seine möglichen gentechnologischen Manipulationen und Bestimmungen.

Beispielhaft scheint hier der Umgang mit Positionen, Einstellungen und Überzeugungen des anderen auf. Diesen Umgang indes haben nicht nur Nicht-Christen bezüglich des Christlichen zu pflegen, wie es manche fordern, sondern gerade umgekehrt haben sich Christen, wenn sie sich in den anwendungsethischen Diskurs einschalten, der Positionen ihrer Gegenüber mit der gleichen Ernsthaftigkeit und Offenheit zu nähern. Dann könnte sich die Ausgangsfrage »Was hat die Religion in der Angewandten Ethik verloren?« zu einer weitergespannten Frage wandeln: Wie lässt sich mit den unausweichlichen weltanschaulichen Potentialen innerhalb der Angewandte Ethik umgehen? Angesichts der gegenwärtigen Konflikte um das ethisch Richtige und sittlich Verantwortbare scheint die Beantwortung dieser Frage dringender denn je. Die vorgestellten Überlegungen lassen sich als Versuch einer Antwort verstehen.

Literatur

Auer, A.: Geglücktes Altern. Eine theologisch-ethische Ermutigung, Freiburg 1995.

Auer, A.: Autonome Moral und christlicher Glaube. Mit einem Nachtrag zur Rezeption der Autonomievorstellung in der katholisch-theologischen Ethik, Düsseldorf [2]1984.

Bayertz, K.: Praktische Philosophie als angewandte Ethik, in: ders. (Hg.): Praktische Philosophie. Grundorientierungen angewandter Ethik, Reinbek bei Hamburg 1994, 7–47.

Böckle, F.: Fundamentalmoral, München [5]1991.

Düwell, M.: Einleitung, in: ders. u.a. (Hg.): Handbuch Ethik, Stuttgart-Weimar 2002, 243–247.

Düwell, M. u.a.: Ethik: Begriff – Geschichte – Theorie – Applikation, in: ders. u.a. (Hg.): Handbuch Ethik, Stuttgart-Weimar 2002, 1–23 (bes. 18–23).

Göbel, W.: Verortung. Zur Dringlichkeit ethischer Reflexion, in: Hunold, G.W. u.a. (Hg.): Theologische Ethik. Ein Werkbuch, Tübingen-Basel 2000, 12–28.

Greis, A.: Identität, Authentizität und Verantwortung. Die ethischen Herausforderungen der Kommunikation im Internet, München 2001.

Habermas, J.: Glauben und Wissen. Friedenspreis des Deutschen Buchhandelns 2001. Laudatio: J. P. Reemtsma, Frankfurt a.M. 2001.

Habermas, J.: Texte und Kontexte, Frankfurt a.M. 1991.

Hilpert, K.: Caritas und Sozialethik. Elemente einer theologischen Ethik des Helfens, Paderborn u.a. 1997.

Honnefelder, L.: Was heißt Angewandte Ethik?, in: Schneider, J.H.J. (Hg.): Ethik – Orientierungswissen? (FS G. Wieland), Würzburg 2000, 69–79.

Hunold, G.W.: Medienethik, in: Gründel, J. (Hg.): Leben aus christlicher Verantwortung. Ein Grundkurs der Moral 2, Düsseldorf 1992, 217–230.

Kettner, M. (Hg.): Angewandte Ethik als Politikum, Frankfurt a.M. 2000.

Kolb, A./Bauer, G.: Cyberethik. Verantwortung in der digital vernetzten Welt, Stuttgart u.a. 1998.

Laubach, Th.: Entscheidungen. Die Anwendungsfälle sittlichen Urteilens und Handelns, in: Hunold, G.W. u.a. (Hg.): Theologische Ethik. Ein Werkbuch, Tübingen-Basel 2000, 264–277.

Mieth, D.: Biopolitik, Bioethik, Theologie, in: Faulhaber, Th./Stillfried, B. (Hg.): Auf den Spuren einer Ethik von morgen, Freiburg u.a. 2001, 151–179.

Mieth, D.: Autonome Moral im christlichen Kontext. Zu einem Grundlagenstreit der theologischen Ethik, in: Orientierung 40 (1976) 31–34.

Muck, O.: Philosophische Gotteslehre, Düsseldorf 1983, 69–102.

Muck, O.: Rationalität und Weltanschauung, hg. von W. Löffler, Innsbruck-Wien 1999.

Nida-Rümelin, J. (Hg.): Angewandte Ethik, Stuttgart 1996.

Nipkow, K.E.: Moral und Religion – Ethik und Theologie zwischen Konkurrenz und Verständigung, in: Gräb, W. u.a. (Hg.): Christentum und Spätmoderne. Ein internationaler Diskurs über Praktische Theologie und Ethik, Stuttgart u.a., 37–52.

Ott, K.: Zur Frage, woraufhin Ethik orientieren könne, in: Wils, J.-P. (Hg.): Orientierung durch Ethik? Eine Zwischenbilanz, Paderborn u.a. 1993, 71–94.

Pieper, A./Thurnherr, U. (Hg.): Angewandte Ethik. Eine Einführung, München 1998.

Seel, M.: Philosophie. Eine Kolumne. Über den Sinn ›angewandter‹ Ethik, In: Merkur 47 (1993) 326–332.

Thurnherr, U.: Angewandte Ethik zur Einführung, Hamburg 2000.

I. Grundlegung

Die theologisch-ethische Kompetenz in der Wissensgesellschaft

Ottmar Fuchs

■ Wissen ist menschliches Handeln, das ethischen Fragestellungen ausgesetzt werden muss. Wenn es sich nicht mit Gewissen paart, hat es keine Chance, Weisheit zu werden. Wissen ist so nicht unmittelbar an Brauchbarkeit und Vermarktung zu binden, sondern muss auch ungezielte Freiräume des Denkens eröffnen und erhalten können. So kann Wissen Alternativen und Vertiefung ermöglichen.

■ Das theologische Nachdenken kann als ein nicht nur unmittelbar »nützendes« Wissen bestehende Praxis unterbrechen, kritisch gegenlesen und ihre Gnade bzw. Gnadenlosigkeit entdecken helfen.

■ Der schnelle Wissensaustausch und die mediale Wissensvermittlung lassen das Wissen häufig auf das Anwendungswissen reduzieren. Vernachlässigt wird das Orientierungswissen als das freie, unverzweckte Bildungswissen und das religiöse Wissen. Das reine Anwendungswissen aber kann Eigenschaften wie Verantwortungsbewusstsein, Urteilsvermögen, Selbstvertrauen, Liebesfähigkeit, Flexibilität, Mut und kritische Distanz nicht ermöglichen.

■ Wissen wird dadurch selber zum Mythos, indem es sich selbst zum Maßstab aller Dinge macht. Ein das Wissen transzendierende Moment wird verdrängt. Gerade diese Selbstvergötzung des Wissens bedarf notwendig eines theologisch kritisches Denkens und der religiösen Praxis in der das ›andere‹ Wissen aufgehoben ist.

1. Hinführung

»Wissen« ist kein unschuldiges Ereignis. Zwar besitzt der Wissensbegriff in unserer Gesellschaft einen ausgesprochen positiven Klang, doch muss man genau hinschauen, um welches Wissen es sich handelt und wer es für etwas und gegen etwas bzw. für jemanden und gegen jemanden einsetzt. Wissen ist damit ein menschliches Handeln, das der gleichen Ambivalenz unterworfen ist wie jedes andere menschliche Handeln auch, ja in gesteigertem Maß, weil es im Handeln der Menschen und in ihren strukturellen Gegebenheiten einen besonderen Machtfaktor darstellt. Und Macht ist immer etwas, was genauer zu betrachten ist: Wer übt sie für wen bzw. gegen wen aus? Ist es eine Macht, die sich von den anderen her und für sie verwirklicht, ist es also eine Macht, die ermächtigt, oder ist es eine Macht, die den anderen Freiheit und Macht entzieht, sie entmächtigt? Ein Wissen also, das sich nicht der ethischen Fragestellung aussetzt, ist hochgefährlich, vor allem für diejenigen, die jeweils nicht mithalten können. Deshalb gilt: »Mehr Wissen bedeutet nicht automatisch mehr Orientierung. In einer Zeit, in der das Wissen mit großer Geschwindigkeit wächst, drohen die wirklich wichtigen Fakten und Informationen im ›Informationsmüll‹ unterzugehen. Es geht nicht allein darum, über Wissen zu verfügen, sondern vor allem darum, es richtig zu verarbeiten und anzuwenden. Das erfordert nicht zuletzt moralisch-ethische Maßstäbe zur Beurteilung des Wissens. Lernen darf nicht zum Selbstzweck werden. Die Aufforderungen zum ›Lebenslangen Lernen‹ ist ambivalent« (Kirchenamt der EKD: Maße 7).

Michel Foucault hat in seinen Werken deutlich analysiert, »dass die Macht Wissen hervorbringt (und nicht bloß fördert, anwendet, ausnutzt); dass Macht und Wissen einander unmittelbar einschließen; dass es keine Machtbeziehung gibt, ohne dass sich ein entsprechendes Wissensfeld konstituiert, und kein Wissen, das nicht gleichzeitig Machtbeziehungen voraussetzt und konstituiert« (Foucault: Überwachen 40). Allein schon die analytische Einsicht, dass ein bestimmtes Wissen darauf angewiesen und angelegt ist, das, was gewusst wird, zu einem Objekt des Wissens zu machen, bringt ein strukturelles Grundproblem zum Ausdruck, wenn es darum geht, etwas von und über Menschen wissen zu wollen, sofern sie Subjekte ihres eigenen Wissens sein dürfen. Ob sich also das Wissen im Kontext eines instrumentellen oder aber reziprok kommunikativen Handelns ereignet, genau das ist die entscheidende ethische Frage, übrigens nicht nur in Bezug auf die Gegenwart und die jetzt lebenden Menschen und Völker, sondern auch bezüglich der Vergangenheit und des Umgangs mit den Verstorbenen und ihren Lebensäußerungen (Fuchs: Subjektorientierung).

Mein Thema betrifft den aktuellen gesellschaftlichen Kontext der theologischen Kompetenz in der »Wissensgesellschaft« und versucht, darauf zuzusteuern, welche Aufgabe der Kirche, der Theologie und welche Aufgabe den Christen und Christinnen in jenen Feldern zufällt, in denen sie tätig sind. Die Kirche steht vor der Herausforderung, das Evangelium im Kontext einer Säkularisierung weiterzugeben, die im Wissensbereich jene humane Rationalität zu verlieren droht, mit der sie im Namen der Aufklärung angetreten ist. Ein weiteres Mal erweisen sich die Epigonen der Aufklärung als hochambivalent. Denn die Aufklärung schlägt in Wahnsinn um, wenn die Vernunft auf die instrumentelle Rationalität reduziert wird und darüber hinaus kein anderes Wissen *entscheidend* würdigt (Horkheimer/Adorno: Dialektik 240.261ff.).

Manchmal frage ich mich: Ist es paranoid oder prophetisch, auf eine drohende Entwicklung hinzuweisen, die ein künftiger ›Foucault‹ – analog zu seiner Analyse der pastoralen Macht: »Man darf nicht vergessen, dass es die Gewissensführung war, die man jahrhundertelang (...) in der römischen Kirche ars artium nannte: es war die Kunst, die Menschen zu regieren« (Foucault: Kritik 9f.) – folgendermaßen analysieren wird: »Man darf nicht vergessen, dass es die Wissensführung war, die bestimmte Personen und Institutionen die Macht gaben, die Menschen zu regieren.« War es in der pastoralen Macht die Gewissensführung, so ist es nun eine ganz bestimmten Wissensführung, die jetzt allerdings mit einem Gewissen zu verbinden ist, das die Freiheit des Menschen ebenso artikuliert wie seine darin entschiedene inhaltliche Verbindlichkeit, die allen Menschen die Freiheit gönnt und die Ressourcen, sie auch zu leben. Denn wenn sich Wissen nicht mit Gewissen paart, hat es keine Chance, Weisheit zu werden.

2. Wozu »Wissen«?

»Wozu brauchen wir das denn?« Diese Frage wird von Lernenden in Schule, Universität, Fortbildungsbereichen und Akademien immer wieder gestellt, wenn nicht unmittelbar durchsichtig und einsichtig ist, wozu man diesen Stoff und diese Problematik in diesem Fach zu studieren habe. Manche derartige Wüstenwanderung wird als Zumutung erfahren, weil scheinbar oder anscheinend nichts *unmittelbar* Brauchbares herauskam. Ich will solche Erfahrungen nicht ideologisieren in dem Sinn, dass jedes in dieser Weise als unbrauchbar erfahrene Studieren und Wissen tatsächlich aus einer bestimmten, wohl anderen Perspektive notwendig war. Wenn dies klar ist, darf aber auch das Andere gesagt werden. Die Lernenden haben damit eine elementare Erfahrung von Wissen und Bildung gemacht, nämlich das, was zu wissen und einzusehen ist, nicht unmittelbar an Brauchbarkeit und Vermarktung zu binden, sondern sich darüber hinaus zunächst auch ungezielte Freiräume des Denkens und des Wissens zu eröffnen und zu erhalten. Und vielleicht haben sie manchmal tatsächlich erfahren, dass zunächst nicht brauchbares Wissen in einem ganz bestimmten Wirklichkeitszusammenhang elementar wichtig geworden ist, sei es als Alternative, sei es als Vertiefung.

Diese Erfahrungen scheinen mir brisant zu sein, weil sie eine ganz bestimmte allgemeine Problemlage im Wissenschaftsbetrieb signifikant widerspiegeln: nämlich die neuen Verteilungskämpfe zwischen Wissen und Macht. Dass Michel Foucault in einer besonders eindrucksvollen Weise das Verhältnis von Wissen und Macht thematisiert und analysiert, erweist ihn einmal mehr als einen nicht nur gescheiten, sondern auch sensiblen Zeitbeobachter (Kneer: Analytik). Denn die Frage nach dem Verhältnis von Wissen und Macht ist für Gegenwart und Zukunft von geradezu explosiver Bedeutung. Gegenwärtig kommt das Wissen verschärft unter den Druck seiner Verwertbarkeit. Und das ist keine Einbildung. Denn zu spüren ist dies schon allein an den schier gewalttätigen strukturellen Veränderungen etwa innerhalb der Universität schmerzlich genug. Weil ich an diesem institutionellen Ort des theologischen Nachdenkens selbst ›zu Hause‹ bin, möchte ich in diesem Kontext verdeutlichen, wie hier säkularisierte Wissenschaftsgesellschaft und Wissenschaftsethik aufeinander stoßen und wie es gerade von diesem Ort aus unerlässlich ist, die ethische Reflexion auf die Wissenschaft zu vertiefen.

In einer Zeit, in der die jüngeren Vertreter der Humanwissenschaften nach Wertorientierungen Ausschau halten, in der die junge Generation erwiesenermaßen nicht in Massen, aber doch in signifikanten Zahlen sich für geisteswissenschaftliche Fächer interessiert, in der auch die existentielle Nachfrage nach der Philosophie und Theologie ansteigt, rüstet sich die Bildungspolitik dominant für eine Kampagne gegen die unproduktiven geisteswissenschaftlichen Fächer, unproduktiv bezüglich eines ganz bestimmten vordefinierten Gebrauchswerts, eines reduzierten Nutzensbegriffs. Denn an sich stimmt ja der Satz: Wichtig ist, was nutzt! Aber wofür? Und wer definiert, was Nutzen ist?

Die Verzweckung des akademischen Denkens in Lehre und Forschung für immer mehr von außen herangetragene Interessen und ökonomische Ziele bzw. für Forschungsrichtungen, die gesellschaftlich plausibel, das heißt vom Willen einer Majorität oder einer potenten Minorität abhängen, etabliert die Auftragswissenschaft, deren höchst gefährliche Ambivalenz wir Deutsche eigentlich von der Gleichschaltung der Universität im Naziregime heftigst in Erinnerung haben müssten. Ich weiß, historische Vergleiche sind ebenso schwierig wie notwendig, weil uns sonst die Geschichte in die Verantwortungslosigkeit der Gegenwart und Zukunft gegenüber entlässt und für die gegenwärtige Verantwortung nichts austrägt. Natürlich stimmen auch die Dimensionen des Vergleichs nicht, noch nicht!

Oder doch schon wieder: in den Wirtschaftswissenschaften, wenn sie hauptsächlich neoliberalistische Positionen vertreten und damit das Elend von 1,3 Milliarden Menschen affirmieren und beschleunigen; in der Biomedizin, deren so genannten Erfolge abstumpfen gegen die pränatale und prämortale Selektion von Menschen. Wie müssen sich behinderte Menschen fühlen, die es der ›Gnade der frühen Geburt‹ verdanken, überhaupt am Leben zu sein? Ihre Angst ist nicht unbegründet, dass in solchen Mentalitäten auch ihr gegenwärtiger Lebenswert sozial absackt.

Natürlich ist dies alles recht holzschnittartig angedeutet, aber die Tendenz dürfte wohl stimmen. Auch in der Universität weht ein schärferer Wind, für die notwendigsten Ressourcen ist mit einem enormen bürokratischen Aufwand zu kämpfen, um das zu bekommen oder zu behalten, was früher automatisch zufloss. Autonomisierung der Universität nennt man das und ist doch ihre schärfste Reglementierung mittels eines sehr durchsichtigen Belastungsprogramms. Die Universität darf die Ressourcen intern verteilen bei gleichzeitig schwindenden Handlungsräumen gegenüber den dann doch verordneten Strukturen der so genannten Auslastungskategorien, die die inhaltliche Notwendigkeit von vornherein an die Zahlen und an eine verordnete Außenwirkung bindet. Auslastungsfaktor ist gleich Wertfaktor. Überhaupt muss ständig der Grundeinstellung vieler entgegen gewirkt werden, dass es mit Geisteswissenschaften und Theologie sowieso nur bergab gehe: Das ist empirisch falsch. Die Zahlen der Theologie Studierenden steigen an etlichen Katholisch-Theologischen Fakultäten.

Die Brisanz der Entwicklung zeigt sich gegenwärtig in der Diskussion zur Frage nach der Zukunft der Universität, die sich in der Alternative bündelt: Volluniversität oder spezialisierte Universität, also Volluniversität mit den klassischen Fakultäten, mit der alten »Universitas« der Gesamtheit des studierbaren Wissens und Forschens, oder einer Universität, deren Zukunft dann so aussieht: keine Fakultäten mehr mit mehr oder weniger ausgelasteten Lehrstühlen, sondern nur noch erfolgreiche und ausgelastete Abteilungen in einem neuen Verbund. Nur noch politisch und ökonomisch wie gesellschaftlich gebrauchtes Wissen und Forschen spiegelt sich dann entsprechend in der Universität wider. Die diesen Zusammenhang transzendierende Frage nach der Bewertung dieser Bedürfnisse ist nicht mehr erwünscht, jedenfalls nicht an Universitäten. Alles wird abhängig von gegenwärtigen Programmen, deren Notwendigkeit außeruniversitäre Geldgeber bestimmen. Ihre Subsidiarität mutiert zur Regulierungsmacht. Sie bestimmen, was in der Universität geschieht, die dann nicht mehr den Würdetitel Universität verdient, weil sie zu einer Wissensfabrik verkommen ist, deren Produktivität nicht vom Nachdenken, schon gar nicht vom alternativen Denken, sondern vom Kräftespiel der wirtschaftlichen, gesellschaftlichen und politischen Verhältnisse bestimmt und entsprechend gleichgeschaltet ist. Die Reaktionsfähigkeit auf dieses Außenansinnen nennt man in der Universität Flexibilisierung.

Eine Art Fachhochschule auf höchst elaboriertem Niveau der beruflichen und praktischen Zurüstung steht uns ins Haus (wobei man damit allerdings den Fachhochschulen unrecht tut, die oft genug kritische Berufsbilder und Bedürfnisprofile in der Gesellschaft vertreten). Und daraus kommen z.B. Wirtschaftscontroller, die gezwungen sind, ihre Wertorientierung zu privatisieren und ansonsten die beauftragenden und bezahlenden Institutionen zu optimieren, egal was sie anstellen. Wer da fordert, für die künftigen Hauptamtlichen in der Pastoral reiche mehr spirituell-praktische denn wissenschaftliche Ausbildung, bläst zum Rückzug aus den Wissenschaften und kann dann um so weniger erreichen, dass die Kirche eine eigene Position zur Gesellschaft bildet und nicht nur mit der Zeit geht. Denn immerhin ist ja die wissenschaftliche Theologie ein Ort, an dem kritisches Potential in Verantwortung vor Glaube und Vernunft zu entstehen vermag.

Der Außen- bzw. Praxisbezug der wissenschaftlichen Theologie besteht darin, dass sie der außeruniversitären Praxis eine eigene Praxis des Studierens, des Betens und der Distanz entgegenstellt: *für* sie, aber gerade deshalb auch ihr gegenüber. Dies ist ein ebenso notwendiger, oft nicht einlinig gebahnter, sondern gebrochener Praxisbezug, der bestehende Praxis unterbricht und in Richtung auf die Entdeckung der Gnade in ihr bzw. auch die Entdeckung der Gnadenlosigkeit und der entsprechenden Umkehr beurteilt. Wachsamkeit ist gefragt, auch von Seiten der Studierenden: bei allen, oft gar nicht so unnotwendigen Enttäuschungserfahrungen, kann nur eine Gesamtfakultät den ganzen Fächerkanon wahren, auch und gerade wenn man manche Fächer besser verträgt als andere. Das ist es ja gerade, dass man auch selbst nicht das, was wertvoll ist, zu platt vom eigenen aktuellen positiven Erlebnishorizont abhängig macht. In einer künftigen Situation kann gerade das wichtig sein, was jetzt nicht wichtig erscheint.

3. Wissensselektion und Bildungsreduktion

Wer nicht weiß, wie mit einem PC umzugehen ist, gliedert sich aus einem immer mehr anwachsenden Teil der verfügbaren Informationswege aus. Sicher sind nicht alle Informationen, die dort vermittelt werden, lebenswichtig; aber ohne diese Informationsapparaturen kommt zunehmend auch das Lebenswichtige nicht mehr an. Um aber überhaupt kompetent sein zu können, braucht es erst einmal eine ökonomische Zugänglichkeit, wie etwa im Mithalten-Können mit einem permanent sich verändernden technischen Equipment, das Geld kostet. Diesbezügliche Gefahren, buchstäblich abgehängt zu werden, steigern die Selektion. Schon gewinnt der Begriff der »Modernisierungsverlierer« (Zulehner u.a.: Solidarität) durch den Begriff der »Wissensverlierer« ein zusätzliches verschärftes Profil. Dazu kommt die gesteigerte globale Vernetzungspotenz, die blitzschnelle Entscheidungen der Wissenden (unter sich) ermöglicht.

Sicher, es gibt auch gegenläufige Entwicklungen gerade auf der Basis der neuen Informationstechnologie. Wissensvernetzung (z.B. im Internet) von unten, schnelle Informationsmöglichkeiten aus den Bereichen unmittelbarer Erfahrung bzw. den entsprechenden Minoritäten, nicht zuletzt der NGOs und auch der Kirchen. Doch schmälert dies nicht die Grundambivalenz der je gesteigerten Dynamik von instrumentell-flexibler Wissenskompetenz und ökonomischer bzw. militärischer Macht. Denn es ist ein Unterschied, ob vernetzt räsoniert oder ob vernetzt entschieden und beherrscht wird.

Die jeweils offizielle Kriegsberichterstattung ist ein markantes Beispiel: wie etwa in der Definitionsmacht, was als »Kollateralschaden« zu definieren sei. Oder: Die totale Medienpräsenz, die dem 11. September und allen Veranstaltungen, die ihm folgten, zuteil wurde, ist nicht für sich zu problematisieren, wohl aber in ihrem überblendenden Ausblendungscharakter bezüglich der ›alltäglichen‹ Hunderttausenden von Toten als Opfer von Völkermord, Hunger und Durst. Dadurch bleibt die Übertragungsfähigkeit der globalen Solidarität, die in diesem Zusammenhang entstanden ist, auf andere Opfer des Globus relativ begrenzt (Fuchs: Schrecken).

Die Medien, in denen jeweils das Wissen vermittelt wird, haben ihre arteigene Ambivalenz, indem sie zwischenmenschliche Begegnungen relativ verlustlos (was ein darüber hinausgehendes Vermissen anbelangt) auf die Wissensvernetzung transformieren bzw. auf die Chat-Struktur reduzieren oder auf Kurztexte (SMS) verstammeln. Die jeweilige Informationsvermittlung wird bereits als ausreichend erlebt. Die Begegnung wird entleiblicht, oder besser, der Körper des PC wird zum Surrogat eines ansonsten als fiktiv erlebten Gegenübers. Das Soziale mutiert ohne Verlustgefühle und damit rückstandsfrei ins Internet (Hier würden mich empirische Untersuchungen allein schon hinsichtlich der Zeitverteilung interessieren, wie viele Stunden für die fiktiven Internet-Beziehungen und wie viel Zeit für direkte Begegnungen jeweils im Tagesverlauf investiert werden; die Spitze des Eisbergs zeigt sich in einer zunehmenden Therapienotwendigkeit von Internetsucht).

Um nicht missverstanden zu werden: Ich trete hier nicht als Kulturpessimist auf, sondern sehe durchaus die konstruktiven Potenzen auch einer Wissensgesellschaft und der entsprechenden Informationswege (So ist es zum Beispiel erfreulich, dass bei jungen Leuten über das Internet wieder Briefeschreiben »in« ist). Indem ich mich aber hier sehr kurz fassen will, konzentriere ich mich besonders auf die Ambivalenzen (Greis: Identität). Und diese scheinen mir unübersehbar. Die Anfrage, die Johannes Paul II. zum 36. Welttag der sozialen Kommunikationsmittel am 24. Januar 2002 formuliert, trifft kritisch ins Schwarze: »Wie können wir in einem solchen Kontext jene Weisheit fördern, die nicht allein auf Information, sondern auf Einsicht gründet, die Rechtes von Unrechtem unterscheidet und jene Werteskala unterstützt, die von dieser Differenzierung ausgeht?« (Päpstlicher Rat für die Sozialen Kommunikationsmittel: Ethik 39)

Diese Ambivalenz bezieht sich nämlich vor allem auch auf eine schleichende Mutation des Bildungsbegriffes bzw. der Bildungsrealität. Wissen muss sich rechnen und mit dieser Ökonomisierung des Wissens im Sinne des Anwendungswissens ist es weitgehend nur als Volumen-Kompetenz und als Flexibilisierungs-Kompetenz gefragt: also möglichst viel von dem Wissen, was man zur Anwendung braucht, und möglichst viel Wissen davon, wie man damit flexibel umgeht. Dadurch wird der andere Typ eines darüber hinausgehenden Wissens vernachlässigt: nämlich das Orientierungswissen, das (im weiteren Sinn) freie, unverzweckte Bildungswissen und das religiöse Wissen. Diese Ökonomisierung des Wissens und der Bildung stellt über die Ökonomisierung hinaus keine strukturellen Anreize zur Verfügung, darüber hinaus noch etwas wissen zu wollen. Anwendungsfreie Bildung verflüchtigt sich. Die Eindimensionalität der Verhältnisse feiert ihre Urstände. Der Begriff der Eindimensionalität meint hier, im Anschluss an Herbert Marcuse, jene Auswirkung von Herrschaftsverhältnissen, in denen dazu mögliche bzw. nötige Alternativen entweder nicht zugelassen oder so domestiziert werden, dass sie keine kritische Kraft mehr entwickeln können (Marcuse: Mensch 5–6).

4. Warnende Stimmen

Der Koblenzer Soziologe Winfried Gebhard beklagt, dass derart die Bildungspolitik »Schule und Universität dazu zwingen will, auf ›überflüssigen Bildungsluxus‹ zu verzichten und ›zielgenau‹ und ›anwendungsorientiert‹ auszubilden und zwar gemäß dem von ihm propagierten Karriereleitbild« (Gebhard: Erfolg 1. Spalte). Jedes Wissensproblem kann letztlich quantitativ geregelt werden, nämlich in der Ansammlung jener Informationen, die für die entsprechende Effizienz notwendig sind. »Sich Gedanken machen über die grundsätzliche Risikobehaftetheit von Technik braucht der Macher nicht, denn das Wissen, das er anwendet, ist ja sicher. Anderes wissenschaftliches Wissen hält er entweder für irrelevant oder im besten Fall für ›Kunst‹« (Gebhard: Erfolg 3. Spalte). Damit wird das Wissenschaftsverständnis auf die Erarbeitung, Anwendung und Vermittlung von Fachwissen reduziert. Dass Bildung ein komplexes Unternehmen ist, das als solches auch Zeit benötigt, kann in der Zeitnot des qualitativ anzuhäufenden Wissens nicht mehr wahrgenommen werden. Denn solche über die unmittelbare Praxisorientierung hinausgehende Bildung »braucht sowohl Zeit und Muße als auch Anstrengung und Herausforderung« (Gebhard: Erfolg 4. Spalte).

Zwar weiß man in den obersten Etagen der Konzerne längst, dass solche Wissensroboter nicht fähig sind, auf kreative Ideen zu kommen, die gerade um der beschleunigten Anpassung an sich wechselnde Gegebenheiten immer notwendiger werden. Zunehmend werden dafür Seiteneinsteiger aus dem »alternativen Wissen« der Geisteswissenschaften rekrutiert. Doch ist davon die Masse des mittleren Managements kaum berührt. Ihre Ideologie übersieht laufend, »dass wirtschaftlicher Erfolg auf Grundlagen wächst, die er selbst nicht zu schaffen in der Lage ist« (Gebhard: Erfolg 4. Spalte). Natürlich geht es letztlich immer um eine gewisse Effizienz und Praxisorientierung. »Nur müssen wir erkennen, dass Leistung, Effizienz und Praxisorientierung auf Voraussetzungen beruhen, die sie selbst nicht schaffen können« (Gebhard: Erfolg 4. Spalte). Gebhard nennt hier im Anschluss an den ehemaligen Spitzenmanager Daniel Goudevert die Eigenschaften Verantwortungsbewusstsein, Urteilsvermögen, Selbstvertrauen, Liebesfähigkeit, Flexibilität, Mut und kritische Distanz (Gebhard: Erfolg 4. Spalte).

Die Tendenzen, an den Universitäten die Studiengänge zu verschulen und eine einseitige Praxisorientierung durchzusetzen, reduzieren nicht nur den Wissenschaftsbegriff, sondern unterminieren gleichzeitig die Kreativität des Wissens selbst. Die gegenwärtige Kopplung des Projekts Universität an die ökonomische Effizienz erweist sich von daher als anachronistisches Nachklappen auf eine Entwicklung in der Wirtschaft, die diese bereits selbst unterläuft. Es wäre vielmehr die Aufgabe der Universität, dieses Unterlaufen zu analysieren und auf dem Hintergrund jenes komplexeren Bildungsbegriffes zu forcieren, auf den sie ihre eigene Identität bauen sollte.

Pierre Bourdieu hat in seiner letzten Rede auf einer Konferenz mit griechischen Wissenschaftlern und Gewerkschaftsvertretern im Mai 2001 in Athen deutlich gemacht, wie gefährlich das auf seine Anwendung reduzierte Wissen ist, wenn es sich mit den Prozessen der Globalisierungspolitik verbündet. Der Wissenschaftler wird dann zum Handlanger einer Entwicklung, gegen die er eigentlich auftreten müsste, würde er seine Wissenschaftlichkeit mit dem Engagement für mehr Gerechtigkeit verbinden. Von daher qualifiziert Bourdieu die Dichotomie in den (sozial-)wissenschaftlichen Köpfen zwischen »scholarship« und »commitment« als verhängnisvoll und künstlich: »Tatsächlich müssen wir als autonome Wissenschaftler nach den Regeln der *scholarship* arbeiten, um ein engagiertes Wissen aufbauen und entwickeln zu können, das heißt, wir brauchen *scholarship with commitment*« (Bourdieu: Wissenschaft 3).

Als Bedingung für Engagement setzt Bourdieu nicht nur eine bestimmte Wertorientierung voraus, sondern benennt ausdrücklich eine ansteigende Risikobereitschaft, die bis in die Gefährdung des Körperlichen hinein zu gehen vermag. Der forschende Mensch muss die Dinge beim Namen nennen, nicht nur nach innen, sondern auch nach außen. »Es ist, als fühlten sich die Wissenschaftler eben darum doppelt wissenschaftlich, weil sie aus ihrer Wissenschaft nichts machen. Nur: Wenn sie Biologen sind, kann das ein kriminelles Verhalten sein (...). Diese Zurückhaltung, diese Flucht in die Reinheit, hat schwerwiegende gesellschaftliche Folgen« (Bourdieu: Wissenschaft 3). Die Rolle der Wissenschaft ist, zunehmend gegen die aufgezwungenen strukturellen Veränderungen in den Universitäten, nichts desto weniger darin und darüber hinaus *alternativ* zu bestimmen. »Der Forscher (...) muss eine neue Rolle erfinden, die sehr schwierig ist: Er muss zuhören, forschen und erfinden« (ebd.).

Zugleich muss er mit jenen Organisationen im konstruktiven Kontakt sein, die dem angesprochenen Engagement entsprechen. »Er muss es sich zur Aufgabe machen, sie zu unterstützen, indem er ihnen Instrumente an die Hand gibt, und zwar insbesondere solche Instrumente, die den symbolischen Wirkungen, die ›Experten‹ im Auftrag der großen multinationalen Unternehmen erzielen, etwas entgegensetzen können« (Bourdieu: Wissenschaft 3). Die ›Commitmentseite‹ der Wissenschaft kann also nur leben, wenn sie sich selber verankert in und vernetzt mit den entsprechenden sozialen Bewegungen und Organisationen. Was dies für das Verhältnis von wissenschaftlicher Theologie und Kirche bzw. Kirchen und anderen sozialen Manifestationen bedeutet, wäre entsprechend durchzubuchstabieren.

5. Transzendenz des Wissens

Die angesprochene Ambivalenz reicht aber bedeutend tiefer und ist dort noch viel gefährlicher. Die gegenwärtige Auseinandersetzung um die Gentechnologie gibt entlarvend gut Einblick in den neuen Mythos einer Wissenskultur, in der es nicht nur um die Errungenschaft des neuen Wissens geht, sondern um einen qualitativ neuen Umgang mit diesem Verwendungswissen. Es ist dies eine neue Naivität auf höchstem wissenschaftlichem Niveau. So überschätzt sich das biogenetische Wissen (Mieth: Diktatur) hoffnungslos, indem es Verheißungen (auf Heilung und Heil) ausgibt, die nicht durch gegenwärtiges Wissen tatsächlich gedeckt sind, sondern durch erhofftes künftiges Wissen. Wissen nimmt eine Hypothek auf sich selbst, auf die eigene Zukunft auf. Für diese Vagheit wird nichts desto weniger jetzt das reale Leben von Embryos geopfert. Dass diese Hoffnung im Nicht-Wissen begründet ist, bleibt ungewusst. Die Selbstmythisierung ist perfekt. Das Geheimnis wird in Zukunft durch Wissen zugänglich (und nicht mehr in der Gegenwart durch Betrachtung, Meditation oder Gebet).

So wird das Wissen selber zum Mythos, indem es sich selbst zum Maßstab aller Dinge macht. Ihm wird nicht mehr etwas vorgegeben oder entgegengesetzt, was es transzendieren könnte oder sollte. Im neueren Diskurs der Menschenwürde kapriziert man sich zunehmend auf einen reduzierten Personenbegriff, der sich vom Bewusstsein und von der Selbstreflexivität des Menschen her reguliert und definiert. Damit wird seine Würde auf diese Funktion reduziert. Nicht der Mensch besitzt Wissen, sondern das Wissen besitzt und qualifiziert den Menschen als solchen, und zwar total. Die neue Formel lautet: »Scio, ergo sum« oder »sciunt, ergo sunt«.

Wenn diese Entwicklung ungebremst weitergeht, wird Carl Améry (Améry: Hitler 163–185) in schrecklicher Weise recht bekommen, nämlich, dass die Selektionsrampe von Auschwitz die Vorwegnahme eines 21. Jahrhunderts darstellt, nicht mehr über das rassistische, sondern über das ökonomisierte Wissens- und Reflexivitätsparadigma, insofern unter dessen Damoklesschwert Tausende von Menschen dem Elend und dem Tod überantwortet werden. Behinderte und vor allem geistig behinderte Menschen kommen sich heute schon als zutiefst ›deplatziert‹ vor, wie auch jene, die sich für geistig behinderte Menschen einsetzen und in deren Pflege tätig sind.

Nur ein Personenkonzept, das das Machbare und Kontrollierbare der rationalen Selbstreflexivität transzendiert, kann hier gegenhalten. Gegen die Selbstvergötzung des Wissens steht um so notwendiger die Suche nach einer der demiurgischen Kontrollierbarkeit und Machbarkeit entzogenen Personalität an, einer Menschenwürde, die vorgegeben ist, wie etwa in der Verwurzelung des Menschen in einer unverfügbaren Gottesbeziehung (als Schöpfer und Erlöser) (Die Deutschen Bischöfe: Mensch).

Jürgen Habermas hat wohl recht, wenn er dem religiösen Diskurs insgesamt zubilligt, die angesprochene schreckliche

Ambivalenz der Säkularisierung und letztlich immer noch der Aufklärung in dieser Weise gegenläufig zu kritisieren, damit der Humanisierungsanspruch der Moderne sich nicht selbst aushebelt (Habermas: Riss 18). Wie für den Menschen immer wieder der Umgang mit dem Anderen seiner selbst ansteht, so steht auch für das Wissen der Umgang mit dem anderen seiner selbst an, mit dem nämlich, was es übersteigt, was es nicht selber ist und es daran hindert, zu einer totalitären Identität zu werden, und was es von ganz bestimmten generativen Grundvorstellungen erst in seiner Funktion orientiert.

Ein Beispiel: Auch wenn es den Begriff der Menschenwürde in der biblischen Tradition nicht gibt, so gibt es dafür doch ausgesprochen klärende Texte, in denen deutlich wird, was der Mensch im Horizont der Gottesbegegnung ›wert‹ ist, oder genauer formuliert: Dass die Würde des Menschen im unendlichen Geheimnis Gottes selbst unendlich geschützt ist und bleibt. Dies kann in den Begegnungen Jesu mit den Menschen rekonstruiert werden, aber auch in biblischen theologischen Konzepten, und hier wohl am deutlichsten in jener Einsicht, dass Gott die Menschen ›zuerst‹ geliebt hat, noch bevor sie sich verändert haben (vgl. 1 Joh 4,10 und 19). Nicht zuletzt die Rechtfertigungstheologie des Paulus arbeitet jene »Unbedingtheit« heraus, jene Vorgängigkeit und Ungeschuldetheit, die Gottes Liebe den Menschen gegenüber ausmacht. Diese theologische Bedingungslosigkeit menschlicher Existenz ist es, die kritisch gegenüber jeglicher Bedingtheit der Menschenwürde aufzurufen ist. Wie Gottes Liebe nicht in der Kategorie des »Wenn-Dann« operiert, so kann auch der von ihm geliebte Mensch nicht in seiner Würde dieser Kategorie unterworfen werden (Fuchs: Menschenwürde).

Wenn der Mensch von Gott her derart in seiner Würde gesichert ist, dann bezieht sich diese Garantie auf den zeitlich und leiblich ganzen Menschen: Und der bewusstlose Anfang des Embryos und das bewusstseinsreduzierende Ende im Alter bis hin zum bewusstseinsauslöschenden Tod gehören zum integralen Menschsein dazu und sind für dieses konstitutiv. Die Bewusstseinskompetenz kann hier nicht willkürlich irgendwelche Ausschnitte am Anfang und am Ende deswegen aus der Menschenwürde ausklammern, weil sie sich nicht selbst darin wieder findet. Der glaubende Mensch »weiß« sich von Gott her aus dem Dunkel des Nicht-Wissens und Nicht-Bewusstseins heraus geschenkt und er versinkt auch wieder in dieses Nicht-Wissen seiner selbst hinein. Dieser von seiner Leiblichkeit gesetzte Anfang und dieses entsprechende Ende sind gerade die Nahtstellen zu seiner Transzendenz, zu seiner Herkunft und Zukunft in Gott. Der Mensch *weiß* selbstverständlich nicht, wo er herkommt und was dabei herauskommt. Dieses Vorgängige des Wissens ist in einem anderen Bereich als im Wissen selber zu schützen und zu stützen, nämlich in dem, was die Religion Transzendenz nennt. Erst auf dem Hintergrund einer solchen Basis gibt es eine Garantie dafür, dass die Würde des Menschen nicht zeitlich zerstückelt, sondern dass sie integral vertreten wird.

6. Konsequenzen

Soweit nur einige Streiflichter bezüglich möglicher Tendenzen und Ambivalenzen in der Wissensgesellschaft. Für das Soziale könnte sich daraus die Folge ergeben, dass die gesellschaftlich plausiblen Sinnstiftungspotenzen für soziale Einrichtungen auf das jeweilige nur noch »Notwendige« sinken, während angeblich nicht notwendiges Leid bzw. nicht notwendiges ›Menschenkapital‹ bezüglich wissensmäßiger und ökonomischer Kraft an die Ränder gedrängt werden, möglicherweise auch über diese hinaus gestoßen und damit exkludiert werden. Dies wird zur Folge haben können, dass den über die Plausibilitäts- bzw. Notwendigkeitsgrenze hinausgehenden Klientelen der sozialen Arbeit dann auch immer weniger finanzielle Ressourcen zur Verfügung gestellt werden.

Indem wir dies einsehen, sind wir Wissende, wir wissen um diese Gefahr. Und dieses Wissen treibt uns in die Verantwortung, dieses Wissen nicht nur zu wissen, sondern den entsprechenden Machtkampf für dieses Wissen aufzunehmen. Zwei Hinweise will ich geben (Vgl. Kirchenamt der EKD: Maße 66–95):

a) Umso notwendiger wird eine nach außen wie nach innen gerichtete intensivierte *Verkündigung* der Kirche sein: Nach außen in ihrer Öffentlichkeitsarbeit im Angriff auf die verengten Plausibilitätsgrenzen des Sozialen, nach innen in einer vertieften Verkündigung des Gottesbezugs und in einem nicht sektoralen Glaubensverständnis. In einer neuen Brisanz wird sich zeigen: Die soziale Verantwortung ersetzt nicht das Religiöse, sondern findet in ihm ihre eigene kritische und motivationale Ermöglichungsbedingung (Fuchs: Martyria). Aus dieser Perspektive erweist sich die kirchliche Bildungsarbeit selbst als Diakonie an der über die Ökonomisierung hinaus wertzuschätzenden Bildungsarbeit (Fuchs: Erwachsenenbildung).

b) Für die Verantwortlichen in den Wohlfahrtsverbänden bzw. in der kirchlichen *Diakonie* bedeutet dies eine verstärkte Bemühung um das, was seit Jahren bereits von den Mitarbeitern und Mitarbeiterinnen in durchaus zeitsensibler Weise angestrebt wird, nämlich die Vertiefung ihrer Spiritualität als Bedingungsgrund einer Professionalisierung, die sich nicht dem rationalen Kalkül der Majorität unterwirft und die im Kontrast zu einer möglicherweise herrschenden Plausibilität gegenhalten kann. Dies befähigt dann umso mehr, nicht nur die refinanzierungsfähigen Nöte zu sehen und zu bearbeiten, sondern auch die ›schwachen Signale‹ jener Nöte aufzunehmen, die ›unterhalb‹ dieses ›Niveaus‹ liegen. Denn die aus der Wissensgesellschaft Ausgegrenzten sind hierzulande relativ arm, aber *noch nicht* im Elend. Noch werden sie vom sozialen Netz und einer entsprechenden Niedriglohn-Politik (für ökonomisch nicht erträgliche Berufe) aufgefangen. Doch ist diese Ausgrenzung selber eine Not; und die Ökonomisierung im globalen Bereich wird das soziale Netz im lokalen Bereich immer mehr schwächen (Wenig: Globalisierung).

c) Die Kirchen haben eine große Verantwortung gegenüber dem »Totalen Markt« (Amery: Global Exit), wo immer sie tätig sind. Diese Verantwortung bezieht sich unbedingt auch auf eine entsprechende Ethik des Wissens. Denn der herrschende »Meinungsmarkt (...) – schließlich ist er selber ein wichtiger und integraler Bestandteil des Toten Marktes – (...) trägt (...) die Offensive gegen Moral, zusammenhängendes Denken und verantwortliches Fühlen gnadenlos in immer weitere Kreise. Es ist klar, dass damit nicht nur die Bio-, sondern auch die Noosphäre mit einer Gründlichkeit und Effizienz verwüstet und deformiert wird, die historisch erstmalig (...) sind« (Amery: Global Exit 162–163). So liegt es an den Kirchen, »ob sie die proklamierte Alternativlosigkeit des Totalen Marktes, dieses neuen Imperiums, schweigend hinnehmen – oder ob sie den Widerstand dagegen zu ihrer zentralen Pflicht machen. (...) Es liegt an ihnen, ob sie der Ohnmacht des Gewissens, der Zersplitterung der Verantwortung (...) aktiv und konkret, in der Verkündung und Orthopraxie, entgegentreten oder nicht« (ebd. 236–237).

Literatur

Amery, C.: Global Exit. Die Kirchen und der Totale Markt, München 2002.

Améry, C.: Hitler als Vorläufer. Auschwitz – der Beginn des 21. Jahrhunderts, Darmstadt-Neuwied 1998.

Bourdieu, P.: Für eine engagierte Wissenschaft, in: Le Monde diplomatique, Deutsche Ausgabe TAZ, Februar 2002, 3.

Die Deutschen Bischöfe: Der Mensch: sein eigener Schöpfer?, Bonn 2001.

Foucault, M.: Überwachen und Strafen. Die Geburt des Gefängnisses, Frankfurt a.M. 1976.

Foucault, M.: Was ist Kritik?, Berlin 1992.

Fuchs, O.: Den Schrecken entziffern, in: Lutterbach, H./Manemann, J. (Hg.): Religion und Terror. Stimmen zum 11. September aus Christentum, Islam und Judentum, Münster 2002, 134–151.

Fuchs, O.: Doppelte Subjektorientierung in der Memoria Passionis, in: ders. u.a. (Hg.): Zugänge zur Erinnerung, Münster 2001, 309–345.

Fuchs, O.: Erwachsenenbildung als »Diakonie«?, in: Erwachsenenbildung 43 (1997) 164–167.

Fuchs, O.: Martyria und Diakonia: Identität christlicher Praxis, in: Haslinger, H. u.a. (Hg.): Handbuch Praktische Theologie, Band 1 Grundlegungen, Mainz 1999, 178–197.

Fuchs, O.: Was sie »kostet«, das ist sie wert: die Menschenwürde, in: Jahrbuch für Biblische Theologie 15, Neukirchen-Vluyn 2000, 265–292.

Gebhard, W.: Wirtschaftlicher Erfolg beruht auf breiter akademischer Bildung, in: VDI Nachrichten vom 8. März 2002 (Nr. 10), unter der Rubrik »Meinung«, 1. Spalte.

Greis, A.: Identität, Authentizität und Verantwortung. Die ethischen Herausforderungen der Kommunikation im Internet, München 2001.

Habermas, J.: Der Riss der Sprachlosigkeit, in: Frankfurter Rundschau (16. Oktober 2001) Nr. 240, 18.

Horkheimer, M./Adorno, Th.W.: Dialektik der Aufklärung, Amsterdam 1955.

Kirchenamt der EKD (Hg.): Maße des Menschlichen. Evangelische Perspektiven zur Bildung in der Wissens- und Lerngesellschaft. Eine Denkschrift des Rates der Evangelischen Kirche in Deutschland, Gütersloh 2003.

Kneer, G.: Die Analytik der Macht bei Michel Foucault, in: Imbusch, P. (Hg.): Macht und Herrschaft. Sozialwissenschaftliche Konzeptionen und Theorien, Opladen 1998, 239–254.

Marcuse, H.: Der eindimensionale Mensch, Neuwied 1968.

Mieth, D.: Die Diktatur der Gene. Biotechnik zwischen Machbarkeit und Menschenwürde, Freiburg/Br. 2001.

Päpstlicher Rat für die Sozialen Kommunikationsmittel: Ethik im Internet. Kirche und Internet, Arbeitshilfen der Deutschen Bischofskonferenz (22. Februar 2002), Bonn 2002.

Wenig, A. (Hg.): Globalisierung und die Zukunft der sozialen Marktwirtschaft, Berlin 2000.

Zulehner, P. u.a. (Hg.): Solidarität. Option für die Modernisierungsverlierer, Innsbruck-Wien 1996.

Gott in der Moral

Karl-Wilhelm Merks

■ Setzen Moral und Ethik den Glauben an Gott voraus? Sicher nicht im Sinne der unmittelbaren Legitimation von moralischen Normen durch Gott. Doch im Sinne einer Grundlegung der Moral als tragender Grund, kann Gott in den Blick kommen. Denn der die Moral konstituierende Impuls ist die Frage nach dem Guten. Die transzendierende Kraft dieser Frage lässt sich kaum leugnen. Gott, so kann man schließen, gibt sich im moralischen Handeln zu erkennen.

■ Die traditionelle christliche Moral beruht auf einem gemeinschafts- und traditionsorientierten Denken. Wo sich die Grundlagen dieser Orientierung auflösen, wird die traditionelle Moral in Frage gestellt. Ein Ausweg, den vor allem die katholische Moraltheologie beschritten hat, liegt in der Anerkennung der verantwortlichen Freiheit des Menschen und damit der Rehabilitierung des sittlichen Subjekts. Von da aus, so die Überzeugung, gibt sich im moralischen Handeln von Menschen Gott zu erkennen.

■ Umgekehrt formuliert heißt dies: Gottes Offenbarung – auch seines moralischen Willens – geschieht durch den Menschen hindurch, ereignet sich in menschlicher Erfahrung. Diese Erfahrung geschieht als Erfahrung des Guten und Bösen, wie auch als Erfahrung des konkreten Guten im Urteilen und Handeln. Einer positivistischen Offenbarungsmoral – Gott selbst schreibt das Gute und Richtige etwa in Texten der Bibel vor – wird von hier aus eine Absage erteilt.

■ Die Erfahrung des Menschen muss stets als Erfahrung im Kontext gesehen werden. Sie steht in Interpretations- und Erfahrungskontexten und muss sich in der Öffentlichkeit als wahr erweisen.

Vor einigen Jahren (1998) erschien in deutscher Übersetzung ein anregendes kleines Buch, das ursprünglich 1996 in italienischer Sprache publiziert war. Der Titel des Buches lautet: »Woran glaubt, wer nicht glaubt?« (»In cosa crede chi non crede?«). Das Büchlein besteht in seinem Hauptteil aus einem öffentlichen Briefwechsel von zwei bekannten Intellektuellen, einem kirchlichen und einem unkirchlichen, einem Gläubigen und einem Agnostiker, das ist eigentlich: jemand, der behauptet, es nicht zu wissen. In der Regel sprechen wir dann wohl rasch von einem Ungläubigen, aber dem Büchlein zufolge dürfte es schwer sein, ihn so einfach ungläubig zu nennen.

1. Gott und die Moral

Die zwei Intellektuellen sind Carlo Maria Martini, der seit kurzem emeritierte Kardinal und Erzbischof von Mailand, und Umberto Eco, der bekannte Sprachwissenschaftler und Romanschriftsteller. Die publizierten Beiträge entstammen ursprünglich einer öffentlich in einer Zeitschrift geführten Debatte über wichtige Fragen zu Ethik, Glauben und dem Sinn des Lebens.

Eines der behandelten Themen ist die Frage, ob Moral und Ethik eigentlich den Gottesglauben voraussetzen; ob Moral, ohne Gott und ohne Religion und Glauben als Grundlage zu haben, nicht ihr Fundament und damit ihren Existenzgrund verlieren würde.

1.1 Ohne Gottesglaube keine Moral?

Während Eco findet, dass allgemein menschliche Erfahrungen die Basis für eine gemeinschaftliche Ethik bieten können, scheint Martini eher in der Richtung der Notwendigkeit des Gottesglaubens als Grundlage für die Ethik zu denken. In jedem Falle kann er sich nicht so leicht vorstellen, wie im Letzten ohne Gott die Idee einer unbedingten moralischen Pflicht möglich ist. Hat Ethik also den Gottesglauben nötig oder nicht?

Wir werden rasch sehen, dass es mit einer so einfachen Alternative nicht getan ist. Bereits der Titel des Büchleins kann uns davor warnen, uns die Antwort zu leicht zu machen. Denn wo sind die Grenzen zwischen Glaube und Unglaube, gibt es nicht viele Weisen des Glaubens, ist nicht Moralität selbst schon eine Art von Glauben und Hingabe? In der Tat, woran glauben nicht doch auch diejenigen, die nicht glauben?

In diesem Zusammenhang wird gerne das Wort Dostojewskis zitiert: »Wenn Gott nicht ist, ist alles erlaubt.« Hat Dostojewski Recht mit diesem Satz? Hat Moral auf Dauer allein Bestand, wo auch an Gott geglaubt wird? Also, wie verhält sich das: Gott und die Moral? Ist der Gottesglaube für die Moral notwendig? Und: was für ein Gottesglaube?

Dostojewskis Satz, beginnen wir damit, ist höchst zweideutig. Das macht ihn gefährlich und interessant zugleich. Er gehört zu den Sprüchen, die wie eine Keule gebraucht werden können (und so gebrauchen ihn manche, auch unter Kirchenmännern, aber nicht allein da), oder wie eine Art Wünschelrute, die uns zu unter der Oberfläche verborgenen Quellen führt, selbst in der ausgetrockneten Wüste.

Zur Keule wird er in der Hand *positivistischer* Moralauffassungen: Moral als »positive« Offenbarung des Willens Gottes, in Schrift, Tradition und Autorität. In der Tat, wenn das so ist, verschwindet mit dem Gottesglauben die Legitimationsgrundlage für die Heiligkeit der Schriften, für die Ehrwürdigkeit der Tradition wie für die Autorität der Autorität(en). Eine auf Autorität gebaute Moral verdampft mit dem Verblassen der Autorität.

Etwas anderes ist es, wenn Dostojewskis Satz nicht moralpositivistisch, sondern *fundamentalmoralisch* verstanden wird. Das will dann sagen: Moral hat in ihrer *Tiefe* mit Gott zu tun. Sie verweist auf Gott für die, die den in der moralischen Erfahrung ergehenden Appell als Stimme Gottes zu verstehen im Stande sind. Und diejenigen, die dies nicht vermögen?

Ich denke, eine gründliche phänomenologische Analyse kann sich zumindest nicht einem vielfältigen Geflecht von Verweisungen, vom Transzendieren des Unmittelbaren auf Hintergründiges hin, entziehen, das sich in der moralischen Erfahrung vor uns auftut: die Verweise vom ausführenden Ich zum entscheidenden und beurteilenden Ich, vom Ich zu den andern Menschen, von der Erwartung seitens der andern zum Ich hin, von konkreten Gütern und Schäden zum Guten und Schlechten einfach hin und an sich, von Gut und Böse zur Frage von Sinn und Unsinn des Lebens und der Welt.

Wer versteht, dass der die Moral überhaupt erst konstituierende Impuls die Frage nach dem Guten schlechthin ist – in der Überzeugung von der Gewissensanlage eines jeden Menschen wird behauptet, dass dies grundsätzlich, wenn nicht schwere Blockaden dies verhindern, allen Menschen zugänglich ist – kurzum, wer die Frage nach dem Guten in ihrer Eigenheit versteht, wird sich der transzendierenden Kraft dieser Frage nach dem Guten nicht entziehen können.

Diese Frage wird nie eine endgültige Antwort in der unmittelbaren Begierde des Ego finden, auch nicht im Kontrakt und Konsens zwischen mir und den andern Ego's. Sie lässt sich nicht durch Übereinkünfte beruhigen. Sie treibt uns immer wieder über das Konkrete hinaus, da das Gute schlechthin zwar in allen Gütern anwesend, aber auch allen Gütern gegenüber transzendent bleibt. Mehr noch: Die Frage nach dem Guten – wie die nach dem Scheitern des Guten im Bösen – führt letztlich in die Rätselhaftigkeit der Unvollkommenheit der Menschlichkeit des Menschen, und mehr noch in die seiner möglichen Unmenschlichkeit.

So leuchtet am Horizont der Moral die Frage nach dem Glück, nach dem Scheitern, nach dem Bösen und die nach einer gleichwohl möglichen Hoffnung auf. Gott bleibt so für die, die an ihn glauben können, mit Namen, für die, die dies nicht können, anonym, oder als mögliche Frage der Hoffnung Grund und Horizont der Moral; Gott nicht als Verpflichtungsgrund, sondern als Sinngrund, oder, zugespitzt formuliert, weniger als Prinzip »Verantwortung« – die ist uns Menschen zugemutet –, sondern viel mehr als Prinzip »Hoffnung«.

Auf die Gefahr des Missverständnisses hin in eine Kurz-Formel gefasst: *Moral wird nicht in Gott sichtbar, sondern Gott wird in der Moral sichtbar* (Merks: Erfahrung). »Ubi caritas et amor, ibi Deus est«, wo Zuneigung und Liebe ist, da ist Gott (Hymnus zur Fußwaschung am Gründonnerstag): Moralität ist ohne den expliziten Gottesglauben möglich.

Die von Dostojewskis Satz ausgelöste Frage ist freilich nicht (nur) spekulativ-theoretischer Art. Sie hat eminent praktische Bedeutung. Die eigentliche Bedeutung dieses Themas ist gelegen in der Frage, ob und wie wir, Gläubige und nicht Glaubende, mit unsern verschiedenen Welt- und Menschenbildern, miteinander zusammenleben und die wichtigen Werte im Leben miteinander teilen können, über alle Unterschiede hinaus.

Dies ist möglich, weil – das ist meine Überzeugung als *Moral*theologe – Moral gerade in einer gewissen Abständlichkeit gegenüber dem expliziten Glauben bestehen kann und dies selbst in einem bestimmten Sinne muss, und umgekehrt – gerade weil, wer moralisch handelt, darin bereits, das sage ich natürlich als Moral*theologe*, für Gott offen steht.

Nun bin ich mir bewusst, dass wir von der Moral aus nicht über *Gott* sprechen würden, wenn wir nicht aus andern Sinnzusammenhängen schon von Gott sprächen. Das ist ja auch der Grund, warum Menschen moralisch sein können, ohne dies im Namen Gottes zu sein, ohne Gott darin zu sehen. Darum geht es aber zunächst hier nicht, hier geht es zunächst darum, dass Gottes Abwesenheit nicht per se Amoralität bedeutet (Merks: Abwesenheit). Das aber gibt des Weiteren den Anlass, darüber nachzudenken, in welcher Weise dann über die Beziehung zwischen Gott und Moral gedacht werden muss.

Ich fasse die Konsequenz aus den bisherigen Überlegungen in einigen Sätzen zusammen:

1. Für den christlichen Glauben gilt: Auch wer sich zu Gott nicht theoretisch bekennt, kann dies durch seine Taten implizit tun.
2. Auch für den christlichen Glauben gilt: Moral beruht nicht exklusiv auf einem spezifischen Gottesglauben, sondern auf allgemein menschlichen Erfahrungen bezüglich des Guten; Moral ist darum für alle zugänglich.
3. Von den Auswirkungen her besehen, gibt es wenig Grund, den Zusammenhang zwischen Gottesglaube und Moral allzu selbstbewusst zu behaupten. Auch für den christlichen Glauben gilt: Moralisches Engagement muss sich oft gegen den Zweifel an Gott bewahrheiten.
4. Wo Menschen diese Situation aushalten und sich moralisch engagieren, darf man daher – vom christlichen Glauben aus – annehmen: Die Moral, auch die säkulare Moral, kann gerade als Offenheit auf Gott hin verstanden werden.

1.2 Moralmodelle und Gesellschaftstruktur

Mit diesen Bemerkungen sind freilich mehr Fragen angeschnitten als beantwortet. Eine Reihe Aspekte habe ich in meinem Buch »Gott und die Moral« behandelt. Was bedeutet Freiheit, was Verantwortung, was Schuld, was Gehorsam gegenüber Gottes Willen? Welches ist die Beziehung zwischen Glaube und Vernunft, zwischen Selbstbestimmung und Übergabe? Wie verhalten sich kirchliche Tradition und Autorität zum ›weltlichen‹

Selbstverständnis von Menschen außerhalb und auch innerhalb der Kirche? Welche Bedeutung hat der kulturelle und gesellschaftliche Wandel für ein christliches Glaubens- und Moralverständnis?

Dabei bin ich immer wieder auf dasselbe Kernproblem gestoßen: Die das kirchliche Sprechen bestimmenden tradierten Moralvorstellungen gehen – anders als gesellschaftlich dominante Moralvorstellungen und anders als das Desinteresse an Moralvorstellungen überhaupt – aus von einem Gesellschafts-, Menschen- (und Gottes-) Verständnis, das primär gemeinschafts- und traditionszentriert ist. Von daher die zentrale Rolle von Tradition, Autorität und ›normativer‹ Ordnungsgestalt der Moral (prägend auch für das Gottesverständnis innerhalb der Moral).

Die Herausforderungen des gesellschaftlichen Wandels lassen sich demgegenüber mit Stichworten andeuten, die hierzu in direkten Gegensatz treten, wie Individualisierung, Historisierung, Demokratisierung. Von daher erringt für das Moralverständnis die Akzeptanz von Begriffen wie Autonomie und Eigen-Verantwortung zentrale Bedeutung.

Eigentlicher Maßstab wird nun die Gestaltung von Gegenwart und Zukunft statt der Bewahrung von Tradition und Geschichte. Anstelle des Überlieferten und Festgesetzten tritt die eigene Erfahrung, anstelle des Gehorsams und des Sich-Einfügens in die Ordnungen des Lebens der Wille zu deren eigenverantwortlicher Gestaltung.

Was bedeutet dies alles für unsere Moral? Zweifelsohne wird dadurch die traditionelle Rolle und das traditionelle Verständnis von Moral gründlich in Frage gestellt. Und mit in Frage gestellt wird ein Gottesbild, das die traditionellen gesellschaftlichen Ordnungskomponenten in sich selbst trägt. Ist dies aber das Ende einer Beziehung zwischen Gott und Moral oder gar das Ende von Moral? Weist die moderne Gesellschaft mit den traditionellen Ordnungsvorstellungen auch Moral und Gott aus ihrer Mitte? Und muss die Gemeinschaft der Gläubigen darum die Moderne mit ihren Gesellschaftsvorstellungen abweisen? Oder mussten und müssen wir fundamentale Vorstellungen unseres Moralmodells und insbesondere der gedachten Beziehung zwischen Gott und Moral selbst einer gründlichen Überprüfung unterziehen?

1.3 Offenbarung und Erfahrung

Im Folgenden werde ich dieser Frage etwas weiter nachgehen. Ich habe hierzu zwei Stichworte als Titel gewählt, die als zentrale Charakteristika für den genannten Epochenwechsel von einer Gemeinschafts-orientierten zu einer Subjekt-orientierten Moral gelten können: Offenbarung einerseits, Erfahrung anderseits.

Es ist bekannt, dass die katholische Moraltheologie sich schon lange dem Versuch geöffnet hat, ihr Selbstverständnis unter dem Eindruck des gesellschaftlichen Wandels zu überprüfen, sich neu zu form(ul)ieren und so ihrer Aufgabe gerecht zu werden, beizutragen zu einer humanen Gestaltung von Gesellschaft und Welt in der Gegenwart und für die Zukunft.

An Stelle einer vor allem durch die Religion (vor-)gegebenen Ordnung, in die die Menschen sich einzufügen haben, wenn sie die Erfüllung ihres wahren Menschseins finden wollen, hat bei vielen Moraltheologen die Idee einen zentralen Platz bekommen, dass im Ausgang vom Menschen selbst mit seinen Erfahrungen in der Wirklichkeit, seinen Nöten, seinem Verlangen, seinen Idealen die Frage nach der rechten moralischen Ordnung gestellt werden muss und darf. Um es unzweideutig zu sagen: Nicht die vorgegebene moralische Ordnung bestimmt das wahre Menschsein, sondern das wahre Menschsein bestimmt die moralische Ordnung.

Was den Namen »Moral« verdient, was zur moralischen Ordnung gehört, können und müssen die Menschen selbst herausfinden. Es ist das Resultat menschlicher Erfahrung und Reflexion. Gut und böse, richtig und falsch werden also nicht durch eine moralische Ordnung festgelegt, die immer schon bestanden hätte. Die moralische Ordnung ist Ausdruck von »gut« und »böse«, das Menschen erfahren haben. Diese Erfahrungen sind in Geboten und Verboten, in Pflichten und Tugenden zum Ausdruck gebracht und bilden als solche einen Teil des menschlichen Erfahrungsschatzes, der von Generation zu Generation weitergegeben wird und der uns umgekehrt den kulturellen ›Nährboden‹ für die Verwirklichung guten Menschseins bietet.

Von daher müssen auch Kritik und Überprüfung des Handelns und dieser Ordnung selbst – aufgrund neuer eigener Erfahrungen von Menschen – möglich bleiben. In diesem Sinne ist der Mensch das Maß für die Moral und nicht die Moral Maß für den Menschen.

Ein derartiger Sichtwechsel hat selbstverständlich auch Folgen für das Expertentum des Moraltheologen. Er (und inzwischen auch sie) verstehen sich nicht einseitig als Anwälte eines feststehenden Regelwerkes und einer sich darauf beziehenden Lehre. Ihre Rolle ist es vielmehr, eine Brücke zu schlagen zwischen den Erfahrungen von Menschen unserer Zeit und dem, was uns als Erfahrung und Einsicht von Menschen aus früherer Zeit in Schrift, Tradition und kirchlicher Lehre überliefert wurde.

Wir dürfen darum auch nicht wie die Katze um den heißen Brei herumstreichen bezüglich der dornigen Frage, mit der sich solch eine Moraltheologie konfrontiert sieht: Wie ist eine solche Sicht möglich für eine Theologie, die davon ausgeht, dass es in der Moral um Gottes Willen geht und dass man diesen Willen in Schrift und Tradition überliefert findet?

Bezüglich dieser Frage will ich mich hier mit einer lakonischen und prinzipiellen Antwort begnügen: Auch Schrift und Tradition sind Menschenwort, sind zur Sprache gebrachte eigene moralische Erfahrungen von Menschen, die sie im Lichte ihres Gottesglaubens auslegen. Sie lassen uns nicht direkt den Willen Gottes sehen, sondern geben Zeugnis davon, wie Menschen in ihrer Situation von ihrer Glaubensüberzeugung her dem Willen Gottes Ausdruck geben zu können und zu müssen glaubten.

2. Gott in der Moral

Es ist ziemlich deutlich, dass damit nicht allein die Frage nach dem Gottesbezug der Moral aufgeworfen ist, sondern sich grundlegend die Frage nach Offenbarung überhaupt stellt. Was ist Offenbarung? Ist sie nur ein anderer Name (gar ideologischer Anspruch) für ein Produkt menschlicher Bewusstseinsaktivität, und muss Offenbarung damit reduziert werden auf ein menschliches Maß? Aber wenn nicht dies, was ist sie dann, da sie ja nicht einfach außerhalb unseres Bewusstseins sein kann? Was ist Offenbarung, wie verhält sie sich also zu andern Weisen von Kennen, Wissen und Werten?

Sie a priori als das Gegenüber zu unserm eigenen Kennen, Wissen und Werten zu sehen, heißt eine Antwort zu geben, noch bevor man sich der Frage wirklich stellt. Dies zeigt schon die Tatsache, dass es unsinnig ist, von Offenbarung zu sprechen, wenn sie sich nicht wenigstens für das Bewusstsein und im Bewusstsein derjenigen, die sie als solche anerkennen, und das heißt: in ihrer Erfahrung darstellen würde. Die Beziehung zwischen Offenbarung und Erfahrung kann denn auch in dieser Hinsicht auf zweifache Weise verstanden werden, die ich mit den Stichworten heteronomer und autonomer Übereinstimmung kennzeichnen möchte.

- *Heteronome Übereinstimmung* meint die Akzeptation nicht aufgrund einer inhaltlichen Bewertung, sondern aufgrund der Annahme einer autoritativen Vorlage als solcher, wie diese auch immer begründet sein mag. Die eigene Erfahrung beschränkt sich (in strikt formaler Hinsicht) auf die Erfahrung der Abkünftigkeit von einer anerkannten Autorität.
- Von *autonomer Übereinstimmung* spreche ich dort, wo Akzeptation aufgrund der inneren Erfahrung der Stimmigkeit mit dem, was ich ›weiß‹ und wertend anerkenne, geschieht.

Meines Erachtens kann, jedenfalls in Fragen der Moral, der Status von Offenbarung nur dem zweiten Modus zuerkannt werden. Offenbarung ist der Ausdruck für Bedeutung und Sinn, die erfahren werden, aus der Erfahrung auflichten. Dies soll im weiteren näher entfaltet werden.

2.1 Offenbarung aus Erfahrung?

Ich bin mir ziemlich sicher, dass auf diese Frage nur ein kräftiges »Ja« die Antwort sein kann. Damit stehe ich irgendwo zwischen Karl Barth und Friedrich Nietzsche. Für Nietzsche ist Offenbarung nichts als eine Extrapolation des Menschen: »Religion entsteht, indem der Mensch pessimistisch zweifelt, er selbst könne Urheber seines großen Gedankens sein, und ihn deshalb Gott zuschreibt. Etwas als Offenbarung anzunehmen heißt, unseren eigenen Gedanken als Gottes Gedanken siegen zu lassen« (vgl. Scholtz: Offenbarung 1125).

Für Karl Barth dagegen ist es offenbar gerade umgekehrt: 1922 überraschte er seine Freunde mit der Aussage: »Wir sollen als Theologen von Gott reden. Wir sind aber Menschen und können als solche nicht von Gott reden ... denn von Gott kann nur Gott selber reden. Die Aufgabe der Theologie ist aber das Wort Gottes. Das bedeutet die sichere Niederlage aller Theologen« (zit. nach Kupisch: Barth 57).

Diese zwei Aussagen haben etwas gemein: Sie zeugen von einer selben Art Betrachtungsweise, wenn auch in radikal entgegengesetzter Polarität. Es ist einmal die exklusive Rolle des Menschen, zum andern die exklusive Rolle Gottes, die unterstrichen wird in dem, was wir Offenbarung nennen.

Meine These, die ich hier verteidigen will, lässt sich folgendermaßen formulieren: Gottes Offenbarung geschieht durch den Menschen (hindurch). Gott offenbart sich in der menschlichen Erfahrung. Also: Offenbarung aus Erfahrung.

Über die Bedeutung von Erfahrung für Offenbarung und Glaube wurde, sicher nicht zum Geringsten in unserm Land, in den Niederlanden (!), viel geschrieben. Ich nenne vor allem den zentralen Platz, den Erfahrung im Oeuvre von Edward Schillebeeckx (unter anderem in Schillebeeckx: Erfahrung) einnimmt, weiter die Dissertation meines Tilburger Kollegen Frans Maas (Maas: God). Daneben wird man in jeder anständigen Fundamentaltheologie auf das Thema Erfahrung stoßen.

2.2 Erfahrung in der Moral

Ich will mir freilich selbst sowie den Leserinnen und Lesern eine Exkursion in die endlose Prärie der dogmatischen Hermeneutik ersparen (vgl. unlängst das Themenheft von Concilium: Gott) und mich auf einzelne Randnotizen aus meiner eigenen Disziplin, der Moraltheologie, beschränken. Namen von Theologen, die sich hier besonders mit der Rolle der Erfahrung befasst haben, sind etwa Richard Egenter (Egenter: Erfahrung) und Dietmar Mieth (Mieth: Moral). Daneben aber finden wir Betrachtungen über die Bedeutung der Erfahrung in der Ethik wiederum bei beinahe allen modernen Moraltheologen.

Für ein Gutteil bedeutet dies die Wiederentdeckung einer Kategorie, die von altersher in der Ethik eine Rolle gespielt hat. Für Aristoteles und in der Linie seines Denkens für Thomas von Aquin setzt Moral Erfahrung voraus: Denn im Leben und Handeln selbst entdecken wir durch Erfahrung, worin das gute Leben konkret besteht. Die Wert-volle Praxis wird in und durch

Praxis enthüllt (vgl. Merks: Grundlegung 78ff.). Daher, so Aristoteles – und Thomas von Aquin schließt sich dabei an –, ist das Ethikstudium auch nichts für junge Leute, sondern für Menschen mit Lebenserfahrung. Das ist nicht per se Diskriminierung der Jugend. Denn man kann nicht nur jung sein mit Blick auf das Lebensalter (iuvenis aetate), sondern auch – ganz abgesehen vom Lebensalter – jung mit Blick auf die Moralität (iuvenis moribus: Thomas von Aquin im Kommentar zur Nikomachischen Ethik, nr. 32ff.). Also: Auch ältere Menschen sind nicht gefeit gegen moralische Unerfahrenheit.

Mit der neuerlichen Rehabilitation der Erfahrung sollte die Wirklichkeit wieder ihren Platz erhalten in einer Morallehre, die abstrakt und unnuanciert geworden war und sich zeitlos und universell wähnte. Erfahrung soll der Moral also wieder Anschluss an die Wirklichkeit geben. Und sie soll, anstelle des Gehorsams gegenüber Normen, die Aufmerksamkeit gleichsam wieder richten helfen auf die Frage nach dem *wirklich* guten, statt nach einem lediglich norm-konformen Verhalten.

So kommt z.B. Franz Böckle in seiner »Fundamentalmoral« gerade im Kontext der Suche nach Werten und Normen auf Erfahrung zu sprechen. Erst aus dem Zusammenspiel von Vernunft und Erfahrung kommen moralische Einsichten und Normen zustande. Über diese notwendige Erfahrungsdimension konkreter Moraleinsichten (und in diesem Sinne über Moral aus Erfahrung) will ich mich hier nicht weiter auslassen. Sie scheint mir als Grundstruktur ethischer Einsichten evident. Was mich hier interessiert: Was hat diese Erfahrung mit Offenbarung zu tun?

Wird hierdurch nicht eher der Offenbarungsgedanke bedroht? In der Tat ist die erneute Besinnung auf Erfahrung nicht lediglich Kritik an einer abstrakten Naturrechtsmoral, sondern auch eine Kritik an bestimmten Vorstellungen über den Zusammenhang von Offenbarung und Moral.

Es ist die Kritik am Offenbarungspositivismus, das heißt, an einer Moral, die ausgeht von fix und fertigen Geboten und Verboten Gottes, die man in der Heiligen Schrift und in den Lehraussagen der Kirche finden kann. Demgegenüber wird die eigene Erfahrung von Menschen ins Feld geführt, zum Beispiel die Erfahrung von Eheleuten in Fragen der Geburtenregelung, die

Erfahrung von Geschiedenen und Wiederverheirateten in Fragen der Ehepastoral, die Erfahrung von Armen bezüglich einer gerechteren Sozialordnung, usw.

Reden wir nicht lange drum herum. Ich denke, dass bisweilen auf Grund von Lebenserfahrungen zu Recht Fragen an die geltende Moral gestellt werden, selbst wenn diese als Offenbarungsmoral vorgestellt wird. Doch sollte man daraus keine falschen Folgerungen ziehen: entweder Offenbarung oder Erfahrung. Gegenüber dieser Alternative halte ich fest an der Offenbarungsdimension von Moral einerseits, an ihrem Erfahrungscharakter anderseits. Das will besagen: Moral ist kein willkürliches menschliches Machwerk, sondern konfrontiert uns mit dem, was man traditionell den ›Willen Gottes‹ nennt, oder etwas moderner gesagt: mit Gottes Anruf und Appell an unsere Freiheit und Verantwortlichkeit. Gleichwohl ist Moral wirklich ein Produkt menschlicher Erfahrung und Reflexion. Offenbarung geschieht gerade in einer Geschichte von Erfahrung und Reflexion.

2.3 Erfahrung des ›Willens Gottes‹

Die soeben dargelegte Sicht führe ich weiter aus mit drei Thesen:
1) Ohne Erfahrung gibt es keine Offenbarung.
2) In der moralischen Erfahrung offenbart sich uns das, was uns unbedingt angeht und herausfordert.
3) Auch die so genannte Moral der Offenbarung in der Heiligen Schrift ist das »Produkt« menschlicher Erfahrung.

Zum Schluss folgt eine kurze Bemerkung über Erfahrung, Offenbarung und Gemeinschaft.

2.3.1 Ohne Erfahrung gibt es keine Offenbarung

Diese These ist relativ einfach und selbstverständlich. Auf welch andere Weise, als dass wir sie erfahren, sollte eine Offenbarung für uns sichtbar und erkennbar werden? Was wir nicht erfahren, wovon wir keine Kenntnis haben, das hat für uns keine Bedeutung, ja besteht nicht einmal.

Es wäre natürlich dumm, zu behaupten, dass allein Dinge bestehen, die wir erfahren. Wahrscheinlich erfahren wir sehr wenig von dem, was besteht. Bei Offenbarung freilich geht es gerade, der Name sagt es schon, um ein uns Erkennbarwerden.

Sinnvoll können wir das Wort Offenbarung nur gebrauchen, wenn es neben demjenigen, der etwas von sich selbst offenbart, auch jemanden gibt, der gleichsam das Versandte empfängt, aufnimmt, erfährt. Andernfalls bleibt das, was als Offenbarung gedacht ist, auf halbem Wege stecken in der Welt der Dinge, von denen nicht interessiert, ob sie bestehen oder nicht.

In der Regel meinen wir aber mit Offenbarung etwas, das uns auf die eine oder andere Weise angeht, als Wissen zum Beispiel, als Erkenntnis, Einsicht, Ideal, Appell. Ohne ein wahrnehmendes Subjekt kann also streng genommen von Offenbarung keine Rede sein.

Diese einfache Feststellung verdient allerdings einige Ergänzung. Einerseits nennen wir nicht alles, was wir erfahren, Offenbarung. Offenbarung beinhaltet also für uns mehr, als die Tatsache, dass es um eine Erfahrungstatsache geht. Wir denken an etwas Besonderes, besondere Erfahrungen.

Ein anderer Punkt ist: Auch wenn wir von Offenbarung nicht ohne erfahrende Subjekte sprechen können, so kann sie gleichwohl von diesen Subjekten im Weiteren zur Sprache gebracht werden, kann gleichsam als etwas Objektives vorgestellt werden, etwas, das auch für andere wichtig ist, die eine derartige Erfahrung nicht persönlich direkt gemacht haben. Das spielt z.B. eine große Rolle in der christlichen Glaubenstradition. Offenbarung ist dann nicht mehr per se als solche wahrnehmbar, sondern lediglich als Wahrnehmung von anderen weitergegeben. Die Frage kommt natürlich auf, ob man oder in welchem Sinne man dann eigentlich von Offenbarung sprechen darf. Ist Offenbarung kommunizierbar, ohne das eigene Erfahrungsmoment?

Diese Art Fragen sind kein akademisches Spiel, wir befinden uns damit mitten in der gegenwärtigen Glaubensproblematik: Wie können wir etwas als Offenbarung schätzen, zu dem uns selbst ein direkter Erfahrungszugang fehlt?

2.3.2 In der moralischen Erfahrung offenbart sich uns das, was uns unbedingt angeht und herausfordert

Nach dem Philosophen Hans-Georg Gadamer gehört der Begriff Erfahrung »zu den unaufgeklärtesten Begriffen ..., die wir besitzen« (Gadamer: Wahrheit 329). Das hängt zusammen mit der

Entwicklung des naturwissenschaftlichen Denkens. Hierin wird eine bestimmte Form von Erfahrung, die Empirie, normativ. Empirie bietet – das ist eine lang gehegte Meinung gewesen – den Zugang zur Wirklichkeit, so wie sie ist. Empirie lässt die Wirklichkeit selbst zu Wort kommen anstelle unserer Theorien und Spekulationen über die Wirklichkeit. Das – wiederholbare – Experiment ist die sauberste und strengste Form, um solch eine Relation zwischen Wissen und Wirklichkeit zu garantieren. Dieses Ideal hatte bis in die Geisteswissenschaften hinein seine Auswirkungen; z.B. in Textwissenschaften durch die Anwendung der historisch-kritischen Methode; in der Geschichtswissenschaft durch das positivistische Interesse daran, »wie es wirklich gewesen ist«. Eine späte Blüte erlebt dieses Ideal mit der strukturalistischen Methode in Human- und Gesellschaftswissenschaften. Empirische Wissenschaften sind daher denn auch die eigentlichen Wissenschaften! Das ist aber eine Verengung der ursprünglichen Bedeutung von Erfahrung, wie sie im aristotelischen Wissenschaftsmodell entwickelt und von da aus in das abendländische Denken eingegangen ist. Hier ist Erfahrung unser Weg zum Wissen. Aus den vielen einzelnen Erfahrungen kommen wir zum Begriff und zu allgemeiner Erkenntnis (zu Aristoteles, Albertus, Thomas siehe Kambartel: Erfahrung).

In diesem Modell können natürlich nicht nur domestizierte und kontrollierte, sondern selbst die abenteuerlichsten Erfahrungen zu ihrem Recht kommen. Erfahrung ist daher auch viel breiter zu sehen als die platte Oberflächenwirklichkeit der Empirie. Nicht nur die interpretierende Rolle des erkennenden Subjektes muss ernst genommen werden, etwas, das übrigens inzwischen auch in die Naturwissenschaften Eingang gefunden hat (Mey: Erfahrungswissenschaft). Auch wird man sich des historischen Charakters des menschlichen Erkenntnisprozesses bewusst.

Vor allem aber gehören zur Erfahrung auch die Dimensionen von Sinn und Werten. Denn auch diese sind Erfahrungen, die mit der Wirklichkeit zusammenhängen. Sie haben selbst eine Art empirischen Status. Zwar ist es nicht die Empirie der experimentellen Physik, wohl aber die der sozialen Wirklichkeit. Wir können einander im Hinblick auf diese Erfahrungen verstehen, auch wenn dies nicht in Form eines Beweises ist.

Auch die moralische Erfahrung ist von dieser Art. In der moralischen Erfahrung kommen verschiedene Aspekte zusammen, die zwischen Menschen erkennbar und kommunikabel sind: ein ganz ursprüngliches Wissen, dass »gut« und »böse« gegensätzlich sind (Thomas v. A., Summae Theologiae I–II, 94,2); dass gut ist, was gut »tut« (Merks: Orde); dass bestimmte Dinge gut oder nicht gut tun (Martini/Eco: Woran); und auch die Erfahrung des Bedrängens oder des Appells, die von der Gutheits-Erfahrung ausgehen im Blick auf unser Verhalten: dass es eigentlich nicht gleichgültig ist, wie wir uns bezüglich dieser Erfahrungen verhalten. Kurzum: Erfahrungen des Wünschbaren, des Möglichen, des Wirklichen und der Verantwortlichkeit sind zwischen Menschen kommunikabel.

Die verschiedenen Dimensionen der moralisch relevanten Erfahrungen hat Dietmar Mieth analysiert (Mieth: Moral 111ff.). Von der Erfahrung des »es geht – es geht nicht« (Kontrasterfahrung), der Erfahrung »es geht mir auf, es leuchtet mir ein, es überzeugt mich« (Sinnerfahrung), und der Erfahrung: »es betrifft mich, es geht mich an« (Motivations- oder Intensitätserfahrung) kommen wir zu unseren moralischen Überzeugungen. Sie laden uns, würde ich formulieren, ein und fordern uns zugleich dringend heraus. Aber zugleich bleiben sie auch korrigierbar aufgrund neuer Erfahrungen.

In der moralischen Erfahrung lassen sich meines Erachtens zwei Ebenen, gleichsam zwei Lagen, unterscheiden. Die eine ist die Erfahrung dessen, was »gut« bedeutet: dass es so etwas wie »gut« gibt, das im Gegensatz zu »böse« steht. Es ist ein spontanes Wissen, eine Art zusammenfassender Begriff all dessen, was uns anziehend und sinnvoll erscheint und sich als solches als erstrebenswert anbietet.

Über den Wert dieses Guten an sich ist keine lange Diskussion erforderlich. Es auferlegt sich uns gleichsam spontan und selbstverständlich. Im Blick hierauf spreche ich vom Offenbarungscharakter der Moral aus Erfahrung. Diese Erfahrung ist ganz und gar menschlich, und zugleich verweist sie uns in die Tiefe unserer Existenz, die *wir* nicht machen, sondern die *uns* ›macht‹: Der Mensch ist ein moralisches Wesen. Die Unterscheidung von gut und böse ist ihm je schon eigen, auch wenn er sie selbst im Konkreten situieren lernen muss.

Denn was ist das eigentlich, genau genommen, Offenbarung? Etwas, das verborgen war oder ist, wird – manchmal auf einen Schlag, aber manchmal auch über eine lange Zeit hin – für uns erkennbar (erkennbar im weiten Wortsinne: Teil unseres Bewusstseins). Zum Beispiel, wenn wir sagen »Er war eine Offenbarung für mich«: Ich wusste nicht, dass er so viel Talent besaß. Oder: »Das war eine echte Offenbarung«, das will besagen: Es gab mir eine neue Sicht auf die Dinge. Offenbarung ist daher nicht etwas, das noch nicht da war, sondern eher etwas, das wir noch nicht kannten. Als solche hat sie etwas Unerwartetes, sie wird nicht von uns gemacht, sondern sie überkommt uns. Wir erfahren sie – erfahren sie gerade in der untrennbaren Verwobenheit von Tun und Erleiden, die für Erfahrung allgemein gilt, und wodurch es *unsere* Erfahrung ist. Ebenso wie Sinn und Sinnvolles, streng genommen, etwas in Beziehung zu uns selbst sind, etwas auf das wir stoßen, dem wir begegnen, das wir aber andererseits uns eigen machen, annehmen und bejahen müssen.

Offenbarung hat also mit dem Verborgenen zu tun, dem Geheimnis, dem Mysterium, das für uns sichtbar wird. Durch Offenbarung verschwindet aber das Mysterium nicht einfach, sondern eher könnte man sagen, es wird von einem unbekannten zu einem gekannten Mysterium. Wenn wir die Genialität eines Menschen sehen, bleibt diese gleichwohl ein Wunder. Die Güte eines Menschen, die Schönheit der Natur oder eines Kunstwerks behalten etwas Unergründliches. Offenbarung darf man daher auch nicht verwechseln mit dem Kennenlernen brauchbarer Handlungsanweisungen, oder mit der Vermittlung von Wissen und Macht. Sie führt nicht zu Herrschaftswissen, zu Zauberei und Alchemie, sondern zu Sinn-Einsicht und vielleicht zum Antwortgeben.

Für den christlichen Glauben ist es Gott, der sich selbst Menschen offenbart, oder jedenfalls etwas von sich selbst, seine Absichten, seinen Willen. Und er offenbart uns gleichzeitig damit etwas über uns selbst, lässt uns Sinn und Bestimmung unserer Existenz, der Geschichte, der Welt sehen, so dass wir uns voll Vertrauen an ihn wenden können, uns ihm anvertrauen können.

Auf diese Weise können wir auch das sittliche Sollen verstehen. Es zeigt sich in seiner Bedeutung für uns, ohne dass wir es

ganz und gar ›verwalten‹ können, oder nach unserer Hand setzen können. Wir nennen das Gewissen. Gewissen besagt im
Grunde, dass es ganz und gar nicht gleichgültig ist, ob uns das
Gute gleichgültig ist. Es ist ganz offenbar etwas Wunderbares,
dass der Mensch sich über seine Egozentrik hinaus orientieren
und erheben kann; etwas, das uns sogar auf Gott hinzuweisen
vermag: Neben dem »bestirnten Himmel über mir« ist es für
Kant dieses innerliche Gesetz des Guten (»das moralische Gesetz in mir«; Kant: Kritik der praktischen Vernunft 288–289),
das uns den Zugang zu Gott öffnen kann. Aber gerade dieses
Gesetz verweist den Menschen auf sich selbst: Das Gesetz des
Guten ist das Gesetz, das er sich selbst autonom geben muss.

Und hier ist dann die zweite Ebene oder Lage der moralischen Erfahrung, nämlich die Art und Weise, wie das Gute jeweils konkret wird, wie es seine beste Ausgestaltung findet in
dieser Welt mit ihren Möglichkeiten und Grenzen. Es ist sozusagen dieselbe gemeinsame Währung (das Gute), die im konkreten Handeln in kleine Münzen gewechselt werden muss: in
die konkreten guten Taten. Und diese sind nun wirklich unen-
trinnbar Sache der Erfahrung in den jeweiligen Situationen,
und der Lebenserfahrung im Ganzen. Die Frage, die wir uns
freilich immer wieder stellen müssen, ist die, ob die kleinen
Münzen wohl echt sind.

So greifen also Offenbarung und Erfahrung innerlich in jedem moralischen Urteil grundsätzlich, und im Konkreten, ineinander. Aus der Tiefe seines Wesens wird der Mensch zu verantwortlicher Freiheit gerufen. Und zu ihrer Verwirklichung
und Gestaltung müssen wir unser eigenes Herz und unsern Verstand, unsere Kenntnis und unsere Kreativität einsetzen.

2.3.3 Auch die so genannte Moral der Offenbarung in der Heiligen Schrift ist das »Produkt« menschlicher Erfahrung

In der christlichen Theologiegeschichte wird Offenbarung oft
mit Glaubensinhalten gleichgestellt: Es geht um offenbarte
Wahrheiten (theoretische und praktische). Zwar bleiben diese
Wahrheiten von ihrem Ursprung her eine Sache des Glaubens
und nicht des Wissens. Aber nachdem sie uns geoffenbart sind,
kann man sie doch als eine Art Wissen anwenden. Offenbarung
teilt das Schicksal des Glaubensbegriffs, der auch oft anstelle

von vertrauender Übergabe an Gott (fides qua) als die Annahme von Inhalten gesehen wurde (fides quae). Auch dies kann als Herrschaftswissen missbraucht werden, z.B. wenn man einen verdächtigen Theologen den Eid auf das Glaubensbekenntnis ablegen lässt. Aber treffend hat Dietrich Bonhoeffer hierzu bemerkt: »Ein Glaubensbekenntnis spricht nicht aus, was ein anderer glauben ›muss‹, sondern was man selbst glaubt« (Bonhoeffer: Briefe 506).

Mit einem objektivierten Offenbarungsbegriff findet zugleich eine Abgrenzung statt zwischen den Rollen Gottes und der Menschen im Offenbarungsgeschehen. Denn diese Glaubenswahrheiten verdanken sich nicht dem natürlichen, gewöhnlichen menschlichen Erkenntnisprozess, sondern unterstellen ein Sprechen von Seiten Gottes. Und die Idee ist, dass dies zwei verschiedene Dinge sind. Das schließt nicht aus, dass dieses Sprechen Gottes in Menschensprache von Menschen weitergegeben wird. Doch bleibt der eigentliche Sprecher Gott selbst. »So spricht JHWH«, oder »Spruch JHWH's« sagen die Propheten. »Wort Gottes« hören wir im Überfluss immer wieder nach den Lesungen in der Liturgie. Wenn aber Gott der Sprechende ist und der Mensch höchstens eine mehr oder weniger geeignete Durchreiche, und wenn Offenbarung so vom Denken, Fühlen und Tun des Menschen abgetrennt ist, ist allein eine Haltung des Annehmens dieser Offenbarung das passende Verhalten. Fragen ist vielleicht möglich, Zweifeln eigentlich nicht (vgl. KKK 2088 über den freiwilligen und selbst den unfreiwilligen Zweifel als Sünden gegen den Glauben und gegen das erste Gebot).

Gegen eine solche Auffassung von Offenbarung kann man von der modernen Theologie her, aber auch von der Tradition selbst her verschiedene Argumente ins Feld führen. Ich will die Details hierzu den Kollegen und Kolleginnen von der Dogmatik und Fundamentaltheologie überlassen und mich selbst auf einige moraltheologische Bemerkungen beschränken. Ich nehme hierzu Beispiele aus der Heiligen Schrift. Denn vor allem wird ja das Wort Offenbarung für die heiligen Schriften des Alten und Neuen Testaments gebraucht. Hier lässt sich denn auch unmittelbar überprüfen, inwieweit es richtig ist, Offenbarung so sehr von der normalen menschlichen Erfahrung und dem normalen menschlichen Denken loszukoppeln. Z.B. lässt sich zeigen, dass die Zehn Gebote natürlich nicht eine protokollierte Gottesoffenbarung auf dem Sinai sind, sondern dass hier etwas prächtig inszeniert wird, das in einer langen Kulturgeschichte von Menschen entdeckt wurde. Was hindert uns aber, in diesem Erfahrungsprozess das offenbarende Wirken Gottes zu sehen? Ein anderes Beispiel: Die Haltung gegenüber Fremdlingen und Asylanten in der Bibel wurde vermutlich erst so ausgestaltet, nachdem Israel selbst als Fremdling seine Erfahrungen mit der Verbannung gemacht hatte. Aber warum soll dies der Offenbarung als Gottes Wille Abbruch tun? Was spricht dagegen, von Offenbarung zu sprechen, wenn Gott das Herz des Menschen anrührt, so dass dieser selbst seinen sittlichen Verstand gut gebraucht?

Nun könnte man denken, das sei die spezifische Situation der Moral. Hier kennen wir nämlich eine lange Tradition, dass Moral mit vernünftiger Einsicht und den Erfahrungen des Menschen bezüglich »gut« und »böse« zu tun hat. Aber auch bei spezifisch dogmatischen Fragen kann ein Theologe eine Reihe auffallender Tatsachen nicht übersehen. Offensichtlich ist auch hier die historische Erfahrung Lehrmeisterin.

So hat es seine Zeit gedauert, bis Israel zum Monotheismus gekommen ist. Das biblische Gottesbild stellt sich, auch was seine inhaltlichen Züge angeht, als eine Serie von Überraschungen dar (vgl. O'Brien: Wesen). Und was soll man sagen über die Vorstellung eines leidenden Messias anstelle eines mächtigen Kriegsherrn? Oder über das Aufbrechen des israelitischen Ethnozentrismus auf das universale Heil aller Völker hin?

Auch die Kirchengeschichte kennt das Phänomen des Lernens aus Erfahrung, oft in der Schule säkularer Entwicklungen: z.B., dass soziale Gerechtigkeit ein Teil des Glaubens selbst ist (vgl. die Entwicklung der Soziallehre der Kirche). Oder dass Menschenrechte mit dem Menschen als Bild Gottes zu tun haben. Oder dass Gott nicht als absolutistischer Monarch gesehen werden darf, und auch nicht als Mann.

Erfahrungen steuern hier das Verständnis von Offenbarung: Offenbarung aus Erfahrung.

Das alte Argument, dass in Jesus Christus die Offenbarung abgeschlossen ist, und nur »ihr Inhalt nicht vollständig ausge-

schöpft« ist (KKK 66), kann eine Reihe Fragen nicht beantworten: z.B. die Frage, inwieweit man die Substanz oder den Kern
so einfach von der Entfaltung unterscheiden kann; oder inwieweit das kirchlich dogmatische Sprechen, das sich als eine solche Entfaltung versteht, sich der eigenen Zeit- und Kulturge-
bundenheit bewusst ist. Und dann sprechen wir ganz und gar
noch nicht über die Problematik, dass Gott sich – selbst nach
kirchlicher Lehre – auch anderswo offenbaren kann (vgl. Jeanrond: Offenbarung 104–114) und das wohl getan hat, und noch
tun kann (z.B. Missionsdekret des II. Vatikanischen Konzils, Ad
gentes 11).

2.3.4 Zum Schluss

Noch eine kurze Bemerkung über den Zusammenhang von Erfahrung, Offenbarung und Gemeinschaft.

Im christlichen Glauben wird Offenbarung, außer in esoteri-
schen Zirkeln, nie gesehen als etwas Privates, sondern als etwas,
das für die Öffentlichkeit bestimmt ist. Zwar kannte man so genannte Privat-Offenbarungen (z.B. Erscheinungen), doch dürfen diese nie der offiziellen, öffentlichen, kirchlichen Glaubens-
und Sittenlehre widersprechen (vgl. Essen: Privatoffenbarung
603f.). Das bedeutet, sie müssen die Überprüfung durch die
Glaubensgemeinschaft überstehen können, auch wenn es um
Dinge geht, die, so wie moralische Einsichten, nicht exklusiv
mit dem Glauben zusammenhängen (und das sind nicht allein
ethische Angelegenheiten), und selbst die Überprüfung von
grundsätzlich der ganzen Menschengemeinschaft.

Das weist uns auf einen Aspekt, der bei Überlegungen über
Erfahrung nicht fehlen darf. Im stark subjektorientierten Menschenbild unserer Kultur bekommt Erfahrung schon schnell eine
subjektive Konnotation. Es ist *meine* Erfahrung. Doch müssen
wir im Auge behalten, dass Erfahrungen immer Erfahrungen in
einer sozialen und kulturellen Einbettung sind. Es gibt keine absolute Originalität. »Wir machen Erfahrungen immer innerhalb
eines vorgegebenen Interpretationsrahmens, der letztlich nichts
anderes ist als die kumulative, persönliche und kollektive Erfahrung, eine Erfahrungstradition« (Schillebeeckx: Erfahrung
80). Und umgekehrt: Auch der Wert von Erfahrungen erweist
sich erst dadurch, dass sie sich öffentlich bewahrheiten, sich als

gut erweisen. Wenn »Offenbarung« diese Prüfung nicht überstehen kann, also unverständlich ist oder geworden ist, oder
selbst in Geheimnistuerei das Licht der Öffentlichkeit scheut,
darf man dies als einen ernsthaften Hinweis verstehen, hier mit
dem Sprechen von Offenbarung etwas vorsichtiger umzugehen.

Was für die so genannte Privat-Offenbarung gilt, gilt auch für
die offiziell-öffentliche, wie man sie in der kirchlichen Lehre
festzuhalten versucht. Wenn sie diese Prüfung nicht mehr überstehen kann, wenn sie nicht mehr bei den Erfahrungen einer
Gemeinschaft anschließen kann, stimmt etwas nicht. Spätestens dann stellt sich erneut die Frage nach der Beziehung zwischen Erfahrung und Offenbarung.

Literatur

Böckle, F.: Fundamentalmoral, München 1977.

Bonhoeffer, D.: Werke 8. Widerstand und Ergebung. Briefe und Auf-
zeichnungen aus der Haft, hg. von C. Gremmels u.a., Gütersloh
1998.

O'Brien, M.A.: Vom Wesen des biblischen Monotheismus, in: Concilium 37 (2001) 53–61.

Concilium. Themenheft »Gott: Erfahrung und Geheimnis« 37 (2001).

Essen, G.: Privatoffenbarung, in: Lexikon für Theologie und Kirche 8,
Freiburg u.a. ³1999, 603f.

Egenter, R.: Erfahrung ist Leben. Über die Rolle der Erfahrung für das
sittliche und religiöse Leben des Christen, München 1974.

Gadamer, H.-G.: Wahrheit und Methode. Grundzüge einer philosophischen Hermeneutik, Tübingen ²1965.

Jeanrond, W.G.: Offenbarung und trinitarischer Gottesbegriff. Leitbe-
griffe theologischen Denkens?, in: Concilium 37 (2001) 104–114.

Kambartel, F.: Erfahrung, in: Historisches Wörterbuch der Philosophie
2, Darmstadt 1972, 609–617.

Katechismus der Katholischen Kirche, München u.a. 1993. (im Text:
KKK)

Kupisch, K.: Karl Barth in Selbstzeugnissen und Bilddokumenten,
Reinbek bei Hamburg 1971.

Maas, F.: God mee-maken in mensentaal. Over de draagkracht van er-
varing in geloof en theologie, Tilburg 1986.

Martini, C.M./Eco, U.: Woran glaubt, wer nicht glaubt?, Wien 1998.

Merks, K.-W.: Die Abwesenheit Gottes und die Moral. Bemerkungen
zur Verborgenheit Gottes und zum Offenbarwerden Gottes in der

Moral, in: ders.: Gott und die Moral. Theologische Ethik heute, Münster 1998, 265–281.

Merks, K.-W.: Theologische Grundlegung der sittlichen Autonomie. Strukturmomente eines ›autonomen‹ Normbegründungsverständnisses im lex-Traktat der Summa theologiae des Thomas von Aquin, Düsseldorf 1978.

Merks, K.-W.: Die moralische Erfahrung als Weg zu Gott. Das Verhältnis von Dogmatik und Ethik im Licht der »autonomen Moral«, in: ders.: Gott und die Moral. Theologische Ethik heute, Münster 1998, 397–414.

Merks, K.-W.: Een orde van de mens, in: ders./Schreurs, N. (red.): De passie van een grensganger. Theologie aan de vooravond van het derde millennium, Baarn 1997, 209–226.

Mey, H.: Erfahrungswissenschaft, in: Historisches Wörterbuch der Philosophie 2, Darmstadt 1972, 621–623.

Mieth, D.: Moral und Erfahrung. Beiträge zur theologisch-ethischen Hermeneutik, Freiburg u.a. 1977.

Schillebeeckx, E.: Erfahrung und Glaube, in: Christlicher Glaube in moderner Gesellschaft 25, Freiburg 1980, 73–116.

Scholtz, G.: Offenbarung, in: Historisches Wörterbuch der Philosophie 6, Darmstadt 1984, 1103–1130.

Neues Testament und Angewandte Ethik

Meinrad Limbeck

■ Zwar gehört es zum guten Stil theologischen Nachdenkens, die Bibel in wichtigen Fragen des Lebens zu Rate zu ziehen. Doch ihr Einfluss auf das ethische Bewusstsein bleibt in der Regel gering.

■ Anhand des Textes Röm 13,1–7 lassen sich beispielhaft Reichweite und Grenze biblischer Texte hinsichtlich konkreter Fragen der Angewandten Ethik erheben.

■ Zunächst zeigt sich, dass die Textlage, gängige Interpretationsschemata und der kirchliche Gebrauch oftmals einen Einfluss biblischer Texte auf das konkrete Leben erschweren oder sogar verhindern.

■ Der Text liefert zudem trotz seines zunächst eindeutigen Sujets (das konkrete Verhalten der Christen im Staat) keine allgemeinen politischen Handlungsanweisungen.

■ Vor diesem Hintergrund könnte Röm 13,1–7 als ein für moderne ethische Fragen irrelevanter Text gelten – ein Verdacht, dem grundsätzlich alle biblischen Texte ausgesetzt sind, da sie bestimmte Gottes- und Weltbilder transportieren, die keine Chancen auf allgemeine Anerkennung in einer pluralen Gesellschaft haben. Allein ihre Grundlinien (in Röm 13,1–7 sind das die Reflexion auf den »Dienst des Guten« oder die Einsicht in die grundsätzliche Angewiesenheit der Gesellschaft auf freiwillige soziale Leistungen ihrer Mitglieder) liefern grundlegende Einsichten in ethisches Verhalten.

■ Biblische Texte sind im Blick auf zeitgenössische ethische Fragen als Gesprächsangebote zu verstehen. Ihre Stärke liegt in den Erfahrungen und Grundlinien, die sie weitergeben, nicht aber in konkreten Handlungsanweisungen. Ihre Grenze bilden die ihnen zu Grunde liegenden Gottes- und Menschenbilder.

Die Christenheit ist es noch immer gewohnt, in wichtigen Fragen ihres Lebens auch die Bibel zu Rate zu ziehen. Man denke nur daran, welche Rolle die Bergpredigt in der Friedensbewegung der zurückliegenden 1970er und 1980er Jahren spielte, oder wie die Bibelarbeit in den Basisgemeinden der südamerikanischen Kirche(n) zu einem wesentlichen Element der Befreiungstheologie wurde. Aber auch im Zusammenhang mit aktuellen Schlagworten wie *Freiheit* und *Menschenwürde* gehört es noch immer zum »guten Stil« theologischer Arbeit, zunächst die Bibel »zu befragen«[1].

Es wäre freilich übertrieben zu behaupten, die Bibel oder zumindest die einzelnen Schriften des Neuen Testaments hätten damit auch eine echte Chance, mit ihrer jeweiligen Botschaft einen maßgebenden Einfluss auf die gegenwärtige Lebensgestaltung des Einzelnen und der Gesellschaft nehmen zu können – und das keineswegs nur, weil sich in den neutestamentlichen Schriften neben spezifisch christlichen »auch sehr zeitverhaftete, aus verschiedensten außerchristlichen Traditionen stammende, eher periphere, bürgerliche und bisweilen auch schwer erträgliche Weisungen (finden), bei denen nicht immer die Liebe das bestimmende Element ist« (Hainz: Ethik 613). Selbst dort, wo durchaus die Bereitschaft besteht, sich durch alle zeitbedingten Unzulänglichkeiten und Begrenztheiten hindurch auf die zentrale christliche Botschaft, das *Evangelium*, zu konzentrieren, bleiben die neutestamentlichen Schriften bei der Bildung des ethischen Bewusstseins oftmals und gerade in wichtigen Fragen ohne wirklich schöpferischen Einfluss.

Weshalb dem so ist und was wohl getan werden müsste, um der neutestamentlichen Botschaft in den gegenwärtigen ethischen Diskussionen wirkliches Gehör zu verschaffen, soll daher im Folgenden beispielhaft an jenem Text aus dem Neuen Testament gezeigt werden, auf den im christlichen Raum gerne im Zusammenhang mit der Frage »Christentum und Staat« zurückgegriffen wird. Denn selbst wer nicht aus eigener Bibelkenntnis sofort an diesen Text denken würde, dürfte keine Schwierigkeit haben einzusehen, weshalb dieser Abschnitt aus dem Römerbrief bei der Diskussion um das rechte Verhältnis der Christen zum Staat auf keinen Fall außer Acht gelassen werden sollte, lautet er doch (nach der so genannten *Einheitsübersetzung*):

---

[1] Vgl. etwa das *Jahrbuch für Biblische Theologie* 15 (2000) zum Thema Menschenwürde.

¹Jeder leiste den Trägern der staatlichen Gewalt den schuldigen Gehorsam. Denn es gibt keine staatliche Gewalt, die nicht von Gott stammt; jede ist von Gott eingesetzt. ²Wer sich daher der staatlichen Gewalt widersetzt, stellt sich gegen die Ordnung Gottes, und wer sich ihm entgegenstellt, wird dem Gericht verfallen. ³Vor den Trägern der Macht hat sich nicht die gute, sondern die böse Tat zu fürchten; willst du also ohne Furcht vor der staatlichen Gewalt leben, dann tue das Gute, so dass du ihre Anerkennung findest. ⁴Sie steht im Dienst Gottes und verlangt, dass du das Gute tust. Wenn du aber Böses tust, fürchte dich! Denn nicht ohne Grund trägt sie das Schwert. Sie steht im Dienst Gottes und vollstreckt das Urteil an dem, der Böses tut. ⁵Deshalb ist es notwendig, Gehorsam zu leisten, nicht allein aus Furcht vor der Strafe, sondern vor allem um des Gewissens willen. ⁶Das ist auch der Grund, weshalb ihr Steuern zahlt; denn in Gottes Auftrag handeln jene, die Steuern einzuziehen haben. ⁷Gebt allen, was ihr ihnen schuldig seid, sei es Steuer oder Zoll, sei es Furcht oder Ehre. (Röm 13,1–7)

Es ist gewiss kein Zufall, dass diese Verse selbst noch in dem neuesten Kommentar zum Römerbrief mit der Überschrift versehen werden: »Das christliche Verhältnis zu Staat und Gesellschaft« (Haacker: Brief 261). Und dennoch weist das zentrale Anliegen dieses Textes, genau genommen, in eine andere Richtung.

1. Das Problem

Gleichgültig, welcher Übersetzung man folgt, der Leser des Bibeltextes erhält immer den gleichen Eindruck: Es geht Paulus primär um ein bestimmtes politisches Verhalten der römischen Christen:

- ²Wer sich daher der staatlichen Gewalt widersetzt, stellt sich gegen die Ordnung Gottes, und wer sich ihm entgegenstellt, wird dem Gericht verfallen. (*Einheitsübersetzung*)
- ²Wer sich nun der Obrigkeit widersetzt, der widerstrebt der Anordnung Gottes; die ihr aber widerstreben, ziehen sich selbst das Urteil zu. (*Luther-Übersetzung*)
- ²Somit widersteht der, welcher sich der Obrigkeit widersetzt, der Anordnung Gottes, die aber widerstehen, werden für sich ein Urteil empfangen. (*Zürcher-Bibel*)

Doch eben hier beginnt das Problem.

1.1 Die Übersetzung

Bekanntermaßen wurde (auch) der Römerbrief von Paulus in griechischer Sprache verfasst. Achtet man nun auf die griechischen Formen und Zeiten der Verben in Röm 13,2, fällt auf: Das erste Verb begegnet uns als substantiviertes Partizip Praesens Medium von *antitassō* = *entgegenstellen*: der Sich-Entgegenstellende.

Das zweite Verb (*anthistēmi* = *entgegenstellen; entgegentreten*) gebraucht Paulus hingegen beide Male auffälligerweise im Perfekt (so nur noch Röm 9,19, sonst immer im Aorist). Das Perfekt aber benützt das Griechische, um einen *Zustand* zu bezeichnen, der sich aus einem Vorgang in der Vergangenheit als etwas Dauerndes ergibt (Limbeck: Reich 2ff). Das Perfekt *anthestēken* wäre dann am besten mit »er steht gegen, er widersteht [als Haltung!], er befindet sich im Widerstand« wiederzugeben, das substantivierte Partizip Perfekt *hoi anthestēkotes* mit »die Widersetzlichen« (Bauer-Aland: Wörterbuch 133).

Das letzte Verb *lēmpsontai* steht schließlich im Futur: »sie werden empfangen, erhalten«.

Vers 2 ist demnach zunächst einmal so zu übersetzen:

> Daher: Der sich der Macht Entgegenstellende steht gegen/befindet sich im Widerstand gegen Gottes Verfügung, die Widersetzlichen aber werden für sich das (richterliche) Urteil empfangen.

Die volle Bedeutung dieses Verses für eine »angewandte biblische Ethik« in heutiger Zeit erschließt sich freilich erst, wenn auch die nachfolgenden Verse möglichst genau wiedergegeben werden:

> Die Herrschenden nämlich sind kein Schrecken für das gute Werk, sondern für das schlechte. Willst du dich aber nicht vor der Macht fürchten – tue das Gute, und du wirst von ihrer Seite Lob empfangen. Denn Gottes Diener ist sie für dich zum Guten. Wenn du aber das Böse tust, fürchte dich; denn sie trägt nicht umsonst das Schwert; denn Gottes Diener ist sie, ein stellvertretender Anwalt für den Zorn (Gottes) gegenüber dem, der Böses tut[2]. Deshalb ist es nö-

---

[2] Der Begriff *ekdikos* hatte staatsrechtliche Bedeutung und bezeichnete den Beamten, der regelmäßig in einer Stadt als Stellvertreter des Statthal-

tig, sich unterzuordnen – nicht nur wegen des Zorns, sondern auch wegen des Gewissens. Deswegen entrichtet[3] denn auch [weiterhin] Steuern; denn Gottes Bedienstete sind diejenigen, die sich damit auf Dauer befassen[4]. Gebt [jeweils] allen, was ihr schuldig seid: wem die Steuer – die Steuer; wem den Zoll – den Zoll; wem die Furcht – die Furcht; wem die Ehre – die Ehre. (Röm 13,3–7)

1.2 Die Fixierung

Es ist unbestreitbar: »Aufgrund der Aufnahme des Römerbriefs in den Kanon hat der Abschnitt 13,1–7 eine zentrale Bedeutung nicht nur für das christliche Verständnis des Staates, sondern überhaupt für das politische Verhalten gewonnen« (Wilckens: Brief 43). Doch eben diese traditionelle Fixierung auf die Bereiche »Staat« und »Politik« macht es sehr schwer, ja fast unmöglich, dem Text Röm 13,1–7 seine ursprüngliche Lebendigkeit zurückzugeben, die ihn aufs Neue befähigte, einen kraftvollen, unmittelbaren und überzeugenden Einfluss auf das menschliche Verhalten der Gegenwart auszuüben.

Um diese Blockade aufzulösen – die sich in ähnlicher Weise auch bei vielen anderen neutestamentlichen Texten feststellen lässt –, wäre ein Doppeltes nötig:

a) Das offene Eingeständnis, dass Röm 13,1–7 bei der Gestaltung des »normalen« christlichen Lebens offensichtlich übergangen werden kann; denn es ist ja wohl kein Zufall, dass diese 7 Verse aus dem Römerbrief in *keiner* liturgischen Feier als offizielle Lesung begegnen – weder an einem der Sonntage im Rahmen des dreijährigen Lesezyklus noch als Lesung an einem der ›gewöhnlichen‹ Werktage noch an einem Heiligenfest.

b) Die bewusste Wahrnehmung, dass es für das Christentum durchaus möglich war und möglich ist, eine vernünftige

---

ters fungierte und alle Geschäfte zwischen der Stadt und dem Statthalter vermittelte, vgl. Strobel: Verständnis 89f.

[3] Das griechische Präsens *teleite* will – deutlich durch seine Fortsetzung mit dem Imperativ Aorist *apodote* in V.7 – nicht als Indikativ, sondern als Imperativ gehört und verstanden werden. So auch Theobald: Römerbrief 91.

[4] Dasselbe Verb (*proskarterein*) wurde bereits 12,12 auf das Gebet der Gemeindemitglieder bezogen (Arzt: Macht 169 Anm. 22).

Staatslehre und ein verantwortbares Politikverständnis *ohne* Röm 13,1–7 zu entwickeln. Es kann sich ja kaum nur um eine bedauerliche Unachtsamkeit gehandelt haben, wenn diese Verse den auf dem II. Vatikanischen Konzil versammelten Bischöfen und Theologen so wenig zu sagen hatten, dass sie Röm 13,1–7 eher *en passant* und gleichsam als biblische Garnitur erwähnten, als sie im Rahmen ihrer Pastoralkonstitution »Die Kirche in der Welt von heute« auch »Das Leben der politischen Gemeinschaft« *auf der Basis des Naturrechts* bedachten.

Wenn sich das II. Vatikanische Konzil nun aber ganz offensichtlich lieber am so genannten Naturrecht als an Röm 13,1–7 orientierte, als es sich bemühte, den Gliedern der römisch-katholischen Kirche eine verlässliche Maßgabe für ihr *christliches* Verhalten in ihren jeweiligen Staaten an die Hand zu geben, woran mag es dann gelegen haben, dass eben jene Aufforderung stillschweigend außer Acht gelassen wurde, die der Apostel Paulus einst sehr bewusst und gezielt formuliert hatte, als er auf das politische Leben der römischen Christen maßgebenden Einfluss nehmen wollte?

Oder anders gefragt: Wann kann – nach aller Erfahrung – das Neue Testament von sich aus, aus eigener Kraft und nicht nur infolge ›pflichtbewusster‹ theologischer Erinnerung *hilfreichen* Einfluss auf die Lebensgestaltung der Späteren nehmen? Wann und unter welchen Umständen ist es sinnvoll, in ethischen Diskussionen der Gegenwart auch noch von neutestamentlichen Texten einen Gewinn zu erwarten?

Die Antwort, die der ernst genommene Text Röm 13,1–7 gibt, mag überraschen.

2. Der biblische Text

Bei Röm 13,1–7 handelt es sich ohne Zweifel um einen ausgesprochen »sperrigen Text« (Theobald: Römerbrief 80–97), der in mehrfacher Hinsicht auffällt.

2.1 Die zu Grunde liegende Weltanschauung

Nichts weist in Röm 13,1–7 darauf hin, dass dieser Text aus *christlichem* Denken kommt. Schon Israels religiöse Tradition führte die politische Macht auf Gottes Verfügung zurück – und das keineswegs nur in Israel selbst. Auch Babylons Nebukadnezar und der Perser Kyros verdankten nach frühjüdischem Glauben ihre Macht *Israels* Gott (vgl. Jer 21,7.10; 22,25; Jes 41,2; 45,1–4). Und wenn das Buch der Sprüche Gottes Weisheit sagen lässt:

> Durch mich regieren die Könige
> und entscheiden die Machthaber, wie es Recht ist;
> durch mich versehen die Herrscher ihr Amt,
> die Vornehmen und alle Verwalter des Rechts. (Spr 8,15f)

dann war diese Aussage genau so wenig auf Israels Lebensraum beschränkt wie wenn die Weisheit in einer späteren jüdischen Schrift mahnt:

> Hört also, ihr Könige, und seid verständig,
> lernt, ihr Gebieter der Welt!
> Horcht, ihr Herrscher der Massen,
> die ihr stolz seid auf Völkerscharen.
> Der Herr hat euch die Gewalt gegeben,
> der Höchste die Herrschaft,
> er, der eure Taten prüft und eure Pläne durchforscht.
> Ihr seid Diener seines Reiches ... . (Weish 6,1–4)

Um die übergeordneten Gewalten auf Gottes Verfügung zurückzuführen, musste man kein Christ, ja nicht einmal ein Jude sein. Die gleiche Überzeugung teilte auch der heidnische König Ptolemaios II. Philadelphos, der (nach einer jüdischen Schrift aus der Zeit 145–100 v.Chr.) seinem jüdischen Tischgenossen lobend zustimmte, als dieser ihm auf die Frage, wie er, der König, frei von Neid sein könne, antwortete: »Vor allem, wenn du bedenkst, dass Gott allen Königen Ruhm und Reichtum in Fülle zuteilt und niemand von sich aus König ist. Alle wollen nämlich an dieser Ehre teilhaben, aber sie können es nicht, weil sie eine Gabe Gottes ist« (Arist 224; zit. nach Meisner: Aristeasbrief 79).

Das bedeutet aber: Die Basis der in Röm 13,1–7 vorgetragenen Argumentation bildet auf keinen Fall das paulinische Evangelium. »Die Mahnung gewinnt hier den Charakter allgemeiner politischer Adhortation. Nirgendwo anders gibt es bei Paulus sonst eine Paränese, in der ein Unterschied zwischen Christen und Nichtchristen faktisch als so schlechterdings inexistent gilt, wie es die Sprache in 13,1–7 nahe legt. Dem entspricht, dass jegliche spezifisch christlichen Begründungszusammenhänge fehlen« (Wilckens: Brief 39). Dennoch weist nichts darauf hin, dass wir es bei diesen Versen mit einem späteren, nachpaulinischen Einschub zu tun haben. Die in Röm 13,1–7 begegnende Wortwahl, die eine ganz bestimmte Situation voraussetzt, verbietet eine derartige Annahme (Stuhlmacher: Brief 178).

2.2 Die Lebenswelt

Die Konkretheit der Sprache lässt keinen Zweifel daran, dass Paulus trotz teilweise ähnlicher Gedanken in 1 Tim 2,1f; Tit 3,1 und 1 Petr 2,17 nicht einfach einem verbreiteten urchristlichen Traditionsstrom folgte, als er diese sieben Verse formulierte, sondern dass er eine ganz bestimmte Situation vor Augen hatte, die ihn in seiner Ausdrucksweise und bei seiner Argumentation leitete (Strobel: Verständnis 67–93).

Die *übergeordneten Gewalten* (V.1) und die *Herrschenden* (V.2) waren »die römischen Behörden und Amtsträger mit ihrer potestas. Die Behörden treten in ihren zentralen zivilen Funktionen in Erscheinung: juridisch, fiskalisch und als Statusträger« (Wischmeyer: Staat 156f). Mit seiner Mahnung »tue das Gute, und du wirst von ihrer Seite Lob empfangen« (V.3) spielte Paulus auf die Gepflogenheit der römischen Kaiser an, verdienten Beamten und einzelnen Städten im römischen Imperium Belobigungsschreiben für besonderes politisches Wohlverhalten zu senden.

Der Hinweis auf das *Schwert* (V.4) erinnerte die römischen Christen an die staatliche Straf- und Polizeigewalt (weshalb die Polizeisoldaten, die in Ägypten die römischen Steuereinnehmer begleiteten, »Schwertträger« genannt wurden). Und wenn Paulus die Steuereinnehmer schließlich als Gottes *leitourgoi*, als Gottes Bedienstete, bezeichnete (V.6), dann nahm er nochmals einen Verwaltungsterminus für staatliche Beamte auf[5].

---

[5] »Daß Paulus diesen wirklich schillernden Begriff gebraucht und kein Mißverständnis fürchtet, zeigt, dass die Sache, von der er handelt, gleichfalls alltäglicher Natur war. Der Leser konnte ihr keinen anderen als einen

Das heißt: Paulus zeichnete in diesen Versen – für die Adressaten seines Briefes klar erkennbar – »das römische Staatswesen als positiven Ordnungsraum auf der Ebene der Provinzial- und Stadtverfassung« (Wischmeyer: Staat 157). *Dass eben diese Ordnung voll und ganz auf Gott zurückging,* darauf war es Paulus an dieser Stelle ganz offensichtlich angekommen (V.1).

Doch weshalb? Interessanterweise berichtet der römische Geschichtsschreiber Tacitus (ca. 55–116 n.Chr.) aus genau der Zeit, in der Paulus seinen Brief an die Christen in Rom gesandt hatte, von öffentlichen Widerständen gegen die staatlichen Steuereinnehmer (Annalen XIII, 50f)[6]. Und diese Unruhen mussten derart stark gewesen sein, dass Nero ernsthaft darüber nachgedacht hatte, alle individuellen Abgaben – also Zölle und Verbrauchssteuern – abzuschaffen. Auch wenn dieses Vorhaben letztendlich, d.h. *nachdem* Paulus seinen Römerbrief verfasst hatte, nicht zur Durchführung kam, lässt allein schon die kaiserliche Planung den Schluss zu, dass es Mitte der 50er Jahre des 1. Jahrhunderts n.Chr. in Rom keineswegs mehr selbstverständlich gewesen war, die geforderten Zölle und Steuern zu zahlen. Widerstand lag in der Luft! In dieser Situation machte es einen besonderen Sinn, die Christen in Rom aufzufordern:

> »Deswegen entrichtet auch [weiterhin] Steuern; denn Gottes Bedienstete sind diejenigen, die sich damit auf Dauer befassen.« (Röm 13,6)

Nun liegt es gewiss nahe, in dieser Mahnung einen Rat politischer Vernunft zu sehen, da die römischen Christen ja schon einmal unter Klaudius negativ aufgefallen waren (vgl. Apg 18,2). Dann wäre es zu den auffallend *positiven theologischen* Äußerungen über den römischen Staatsapparat in den Versen 1–4 vor allem deshalb gekommen, um die römischen Christen aus politischer Klugheit an diesem einen kritischen Punkt von jeglicher Widersetzlichkeit abzuhalten?

---

profanen eindeutigen Sinn unterlegen. *leitourgos* ist einer, der im Dienste eines Amtes steht, das dem Gemeininteresse dient« (Strobel: Verständnis 86f.).

[6] Der vollständige Tacitus-Text findet sich bei Theobald: Römerbrief 91.

Doch so einfach lässt sich weder die mit Röm 13,1–7 gegebene Problematik lösen noch das eigentliche Anliegen, das Paulus
bewegte, angemessen und bewegend zur Sprache bringen.

2.3 Das Gottesbild

Röm 13,1–7 ist Teil des ersten größeren Abschnitts (12,1–
13,14), worin Paulus im Anschluss an eine eher theoretische
Grundlegung seines Verständnisses vom christlichen Wesen
konkretisierte, was es nach seiner Überzeugung für die Christinnen und Christen Roms bedeutete, ihr *eigenes* Leben nunmehr
als Getaufte zu gestalten. (Im zweiten Abschnitt [14,1–15,13]
änderte sich der Blickwinkel insofern, als es Paulus dann um die
Gestaltung der [Haus-]*Gemeinde*[n] ging.) Ein doppelter Aspekt
war für Paulus hierbei leitend:

a) Es galt, sich als Getaufte und als Getaufter nicht mehr länger
dieser Welt anzugleichen, sondern sich durch die Erneue-
rung des Denkens zu verwandeln, um so den Willen Gottes
erkennen zu können: was jeweils gut, wohlgefällig und voll-
kommen ist (Röm 12,2).

b) Es durfte nicht außer Acht gelassen werden, dass auch sie,
die Christinnen und Christen Roms, unaufhaltsam *auf Gottes
Gericht zu* lebten (13,11). Gottes Gericht aber war für Paulus
noch immer nur als Ausdruck von Gottes *Zorn* denkbar (vgl.
Röm 12,19; 1 Thess 1,10; grundsätzlich dazu Limbeck: Gott
16–50).

Wenn man nun beides ernst nahm, dann gab es (in den Augen
des Paulus im Licht seines Gottesverständnisses) für die römischen Christinnen und Christen in ihrem Umgang mit den
staatlichen Behörden trotz aller gegenläufigen Tendenzen in ihrer Umwelt eben nur *eine* Möglichkeit: das jeweils Geforderte
und Erwartete *zu geben* (13,6f). Denn schließlich waren all die
übergeordneten Gewalten (nach dem ja auch von Paulus geteilten traditionellen Verständnis *von Gott*) zu ihrem Besten eingesetzt (13,1.4a) – sichtbar daran, dass sie all diejenigen lobten,
die erkennbar Gutes taten (13,3b), und dass sie *das Recht* hatten,
gegen alle Übeltäter *mit Gewalt* vorzugehen und eben dadurch
schon heute *Gottes Zorn* (13,4b) überall dort »zu vermitteln«
und zur Wirkung zu bringen, wo Menschen aus der von Gott
etablierten und mit intaktem Gewissen auch erkennbaren Ord-

nung ausbrachen und sie so zerstörten. Wer sich den offiziellen Ämtern versagte, musste (nach Paulus!) auch noch als Getaufter wie jedermann am Ende mit Gottes Zorn rechnen.

Oder anders ausgedrückt: Wem es aufrichtig darum ging, sich in einem »wahren und angemessenen Gottesdienst« (*logikē latreia*) Gott darzubringen (12,1), konnte nach paulinischem Verständnis nicht ernsthaft meinen, dadurch Gottes Willen zu verwirklichen (12,2), dass er »ordnungsgemäß Schuldiges« verweigerte. Vielmehr:

> »Bleibt niemandem etwas schuldig – außer dem (einen): einander zu lieben ... Als am Tage lasst uns unseren Wandel in Ehren führen, nicht in Ess- und Trinkgelagen, nicht in Sex und Orgien, nicht in Streit und Hader, sondern zieht an den Herrn Jesus Christus und hegt nicht das Fleisch, dass die Begierden (erwachen).« (13,8.13f. – Übersetzung nach Wilckens: Brief 67.74)

Unter diesem durchgehenden Aspekt wurde also auch Röm 13,1–7 geschrieben, weshalb sich diese Verse nur sachgerecht verstehen lassen, wenn wir uns auf den ihnen zu Grunde liegenden *Gedankengang* des Apostels einlassen. Oder anders gesagt:

Soll Röm 13, 1–7 als Ausdruck christlichen Glaubens auf die Ethik angewandt werden, geraten wir sehr schnell und unweigerlich ins Abseits, wenn wir von diesen Versen eine *grundsätzliche* Auskunft über »das christliche Verhältnis zu Staat und Gesellschaft« erwarten (zuletzt Haacker: Brief 261). Wir werden Röm 13,1–7 als Glaubenszeugnis aber auch nicht gerecht, wenn wir in diesem Abschnitt nur eine beispielhafte Mahnung sehen, »allezeit das Gute zu tun« und sich so im Alltag, in der Gesellschaft, zu bewähren (Arzt: Macht 177.180). Wir haben in unserem Text vielmehr eine Mahnung vor uns, bei der es Paulus *auf Grund seines Gottesbildes* einzig und allein darum ging, die Christinnen und Christen Roms davor zu bewahren, dass sie mit ihrem Verhalten schlussendlich vor Gott nicht bestehen und sich dadurch aufs Neue Gottes Zorn zuziehen könnten – nicht anders als der Blutschänder in der korinthischen Gemeinde (1 Kor 5,1–5; vgl. Limbeck: Gott 42f).

Wir können es uns nicht deutlich genug bewusst machen: Als Paulus die Verse Röm 13,1–7 diktierte, war nicht das Verhältnis der Getauften zu Staat und Gesellschaft sein Thema. Es war das persönliche Geschick der Christinnen und Christen Roms im bevorstehenden Gericht gewesen, das ihn im Rahmen seines traditionellen Welt- und Gesellschaftsverständnisses auf Grund seines ganz persönlichen Gottverständnisses zu diesen mahnenden Versen veranlasst hatte.

Hat Röm 13,1–7 damit aber nicht jegliche Relevanz für die heutige Ethik verloren – zumal wenn man das Gottesbild des Paulus nicht teilen und nicht glauben kann, dass Gott am Ende sprechen wird: »Mein ist die Rache« (vgl. Röm 12,19)?

Gewiss nicht – sofern man bereit ist, auf die *Grundlinien* im Denken des Apostels zu achten: Paulus war davon ausgegangen, dass sich in allen realen *und* virtuellen Institutionen Gottes Wohlwollen machtvoll konkretisiert, weil sie ermutigend und schützend im Dienst des Guten stehen (können). Und eben deshalb war die bewusste »gesellschaftliche Verweigerung« in den Augen des Paulus keine mögliche Weise des Lebensvollzugs, zu der die einzelnen am Ende würden stehen können.

Könnte Paulus bei dieser Sicht nicht doch etwas sehr Bedenkenswertes aufgegangen sein – sowohl im Blick auf die Institutionen als auch im Blick auf die je eigene Lebensgestaltung? Könnte es sich nicht vielleicht doch lohnen, dieser Spur nachzugehen und sie auch in den ethischen Diskursen der Gegenwart zu verfolgen: die Institution(en) als fallweise, situationsbedingte und gesellschaftlich wirksame Konkretion(en) jenes letzten Wohlwollens, das allem Seienden zu Grunde liegt und sich in dessen Gestaltung als zielstrebig und wirksam erweist? Die geforderten und freiwilligen sozialen Leistungen aber als Beiträge, durch die das Leben der Einzelnen auch für sich selbst an Sinn und Bestand gewinnt?

3. Das angewandte Neue Testament

Versucht man, aus den Erkenntnissen zu lernen, die in der vorangegangenen Beschäftigung mit Röm 13,1–7 gewonnen wurden, dann legen sich bei der Anwendung des Neuen Testaments auf die heutige Ethik folgende Grundregeln nahe:

a) Nichts ist bei dem Bemühen, das Neue Testament für die gegenwärtige Moral fruchtbar werden zu lassen, so hinderlich wie die Meinung, bei der Erörterung anstehender ethischer Fragen zumindest bestimmte Passagen aus dem Neuen Testament berücksichtigen *zu müssen*. Die im Neuen Testament zusammengefassten Schriften vermögen dann am ehesten inspirierend zu wirken, wenn man sie Gesprächs*angebote* sein lässt – Angebote, die in Erinnerung rufen und darauf aufmerksam machen wollen, wie bestimmte Möglichkeiten menschlichen Verhaltens *auch* gesehen, bewertet und realisiert werden können.

b) Wer sich in den gegenwärtigen ethischen Diskussionen für das Neue Testament interessiert, weil er auch von ihm hilfreiche Denkanstöße aus früherer Lebensgestaltung erhofft, tut gut daran, sich zu vergewissern, wie weit die ihm vorliegende Bibelübersetzung im Einzelfall Vertrauen verdient.

c) Die neutestamentlichen Texte werden im Zusammenhang mit dem gegenwärtigen Leben als um so anregender entdeckt, je besser es gelingt, sich den *Erfahrungen* anzunähern, die in den Texten verarbeitet wurden, und die *Grundlinien* zu entdecken, die den einzelnen Autor bei seinem Denken geleitet haben.

d) Bei keinem neutestamentlichen Text sollte man es unterlassen, nach dem Gottesbild zu fragen, von dem her und auf das hin jeweils gedacht und geschrieben wurde. Ob wir in den anstehenden ethischen Diskussionen auch mit den *einzelnen* neutestamentlichen Schriften etwas ›anfangen‹ können – und auf dieser Differenzierung sollten wir bei uns, aber auch bei unseren Gesprächspartnern achten und bestehen –, kann sehr wesentlich von dem Gottesbild abhängen, das wir dabei übernehmen (müssen).

Literatur

Arzt, P.: Über die Macht des Staates nach Röm 13,1–7 (Studien zum Neuen Testament und seiner Umwelt 18), Linz 1993, 163–182.

Bauer, W:: Griechisch-deutsches Wörterbuch zu den Schriften des Neuen Testaments und der frühchristlichen Literatur, hg. von K. Aland und B. Aland, Berlin–New York [6]1988.

Friedrich, J. u.a.: Zur historischen Situation und Intention von Röm 13,1–7, in: Zeitschrift für Theologie und Kirche 73 (1976) 131–166.

Haacker, K.: Der Brief des Paulus an die Römer. Theologischer Hand-kommentar zum Neuen Testament 6, Leipzig 1999, 261–270.

Hainz, J.: Art. Ethik (NT), in: Neues Bibel-Lexikon 1, Zürich 1991, 610–613.

Hoffmann, E.G./Siebenthal, H. von: Griechische Grammatik zum Neu-en Testament, Riehen 1985.

Limbeck, M.: »Das Reich Gottes ist da!« (Mk 1,15). Der griechische Ur-text und die Mitte der Botschaft Jesu, Stuttgart 2000.

Limbeck, M.: Zürnt Gott wirklich? Fragen an Paulus, Stuttgart 2001.

Meisner, N., Aristeasbrief, in: Unterweisungen in erzählender Form (Jüdische Schriften aus hellenistisch-römischer Zeit, Bd. II/1), Gü-tersloh 1973, 35–85.

Pastoralkonstitution über die Kirche in der Welt von heute – Viertes Ka-pitel: Das Leben der politischen Gemeinschaft, in: Lexikon für Theo-logie und Kirche. Das Zweite Vatikanische Konzil – Dokumente und Kommentare 3, Freiburg u.a. 1968, 516–533.

Strobel, A.: Zum Verständnis von Röm 13, in: Zeitschrift für die neutes-tamentliche Wissenschaft 47 (1956) 67–93.

Strobel, A.: Furcht, wem Furcht gebührt, in: Zeitschrift für die neutes-tamentliche Wissenschaft 55 (1964) 58–62.

Stuhlmacher, P.: Der Brief an die Römer. Neues Testament Deutsch 6, Göttingen 1989, 177–187.

Theobald, M.: Römerbrief. Kapitel 12–16 (Stuttgarter Kleiner Kom-mentar – Neues Testament 6/2), Stuttgart 1993, 80–97.

Wilckens, U.: Der Brief an die Römer (Röm 12–16) (Evangelisch – Ka-tholischer Kommentar zum Neuen Testament VI/3), Zürich-Neukir-chen Vluyn [2]1989, 28–43 (mit einem ausführlichen Exkurs: Wir-kungsgeschichte von Röm 13,1-7: 43–66).

Wischmeyer, O.: Staat und Christen nach Römer 13,1–7, in: Karrer, M. u.a.: Kirche und Volk Gottes (FS Jürgen Roloff), Neukirchen-Vluyn 2000, 149–162. (Lit.)

Theologie und Angewandte Ethik – historische Bezüge

Sigrid Müller

■ Der Blick auf die Geschichte der Angewandten Ethik zeigt das prinzipielle Interesse der Theologie an Fragen Angewandter Ethik von Anfang an.

■ Dem jeweiligen theologischen Selbstverständnis entsprechend wurden im Rahmen der systematischen Reflexion unterschiedliche Methoden im Umgang mit konkreten Problemfällen entwickelt. Zwei Argumentationslinien erhielten besondere Bedeutung.

■ Albertus Magnus und sein Schüler Thomas von Aquin zeigen mittels der Aristotelesrezeption den Weg, wie unter dem Paradigma des Naturgesetzes die Ergebnisse der Naturwissenschaft und Medizin die zentrale Grundlage für die rechte ethische Entscheidung, beispielsweise in Fragen der Sexualethik, darstellen können. Die Unterscheidung zwischen Sachinformation über die menschliche Natur und ethischem Urteil erlaubt das Zusammenspiel zwischen einer säkularen wissenschaftlichen Vernunft und einer vom Glauben getragenen ethischen Entscheidung in Feldern Angewandter Ethik.

■ John Mair greift auf eine theologische Konzeption zurück, welche den göttlichen Geboten den Status eines positiven Gesetzes zuspricht. Dieses wird jedoch sehr allgemein im Sinne von Prinzipien verstanden und dient neben den praktischen Prinzipien der Vernunft jedes Menschen als Kriterium für die allgemeine Beurteilung der Legitimität neuer ethischer Anwendungsbereiche. Spezielle Beurteilungskriterien werden durch Analogie zu ähnlichen ethischen Anwendungsfeldern gewonnen. Die Akzeptanz einer grundsätzlichen ethischen Pluralität bringt den bewussten Verzicht auf die Möglichkeit mit sich, über die grundsätzlichen Prinzipien hinaus auch zu universell gültigen ethischen Inhalten zu finden. In letzter Konsequenz dieses Ansatzes können aus einem christlichen Weltverständnis entsprungene Entwürfe nur einen partikularen Anspruch in der Ethikdiskussion erheben.

1. Angewandte Ethik – historische Situierung

1.1 Das Spezifische der Angewandten Ethik

»Angewandte Ethik«, wie sie uns heute in der Form von Bioethik, Medizinischer Ethik, Umweltethik oder Medienethik
selbstverständlich erscheint, ist eine Form von Moralphilosophie und Moraltheologie, die so erst in der zweiten Hälfte des
20. Jahrhunderts entstanden ist. Ihre Entstehungsbedingung ist
die radikale Ausdifferenzierung der Wissenschaften und die
Verselbständigung der Wissenschaftszweige seit dem 18. Jahrhundert, die mit einem ›Quantensprung‹ in der Naturwissenschaft an der Wende zum 20. Jahrhundert ihren Höhepunkt
fand. Die Entdeckung der Molekularphysik stieß Entwicklungen an, die zu neuen Fächern im Wissenschaftskanon führten.
Biochemie und Molekulare Medizin, Mikrobiologie und Ge-
hirnforschung, Atomphysik und empirische Psychologie eröffneten völlig neue Wissensgebiete, die einer ethischen Reflexion
bedurften.

Die Moraltheologie reagierte Mitte des 20. Jahrhunderts auf
diese Entwicklung. Es war einerseits die Erkenntnis gewachsen,
dass die im Sinne eines enzyklopädischen Beichtspiegels angelegten moraltheologischen Handbücher einer grundsätzlichen
Reflexion im Sinne einer Fundamentalmoral bedurften, welche
die impliziten Fragen nach Moral, Moralität, Gewissen, Vernunft
und Glauben, Individuum und Gesellschaft explizit behandelte:
der Wechsel von der herkömmlichen »Moraltheologie« zur
»Theologischen Ethik« war angesagt (Hilpert: Moraltheologie
466). Andererseits wurde klar, dass die durch die naturwissenschaftlichen Forschungen angestoßenen neuen ethischen Sach-
verhalte nicht mehr durch eine weitere Ausdifferenzierung der
in den Handbüchern angesprochenen Bereiche aufgefangen
werden konnten. Um diese neuen ethischen Felder für die Moraltheologie fruchtbar zu machen, musste dem Dialog mit den
modernen Wissenschaften eine zentrale Stellung eingeräumt
werden.

Auch methodisch waren neue Wege gefordert, da die jeder
ethischen Bewertung zu Grunde liegenden Sachurteile nicht
aus der Tradition übernommen werden konnten. Die normativen Bedingungen der zuvor nicht da gewesenen ethischen Ge-

biete mussten erst erkundet werden. Es handelte sich also nicht um eine einfache Applikation überlieferter Normen auf neue Gebiete, wie die Bezeichnung »Angewandte Ethik« suggerieren könnte – wobei die Verwendung anderer Begriffe wie etwa »Bereichsethik«, »Spezielle Ethik« oder »Sachbereichsethik« diese begriffliche Fehlinterpretation vermeidet, was jedoch die methodische Reflexion nicht erspart. Dies belegen etwa die Artikel zur Bioethik oder zur Medizinischen Ethik in diesem Band.

In mancher Hinsicht, vor allem aber im Hinblick auf den Inhalt vieler Bereiche der Angewandten Ethik kann man also von etwas für die Ethik und Moraltheologie völlig Neuem sprechen, das es in dieser Weise zuvor nie gab. Und dennoch ist die Angewandte Ethik modernen Zuschnitts nicht ein aufgepfropfter Ast am Baum der Moraltheologie. Zum einen kann man auf Grund historischer Parallelen von der prinzipiellen Offenheit christlicher Theologie für neue Wissenschaftszweige und ihre Vorgehensweisen sprechen und zeigen, wie deren Rezeption die theologische Argumentation in Fragen Angewandter Ethik veränderte. Zum anderen gibt es historische Beispiele dafür, wie sich die theologisch-ethischen Reflexion für neue inhaltliche Felder öffnete, so dass man von einem prinzipiellen Interesse Theologischer Ethik an allen konkreten Lebensbereichen sprechen kann.

Dabei darf man freilich nicht vergessen, dass über den größten Teil der Geschichte diese Inhalte nicht oder nicht ausschließlich in einer Moraltheologie im heutigen Sinne einer selbstständigen universitären Disziplin ihren Sitz im Leben hatten, denn von einer solchen kann man frühestens ab dem späten 16. Jahrhundert sprechen. Vielmehr wird sie uns eingebettet in die systematisch-theologische Reflexion an der Universität, aber auch in Gutachten eher rechtlicher Prägung oder in Handbüchern für die spirituelle Praxis der Orden fassbar. Nur am Rande: Als Begriff taucht »Moraltheologie« im Mittelalter zwar verschiedentlich auf, bedeutet jedoch nicht eine eigene theologische Disziplin, sondern bezieht sich auf Theologie allgemein und auch außerhalb universitärer Institutionen, insofern sie praktische Fragen behandelte (Korff: Ethik 916). Der Begriff der Moraltheologie wird im Folgenden dennoch für alle theologisch-ethische Reflexion, also ahistorisch gebraucht.

Vor diesem Hintergrund kann man auch die Reichweite und die Grenzen kirchlichen Sprechens in diesen Bereichen stecken: Insofern große Teile der theologisch-ethischen Reflexion für den praktischen Gebrauch der Priester im Rahmen des Beichthörens bestimmt waren, war das Ziel der Schriften die Sakramentenpraxis der Kirche und hatte dadurch zwar weitreichende Konsequenzen für das Leben der Gläubigen, blieb aber auf den innerkirchlichen Bereich beschränkt. Daneben gab es aber auch Versuche, über den binnenkirchlichen Raum hinaus Gültiges zu formulieren. Dies konnte mit unterschiedlichem Anspruch geschehen: sowohl, um im Namen einer schöpfungstheologisch begründeten, allgemein gültigen Vernunft Normen darzulegen, die für alle Menschen qua Vernunftwesen gelten können, aber auch, um mit Berufung auf die christliche Freiheit vom Gesetz als Anwalt spezifisch säkularer Vernunft aufzutreten und mit dieser in Analogie zu bestehenden ethischen oder rechtlichen Normen ähnlicher Bereiche neue säkulare Normen zu entwickeln.

1.2 Die prinzipielle Offenheit der Theologie für neue Wissenszweige

Die Ausdifferenzierung der Wissenschaften und die Verselbständigung der Einzeldisziplinen, welche die Entstehungsvoraussetzung unserer heutigen »Angewandten Ethik« war, sind zwar im Ausmaß und dem Inhalt nach, nicht aber in der Struktur etwas völlig Neues. Seit in der karolingischen Renaissance das antike Modell der Wissenschaften (die sieben Freien Künste, die *septem artes liberales*) zur Grundlage der Bildung und des Schulwesens wurde, kann man über das gesamte Mittelalter hinweg einen Prozess der Ausdifferenzierung und der gegenseitigen Zuordnung der Wissenschaften verfolgen. Der zentrale Unterschied gegenüber der Entwicklung des 19. und 20. Jahrhunderts ist, dass es hier zunächst darum ging, die Eigenständigkeit der einzelnen Wissenschaften gegenüber dem umfassenden Anspruch der Theologie zu behaupten, während diese heute als selbstverständlich gilt.

Diese Auseinandersetzung spitzte sich mit der Rezeption der aristotelischen Schriften im Hochmittelalter zu. Zentrale Aspekte heutiger Naturwissenschaften, wie das Verständnis des Kosmos und der Natur, wie die Lehre von den biologischen Anlagen und den geistigen und seelischen Vorgängen im Menschen, gehörten damals in den Bereich des Philosophiestudiums, welches an der Universität Grundlage für das höhere Studium der Theologie, oft auch der Medizin oder des Rechts war, und wurden bei der Lektüre der Schriften des Aristoteles behandelt.

Die Aristotelesrezeption machte deutlich, dass es eine außerbiblische Konzeption der Welt und des Menschen gab. Entsprechend des historisch gegebenen und universitär und gesellschaftlich getragenen Vorranges der Theologie vor der Philosophie war die erste Reaktion, die Philosophie dort in ihre Grenzen zu verweisen, wo sie gegen biblische Aussagen stand – z.B. die Lehre von der Ewigkeit der Welt gegen die Lehre von Erschaffung der Welt durch Gott. Insofern hat sich die Begründungsnotwendigkeit umgedreht: Heute geht es um die Grenzen theologischen Sprechens in außerbiblischen Gebieten, wie z.B. im Fall einer theologisch-ethischen Beurteilung des Klonens.

Trotz dieser zentralen Unterschiede handelt es sich bei der mittelalterlichen Ausdifferenzierung der Wissenschaften dennoch um eine strukturelle Parallele zur modernen Ausweitung der natur-, human- und sozialwissenschaftlichen Zweige. Beide Male geht es um die Öffnung der theologisch-ethischen Reflexion für neue Wissensgebiete. Damals wie heute war die Theologie herausgefordert, sich in ein Verhältnis zu anderen, nicht theologisch argumentierenden Wissenschaften zu setzen. Zentrale Bedeutung kommt deshalb der Tatsache zu, dass sich nach einigem Ringen theologisch und kirchlich das Modell des Thomas von Aquin legitimieren konnte, der sich im Gefolge seines Lehrers Albertus Magnus für die philosophische Argumentation öffnete. Seine Hervorhebung der Vernunft als der alle Menschen als Menschen auszeichnenden Fähigkeit und ihre positive schöpfungstheologische Wertung erlaubten ihm, wissenschaftliche Rationalität hoch zu schätzen und weite Teile der aristotelischen Philosophie für die Theologie fruchtbar zu machen. Durch die Integration aristotelischer Kategorien in die theologische Konzeption des Menschen und der Welt wurde er zum Paradebeispiel für die prinzipielle Offenheit christlicher Reflexion für alle Bereiche vernünftiger Weltbetrachtung und für die Möglichkeit ihrer Einordnung in den Gesamthorizont des Glaubens.

2. Historische Modelle theologisch-ethischen Selbstverständnisses in Fragen Angewandter Ethik

In der Geschichte der Ethik unterscheidet man gewöhnlich drei prinzipielle Zugangsweisen Theologischer Ethik, die sich durch alle Epochen durchziehen: eine spirituelle, eine anwendungsorientierte und eine systematische Linie (Korff: Ethik).

Die spirituelle Linie hebt sich dadurch hervor, dass sie die individuelle Christusnachfolge zum Ziel hat. Sie war daher oft entscheidend prägend für das christliche Ethos einer Zeit und vor allem auch Ort für Erneuerungen im christlichen Menschenbild, z.B. der Gleichberechtigung aller Stände (Vgl. z.B. Mieth: Einheit). Die anwendungsorientierte Linie bezieht sich auf die Schriften, die zum Teil außerhalb der Universität entstanden und spezifische seelsorgerliche Zielsetzungen hatten, beispielsweise die Anleitung zum Beichthören. Ihr Anliegen war also nicht primär und nicht explizit die Reflexion auf oder die normative Gestaltung von Strukturen, wie sie im Rahmen der dritten Linie, der systematischen Entfaltung im Rahmen der universitären Theologie erfolgen konnte.

Wenn daher die zwei folgenden mittelalterlichen Beispiele für Angewandte Ethik aus dieser dritten Linie, der systematischen Theologie, entnommen sind, bedeutet das nicht, dass es Formen Angewandter Ethik nicht auch in der breiten Literatur anderer theologischer Gattungen gäbe.

2.1 Albertus Magnus: Theologische Sexualethik mit Hilfe von Medizin und Naturphilosophie

Von den Anwendungsfeldern theologischer Ethik ist die sexualethische Reflexion der Sache sicher einer der ältesten Bereiche (Molinski: Sexualethik). Prägend für die mittelalterliche Eheauffassung war neben Augustin vor allem Hugo von Sankt Victor. Dieser unterschied die eigentliche Ehe, die für ihn in der spirituellen Gemeinschaft bestand, welche auf dem Konsens beruhte (coniugium), und die untergeordnete Ehepflicht (officium), Kinder zu zeugen und zu erziehen, die er nicht im Ehekonsens enthalten sah. Sie war gegenüber der liebenden Zuneigung der Gatten etwas nur Zusätzliches (Brandl: Sexualethik 113–117). Auf dem Hintergrund dieser einseitig auf das Geistige abhebenden Argumentation Hugos lässt sich gut sehen, welche Bedeutung der entschiedenen Integration naturphilosophischer und medizinischer Ergebnisse in die theologische Reflexion durch Albertus Magnus (um 1193/1200–1280) zukommt. Dies ist umso bemerkenswerter, als auch für Albert das Geistige, allerdings im Sinne der umfassenden Erkenntnis und Einsicht als Annäherung an Gott den zentralen Fluchtpunkt seiner Theologie darstellt. Doch gelingt es ihm bei dieser »Aufwärtsbewegung« zu Gott, enzyklopädisch alle philosophischen Erkenntnisse in die Gotteserkenntnis zu integrieren und so für die Theologie als etwas Positives fruchtbar zu machen.

Albert, der als erster sämtliche Werke des Aristoteles im Lateinischen Westen kommentierte oder paraphrasierte, übernimmt von diesem auf grundsätzlicher Ebene das Einteilungsschema von Gattung (z.B. Lebewesen) und Art (z.B. vernunftbegabtes Lebewesen = Mensch). Dadurch entsteht im Gegensatz zu der Hugos eine Anthropologie »von unten«, da – wie später sein Schüler Thomas von Aquin noch stärker betont – das Grundlegendere das stärkere Gewicht hat. Gegenüber dem spezifisch Rationalen, das den Menschen von anderen Lebewesen unterscheidet, wird den natürlichen Antrieben des Menschen, darunter auch der Arterhaltung mit Hilfe der Sexualität, fundamentales Gewicht zugesprochen – in seiner früher datierten *Summa de sacramentis* war Albert noch einer rein theologischen Argumentation gefolgt (Brandl: Sexualethik 111.126f). Jetzt aber hält Albert fest: Der Mensch kann nicht ohne die biologisch-natürlichen Triebfedern seiner zentralen Handlungsziele verstanden werden. Diese Triebfedern wurden von Thomas von Aquin auf die bekannte Formel der »natürlichen Neigungen« (*inclinationes naturales*) gebracht: Selbsterhaltung (Nahrung etc.), Arterhaltung (Sexualität), Sozialität und Transzendenz (Thomas von Aquin: STh I–II q. 94 a. 2; Prima Secundae 170).

Wird so die biologische Ebene der Anthropologie ernst genommen, stellt sich freilich sogleich die Frage nach dem Maßstab, den dieser grundlegenden und dem Menschen mit den Tieren gemeinsamen Triebstruktur gegenüber die Vernunft einnimmt, welche ja das unterscheidend Menschliche ist. Deutlich wird dieser Unterschied beispielsweise bei der Frage Alberts, ob es für den Mann natürlich sei, mehrere Frauen zu haben. Er antwortet, es komme darauf an, ob man von der Natur im Sinne der Gattung oder der Art spreche; im Sinne der Gattung (*genus*) ist es nicht widernatürlich, mehrere Gattinnen zu haben; die andere und eigentliche Natur des Menschen, die der Art (*species*) ist die Vernunftnatur. Und bei dieser gilt es zu unterscheiden zwischen der Vernunft des Menschen als Naturwesen, die sich auf das rein Natürliche richtet; in deren Sinne wäre es für den Mann nicht unvernünftig, mehrere Frauen zu haben; insofern aber der Mensch seine ihn auszeichnende abwägende Vernunft gebraucht, kommt er im Hinblick auf das Ehrenhafte, den sozialen Frieden und die Erhaltung der Gesellschaft zu der Ansicht, dass es an der Natur des Mannes vorbeigeht, mehrere Gattinnen zu haben (Albertus Magnus, IV S. d. 33 a. 2; Commentarii 292).

Auf die sich unmittelbar anschließende Frage, ob es gegen die Natur sei, dass eine Frau mehrere Männer habe, argumentiert Albert ähnlich, was die spezifische Natur angeht: wichtiger als die mangelnde Motivation der Männer, für Nachwuchs zu sorgen, von dem sie nicht sicher seien, dass er von ihnen selbst stamme, seien es wirtschaftliche und politische Gründe, die gegen die Polyandrie sprächen. Die größten Bedenken äußert Albert freilich bereits auf der Ebene der Gattung: aus verschiedenen biologischen Gründen sei zu häufiger Geschlechtsverkehr abträglich für die Fruchtbarkeit der Frau und führe im Falle von bereits erfolgter Empfängnis im ersten und letzten Drittel der Schwangerschaft leicht zu Fehl- bzw. Frühgeburten (Albertus Magnus, IV S. d. 33 a. 3; Commentarii 295).

Mit Argumenten aus der Biologie, Naturlehre und Medizin wird auch die Frage diskutiert, ob ein Mann mit einer Schwangeren Geschlechtsverkehr haben dürfe. Es wird vorausgesetzt, dass nach Ansicht der Naturphilosophen die Schwangerschaft eine Zeit sei, in der die Frauen öfters als gewöhnlich dies wünschten; außerdem wird hervorgehoben, dass dies medizinisch kein Problem darstelle und die Menschen auf Grund ihrer ausreichenden Ernährung sexuell aktiver seien als die Tiere und deshalb nicht an bestimmte Zeiten gebunden seien. Albert antwortet ebenso mit naturwissenschaftlichen Argumenten: zum einen müsse man die Gefahr einer Fehlgeburt bedenken; zum anderen sei es auch bei den Tieren so, dass die sexuelle Aktivi-

tät mit besserer Ernährung zunehme, und beim Menschen komme vielleicht noch eine generell größere Empfänglichkeit für sol-
cherlei Bedürfnisse zu. Daher sei ja auch das Sakrament der Ehe
eingerichtet, um diesem natürlichen Bedürfnis den rechten Ort
der Befriedigung zu geben (Albertus Magnus, IV S. d. 31 a. 12;
Commentarii 238). Überdies ist es ihm ein Anliegen, dass beide
Ehepartner in gleichem Maße ihren eigenen Bedürfnissen Ausdruck geben und denen des Partners bzw. der Partnerin nachkommen (Albertus Magnus, IV S. d. 32 a. 1; Commentarii 269).

Auch wenn Albert dem Bedürfnis des Menschen nach der
Ausübung seiner Sexualität in starkem Maße und aus den gezeigten Gründen Rechnung trägt, darf man nicht auf ein einseitig sexualbetontes Verständnis der Ehe schließen. Der Hinweis
darauf, dass die Ehe für ihn ein Sakrament darstellt, ist ein erster Hinweis auf ein Eheverständnis, das Einblick in die Viel-
schichtigkeit der menschlichen Paarbeziehung gibt. Sein theologisches Verständnis von der leiblichen Paarbeziehung als einem
Sakrament zeigt, dass Albert darum bemüht ist, im Hinblick auf
die Ehelehre einen Dualismus zwischen Leib und Geist zu vermeiden und die leibliche Tätigkeit des Menschen als sakramentale Wirklichkeit zu deuten.

Auf der anderen Seite bewahrt ihn eben der Hinweis auf die
sakramentale Wirklichkeit der Ehe davor, die biologische Ebene
in einem naturalistischen Fehlschluss zur religiösen und ethischen Norm zu machen. Dies wird deutlich, wo Albert die Frage behandelt, ob jeder Geschlechtsverkehr ein Laster oder eine
Sünde sei. Davon gehen viele Autoren seinerzeit aus, da sie in
der Zeugung das einzige von der Natur vorgesehene Ziel des Geschlechtsverkehrs erkennen, dieses Ziel aber in den meisten Fällen nicht erreicht werde. Albert kann nun erwidern, dass es
eben nicht nur ein Ziel für den menschlichen Geschlechtsakt
gebe. Auch wenn er nicht der Fortpflanzung diene, so diene er
doch noch der Befriedigung der natürlichen Begierde, der Erfüllung des Dekalogs (d.h. der Vermeidung von Ehebruch), und
dem Sakrament selbst, insofern er einer Trennung der Partner
entgegenwirke. Schließlich müsse man den Geschlechtsverkehr
in stärkerem Maße in seiner menschlichen Bedeutung ermes-
sen als allein in seiner naturalen (Albertus Magnus, IV S. d. 31
a. 27; Commentarii 266).

Interessant ist auch, wie Albert die Ehe als naturrechtlicher Gegebenheit gegenüber der Relativierung durch sich ändernde Sitten und Gebräuche verteidigt. Es geht um die Frage, ob es zu biblischen Zeiten den Männern erlaubt war, mehrere Gattinnen zu haben, ob also die zu seinerzeit übliche Form der Ehe zu zweit kulturbedingt und daher änderbar sei. Albert unterscheidet hier zwischen der »wahren Sitte« (*verus mos*) und der Sitte, die sich auf Grund von Notwendigkeit einspielt (*mos quem facit necessitas*). Die wahre Sitte entspreche dem Naturrecht: dieses aber hatte er in Anlehnung an Aspasius (um 135 n.Chr.) bereits folgendermaßen beschrieben: Auf Grund der doppelten Natur des Menschen nach Gattung und Art erfolge das der Gattung eigene Streben nach sexueller Vermehrung im artgemäßen Rahmen. Dies bedeute, dass die Menschen nicht nur zum Zwecke der Zeugung zusammen kämen. Vielmehr wollten sie auch in menschlicher Weise zusammenleben und nicht nur Kinder zeugen, sondern sie auch erziehen. Dies wiederum bedeute, nicht nur für deren leibliches, sondern auch für ihr geistiges Wohl zu sorgen und ihnen rechtes Verhalten und Wissen beizubringen. Dies alles aber erfordere die vorausgehende Zustimmung beider Partner zu einer menschlichen und erzieherischen Einheit, welche die Ehe darstelle (Albertus Magnus, IV S. d. 33 a. 1; Commentarii 290). Diese naturrechtliche Ehe sei die Grundlage aller Philosophen bei ihren Entwürfen für Städte und Politik. Von der wahren Sitte also, die diesem Naturrecht entspreche, müsse man nun die aus der Notwendigkeit geborene Sitte unterscheiden, wie sie im Alten Testament zu finden sei. Philo erkläre nämlich, dass Abraham angesichts der zahlenmäßig überlegenen anderen Religionen um der Vermehrung der Gläubigen willen die Polygamie erlaubt habe. Notlagen könnten also, wenn sie lange genug dauerten, den Charakter einer Sitte annehmen, ohne dass diese wirklich auch die »guten Sitten« darstellten (Albertus Magnus, IV S. d. 33 a. 7; Commentarii 299).

Sicher finden sich viele Beispiele bei Albertus Magnus, vor allem bei der Konkretion für die Bewertung einzelner Handlungen in der Beichtpastoral, bei den Aussagen über die Unterordnung der Frau unter den Mann, was die Belange des Hauses angeht, oder die Beurteilung der Lust als Begleiterscheinung des

Geschlechtsverkehrs, die heute aus biologischen, kulturellen und theologischen Gründen kritisiert werden können. Trotzdem erscheint Alberts grundsätzlicher Zugang zur Angewandten Ethik noch heute von Interesse: Durch die theologische Sicht der Ehe als Sakrament vermeidet Albert eine einseitige Normierung der menschlichen Vollzüge durch die rein naturale, ›tierische‹ Ebene. Seine Akzeptanz der naturphilosophischen und medizinischen Ergebnisse bewahrt ihn vor einer vergeistigten Sicht des Menschen im Sinne des damaligen Ideals einer Ehe unter den Bedingungen des Paradieses.

Voraussetzung dafür, dass sein Modell trägt, ist freilich, dass die Ergebnisse der angrenzenden Wissenschaften verstanden werden und so integriert werden können – eine Grenze, an welche die heutige Angewandte Ethik auf Grund der zunehmenden Spezialisierung stößt, die es keinem Menschen mehr erlaubt, ein enzyklopädisches Wissen zu haben, wie es Albertus noch vor Augen stand. In ähnlicher Weise wie Albert sachkundig zu argumentieren, verlangt heute den Erwerb von Mehrfachkompetenzen. Wichtig bei diesem Modell Angewandter Ethik ist also die Möglichkeit, mit der technischen Entwicklung Schritt zu halten, um auch die Ethik auf dem aktuellen Stand betreiben zu können. Kann ein wirklicher Dialog entstehen, ist erst die Rückwirkung der Sachrationalität auf die religiöse Beurteilung einer Handlung möglich, gerade im Bereich von Medizin und Biologie. Der Dialog mit den Wissenschaften beugt so einer binnenmoralische Engführung durch anthropologisch sachgerechtes Urteil vor (Schockenhoff: Sexualität 519).

Zugleich wird bei Albert deutlich, dass es keiner Einbahnstraße gleicht, wenn sich die Theologie für die wissenschaftliche Diskussion engagiert. Denn der Glaube, der seine Argumentation in der Natur gründet, die vom Schöpfer so gewollt wurde, verweist seinerseits immer wieder auf das den Menschen als Menschen auszeichnende: seine vernünftige Erkenntnis und Einsicht und seine Anlage, sich geistiger Auseinandersetzung zu stellen (so Albert) und sich vom Schöpfer her zu betrachten (Thomas von Aquin).

2.2 John Mair: Theologische Wirtschaftsethik mit dem Kriterium des Nutzens

Wirtschaftsethik im Sinne von Einzelfragen hat die Geschichte des Christentums seit den Anfängen begleitet, insofern der Umgang mit Geld und Reichtum, z.B. die Abgabe des Zehnten, das Zinsnehmen oder die Verwaltung von Gütern im Orden Gegenstand theologischer Ratgeber und kirchlicher Gesetze waren. Die Anfänge universitärer, theologisch-ethischer Reflexion auf wirtschaftliche Vorgänge lassen sich zurückverfolgen in die Zeit, als die Wirtschaftsstrukturen sich wandelten und die feudale Form von der des Handels und der Städte abgelöst wurde. Die sich im Rahmen der neuaufkommenden Handelsgeschäfte ergebenden ethischen Fragen wurden im Rahmen des Rechts oder in theologischen Traktaten, Gutachten oder im Rahmen der Entfaltung der systematischen Theologie in den Kommentaren zu den Sentenzen des Lombarden besprochen. Dabei handelt es sich um Einzellösungen auf die im Zuge der Veränderungen und neuen wirtschaftlichen Praktiken aktuell entstandenen ethischen Fragen. Es wird demnach nicht formal, d.h. in abstrakter Form, beispielsweise von der Nutzung von Ressourcen gesprochen, sondern die speziellen Fragen werden inhaltlich behandelt. Wirtschaft als formales System zu sehen war das Neue der Wirtschaftswissenschaften, wie sie seit der Entdeckung der Nationalökonomie durch Adam Smith (1723–1790) entwickelt wurden.

Ein prominentes Beispiel aus den Anfängen theologischer Wirtschaftsethik ist der aus Schottland stammende John Mair alias Johannes Scotus Major (1469–1550), der 1493 als Student der Artistenfakultät nach Paris kam, 1496 Magister Artium wurde und 1515 Doktor der Theologie. Er unterrichtete in Paris bis 1531, war dort einer der beliebtesten Professoren und hatte direkt oder über seine Schüler Einfluss auf Studenten wie Johannes Calvin und Ignatius von Loyola (Torrance: Philosophie 531; Durkan: John Major 133).

Interessant für den Bereich Angewandter Ethik ist das vierte Buch seines Kommentars zu den Sentenzen des Petrus Lombardus. Dieses vierte Sentenzenbuch, in dem traditionellerweise die Sakramentenlehre zur Darstellung kam, hatte in den Kommentaren im Laufe des 15. Jahrhunderts auf Grund eines enormen Bedürfnisses nach Klärung praktischer Fragen bereits eine Ausweitung erfahren. John Mairs Kommentar dazu – erstmals 1509 gedruckt – behandelte neben grundsätzlichen Fragen zum Sündenverständnis auch konkrete ethische Probleme im Hinblick auf Mord, Duelle, Fasten, Haftung für Schäden durch Nutztiere etc. und auch wirtschaftsethische Fragen.

Für das Zeitgefühl, in das hinein John Mair seine Antworten formuliert, ist die doppelte Frage kennzeichnend, die er im Prolog stellt. Erstens fragt er, ob man fremde Wissenschaften in die Theologie einfügen dürfe (John Mair: IV S. prol.; Quartus Sententiarum fol. 1 r). Die Formulierung bereits lässt erkennen, dass die im Anschluss an Albertus Magnus und Thomas von Aquin gewonnene Offenheit für andere Wissenschaften nicht als selbstverständlich galt. Das integrative Modell des Thomas und die Hervorhebung wissenschaftlicher Rationalität stieß nicht nur zu dessen Lebzeiten, sondern immer wieder auf Widerstände. Dieser Widerstand hatte an der Wende zum 15. Jahrhundert zu einer klaren methodischen Unterscheidung zwischen philosophischer und theologischer Rede geführt.

Der Ruf nach der Besinnung auf das Eigentliche der Theologie, den Glauben, relativierte die Bedeutung wissenschaftlicher Rationalität sehr. Dieser Gegenpol brachte als Konsequenz eine Hinwendung der Theologie zu glaubenspraktischen Themen, ein verstärktes Interesse an Exegese und Sakramentenlehre. Der Dialog der Theologie mit der außertheologischen Wissenschaft und der Versuch, diese auf der Basis einer gemeinsamen Vernunft in den theologischen Diskurs zu integrieren, ist also auch theologiegeschichtlich keine Selbstverständlichkeit.

Die zweite Frage John Mairs im Prolog war, was man angesichts gegensätzlicher Meinungen vor allem, was die Sitten betrifft, machen solle. Sie lässt erkennen, dass man der Ansicht war, mittels der Vernunft keine ethische Eindeutigkeit erreichen zu können, zumindest was konkrete Lösungen anging: John Mair schildert die gängige Situation als die eines ethischen Pluralismus. Dieser ethische Pluralismus betrifft auch die innerkirchliche Beurteilung dessen, was Sünde ist, ganz im Sinne des Volksmundes, nach dem man eh' sündige, egal, welche von zwei entgegengesetzten Möglichkeiten man ergreife. Was in den Augen der einen als sündhaft gelte, sei es nicht in den Augen anderer. Oft genug sei es nicht einfach zu entscheiden, welche Seite nun Recht habe. Letztlich müsse man sich damit begnügen, die Vernünftigkeit einer Entscheidung plausibel aufzuweisen (John Mair: IV S. prol.; Quartus Sententiarum fol. 1 v).

John Mairs Blick auf die Ethik lässt eine Entwicklung in der Ethik erkennen, die, in groben Zügen gesprochen, mit der Kritik am Modell des Thomas in der ersten Hälfte des 14. Jahrhunderts eingesetzt hatte. Es ging um die Frage, ob eine ›objektive‹ Erkenntnis möglich sei bzw. welchen Status diese habe. Thomas hatte die Ansicht vertreten, dass das Allgemeine und damit das ›Objektive‹ nicht nur im Geiste seine Grundlage habe, sondern immer zugleich in der Sache selbst. Die wissenschaftliche Erkenntnis der Welt und auch die Erkenntnis Gottes als des Schöpfers der Welt erfolgt daher durch die rechte Wahrnehmung des Allgemeinen in den äußeren Dingen. Für die Ethik bedeutet das, dass das Gute als das definiert wird, was von allen erstrebt wird, d.h. das, was materiell als Gutes gefunden, bestimmt und allen Menschen einsichtig gemacht werden kann, solange sie ihre Vernunft gebrauchen.

Die erkenntnistheoretische Sicht, die unter dem Stichwort Universalienrealismus für die Geschichte der Philosophie und Theologie des Mittelalters bedeutsam wurde, fand ihre Kritiker vor allem im Franziskanerorden. Die Existenz des Allgemeinen in den äußeren Dingen wurde von Wilhelm von Ockham (ca. 1285–1348) aus logischen Gründen abgelehnt und das Allgemeine als das bestimmt, was aus der Erkenntnis einzelner Gegenstände im Geist abstrahiert wird. Diese Kritik erfolgte in dem von Duns Scotus (ca. 1266–1308) skizzierten theologischen Kontext, der die Welt nicht von der Rationalität des Schöpfers her bestimmt sah, sondern von dessen Liebe und dessen Willen. Gegen den philosophischen Gedanken einer ewigen Welt wurde die spontane Schöpferkraft Gottes hervorgehoben, die nicht aus der Natur, sondern aus der Offenbarung bekannt war.

Für die Ethik hatte dies die Konsequenz, dass das Gute nicht mehr materiell aus der Betrachtung der Natur erhoben werden konnte, da diese unter dem Vorbehalt des Kontingenten stand, d.h. sie hätte auch anders geschaffen werden können. Das Gute wurde daher nur formal definiert als das, was dem göttlichen Willen entspricht. Nicht mehr der sittliche Gegenstand, sondern das Ziel einer Handlung – den göttlichen Willen zu erfüllen – und die Intention, mit der dieses Ziel verfolgt wurde, rückten in das Zentrum der Aufmerksamkeit. Auf Grund der formalen Definition des Guten aber stellte sich das erkenntnistheoretische Problem, wie Gottes Willen in konkreten Fragen erkannt werden konnte.

Dieses hatte – in aller Kürze gesagt – zwei zentrale Auswirkungen: Zum einen wurden die in der Offenbarung auffindbaren göttlichen Gesetze und ihre Entfaltung im Kirchenrecht als Ausdruck des göttlichen Willens im Sinne eines positiven Rechtes bedeutsam für die inhaltliche Füllung des formal bestimmten Guten. Zum anderen konnte sich gerade aus diesem Rückgriff auf das positive göttliche Recht mangels Zuständigkeit für neue, nicht darin reflektierte sittliche Probleme im Hinblick auf das individuelle Handeln ein ethischer Freiraum und im Hinblick auf die objektive Normengebung ein Säkularisierungsschub ergeben (Leppin: Freiheit; Müller: Handeln 206–210); die Regel kam zur Anwendung, dass alles, was nicht in der Bibel als positives göttliches Gesetz festgelegt war oder diesem offenkundig widersprach, in verantwortlicher Freiheit mithilfe der Vernunft durch positives menschliches Gesetz geregelt werden konnte (Zur Interpretation Ockhams eher im Sinne einer Verrechtlichung der Ethik siehe Korff: Ethik 921). Für diese säkulare normative Tätigkeit waren unterschiedliche praktische Zielsetzungen möglich, z.B. konnte der Nutzen für das Gemeinwesen zur obersten Norm werden; ein zentrales Element der Argumentation wurde die Expertise in Spezialgebieten bzw. die Erfahrung.

John Mair gilt als letzter großer Vertreter dieser zweiten systematischen Argumentationslinie, des »Nominalismus«, an der Universität Paris (zur differenzierten Betrachtung siehe Torrance: Philosophie). Typisch dafür ist die tendenziell stärkere Betonung der Eigenständigkeit der Theologie gegenüber den profanen Wissenschaften auf Grund der unterschiedlichen Erkenntnisquellen und Zielsetzungen, wie sie auch bei John Mairs zweiter Frage im Prolog zum vierten Sentenzenbuch, ob man Philosophie in die Theologie mischen dürfe, deutlich wird. Die Eigenständigkeit und Vorrangigkeit der Theologie bedeutet für John Mair aber nicht, dass diese sich von den anderen Wissenschaften ganz isolieren muss. Im Gegenteil braucht sie diese in vielen Bereichen, um ihre eigenen Probleme, z.B. das Verständnis der Eucharistie, überhaupt klären zu können. Auch Sprüche 9,1 – »Die Weisheit hat ihr Haus gebaut, ihre sieben Säulen behauen« – wird von ihm in diesem Sinne gedeutet: die Theologie stützt sich auf die Ergebnisse der Sieben Freien Künste, d.h. auf die Philosophie in ihrem gesamten Umfang. Die Theologie darf auch grundsätzlich heidnische Philosophen und Dichter zitieren, wenn diese zum Ausdruck bringen, was ihr vernünftig erscheint. John Mair bemerkt, es sei egal, auf welchem Acker man seinen Rhabarber pflücke, solange er den Patienten nur gut von der Cholera reinige. Nichts, was nützlich sei, solle deshalb verschmäht werden, weil es von außerhalb der Theologie komme (John Mair: IV S. prol.; Quartus Sententiarum fol. 1 r.).

Es zeigt sich als zentrales Kriterium für die Integration fremder wissenschaftlicher Erkenntnisse in die Theologie der Nutzen, sei es für das Selbstverständnis der Theologie selbst oder für ihre Vermittelbarkeit. Dieser Nutzen kann angezweifelt werden und muss daher argumentativ begründet werden. Denn, so Mair, es sei ja die Vernunft, die den Menschen von den Tieren unterscheide (John Mair: IV S. prol.; Quartus Sententiarum fol. 1 v.). John Mair wehrt sich deshalb auch gegen die Theologen, die meinen, mit Beispielen aus der Bibel allein auszukommen (John Mair: IV S. prol.; Quartus Sententiarum fol. 2 v.).

Diese theologische Haltung hat auch Auswirkungen auf die Betrachtung der Ethik. Ebenso, wie in der Theologie verschiedene vernünftige Ansichten gleichberechtigt nebeneinander stehen können, dürfen nach Ansicht John Mairs auch in der Ethik verschiedene Ansichten vertreten werden, solange sie nur vernünftig sind. Man solle sich hüten, von Vertretern anderer Ansichten zu sagen, dass sie sündigten. Schließlich sei es durchaus legitim, wenn die Franziskaner Franziskus und die Dominikaner Dominik zum Vorbild nähmen (John Mair: IV S. prol.; Quartus Sententiarum fol. 1 v.). Müsse man sich für eine von zwei vernünftigen Ansichten entscheiden, dann werde man in der Regel für die Ansicht optieren, für die sich mehr Experten einsetzen. Alles Unvernünftige aber, meint John Mair, gehöre ausgerottet.

Mit dem Hinweis auf die je größere Nähe zur Vernunft können auch Autoritäten der Vergangenheit gegenüber vernünftigeren Argumenten hintangestellt werden, obwohl sie auf Grund ihrer Autorität Sicherheit versprechen und gewöhnlich vorzuziehen sind. Auf dieselbe abwägende Weise kann man mit sich widersprechenden theologischen Autoritäten umgehen (John Mair: IV S. prol.; Quartus Sententiarum fol. 1 v und 4 r.). Deshalb sei der letzte Maßstab für die eigene Entscheidung das, was jedem selbst vernünftiger erscheine, denn jeder müsse selbst seine Entscheidung vor seinem Gewissen um seines Seelenheiles willen verantworten (John Mair: IV S. prol.; Quartus Sententiarum fol. 3 r.).

Nicht nur für die Verwendung philosophischer Erkenntnisse in der Theologie, sondern auch in ethischen Fragen ist der Nutzen das zentrale Begründungselement. Ein Beispiel dafür ist die Argumentation von John Mair im Hinblick auf die Frage, ob Handel (*mercatura*) erlaubt sei. Er erwidert, dieser sei erlaubt, denn es sei ja etwas Gutes, wenn für jedes Land Güter besorgt würden, über die es selbst nicht oder in zu geringem Maße verfüge. Wenn dieses Ziel de facto verfolgt werde, sei dies ausreichend für die moralische Qualität des Handels, selbst wenn die eigentliche Triebkraft der Händler in der Versorgung der eigenen Familie und nicht in gesamtwirtschaftlichen Erwägungen bestehe. Es ist also nicht der individuelle, sondern der gesellschaftsbezogene Nutzen das eigentliche ethische Kriterium. John Mair denkt, dass sich der Handel überdies als eine Entsprechung gegenüber dem göttlichen Willen deuten lasse. Dass Gott dem einen Land reiches Meer und dem anderen reiches Land gegeben habe, lasse darauf schließen, dass seine Absicht gewesen sei, keines in Übermut verfallen zu lassen; jedes Land solle sich auf das andere angewiesen sehen, und die Menschen sollten zur tätigen Arbeit angeregt werden (John Mair: IV S. prol.; Quartus Sententiarum fol. 106 r/v). Auf dem Hintergrund der Bibel ordnet John Mair demnach die als vernünftig erkannte Praxis theologisch ein.

Ähnlich ist das auch bei der Behandlung der Frage, ob die Spekulation von Getreidepreisen unter die Sünde des Zinsnehmens, was gleichbedeutend mit Wucher war, falle und damit gegen den göttlichen Willen verstoße (für einen ersten Überblick zum Thema vgl. Wiemeyer: Zins). In diesem Kontext kann John Mair mit dem Hinweis auf biblische Beispiele die Praxis der Kalkulation des Getreidepreises als grundsätzlich üblich und gerechtfertigt aufweisen. Konkret aber müssen dann die Einzelfälle betrachtet und so die Grenzen der tatsächlichen Praxis nach dem Kriterium der Billigkeit und Gerechtigkeit festgesteckt werden (John Mair: IV S. d. 15 q. 24; Quartus Sententiarum fol. 103v–104v).

Es wird deutlich, dass es John Mair nicht darum geht, möglichst viele Handlungen den Dekaloggeboten zuzuordnen. Vielmehr führen bei ihm vernünftige Begründung und die Erwägung allgemeinen Nutzens zu innovativen Zügen. Dies ist für ihn, der im Zeitalter der Entdeckung neuer Kontinente lebt, unerlässlich, denn es ist offensichtlich, dass es immer neue Entwicklung geben wird und dass deshalb auch theologische Wahrheiten trotz ihres gleichbleibenden Kerns immer wieder neu und besser ausgesagt werden müssen.

Neue Entwicklungen können daher John Mair auch zur Revision von Gesetzesinterpretationen führen. In Flandern ansässige spanische Händler hatten John Mair von der Etablierung einer Transportversicherung für Schiffsladungen erzählt und später auch eine offizielle Anfrage bezüglich ihrer Erlaubtheit an die Universität Paris gerichtet. John Mair und andere Professoren bestätigten die Erlaubtheit der Praxis und wendeten sich damit gegen die abschlägige Beurteilung in einem päpstlichen Dekret aus dem Jahre 1237 (Siehe dazu Vereecke: L'Assurence 356–364.349). Darin war das Erteilen eines Darlehens in Verbindung mit einer Gewinnbeteiligung für die Übernahme des Transportrisikos als Wucher kategorisiert und abgelehnt worden. John Mair unterscheidet nun zwischen der Verbotenheit des Zinsnehmens für das Darlehen und der generellen Erlaubtheit der Versicherung einer Schiffsladung gegen Gefahr für Geld. Letztere sei grundsätzlich zu vergleichen mit einem Lohn für besondere Sicherheitsvorkehrungen, z.B. durch eine Eskorte oder einen besonders erfahrenen Steuermann. Er stellt die grundsätzliche Erlaubtheit der neuen Versicherungspraxis also durch ihren Vergleich mit anderen, üblichen und approbierten Tätigkeiten fest.

Zweifel ergeben sich für John Mair hinsichtlich der genauen Ausführung des Vertrags. Wenn der Versicherungsgeber nicht persönlich für die Sicherheit der Ladung sorgt, sondern es dem

Zufall überlässt, ob die Ladung heil ankommt, dann könnte, so der Einwand, jemand ohne körperliche Arbeit besser verdienen als jemand, der im Schweiße seines Angesichts sein Brot verdiene. Die Vorstellung von reinen Finanzgeschäften löst bei John Mair noch Unbehagen aus. Vermutlich steht im Hintergrund die Idee vom Müßiggang als Sünde. Jedoch führt John Mair auch eine mögliche Gegenargumentation an. Der Gewinn beim Versicherungsgeschäft sei keinesfalls garantiert, und außerdem werde durch den Abschluss des Vertrags einem Mitbruder geholfen, der um den Erfolg der Schiffsreise bange. John Mair kommt zu der abschließenden Beurteilung, dass man trotz aller Gegenargumente gegen einen solchen Vertrag zumindest festhalten müsse, dass es sich nicht um Wucher handle und dass deshalb auch die Rückgabe des Gewinnes nicht gefordert werden könne. Dies werde nämlich, so führt John Mair als Argument an, weder vom Naturrecht, noch vom göttlichen oder menschlichen Recht gefordert (John Mair: IV S. d. 15 q. 27; Quartus Sententiarum fol. 105v–106r).

Es zeigt sich hier, dass die Erlaubtheit der Versicherungspraxis nach einer Art Ausschlussverfahren bestimmt wird. Dieses Verfahren kann mit einem Rückblick auf John Mairs Einteilung des Gesetzes in göttliches, menschliches und Naturgesetz aus dem dritten Buch seines Sentenzenkommentars erläutert und in seiner Logik verdeutlicht werden. John Mairs Naturrechtsbegriff ist nicht mehr material gefüllt wie bei Albertus Magnus, sondern bleibt formal: Naturrecht (*lex naturae*) ist nichts anderes als ein praktisches Prinzip, das auf Grund seiner Begriffe evident ist, oder eine daraus gezogene Schlussfolgerung. Dieses fundamentale, der Vernunft jedes Menschen eingeschriebene Recht ist unveränderlich und ist jedermann zueigen, der alt genug ist, um urteilen zu können. Das fundamentale Kriterium für die Beurteilung der Transportversicherung ist also zunächst, dass sie nicht den Grundsätzen der praktischen Vernunft widerspricht und nicht in sich widersprüchlich ist. Ist wie im vorliegenden Fall dieses Kriterium erfüllt, muss als nächstes gesehen werden, ob sie dem göttlichen positiven Gesetz widerspricht; kann man aber aufzeigen, dass die Versicherungspraxis unter keines der offenbarten Gebote fällt und auch nicht unter das kirchliche Verbot des Wuchers, so besteht auch aus diesem

Blickwinkel kein Einwand gegen sie. Schließlich bleibt als Ausschlusskriterium nur das dem göttlichen immer untergeordnete menschliche Gesetz übrig, welches aus Gewohnheit entstanden ist und sich nur auf begrenzte, vernünftige Gründe berufen kann. Da dies auch nicht der Fall ist, weil es sich um eine neue Praxis handelt und bislang kein gesellschaftlicher Regelungsbedarf vorhanden war, und da sie außerdem von sich aus nicht zu Ungerechtigkeiten führt, kann sie als grundsätzlich erlaubt bewertet werden (John Mair: III S. d. 37 q. 3; In Tertium Sententiarum fol. 99v–100r).

Die Situation, die aus den Argumenten John Mairs heraus zu erkennen ist, entspricht in vielem stark den heutigen Rahmenbedingungen der Angewandten Ethik. Der Pluralismus der Weltanschauungen und ethischen Meinungen ist anerkannt und Ausgangspunkt für die Lösung der Probleme, die sich stellen: Welches Recht gilt? Kann man vom geltenden Recht auf die neue Situation schließen? Welche Anhaltspunkte für ihre Bewertung gibt die neue Situation? Kann der neue Handlungsspielraum mit dem Nutzen für die Gesellschaft begründet werden, ohne dass Ungerechtigkeit dabei entsteht? Sind die neu entstehenden Handlungen mit dem Geist der Menschenrechte oder des Grundgesetzes vereinbar? Stoßen im Rahmen Europas unterschiedliche ethische Vorstellungen zusammen?

Nicht nur die Situation, auch die Probleme heutiger Angewandter Ethik finden sich ähnlich, wenn auch noch nicht in derselben Schärfe, bereits bei John Mair wieder. Erstens zeigt sich, dass der Verzicht auf ein materiales Naturrecht das Problem mit sich bringt, wie ethische Kriterien gefunden werden können. Dieses Problem kommt in der Vermischung von ethischer und rechtlicher Fragestellung zum Ausdruck: An die Stelle der Frage nach der Güte einer Handlung tritt die der Erlaubtheit. Auch heute werden auf Grund des mangelnden ethischen Konsenses viele spezielle Probleme durch Rechtsprozesse gelöst. Ein Extrem ist vielleicht in der heutigen Wirtschaftsethik dort erreicht, wo die Möglichkeit einer inhaltlichen Konsensfindung völlig ausgeschlossen wird und sich die ethische Frage sich völlig von der Sach- auf die Verfahrensfrage verlagert, so dass der Verfahrenskonsens als ethisches Maximum erscheint (Kerber: Wirtschaftsethik 1041).

Bei John Mair ist eine inhaltliche Lösung sittlicher Probleme noch als möglich erachtet. Seine Kriterien für die Angewandte Ethik ergeben sich, wie bereits gesagt, aus der Analogie zu bereits bestehenden ethischen Feldern: Wenn der konkrete Schutz einer Schiffsladung durch Polizisten erlaubt ist, warum nicht der abstrakte Schutz durch eine Versicherung? Durch diese Argumentationsweise nimmt die Angewandte Ethik stark pragmatische Züge an: Wenn eine Praxis erlaubt und nützlich ist, braucht nicht nach einer darüber hinausgehenden Güte gesucht werden.

Das Mairsche Modell mit seiner konkreten Beurteilung einer Handlung in ihrem Für und Wider erfordert von den Teilnehmern des ethischen Diskurses Erfahrung und nötigt ihnen Geduld ab. Man muss bereit sein, mit der ständigen Notwendigkeit des Dialogs und der Diskussion zu leben. Diese wird aber in der aktuellen Diskussion neuer ethischer Problemfelder durchaus als eine Grundbedingung für die Lösung von Probleme Angewandter Ethik gesehen: »Ethische Wahrheitsfindung ... ist in vielem ein mühsamer Prozess, der erst im Diskurs zu einem Ziel kommt.« (Mikat u.a.: Vorwort 5).

Für John Mair ist das menschliche Gesetz immer Ausdruck der kontingenten, d.h. immer den Kriterien der Bedingtheit unterworfenen menschlichen Lebensumstände, die immer eine partikulare Vernünftigkeit haben und sich an den allgemeinen Prinzipien messen lassen müssen. Unter dieser Bedingung wird in Mairs Argumentation der gesetzformenden Gewohnheit der Menschen eine ihr eigene Vernünftigkeit zugesprochen und auch die kulturell verschiedene Ausprägung von Gesetzen ethisch ernst genommen. Zugleich verliert dadurch die Beurteilung konkreter Gesetze oder Praktiken ihre Verbissenheit, da sie stets unter dem Vorbehalt der Änderbarkeit stehen.

Das theologische Element der göttlichen Gebote wird dabei einerseits als zentraler Maßstab erklärt, andererseits aber auf einer sehr allgemeinen und prinzipiellen Ebene gefasst. Das von W. Kerber im Hinblick auf eine aktuelle theologische Wirtschaftsethik formulierte systematische Problem, »wie die alten Wertvorstellungen der Bibel hermeneutisch auf die neuen Gerechtigkeitsfragen unserer Zeit angewandt werden sollen« (Kerber: Wirtschaftsethik 1039), wird von John Mair dadurch auf die allgemeine Frage reduziert, ob z.B. eine bestimmte Wirtschaftsordnung grundsätzlich mit dem göttlichen Gesetz vereinbar ist. Ist diese Grundsatzfrage einmal geklärt, wäre nach John Mair für die konkreten Spezialfälle eine nüchterne Zweck-Nutzen-Debatte um das gesellschaftlich Nützliche auch aus theologischer Sicht völlig legitim. Entsprechend verschiebt sich bei John Mair auch das zweite von Kerber genannte Problem, der fehlende allgemeine Verbindlichkeitsanspruch einer in religiösem Offenbarungsglauben begründeten modernen Wirtschaftsethik. Erkennbar ist bei ihm allein der biblische Auftrag Gottes an den Menschen, sich im Schweiße seines Angesichts sein Brot zu verdienen. Wird aber diese Notwendigkeit zu arbeiten auch von säkularer Seite anerkannt, steht einer gemeinsamen Konsensfindung, wie dieses Erwerbsleben zu regeln sei, nichts mehr im Wege. Die Maßstäbe der Vernunft und der Gerechtigkeit können auch ohne weitere theologische Begründung in einem säkularen Diskurs verwendet werden.

Diesem Säkularisierungsschub bei der Bestimmung gesellschaftlicher Normen wird in der Regel keine unmittelbare Breitenwirkung zugesprochen. Dennoch war dieses Paradigma des Umgangs mit konkreten Problemen Angewandter Ethik historisch gesehen nicht ohne Konsequenzen. Obwohl nämlich mit der Renaissance der Thomasrezeption im 16. Jahrhundert gewöhnlich das Ende des Nominalismus angesetzt wird, ist es gerade die daraus entstandene Argumentationsform, welche sich über Ignatius von Loyola und die jesuitischen Lehrstühle für Gewissensfälle eine Rezeption bis ins 20. Jahrhundert sicherte (Kennan: Casuistry). Hier dient sie freilich der Beurteilung individueller Handlungen im Hinblick auf ihre Sündhaftigkeit unter dem Titel der Kasuistik, während die allgemeine Ebene, die mit der Entwicklung des Völkerrechtes einherging, sich stärker an das Naturrechtsparadigma in seiner Neuinterpretation durch die Spätscholastik hielt; doch selbst auf Vertreter der Spätscholastik war John Mair nicht ohne Einfluss (Durkan: Johan Major 136), möglicherweise auch auf die Reformation, auch wenn er sich persönlich sehr gegen Luther gewandt hatte.

Angesichts der heutigen Vielfalt religiöser und säkularer Weltanschauungen, welche immer auch mit einer Pluralisierung der Vorstellungen vom gesellschaftlich Nützlichen und

Guten einhergeht, kann sich in der Adaption des Modells von John Mair auf die gegenwärtigen Verhältnisse eine christlich geprägte Weltsicht nur als partikularer Diskussionsbeitrag neben anderen verstehen, freilich mit dem großen Vorzug, über die eigenen leitenden Vorstellungen für die Bestimmung dessen, was nützlich und gerecht ist, Auskunft geben zu können.

Literatur

Primärliteratur

Albertus Magnus: Commentarii in IV Sententiarum (dist. XXIII–L), Paris 1894 (Opera omnia, cura ac labore Steph. Caes. Aug. Borgnet, annuente feventeque Pont. Max. Leone XIII., 30).

John Mair: Quartus Sententiarum, Paris 1509.

John Mair: In tertium Sententiarum disputationes Theologicae denuo recognitae et repurgatae, Paris 1528.

Thomas von Aquin: Prima Secundae Summae Theologiae, Rom 1892 (Opera omnia, cura et studio fratrum O.P. iussu impensaque Leonis XIII P.M., 7).

Weiterführende Literatur

Brandl, L.: Die Sexualethik des Heiligen Albertus Magnus (Studien zur Geschichte der katholischen Moraltheologie 2), Regensburg 1955.

Durkan, J.: John Major: After 400 Years, in: The Innes Review 1 (1950) 131–157.

Fuchs, J.: Die Sexualethik des hl. Thomas von Aquin, Köln 1949.

Hilpert, K.: Moraltheologie 4. Geschichte, in: Lexikon für Theologie und Kirche 7, Freiburg u.a. [3]1998, 465–466.

Keenan, J.F.: The Casuistry of John Major, Nominalist Professor of Paris (1506–1531), in: The Annual of the Society of Christian Ethics 13 (1993) 205–221.

Kerber, W.: Art. Wirtschaftsethik, in: Staatslexikon. Recht-Wirtschaft-Gesellschaft, hg. von der Görres-Gesellschaft, Sonderausgabe, Freiburg u.a. [7]1989 und [7]1995, 1038–1042.

Korff, W.: Ethik C. Theologisch II. Geschichte, in: Lexikon für Theologie und Kirche 3, Freiburg u.a. [3]1995, 911–923.

Leppin, V.: Mit der Freiheit des Evangeliums gegen den Papst. Wilhelm von Ockham als streitbarer Theologe, in: Freiburger Zeitschrift für Philosophie und Theologie 42 (1995) 397–405.

Mieth, Dietmar: Die Einheit von vita activa und vita contemplativa in den deutschen Predigten und Traktaten Meister Eckharts und bei Johannes Tauler, Regensburg 1969 (Studien zur Geschichte der katholischen Moraltheologie 15).

Mikat, P. u.a.: Vorwort, in: Lexikon der Bioethik 1, Gütersloh 1998, 5–6.

Molinski, W.: Art. Sexualethik, in: Lexikon der Bioethik 3, Gütersloh 1998, 310–325.

Müller, S.: Handeln in einer kontingenten Welt. Zu Begriff und Bedeutung der rechten Vernunft (*recta ratio*) bei Wilhelm von Ockham (Tübinger Studien zur Theologie und Philosophie 18), Tübingen-Basel 2000.

Schockenhoff, E.: Art. Sexualität IV. Theologisch-ethisch, in: Lexikon für Theologie und Kirche 9, Freiburg u.a. [3]2000, 518–524.

Torrance, T.F.: La philosophie et la théologie de Jean Mair ou Major, de Haddington (1469–1550), in: Archives de philosophie 32 (1969) 531–547.

Vereecke, L.: L'Assurance maritime chez les théologiens des XVe et XVIe siècles, in: Studia Moralia 8 (1970) 347–385.

Wiemeyer, J.: Art. Zins, in: Lexikon für Theologie und Kirche 10, Freiburg u.a. [3]2001, 1459–1461.

Kirche im ethischen Diskurs

Alfons Riedl

■ Die Ethik kennt als Ethik im Plural verschiedene Traditionen und Orte. Mit »Kirche«, die als »Kirchen« selbst eine Gestalt im Plural ist, wird eine dieser Beheimatungen ethischen Nachdenkens benannt.

■ Der christliche Glaube ist von einer entsprechenden Lebenspraxis nicht ablösbar. Allerdings bleiben Moralaussagen dem Evangelium nachgeordnet. Auch lassen sich Heil, Glück und Gelingen des Menschen als zentrale Glaubensaspekte nicht unmittelbar in Handlungsweisungen umsetzen. Dennoch ist der Glaube moralisch relevant, da er zum Handeln motiviert, Moral integriert und modifiziert, bestimmte moralische Forderungen transportiert (etwa das Liebesgebot) und schließlich auch Moral kritisiert. Die in der christlichen Glaubensbotschaft gründende Theologische Ethik ist dabei genealogisch und inhaltlich eng an die Gestalt und Entwicklung der Institution Kirche geknüpft. Interdisziplinäre Forschung und innerchristlicher Dialog sind unverzichtbar.

■ Die Kirche ist auch in postchristlicher Zeit fraglos eine ethische Instanz. Dabei vertritt sie keine gruppenspezifischen Interessen, ist keine Lobby-Ethik, sondern spricht die Bedingungen des humanen Lebens und Zusammenlebens in Verantwortung an.

■ Die konkrete Art und Weise, wie Kirche sich dieser moralischen Verantwortung stellt, lässt sich an ihrer Auseinandersetzung mit modernen bioethischen Fragestellungen erkennen, die das menschliche Leben in fundamentaler Weise betreffen. Die dezidierte Orientierung am Prinzip des Lebensschutzes von Anfang an fordert heraus und kommt zugleich an der Frage eines gesellschaftspolitischen Kompromisses nicht vorbei.

1. Grundlagen

1.1 Ethik und Gesellschaft

Menschliches Handeln in Gemeinschaft bedarf der aktuellen und normativen Steuerung. Kulturgeschichtlich haben sich aus der ursprünglichen Sitte Ethos und Recht ausdifferenziert. Dabei ist die ethische Reflexion nicht als etwas Sekundäres einzuschätzen; nach E. Lévinas ist die Begegnung mit dem Anderen, seinem Angesicht, immer schon eine Inanspruchnahme, die auf das Verhalten zielt. Die Regelung des freien Handelns ist im Prinzip auch weniger äußere Begrenzung als innere Bestimmung und Gestaltung von Freiheit. Diese ist nur in Verantwortung humane Freiheit, zielt doch die Freiheit der Wahl wesentlich auf die Wahl der Freiheit (als Inbegriff gelingenden Lebens) ab.

Nun kennt Ethik unterschiedliche Traditionen und soziale Orte. Sie ist längst Ethik im Plural, und dies nicht nur geschichtlich und zeitgenössisch, sondern auch mehr und mehr innergesellschaftlich. Selbst in gesellschaftlichen Subsystemen (wie Wirtschaft oder Medizin) divergieren die Auffassungen (und keineswegs nur die faktischen Verhaltensweisen). Die Unterschiede betreffen die Begründungen, die Strukturen und die Inhalte. Selbst unter den christlichen Kirchen und innerhalb der einzelnen Gemeinschaften gibt es ethische Diskussionen, Kontroversen und divergente Positionen. Für die römisch-katholische Kirche wird sogar die Frage eines »vertikalen Schismas« aufgeworfen (Orth: Schisma).

Weil die in den 1960er Jahren innerhalb der katholischen Kirche aufgebrochene Diskussion über einzelne sittliche Normen (insbesondere aus dem Bereich der Sexual- und Ehemoral) auf eine tiefer liegende und umfassendere Strukturkrise verwiesen hat (vgl. Korff: Norm 151), ist ihr mit einer partiellen Reflexion und Revision dieser Normen nicht beizukommen. Deshalb ist auch christliche Ethik heute nur zugänglich über den argumentativen Diskurs. Dieser ist jedoch weder anfanghaft noch voraussetzungslos; er kann und darf – aus ekklesiologischen Gründen – die mehr oder minder verbindlichen Vorgaben der Tradition nicht verleugnen. Dennoch geht es nicht nur um das, was tatsächlich geschehen soll, sondern auch und entscheidend um ein Handeln aus Einsicht in das, was zu tun ist. Auch die christliche Ethik ist (als solche) von der Person und ihrem Selbstvollzug nicht ablösbar. Die (recht verstandene) sittliche Autonomie ist kein (fragwürdiges) Zugeständnis, sondern die Evozierung der subjektiven Urteilsbildung und Entscheidung.

Allerdings betrifft die Sanktion des Ethischen (im Unterschied zum Recht) in der Hauptsache, d.h. unter Absehung von der gesellschaftlichen Annahme oder Ablehnung, die sittliche Identität und Integrität (im Gewissen). Die theologische (christliche) Ethik hebt die Struktur des Ethischen nicht auf. Wiewohl die Begründung von Ethik ohne Rückgriff auf eine göttliche Instanz erst ein Phänomen der europäischen Neuzeit darstellt und in der Hauptsache auf die Aufklärung zurückgeht, ist auch die christliche Ethik – fernab einer Heteronomie – an eben diese Struktur der Reflexion verantwortlicher Freiheit verwiesen.

1.2 Kirche und Ethik

1.2.1 Christlicher Glaube und Ethos

Zunächst ist festzuhalten, dass das Ethos (oder die Moral) selbstverständlich kein Ergebnis des Christentums darstellt, wie sehr Letzteres im Laufe seiner Geschichte die Moral auch gefördert und geprägt hat. Bereits im Alten Testament wird allenthalben sittliches Bewusstsein vorausgesetzt und nicht etwa erst durch den Gottesbund mit Israel konstituiert; der Dekalog ist (übrigens – gemäß seiner unzulässigerweise oft vernachlässigten Präambel – das Leben in Freiheit schützendes) Wort Gottes, da er die Autorität Jahwes für sich hat, obschon seine Inhalte weithin der ethischen Tradition des Volkes und seiner Umwelt entstammen (vgl. Böckle: Fundamentalmoral 171–177).

Unverkennbar setzt Jesu Verkündigung bei seiner Hörerschaft und Jüngergemeinde moralisches Bewusstsein voraus, auch wenn er dieses vielfach zu korrigieren und zu schärfen hat. Die ethische Relevanz seiner Botschaft ist nicht zu übersehen (und auch kaum übersehen worden). Dabei führt das Neue, das er zu sagen und zu bringen hat, nämlich die Wahrheit und Wirklichkeit des nahe gekommenen Reiches Gottes (Mk 1,15), für jene, die sich im Glauben darauf einlassen, zu neuen Verhaltensweisen, die Jesus selbst vor allem in seiner »Bergpredigt« (Mt 5–7) authentisch und exemplarisch aufzeigt. Der Primat kommt indes dem Evangelium zu, weshalb der Versuchung (und Verführung) zu widerstehen ist, das Christentum vor allem als moralische (sowie pädagogische und sozial-karitative) Institution zu werten (so unablösbar diese Funktionen auch sind, darf doch die Kirche sich nicht darauf reduzieren lassen bzw. damit selbst ihren gesellschaftlichen Stellenwert identifizieren).

Nicht nur ersetzt der christliche Glaube nicht die Moral oder lässt sie auch nur unberührt, vielmehr integriert und modifiziert er sie. Diese Zusammenhänge, die übrigens auch für das Alte Testament aufweisbar sind, liegen im Neuen Testament offen zutage (vgl. Böckle: Fundamentalmoral 197–232). Die Glaubensbotschaft ist keineswegs nur belehrende Wahrheit, sondern verlangt aus sich heraus, d.h. um ihrer Integrität willen, eine ihr entsprechende Lebenspraxis. Diese ist durchaus keine Durchschnitts- oder gar »Allerweltsmoral«, sondern hebt sich, wie bereits das Neue Testament klar zum Ausdruck bringt, in vielem und entscheidend von der bisher, d.h. vor der Taufe oder in der nicht-christlichen Umgebung praktizierten Lebensweise ab. So verbindet die neutestamentliche Briefliteratur mit der Belehrung die Weisung (vgl. u.a. Röm 1–11 u. 12–16). Der Glaube an das durch Gottes Liebe eröffnete Heil – als verborgene Gegenwart (»Schon«) und eschatologisches Hoffnungsgut (»Noch-nicht«) – drängt, dieses Heil in der Welt zu »leben«, nämlich es – wiewohl immer nur ansatzweise und fragmentarisch – sichtbar und erfahrbar zu machen. In diesem Sinne versteht sich christliche Moral als heilssignifikativ, wenn auch nicht als heilskonstitutiv.

Die Beziehung des Glaubens zur Moral ist so eng und unabdingbar, dass er auch von der Praxisseite her in Frage gestellt und um seine Identität gebracht werden kann. Die weit in die Theologiegeschichte zurückreichende Verknüpfung von Glaube »und« Moral meint daher nicht ein additives Nebeneinander, sondern versteht die Moral als eine (unablösbare) Dimension des Glaubens. Die bereits bei Augustinus zu findende Unterscheidung von Glaubenslehren und Sittenregeln (regulae credendi und praecepta vivendi) wird im Hochmittelalter auf eine Zweigliederung der Theologie hin vertieft (u.a. bei Alanus von Lille). Während jedoch noch Thomas von Aquin die Moral (immerhin als eigenen Part) in das System seiner »Summa theologica« (als Pars II) einzubauen verstand, kommt es nach 1600 zu einer Teilung in zwei theologische Fächer. Diese Scheidung der Moraltheologie von der Dogmatik darf freilich nicht vergessen

lassen, dass Glaubenslehre und Sittenlehre, nach der vielge-
brauchten und bekannten Formel »Glaube und Sitten« (fides et
mores), lediglich unterscheidbar (und nicht ohne Schwierigkeiten separat zu behandeln) sind, aber im Rahmen eines ursprünglichen und umfassenden Glaubensbegriffs (fides) verbunden bleiben. Dieser Tatsache verleiht die Formulierung des
II. Vatikanischen Konzils Ausdruck, in der die Bischöfe »die
Botschaft zum Glauben und zur Anwendung auf das sittliche
Leben« (fidem credendam et moribus applicandam: LG 25) ver-
kündigten. Es ist dieser enge Bezug des Glaubens zum christlichen Handeln, der die Kompetenz des kirchlichen Lehramtes
im Bereich der (christlichen) Moral sowohl begründet als auch
näher bestimmt (und begrenzt).

Auch in der Frage, wie der Glaube die Moral prägt, ist ein Blick
in das Neue Testament aufschlussreich. Dort zeigt sich das Neue
des Lebens der Getauften in den jungen Gemeinden nicht nur als
verstärkte und vertiefte Motivation zum moralischen Handeln;
der Glaube macht zudem inhaltliche Vorgaben, indem er bestimmte Verhaltensweisen bestätigt, verdeutlicht und gewichtet,
die in einem entsprechenden nahen Verhältnis zur Glaubensbotschaft stehen. So impliziert etwa der Indikativ der Heilszusagen
auch einen Imperativ (daraus, dass den Gläubigen vergeben wurde, folgt, dass auch sie vergeben sollen). Ganz allgemein bringt
das primäre und umfassende Gebot der Liebe – als Antwort auf
die Offenbarung der Liebe Gottes – bestimmte Forderungen mit
sich, in denen sich die Liebe verwirklicht, etwa in den Verhaltensweisen des Dienens, des Ertragens oder des Gewaltverzichts. Die
mit dem Christus-Ereignis gegebene neue Situation schafft eine
veränderte Einstellung zur Welt, zum Leben und zu den Mitmenschen (vgl. Halter: Taufe). Die (im Glauben gründende) Hoffnung, die die Gläubigen erfüllt und ihr Leben – im Vergleich zu
jenen, die diese Hoffnung nicht haben (1 Thess 4,12) – verändert,
ist vor den Menschen auszuweisen (vgl. 1 Petr 3,15).

Diese praktischen Konsequenzen, die nicht zuletzt in den
Tugend- und Lasterkatalogen ansichtig werden, konvergieren
durchaus mit zeitgenössisch-ethischen Auffassungen, auch wenn
sie immer wieder quer zu einer durchschnittlichen Moral stehen und diese herausfordern. Dies geschieht in der Weise des
Angebots einer überzeugenden (weil lebensdienlichen und zu-

kunftsweisenden) Lebenspraxis, die auch über die Glaubens-
grenzen hinaus Überzeugung stiftet, ohne dass sie, wie die Erfahrung zeigt, schon einen allgemeinen Konsens begründet.
Das typisch und unabdingbar Christliche des christlichen Ethos
ist dennoch nicht exklusiv. Vom zentralen Liebesgebot her, das
andere (konkrete) Gebote nicht aufhebt, sondern bestätigt, entwickelt und deutet (vgl. Röm 13,8–10), ergibt sich auch ein
Maßstab für die hinsichtlich der Fundamentalität und der Dignität einzustufenden Werte, die dem sittlichen Entscheiden und
Handeln, das immer auch Prioritäten zu setzen hat, vorgegeben
sind. Dabei steht außer Frage, dass dem Schutz des Lebens angesichts seiner Verletzbarkeit und seiner vielfältigen Bedrohung
eine besondere Dringlichkeit zukommt.

1.2.2 Innerkirchliche Strukturen der sittlichen Erkenntnis und Entscheidung

Christliche Ethik (und Christ/inn/en) haben keine andere) erkennt und deutet das Leben und Zusammenleben aus einer
durch die gläubige Vernunft erschlossenen Sicht des Menschen
und der Welt. Dabei ist festzuhalten, dass jede Ethik, auch eine
nicht-religiöse, allein auf die Vernunft sich berufende Ethik, ein
bestimmtes Menschenbild zu Grunde legt und bestimmte weltanschauliche Voraussetzungen macht (und machen muss); über
diese jeweiligen Voraussetzungen ist selbstverständlich zu diskutieren, ihre Tatsache lässt sich jedoch nicht bestreiten.

Die in der Glaubensbotschaft gründende christliche Ethik hat
eine Geschichte, die sich nicht auf die Überlieferung des biblischen Ethos beschränkt, sondern diese überzeitlich verbindliche
Vorgabe unter sich verändernden Verhältnissen, Fragestellungen und Erkenntnissen stets neu umzusetzen hat. Dieses Erfor-
dernis (einer Treue durch Wandel) verlangt neben der (eher
spät einsetzenden) Bejahung der Geschichtlichkeit der Moral
eine Offenheit für die nur mehr interdisziplinär erschließbare
ethische Relevanz natur- und humanwissenschaftlicher Erkenntnisse sowie einen hermeneutisch-kritischen Umgang mit
der eigenen Lehrtradition (nicht nur, aber gerade auch auf dem
Gebiet der Sexual- und Ehemoral).

Innerhalb der Kirche entwickelt sich die sittliche Erkenntnis,
die keinen privilegierten Ort hat, grundsätzlich in einem Pro-

zess, der (selbstverständlich in inadäquater Unterscheidung) unter wechselseitiger Verwiesenheit das Zeugnis der Gläubigen (im Sinne eines »sensus fidelium moralis«), die (auch den ökumenischen Diskurs einbeziehende) Reflexion der Fachtheolog/inn/en und das Urteil des Lehramtes der Bischöfe (und des Papstes) umfasst. Dafür, dass dieser Dialog nicht durch Irritationen, Fixierungen und Unterstellungen behindert wird, tragen alle Beteiligten ihre je eigene Verantwortung in Bezug auf die Redlichkeit und die Transparenz der Argumentation sowie die bereitwillige und vertrauensvolle Offenheit des Gesprächs. Dem Lehramt eignet die Zuständigkeit, die Übereinstimmung der sittlichen Erkenntnisse mit der Glaubensbotschaft autoritativ-verbindlich, wenn auch in differenzierten Graden, gegebenenfalls allerdings auch definitiv und unfehlbar festzustellen (vgl. Böckle: Fundamentalmoral 323–331). Im Blick auf diesen innerkirchlichen Prozess versteht es sich, dass (auf der Linie der erwähnten unterschiedlichen Nähe zum Zentrum der Glaubensbotschaft und ihres Grundgebotes der Liebe) den einzelnen Aussagen der christlichen Moral unterschiedliche Grade der Verbindlichkeit zukommen. Die bemerkenswerte Aussage des II. Vatikanums über eine »Rangordnung oder ›Hierarchie‹ der Wahrheiten innerhalb der katholischen Lehre« (UR 11) darf deshalb – bedeutsam für den inner- wie den außerkirchlichen Dialog – wohl auch auf den Bereich der christlichen Moral übertragen werden.

1.3 Kirche als ethische Instanz innerhalb der Gesellschaft

Auch wenn das Christentum gemäß seinem Selbstverständnis nicht auf Moral eingeengt werden darf, und die Moral nicht eine Domäne desselben bildet, stellt die Kirche auch in unserer vielfach als postchristlich bezeichneten Gesellschaft fraglos eine ethische Instanz dar. Ihrem eigenen Engagement in Sachen der Moral entspricht eine (etwa in der Zeit der Aufklärung sehr ausgeprägte, inzwischen stark nachlassende) Erwartungshaltung an die Kirche, diese möge zu moralischem Verhalten (u.a. Gehorsam, Ehrlichkeit, Friedfertigkeit und Hilfsbereitschaft) erziehen und motivieren, sowie die Respektierung ihrer ethischen Kompetenz, auch wo man sich nicht mit allen Normen identifiziert. Hinzu kommt, dass die faktisch innerhalb der Kirche gelebte Moral immer wieder hinter dem Anspruch der (christlichen) Moral zurückbleibt. Das von Papst Johannes Paul II. artikulierte Schuldbekenntnis bezieht sich gerade auf schwerwiegende Verfehlungen auf moralischem Gebiet.

Tatsächlich ist die Kirche heute weder eine unbestrittene noch eine alleinige Moralinstanz. Sie hat andere Institutionen und Gruppierungen (wie die Medien, Umwelt- und Friedensbewegungen oder Menschenrechtsorganisationen) neben sich, die sich ihrerseits der Sache der Moral annehmen (wobei offen bleiben kann, wie weit sie in der Wirkgeschichte des Christentums stehen). Jedenfalls wird unter »Moral« nicht mehr nur die kirchlich-christliche Moral verstanden. Dabei vertritt die Kirche, wenn sie sich im öffentlichen Raum zur Moral äußert, nicht eigentlich gruppenspezifische Interessen (wie sie solche in anderen Zusammenhängen durchaus anmelden darf), sondern spricht die Bedingungen des humanen Lebens und Zusammenlebens an und macht sich insbesondere zur Anwältin jener, deren Würde und deren Rechte bedroht sind. Allerdings hat sie dabei deutlich zu machen, dass es ihr – im Namen Gottes – um die Sache des Menschen geht, für den wie der Sabbat (vgl. Mk 2,27) so im Grunde alle Moral da ist, weshalb daran auch die nachbiblischen Lehrtraditionen zu messen sind.

Der gesellschaftliche ethische Diskurs legt allen Beteiligten ein umso höheres Maß an Verantwortung auf, als es dabei zunehmend um einschneidende Entscheidungen von großer, die bisherigen technischen Möglichkeiten in den Schatten stellender Tragweite geht, die – erstmals in der Geschichte – die genetische Konstitution des Individuums wie auch das globale Zusammenleben (im »global village«) in Gerechtigkeit, Frieden und Freiheit betreffen. Unter diese Verantwortung fallen, wiewohl nachgeordnet zu den (aktiven) Eingriffen, grundsätzlich auch Unterlassungen. Sie fordert außerdem einen Dialog, der auch in methodischer Hinsicht zielführend zu gestalten ist. Dazu wiederum gehören unter anderem das Wahrnehmen der eigentlichen Fragestellung (damit nicht Antworten auf Fragen gegeben werden, die so nicht gestellt sind, während die tatsächlich gestellten Fragen ohne Antwort bleiben) sowie die Bereitschaft zu einem differenzierten Urteil, mit dem die unterschiedlichen Positionen (z.B. in der Frage der Sterbehilfe) nicht vorschnell durch unzutreffende Alternativen (z.B. Achtung bzw. Missachtung der Menschenwürde) qualifiziert werden.

2. Aufgabe der Kirche

2.1 Aktualität und Brisanz der bioethischen Fragen

Unter den sich gegenwärtig stellenden gesellschaftlich-ethischen Problemen nehmen Fragen der Bioethik oder einer »Ethik des Lebens« einen besonderen Platz ein. Darunter fallen, wie die auch medial breit geführte Diskussion anzeigt, insbesondere der Umgang mit dem embryonalen menschlichen Leben, näherhin die (verbrauchende) Embryonenforschung (Forschung mit Stammzellen sowie das Klonen), Genforschung und Genmanipulation sowie die Präimplantationsdiagnostik (PID). Andere Fragen wie die pränatale Diagnostik, die »künstliche Befruchtung«, der Schwangerschaftsabbruch, die (aktive) Sterbehilfe und die Organtransplantation (mit der speziellen Problematik des Hirntodkriteriums oder der Xenotransplantation) sind bereits vor einigen Jahrzehnten in die Diskussion geraten und gehören ebenfalls zum Problemfeld der ethischen Bewältigung – einschließlich erforderlicher rechtlicher Regelungen – der inzwischen technisch möglich gewordenen Praxis. Waren noch vor Jahrzehnten viele dieser Fragen bloße Theorie, so kann heute der Mensch vieles, das die (immer schon nur rhetorische) Frage, ob er dies auch darf und soll, verschärft hat und unabweisbar macht.

Auch die politischen Entscheidungsträger suchen sich der ethischen Zulässigkeit bestimmter Forschungsvorhaben zu vergewissern, die immerhin mit hohem therapeutischen Nutzen begründet werden und hinter denen zugleich Interessen des Prestiges und der ökonomischen Verwertbarkeit stehen (was, obschon zunächst nicht unzulässig, zu bedenklichen Verkettungen und Verzerrungen führen kann). Weil es hier in einer bisher nicht da gewesenen Radikalität und Folgenschwere um das menschliche Leben in seiner fundamentalen Existenz und um die Grundlagen des Zusammenlebens (in Freiheit, Gerechtigkeit und Sicherheit) und zugleich um hohe Erwartungen (und berechtigte Interessen) geht, steht die gesellschaftspolitische Diskussion unter einem besonderen Anspruch der Verantwortung.

2.2 Kirchliche Stellungnahmen

Auch innerhalb der Kirche(n) sind die Fragen der Bioethik intensiv diskutiert worden. Das katholische Lehramt hat wiederholt dazu Stellung genommen. Neben den Gesamtdarstellungen der christlichen Moral in den neueren Katechismen (KKK, KEK/II) sind spezielle Verlautbarungen zum Schwangerschaftsabbruch (1974: DH 4550–4552) und zum Umgang mit embryonalem Leben (1987: DH 4790–4807) erfolgt. Die päpstliche Enzyklika »Evangelium vitae« (1995) lehnt Abtreibung und Euthanasie eindeutig als unvertretbar ab. Hinzu kommen konfessionsübergreifende Stellungnahmen (Deutsche Bischofskonferenz/Evangelische Kirche in Deutschland; DBK/EKD), wobei die Tatsache gemeinsamer ökumenischer Texte nicht den Eindruck erwecken darf, es gäbe auf ethischem Gebiet nicht auch unterschiedliche Auffassungen. Die katholische Position geht davon aus, dass von der Empfängnis an, d.h. der Verschmelzung von Ei- und Samenzelle, mit einem eigenständigen menschlichen Wesen zu rechnen ist, das an seiner Weiterexistenz und -entwicklung nicht gehindert werden darf. Alle weiteren Stadien der Embryonalentwicklung, die sich unterscheiden lassen (so die Nidation, die Herztätigkeit oder die Ausbildung des Gehirns), sind demnach nicht von der Bedeutung, dass sich an ihnen das Mensch- oder Personsein entscheiden würde (was ohnehin keine naturwissenschaftlich zu beantwortende Frage ist).

Diese Position, die – mit guten Gründen – den Personstatus des Embryos annimmt und diesem deshalb die Menschenwürde zuerkennt, folgert daraus (unter tutioristischen Erwägungen, nämlich »in dubio pro vita«) seine Unantastbarkeit, auf Grund welcher er nicht einmal für hochrangige Ziele als Mittel (etwa in der verbrauchenden Embryonenforschung) eingesetzt und ›geopfert‹ oder auf Grund eines genetischen Defekts mittels der PID selektiert (und getötet) werden darf. Daraus resultiert ferner das Recht auf genetische Einmaligkeit und Zufälligkeit; auch wenn jeder Mensch sein Dasein anderen verdankt, soll er sich dennoch nicht in seinem »So-sein« durch die subjektiv-beliebigen Vorstellungen anderer definiert erfahren. Damit werden selbstverständlich die therapeutischen Ziele nicht abgewertet, doch ist die Forschung auf andere Wege (etwa adulte Stammzellen) verwiesen. Dem wird man ernsthaft nicht dagegenhalten, das menschliche Leben beginne mit der Geburt. Selbst der Zeitraum bis zur Nidation, von der in juristischer und medizinischer Terminologie erst die Schwangerschaft datiert, kann nicht als für das Handeln irrelevant eingestuft werden (er wird es bezeichnenderweise auch im deutschen und österreichischen Embryonenschutzgesetz nicht, was allerdings den Widerspruch mit sich bringt, dass der Schutz des Embryos wenig später für den weiter entwickelten Fötus nicht mehr gilt).

Gleichwohl werden in die Diskussion um den (moralischen) Status des Embryos Überlegungen eingebracht, die eine Auseinandersetzung verdienen. Diese beziehen sich insbesondere auf die in diesem Zeitraum (bis zur Nidation) gegebene Möglichkeit einer Mehrlingsbildung (zu »eineiigen Zwillingen«) und damit auf das Verhältnis von Personalität und Individualität, ferner auf die »Selbstständigkeit« des Embryos ohne die (oder zum Voraus der) Beziehung zum mütterlichen Organismus. Näherhin geht es in der Argumentation um die Zugehörigkeit des Embryos zur menschlichen Spezies, die Kontinuität, die Identität und die Potenzialität (zur Diskussion um den moralischen Status des Embryos vgl. u.a. Damschen/Schönecker: Status).

Es ist in der Tat nicht augenscheinlich, dass eine Ansammlung von einigen Zellen eine menschliche Person darstellt, der man Monate später ins Gesicht sehen und einen Namen geben wird. Ebenso nimmt sich auch die Tötungshandlung an einem Embryo anders aus als eine solche an einem geborenen Menschen. Dennoch bleibt zu fragen, wie weit Vorstellungen und Empfindungen moralische Kriterien des Handelns abgeben. Die Frage, um was – oder um wen – es bei einem Embryo in Wahrheit geht, kann redlicherweise nicht suspendiert werden. Dabei kommt der Folgerung, dass, nachdem eine zweifelsfreie Gewissheit über eine nicht gegebene menschliche Identität nicht erreicht werden konnte, »in dubio pro embryone« zu verfahren sei (»Vorsichtsargument«, vgl. Damschen/Schönecker: Status 250–264), eine hohe Überzeugungskraft zu. Dann aber gebührt Ehrfurcht dem menschlichen Leben in allen seinen Stadien, die immer auch jene sind, die wir, die Lebenden, seinerzeit durchlaufen haben, und ist Gewalt gegen einen, der sich nicht wehren kann und auch keinen Anwalt hat, in besonderem Maße inhuman. Auch der erhoffte und selbst der zu erwartende Erfolg darf nicht ohne die Berücksichtigung der Mittel und Wege als rechtfertigend (oder entschuldigend) gelten.

Dabei sind sowohl die zahlreichen und aufwendigen Versuche mitzubedenken, die notwendig sind (auch wenn meist nur Erfolgsmeldungen an die Öffentlichkeit kommen), als auch die möglichen Risiken und unerwünschten Nebenwirkungen, die sich mit biotechnischen Verfahren verknüpfen. Hier sind die Ergebnisse offen zu legen, damit eine überlegte und verantwortliche Abwägung vorgenommen werden kann. Ein beachtenswertes, erst recht ein undurchschaubares Risiko nicht einzugehen, kann durchaus als Fortschritt gewertet werden. Es geht beim ethischen Aspekt ja nicht eigentlich darum, der Forschung (aus welcher Motivation und mit welcher Autorität auch immer) Beschränkungen aufzuerlegen, vielmehr haben wir angesichts der Ambivalenz der neueren und neuesten technischen Entwicklungen uns zu fragen und uns darüber zu verständigen, was wir tatsächlich – insgesamt und auf Zukunft hin, und sei es nur als das vergleichsweise Bessere – wollen und wollen sollen.

2.3 Aspekte der Entscheidungsfindung

2.3.1 Voraussetzungen

Die Kirche, die unbedingt und uneingeschränkt den Schutz des menschlichen Lebens von Anfang an vertritt, fordert, wo sie dies in glaubwürdiger Weise tut, zum Nachdenken und zur Auseinandersetzung heraus. Sie warnt damit vor kurzschlüssigen und pragmatischen Lösungen, mögen sich auch deren nachteilige bis verhängnisvolle Folgen erst in der Zukunft zeigen. Mehr und mehr müssen die Risiken ethisch thematisiert und diskutiert werden. Das Argument des »Dammbruchs« oder (mit einem anderen Bild) der »Schiefen Ebene« (slippery slope) darf nicht vorschnell eingebracht werden, doch lässt es sich nicht einfach zurückweisen, sondern bleibt bedenkenswert. Hier wiederum kann das Eintreten für die Würde und Unantastbarkeit des ungeborenen Lebens nur wirksam sein, wenn sich damit die Intention eines umfassenden Lebensschutzes verbindet. Dazu gehört, dass die Kirche zur Lösung der moralischen Aufgaben, die sie als humane Verpflichtungen verkündet, ihren eigenen Beitrag leistet, dass sie – sensibler als in früheren Zeiten – die vielfältige Bedrohung des menschlichen Lebens wahrnimmt sowie Rüstung, militärische Intervention und auch Todesstrafe kritischer beurteilt.

2.3.2 Die Frage des Kompromisses

Eine andrängende und zugleich schwierige Frage, die sich der Kirche heute in vielen Bereichen stellt, ist die Abwägung zwischen einem eindeutigen Zeugnis, mag dieses angenommen werden oder nicht, und der Bereitschaft zu einem Kompromiss, mit dem unter den gegebenen Umständen wenigstens ein Teilerfolg zu erzielen ist. Diese Frage, die an die Problematik der Konfliktentscheidungen rührt (mit ihren speziellen Problemen etwa der Handlung mit negativer Nebenwirkung oder der faktischen Mitwirkung an Bösem), steht auch, wie sich am Streit um den von kirchlichen Schwangerenberatungsstellen ausgegebenen »Schein« gezeigt hat, innerkirchlich in Diskussion. Zunächst mag es ja für jede der Alternativen gute Gründe geben.

Man darf von der Kirche erwarten, dass sie sich der Würde (je)des Menschen verpflichtet weiß, den sie im Glauben als von Gott geschaffenes und zum Heil berufenes Abbild Gottes betrachtet, und ihre Stimme gegen Versuchungen und Versuche erhebt, diese Würde – selbst im wohlmeinender Absicht – zu verletzen. Aus taktischen Erwägungen zurückhaltend zu agieren, kann ihr später zum Vorwurf gemacht werden (man denke z.B. an die Euthanasie-Programme des NS-Regimes; vgl. Richter: Katholizismus). Im Sinne der Unterscheidung von Wirk- und Ausdruckshandlung (vgl. Ginters: Ausdruckshandlung) gibt es das Zeugnis, das sich nicht von der Effizienz abhängig macht und das, auch wo es zunächst ohne Wirkung bleibt, später durchaus wirksam werden mag (so hat die zunächst unwirksame Verweigerung des Kriegsdienstes durch den das NS-Regime ablehnenden Franz Jägerstätter später und bis in die Gegenwart hinein unerwartet viel bewegt; vgl. Riedl/Schwabeneder: Glaube). Auch Max Weber, an dessen Unterscheidung von Gesinnungs- und Verantwortungsethik man sich hierbei erinnert, stellt das gesinnungsethische Zeugnis des »Heiligen«, der sich konsequent dem Bösen verweigert, nicht ins Abseits oder in einen Gegensatz zur Verantwortlichkeit, auch wenn er dem politisch Tätigen die von ihm so genannte »Verantwortungsethik« zuweist, da dieser das Gute nun einmal nicht unge-schmälert durchsetzen könne (vgl. Weber: Politik).

Gleichwohl kommt auch das christlich-ethische Zeugnis im gesellschaftspolitischen Bereich nicht an der Frage vorbei, wo auf Grund bestimmter Konstellationen ein Kompromiss – als Etappenziel und »immer neu in Frage zu stellende Phase« (Demmer: Kompromiss 384) – einzugehen ist. Immerhin macht auch »Evangelium vitae« hierzu keine einseitige Aussage. Auch wenn dort die Kriterien durchaus eng gefasst sind, unter denen christliche Politiker einem der Menschenwürde nicht genügen-den Gesetz ihre Zustimmung geben können, bleibt die Möglich-keit, für eine nur vergleichsweise bessere Gesetzesvorlage zu votieren, um dadurch eine (noch) weniger akzeptable zu ver-hindern (EV Nr. 73–74).

Dabei ist insbesondere zu unterscheiden, ob eine Handlung nicht unter Strafe gestellt (z.B. der Schwangerschaftsabbruch unter bestimmten Bedingungen) oder ob ein bestimmtes Han-deln mit einer Sanktion belegt wird (man könnte sich z.B. den – bisher nicht gegebenen und hoffentlich auch nicht zu befürch-tenden – Fall denken, dass die Sozialgesetzgebung die staatliche Unterstützung für ein behindertes Kind, das trotz Kenntnis des pränataldiagnostischen Befundes zur Welt gebracht wird, ein-schränkt). Weil den Gesetzen eine ethische und praktische Sig-nalwirkung zukommt (was nicht oder weniger bestraft wird, er-scheint weniger als Unrecht), sind auch die Gesetze der ersten Art, die (für sich genommen) niemanden (etwa zur Abtreibung) drängen (weshalb es eine Aufgabe der Motivation ist, davon keinen Gebrauch zu machen), bedenklich bis kritikwürdig, weil sie faktisch Anreize schaffen, Hemmungen abbauen und das Widerstreben (etwa aus Gewissensgründen) erschweren.

Es bleibt mehr als fragwürdig, wie weit ein gestufter und da-mit eingeschränkter Schutz des menschlichen Lebens in den (jeweils) angegebenen Grenzen zu halten ist, selbst wenn man dieselben nicht als taktische Bedingungen konzediert und ver-steht. Mit dem Schutz des Lebens aber steht und fällt eine zent-rale Sinngebung und Bedeutung der Ethik selbst (und im Wei-teren der Rechtsordnung). Die Humanität ist im Letzten nicht teilbar; es ist die innere Logik der um des Menschen willen exis-tierenden Ethik, dass gemäß Kants Imperativ der Mensch nie-

mals als bloßes Mittel (auch nicht für »humane Ziele«) eingesetzt werden darf. Auch eng begrenzte Ausnahmen untergra-
ben das Terrain der Unantastbarkeit des Lebens, welche Sicherheit und Vertrauen (etwa gegenüber dem Arzt) vermittelt.
Damit hängt zusammen, dass Humanität nun einmal ihren
›Preis‹ hat. Allerdings kommt dieser denen, die ihn zu entrich-
ten bereit sind, selbst zugute.

Ethische Verbote ziehen Grenzen, machen aber nicht schon
das Ganze des Ethischen aus. Diese Verbote selbst sind die andere Seite der Humanität (als Grundlage und Zielsetzung des Ethischen) und müssen sich als diese andere Seite aufweisen lassen.
Der ethische Beitrag der Kirche beschränkt sich jedoch nicht auf
den Einsatz für ethische (und rechtliche) Regelungen, die der
Menschenwürde und dem Lebensrecht (gerade der Schwächeren und Wehrlosen) entsprechen. Es geht ihr sehr wohl auch
um den Umgang mit den vielfältigen Kontingenzerfahrungen,
die sich an dem Unverfügbaren und nicht zuletzt an den Grenzen der technischen Machbarkeit zeigen. Die christliche Anthropologie stellt diese Kontingenz in das Licht der Transzendenz
des Glaubens, der eine (eschatologische) Hoffnung begründet,
auch wenn sich diese sehr wohl in innerweltlichen Hoffnungs-
gütern zeichenhaft und ansatzweise widerspiegelt. Schließlich
versteht sich christliche Ethik (und Moral) – unbeschadet ihrer
Unverzichtbarkeit (auch und erst recht »nach Auschwitz«) – als
relativ und sekundär in dem Sinne, dass die Schaffung einer
heilen Welt nicht ihr aufgegeben und aufgebürdet ist, sondern
von Gott her erwartet wird. Diese »Grenze« mindert nicht den
Einsatz für eine menschlich lebbare Zukunft.

Literatur

Böckle, F.: Fundamentalmoral, München⁴ 1985.

Bormann, F.-J.: Nicht in der Defensive bleiben. Überlegungen zur Zukunftsfähigkeit katholischer Moraltheologie, in: Herder Korrespondenz 56 (2002) 512–516.

Damschen, G./Schönecker D. (Hg): Der moralische Status menschlicher
Embryonen. Pro und contra die Spezies-, Kontinuums-, Identitäts-
und Potentialitätsargumente, Berlin 2002.

Demmer, K.: Art. Kompromiss, in: Rotter, H./Virt, G. (Hg): Neues Lexikon der christlichen Moral, Innsbruck 1990, 381–385.

Denzinger, H./Hünermann, P. (Hg.): Kompendium der Glaubensbekenntnisse und kirchlichen Lehrentscheidungen, Freiburg [37]1991. (im Text: DH)

Ginters, R.: Die Ausdruckshandlung. Eine Untersuchung ihrer sittlichen Bedeutsamkeit, Düsseldorf 1976.

Halter, H.: Taufe und Ethos. Paulinische Kriterien für das Proprium christlicher Moral, Freiburg 1977.

Johannes Paul II.: Enzyklika »Evangelium vitae« (Verlautbarungen des Apostolischen Stuhls 120), Bonn 1995. (im Text: EV)

Katechismus der Katholischen Kirche, München u.a. 1993. (im Text: KEK)

Katholischer Erwachsenen-Katechismus 2, Freiburg u.a. 1995. (im Text: KEK/II)

Korff, W.: Norm und Sittlichkeit. Untersuchungen zur Logik der normativen Vernunft, Mainz 1973.

Lexikon der Bioethik, Gütersloh 2000 (Studienausgabe).

Lumen Gentium (im Text: LG)

Orth, S.: Vertikales Schisma?, in: Herder Korrespondenz 56 (2002) 487–489.

Richter, I.: Katholizismus und Eugenik in der Weimarer Republik und im Dritten Reich. Zwischen Sittlichkeitsreform und Rassenhygiene, Paderborn 2001.

Riedl, A./Schwabeneder, J. (Hg): Franz Jägerstätter. Christlicher Glaube und politisches Gewissen, Thaur 1997.

Schüller, B.: Die Begründung sittlicher Urteile. Typen ethischer Argumentation in der Moraltheologie, Düsseldorf [3]1987.

Unitatis Redintegratio (im Text: UR)

Weber, M.: Politik als Beruf, in: Max Weber Gesamtausgabe I/17, Tübingen 1992, 113–252.

Wolbert, W.: Wann ist der Mensch ein Mensch? Zur Frage nach Beginn und Ende personalen Lebens, in: Moraltheologisches Jahrbuch, Mainz 1989, 15–33.

Lebenskunst im christlichen Horizont

Jochen Sautermeister

▦ Weil sich die Lebenswelt in viele verschiedene Handlungssphären aufgliedert, kann das Individuum seine Lebensführung kaum
an tradierten Handlungsmustern orientieren. Es bedarf vielmehr
der Ausbildung und Ausübung einer neuen Lebenskunst.

▦ Theologische Ethik unterstützt den Menschen bei der Ausbildung einer Lebenskunst, indem sie unter anderem die Dimensionen
des Richtigen, Guten und Sinnhaften reflexiv zu vermitteln sucht,
im christlichen Horizont eine Zielperspektive menschlicher Identität
bestimmt und Momente einer gelingenden Lebensführung formuliert.

▦ Eine theologisch-ethisch reflektierte Lebenskunst hat die grundlegende Motivation für eine Lebenskunst zu bedenken. Sie liegt in
der Sinnkategorie begründet.

▦ Eine Lebenskunst bedarf zum einen einer geltungstheoreti-
schen Legitimation. Sie lässt sich über eine transzendentallogische
Freiheitsanalyse erreichen. Der Freiheit kommt eine grundlegende
Regel-Orientierungsfunktion zu.

▦ Eine transzendental-anthropologische Identitätsanalyse nimmt
methodisch die existenziell-lebensweltliche Dimension und damit
die empirischen Realisationsbedingungen von Freiheit in den Blick.

▦ Tugenden können vor diesem Hintergrund als sittliche Grundhaltungen verstanden werden, die zum einen den anthropologischen Strukturgesetzlichkeiten menschlicher Identität folgen und
sich zum anderen transzendentallogisch aus der Verwirklichung
menschlicher Freiheit legitimieren lassen.

1. Problemanzeige

»Es tut mir leid, weißt du, ich konnte halt nicht früher kommen,/War das eine Verhandlung, Mann oh Mann, bis kurz nach
acht/.../Es stimmt ja, seit ich da bin, stimmen nicht nur die Bilan-
zen./Die Wachstumsraten sind verdoppelt, und der Index steigt./
Heut' wär' der Tag gewesen, uns'ren Kürbis auszupflanzen./Und

> dann hätt' ich dir gern, wie man Radieschen sät, gezeigt./Vielleicht
> ist mir heut' mein allergrößter Coup gelungen,/vielleicht der Groß-
> auftrag, von dem die ganze Firma träumt,/ganz sicher aber, hab' ich
> heute nicht mit dir gesungen/und einen Tag, der niemals wieder-
> kommt, mit dir versäumt.«

Wie der Chanson-Schreiber Reinhard Mey eindrucksvoll in
»Vaters Nachtlied« zum Ausdruck bringt, findet sich der einzelne Mensch in einem Gefüge disparater Ansprüche und Erwartungen vor, die nicht ohne weiteres kompatibel sind: seien es
die Ansprüche und Rollenerwartungen seitens der Wirtschaft,
der Firma, des Arbeitgebers, seien es die Erwartungen seitens
der Familie. – Der Verlust einer einheitlichen Welt gesellschaftlichen Handelns in der Moderne und die funktionelle Differenzierung der Lebenswelt in autonome Handlungssphären mit je
eigener Funktionslogik und Zielorientierung bedeuten für das
Individuum, dass es eine integrative Lebensführung selbst zu
bewerkstelligen hat, in der die einzelnen Sollensanforderungen
möglichst in einen lebbaren Kompromiss eingebettet sind (Göbel: Verortung 20). Allein tradierte Handlungsmuster zu befolgen, scheint im Blick auf das gesamte Leben nicht mehr hinreichend für ein gelingendes Leben zu sein. Wird diese Freisetzung
des Einzelnen soziologisch als Optionserweiterung (Groß: Multioptionsgesellschaft) verstanden, so spiegelt sie jedoch zugleich
die Not der menschlichen Freiheit wider. Doch als ob der Aus-
gleich konfligierender Ansprüche nicht Aufgabe genug wäre,
können sie – so auch in »Vaters Nachtlied« – mit dem eigenen
Wollen, den eigenen Bedürfnissen, Wünschen und Zielsetzungen kollidieren:

> »Dann gab Herr Doktor Schulze-Wüstenfeld ein Arbeitsessen,/ich
> bin von einer Pobacke auf die and're gerutscht./Es gab »Pikantes
> Hirschragout«, wie gern hätt' ich stattdessen/eine Bratwurst mit dir
> geteilt und Lakritze gelutscht.«

Der gesellschaftliche Modernisierungsprozess hat zu einer bis dahin unbekannten Individualisierung geführt, die dem einzelnen
Menschen existenziell-lebenspraktische Integrationsleistungen
abverlangt. »Herausgesetzt aus einer umfassenden Sinneinheit,
ist der einzelne vorausgesetzt als einer, der aus verschiedenen

Handlungsmöglichkeiten eine eigene Synthese, ein persönliches Handlungskonzept bilden kann, darf und muß.« (Göbel: Verortung 21) Das bedeutet nicht nur für individual-, sondern auch für sozialethische Fragestellungen und Problemkontexte, dass sie nicht mehr allein sollensethisch angegangen werden können. Vielmehr ist der Fokus auf das individuelle wie auch soziale Wollen zu richten, das die Zielperspektive menschlichen Handelns in den Blick nimmt, wie besonders Gerfried W. Hunold für eine Theologische Ethik einfordert, die sich in der Gegenwart positioniert (Hunold: Ethik). Diese Problemanzeige erklärt zudem die Renaissance der Lebenskunstdiskussion nicht nur in Philosophie und Theologie, sondern auch in ihren populären Spielarten der Lebenshilfe-Literatur.

Ist der ethischen Reflexion seit Beginn der Neuzeit das Nachdenken über die individuelle Lebensführung weitestgehend abhanden gekommen (Laubach: Lebensführung 13; Krämer: Ethik I 9–22), so erklärt die strukturelle Zeitdiagnose, weshalb gegenwärtig wieder faktisch auf das »glückssuchende und erlebende Subjekt« fokussiert wird, von dem »unentwegt die Rede« ist, wie der Soziologe Gerhard Schulze bemerkt (Schulze: Kulissen 16). Die Frage nach dem gelingendem Leben steht unter dem dialektischen Vorzeichen, dass die »Kulissen des Glücks [...] öffentlich« sind, »das gesuchte Glück dagegen privat.« (ebd. 18) Der scheinbare öffentlich propagierte »Glücksgewinn« steht daher in der Gefahr, als ›Fata Morgana‹ der Lebensführung entlarvt zu werden.

Neben der Pluralisierung und Individualisierung der (westlichen) Gesellschaft, die den einzelnen Menschen zu einer bis dahin unbekannten selbstverantworteten Orientierungsleistung herausfordern, eröffnen sich auch gesellschaftlich qualitativ neue ethische Fragehorizonte: Der rasche Fortschritt von Wissenschaft und Technik führt zu einem Können, dessen Gutheit und Richtigkeit nicht selbstverständlich ist, und sich so die Frage nach dem Human-Sinnvollen aufdrängt (Hunold: Ethik). Es besteht die Gefahr, dass solche neu entdeckten bzw. kurz vor der Eroberung stehenden Welten, die noch ethisches Niemandsland sind, derart schnell ›kolonialisiert‹ werden, dass dieses Neuland noch kein ethisch reflektiertes ist (Göbel: Verortung 23). Eine diesen Entwicklungen begegnende reaktive

Ethik würde jedoch hinter den Möglichkeiten und der Notwendigkeit zurückbleiben, durch die Frage nach dem gemeinsamen Wollen Zielperspektiven menschlichen Handelns bewusst zu formulieren, die dem Dürfen bzw. Sollen ein Wollen auf der Grundlage des Könnens voranstellen. Normative Ethik bedarf daher unabdingbar einer vorgeschalteten prospektiven Erörterung (Hunold: Ethik). Wenn nach den Analysen Hans Krämers zur Geltungslogik von Sollensansprüchen Folgendes gilt: »Sollen stellt sich [...], formal betrachtet, insgesamt dar als eine komplexe Relation zwischen verschiedenen Willensinstanzen, d.h. eine höherstufige Willensordnung, und als solche unterschieden von den einstufigen des eigenen Wollens und des bloßen fremden Wollens in Zwangsverhältnissen« (Krämer: Ethik I 47), so bedarf nicht nur die Reflexion der individuellen Lebensführung, sondern auch die vielfältigen ethischen Sachbereiche einer strebensethischen Durchdringung.

Dies stellt besonders die Theologische Ethik vor neue Herausforderungen, sich als Könnensethik zu verstehen. Denn gerade der »Autoritätsverlust der theologischen Ethik« in der Epoche der Aufklärung sollte Hans Krämer zufolge durch die neuzeitliche Moralphilosophie in Gestalt einer Sollensethik aufgefangen und kompensiert werden (Krämer: Ethik II 95).

Ziel dieses Beitrages ist es daher, Grundlagen einer Lebenskunst im Horizont des christlichen Glaubens zu skizzieren, die die eingespielten Problemkonstellationen berücksichtigen. Dazu soll in einem ersten Schritt die motivationale Grundlage der Lebensführung analysiert werden, die sich auf die Sinnfrage beläuft (2). In einem zweiten Schritt soll mit einer durch die Kategorie der Freiheit bestimmten Denkform eine Möglichkeit eröffnet werden, mit welcher sich eine Verschränkung des Guten, Richtigen und Sinnhaften transzendentallogisch denken lässt und deren Ergebnisse mit einer transzendental-anthropologischen Identitätsanalyse konvergieren (3). Vor diesem Hintergrund werden schließlich Tugenden als zentrale Elemente einer Lebenskunst im christlichen Horizont begründet und skizziert, die auch für die Fragen der Angewandten Ethik bedeutsam sind (4).

2. Sinn als basaler Motivationsgrund der Lebenskunst

2.1 Philosophie der Lebenskunst

Die Frage, wie das eigene Leben verantwortet sittlich zu führen ist, wird unter verschiedenen Begriffen wie »Lebensführung«, »Lebensform«, »Lebensstil« oder »Lebenskunst« behandelt. Auch wenn sie nicht alle von gleicher begriffstheoretischer Tauglichkeit sind (vgl. Laubach: Lebensführung 72–82), so verzeichnet doch gerade der Begriff der Lebenskunst inflationären Gebrauch.

Der Philosoph Wilhelm Schmid, der derzeit prominenteste, aber auch umstrittene Vertreter einer Philosophie der Lebenskunst im deutschsprachigen Raum (Schmid: Suche; ders.: Philosophie; ders.: Lebenskunst; ders.: Leben) fasst ihr Anliegen folgendermaßen zusammen: »(a)nzuleiten zur rechten Lebensführung und zur Gestaltung des Lebens« (Schmid: Suche 19). Schmid formuliert seine weitläufigen Reflexionen in Anknüpfung an und Fortführung von Traditionen antiker Philosophie sowie Montaigne, Nietzsche, Hadot und Foucault. Im Zentrum seiner Theorie der Lebenskunst steht die Wahl (Schmid: Philosophie 188–238), in der die Lebenskunst als Praxis der Freiheit gründet. Die moderne Wahlfreiheit ist nach Schmid durch drei Dilemmata gekennzeichnet: (1) Die Wahlfreiheit wird zur Wahlnotwendigkeit. (2) Es bedarf einer Fertigkeit, eines Könnens zu wählen, die heute nicht mehr gegeben ist. (3) Wenn man wählt, schließt man andere Möglichkeiten aus und muss auf sie verzichten. Damit ist zugleich das aufgegebene Problem für jeden Einzelnen umgrenzt, das aus seiner Autonomie entwächst.

Zielgestalt gelingenden Lebens, der Lebenskunst und der Wahl ist gemäß Schmids existenziellen Imperativ: »Gestalte dein Leben so, daß es bejahenswert ist« (ebd. 169), das schöne Leben. »Lebenskunst [...] kann heißen, sich ein schönes Leben zu machen, im Sinne von: Das Leben bejahenswerter zu machen, und hierzu eine Arbeit an sich selbst, am eigenen Leben, am Leben mit Anderen und an den Verhältnissen, die dieses Leben bedingen, zu leisten.« (ebd. 170) So versteht sich Lebenskunst als Ästhetik der Existenz (ebd. 165–172).

Um aber sein Leben entsprechend gestalten zu können, bedarf es »Sensibilität und Gespür, Reflexivität und Urteilskraft,

auf deren Grundlage die Wahl in einer reflektierten Lebenskunst getroffen wird« (ebd. 221). Schmid bedient sich hierbei
des aristotelischen Begriffs der Klugheit (phronesis), in dem
kognitive und sensitive Fähigkeiten zusammenfließen. Diese
Begriffsmomente aufnehmend konzipiert er den Begriff von
Klugheit, der sieben zentrale Elemente umfasst (ebd. 221–230):
(1) Klugheit setzt beim *Eigeninteresse* des Individuums an, das
die Person (2) in ein *aufgeklärtes Eigeninteresse* transformiert, um
es klug, d.h. überlegt und sensibel zu verfolgen. Was gut für einen ist, wird im Zusammenhang gesehen. Dazu bedarf es der
Rücksicht, der Umsicht und der Voraussicht. (3) Aus der Voraussicht leitet sich das *Selbsterhaltungsprinzip* der Klugheit ab,
nämlich auf die Zusammenhänge, in denen man lebt, und auf
die Möglichkeiten, über die man verfügt, zu achten. (4) Die Einsicht in das Angewiesensein auf andere und die Allgemeinheit
führt zum *Umkehrgebot* der Klugheit als Grundsatz der Reziprozität, wie er etwa in der Goldenen Regel gefasst ist. (5) In Korrespondenz dazu steht das *Überheblichkeitsverbot* der Klugheit.
(6) Das Element der *konzentrischen Kreise* besagt, dass Wahlakte
und Handlungen unter dem Anspruch stehen »auch im weiteren und entfernteren Sinne die Interessen Anderer und die
Auswirkungen des eigenen Handelns auf Andere und die Allgemeinheit mitzubedenken« (ebd. 226). (7) Um in diesem komplexen Feld von Interessen und Ansprüchen den Besonderhei-
ten von Individuen und Situationen Rechnung zu tragen,
ermöglicht schließlich die Klugheit, das *richtige Maß* zu finden.

Wenn auch Schmid bewusst das Eigeninteresse als Ausgangspunkt für seine Philosophie der Lebenskunst wählt, um
an den »Hang zur Selbstbezogenheit der Individuen und ihr Bedürfnis nach Stilisierung der Existenz« (ebd. 11) als Charakteristikum der Moderne anzuknüpfen und davon ausgehend eine
reflektierte Lebenskunst zu entwerfen, die zugleich den Egois-
mus-Verdacht abwehren soll, ohne einseitig einer Sollensmoral
zu verfallen, so bleibt dennoch grundsätzlich die Frage unge-
klärt, ob es sich beim aufgeklärten Eigeninteresse um einen klugen Narzissmus handelt oder um eine Selbstliebe, die sich in Relation zur Nächstenliebe versteht, ohne diese auf jene
instrumental zurückführen zu können. Schmids Versuch, das
gut »für mich« in das, »was ›im Zusammenhang‹ gut ist« (ebd.

223) überzuführen und damit das aufgeklärte Eigeninteresse als nicht idiotisch-egoistisch auszuweisen, scheint nur dann überzeugend, wenn systemische Annahmen getroffen werden, die er jedoch nicht weiter ausführt. Eine theologisch-ethisch reflektierte Lebenskunst hat jedoch nicht nur ad hominem zu argumentieren, sondern begründungslogisch das Zueinander von Eigeninteresse und Berücksichtigung der Eigeninteressen Anderer, von Selbst- und Nächstenliebe durchzubuchstabieren.

2.2 Warum überhaupt sein Leben gestalten?

Eine Philosophie der Lebenskunst, die sich mit der Frage der Lebensgestaltung auseinandersetzt, hat sich nach Schmid mit der prinzipiellen Infragestellung des Sinns einer bewussten Lebensführung zu befassen: »Warum überhaupt gestalten?« (ebd. 88) Wenn Schmid auch konzediert, dass »über Sinn und Sinnlosigkeit [...] das jeweilige Individuum selbst« (ebd.) befindet, so formuliert er jedoch für die Gestaltung im Rekurs auf die antike Philosophie: »Warum gestalten? Aufgrund der Kürze des Lebens. Das ist das finale Argument.« (ebd.) Schmid bezieht sich also mit seinem finalen Argument auf das traditionelle Carpe-diem-Motiv. Weil das Leben endlich ist, hat der Mensch es zu gestalten: »Was wir dem Tod verdanken, ist demnach die Begrenzung des Lebens. Würde es diese Grenze nicht geben, wäre die Gestaltung des Lebens gleichgültig. [...] Die Grenze des Lebens ist zugleich die Bedingung seiner Möglichkeit. [...] Zugespitzt gesagt: Es ist die Grenze des Todes, der die Freude am Leben zu verdanken ist.« (ebd. 88f.)

Schmids Antwortversuch bleibt jedoch unklar: Ist nun das Leben zu gestalten, weil es durch den Tod begrenzt ist oder weil das Individuum das Leben zumindest implizit als sinnvoll erachtet? Schmid unterscheidet nicht hinreichend zwischen der katalytischen Funktion des Todes sowie der Bewusstheit um die Endlichkeit der eigenen Existenz und der motivationalen Funktion der Lebensbejahung überhaupt. Analysiert man die Argumentationsstruktur des Carpe-diem-Motivs, so ergibt sich, dass das Moment der prinzipiellen Lebensbejahung, eines wie auch immer gearteten Sinns, nicht durch die Temporalität menschlicher Existenz bestimmt ist, wie es öfters behauptet wird (z.B. Spaemann: Grundbegriffe, 31f.; Wils: Erschöpfung 116). Vielmehr gilt: Die Zeitlichkeit fokussiert allein auf die Relevanz der Gegenwart und verleiht dem ›Carpe diem‹ seinen Dringlichkeitscharakter, da man nie weiß, wann das Leben zu Ende sein wird. Ein affirmatives Verhältnis zur eigenen Vorfindlichkeit als Erstrebenswertes, als Sinnhaftes, wird dabei – wie sich noch zeigen wird – immer schon vorausgesetzt.

Eine Philosophie der Lebenskunst hat sich damit unweigerlich mit der praktischen Sinnfrage als affirmatives Welt- und Selbstverhältnis des Subjekts (Krämer: Ethik I 149) auseinanderzusetzen.

2.3 Lebenskunst und Lebenssinn

Die Frage nach dem Sinn des Lebens lässt sich als ureigene Frage bis in die antike Philosophie zurückverfolgen (Gerhardt: Sinn). In ihr artikuliert sich die Frage nach der Deutung des »Verhältnisses, in dem der Mensch zu seiner Welt steht« (Tiedemann: Sinn 4). Sie ist von der Frage nach dem Sinn des Ganzen, nach dem Sinn der Welt zu unterscheiden. Wenn der Mensch die Frage nach dem Sinn des Lebens existenziell stellt, ist die Selbstverständlichkeit seines Weltbezugs in Frage gestellt, und es bedarf einer existenziell-lebensweltlichen Antwort; die Sinnfrage wird zum Sinnproblem. Dagegen – und darauf hat besonders Wittgenstein aufmerksam gemacht – führt die Klärung des existenziellen Sinnproblems dazu, das es verschwindet: »Die Lösung des Problems des Lebens merkt man am Verschwinden dieses Problems. (Ist nicht dies der Grund, warum Menschen, denen der Sinn des Lebens nach langen Zweifeln klar wurde, warum diese dann nicht sagen konnten, worin dieser Sinn bestand.)« (Tractatus 6.521)

Phänomenal-abstrakte Bestimmungen eines sinnvollen Lebens betonen besonders ein affirmatives Verhältnis zu sich selbst und zur Welt, das sich durch Kohärenz auszeichnet (Krämer: Ethik I 295f.). Schmid, der die Frage nach dem Sinn des Lebens mit der Suche nach dem Bejahenswerten identifiziert (Schmid: Lebenskunst 88), weist auf die subjektive und objektive Dimension der Sinnfrage hin: Auf der einen Seite ist der Mensch in der Lage, dem Leben Sinn zu geben, die Zusammenhänge selbst zu gestalten und die Richtung festzulegen. Doch liegt diesem Ausgriff bereits ein affirmatives Verhältnis zumindest als Bemühen zugrunde. Auf der anderen Seite können Menschen im Leben Sinn finden, »Zusammenhänge ausfindig machen und sich in sie einfinden« (Schmid: Philosophie 294). Eine Aufgabe der Lebenskunst besteht somit darin »mit Hilfe von Interpretationen die Perspektive herzustellen, die in der Lage ist, dem Leben einen Sinn zu geben – einen Sinn, der dem Konglomerat namens Leben nicht etwa nur abzulesen, sondern der in es hineinzulegen ist, um aus ihm hinausgelesen werden zu können.« (ebd.) Neben der Affirmation wird zugleich eine Zielbestimmung impliziert, die die Frage nach der Lebenskunst begründet. Auf dieser Basis stellen sich die Fragen: Wie kann ich mein Leben führen? Wie lassen sich Zusammenhänge herstellen, in denen es sich Leben lässt? Welche Wahl habe ich? Wer bin ich? Welches Verständnis habe ich vom Leben? Und was kann ich konkret tun? (Schmid: Philosophie 89–92)

Unklar bleibt jedoch bei Schmid, wie die objektive und die subjektive Dimension von Sinn aufeinander bezogen sind und wie man eine Sinn-Beliebigkeit vermeiden kann. Damit bleibt kriteriologisch die Beantwortung der Sinnfrage unterbestimmt. Hans Michael Baumgartner hat transzendentallogisch Freiheit als Sinngrund der Geschichte, »als Inbegriff der praktischen Systeme – der Ort der Konkretisierung des ›Kommerziums der Freiheit‹« (Baumgartner: Freiheit 312), ausgewiesen, indem sie als Bedingung der Möglichkeit menschlicher Lebensgestaltung ausgewiesen wird und »als umfassendes regulatives Prinzip Erkennen und Handeln überhaupt orientiert« (ebd. 313). Transzendentaliter liefert Freiheit als Sinnprinzip weder Norm, Seinsgrund, Deduktionsgrund für Handlungsziele noch den letzten Zweck der Geschichte. Vielmehr bedeutet die transzendentale Freiheit ein Regelwissen, das in der Idee der Humanität normiert und »in einem praktischen Interesse an Sinngebung realisiert« (Nitsche: Wahrheit; Baumgartner: Freiheit 318f.) wird.

Lebensweltlich ist aber der Selbst- und Weltbezug immer geschichtlich realisiert und weltanschaulich spezifiziert. Die subjektive Dimension von Sinn ist in objektive Sinnaussagen eingebettet. Ihre Plausibilität ist vor dem Sinnhorizont menschlicher Freiheit auszuweisen, um nicht einer Sinn-Beliebigkeit anheimzufallen. Die phänomonologischen Fragen des Wovonher und Woraufhin müssen daher vor dem Hintergrund der transzendentallogischen Reflexion durch das Sinnprinzip der Freiheit orientiert werden (Nitsche: Universalität 327f.). Ihre inhaltliche Ausgestaltung geschieht jedoch immer in der Geschichte und unterliegt daher weltanschaulicher Interpretation, die sich jedoch kriteriologisch an dem Sinngrund Freiheit auszurichten hat.

Für die Frage nach einer Lebenskunst im christlichen Horizont lässt sich festhalten, dass sie die Sinnfrage konstitutiv mit zu berücksichtigen hat. Theologische Ethik hat im Gegensatz zu philosophischen Lebenskunstkonzepten den Vorzug, ihre Sinnoptionen klar zu explizieren, womit sie auch ihr Proprium offenlegt. Darin überbietet sie jede einseitig normativ ausgerichtete Ethik. Denn sie »verweist darauf, daß sich jedes sittliche Urteilen und Handeln auf einen umgreifenden Sinnhorizont, eine bestimmte Vorstellung vom Ziel des Menschseins und von den Möglichkeiten seiner Durchsetzung bezieht« (Hunold u.a.: Annäherungen 2). Ihre Sinnoption hat die Theologische Ethik aber auch am Sinngrund der Freiheit zu orientieren. Im Folgenden wird daher der Grundgedanke des christlichen Sinnhorizontes skizziert.

2.4 Christlicher Sinnhorizont und Lebenskunst

Die Sinnvorgabe des christlichen Glaubens liegt in nuce in Gottes unbedingter Liebe zu seiner Schöpfung und damit auch zu jedem Menschen begründet (Biesinger/Schmitt: Gottesbeziehung 82). In dieser umfassenden Liebe Gottes »entdeckt der Mensch von neuem die Größe und Würde seiner Menschheit und den ihr eigenen Wert« (Enzyklika »Redemptor hominis«, DH 4640). – Die hier eingeführte dogmatische Position kann in diesem Rahmen jedoch nicht näher ausgeführt werden, sondern bedarf einer eigenen Erörterung. – Als Ebenbild Gottes kommt dem Menschen schöpfungstheologisch eine unverrechenbare Würde und Verantwortung für die Welt zu. Welt und Mensch sind von Gott gewollt (Gen 1,1–2,4a). Der Gott, der Liebe ist (1 Joh 4,8.16), hat sich in der Selbstoffenbarung in Jesus von Nazareth, in seiner Reich-Gottes-Verkündigung und in seinem Handeln als vollkommene Freiheit offenbart (Striet: Verfremdung 2002), die die Freiheit des Menschen will und zur Vollendung, zum Heil führen möchte. »Heil im theologisch radikalen Sinn meint das letzte Woraufhin und Worumwillen allen Daseins im Hinblick auf dessen Glück, Sinnerfüllung und Seinsvollendung. Es ist dann der Name für die letzte Bestimmung des Menschen und der ganzen Schöpfung als Hoffnungsgut.« (Seckler: Theosoterik 258) Dieses Heil wird eschatologisch als Heil in Gott bestimmt. Die erlösend-befreiende Geschichte Gottes mit dem Menschen beschenkt den Menschen bereits im Hier und Jetzt mit einem Leben in erlöster Freiheit, in dem Schuld und Sünde nicht das letzte Wort haben, sondern wo Versöhnung und Neubeginn ermöglicht sind.

Indem sich Gott in der Selbstoffenbarung »als unbedingt für die Menschen entschiedene Liebe« (Striet: Ich 300) erweist, lässt sich mit Johannes Duns Scotus der Grund für die Schöpfung folgendermaßen bestimmen: »vult habere alios condiligentes«. Ihm korrespondiert das christliche Gebot der Gottes-, Selbst und Nächstenliebe. Von diesem schöpfungstheologischen Grunddatum her lässt sich die Welt dergestalt interpretieren, dass sie entsprechend der Verwirklichung endlicher Freiheit als verlässlich eingerichtet zu verstehen ist. Gott, »der in einem Akt der ›creatio ex nihilo‹ die Welt so eingerichtet hat und in ihrer, nun als kontingent zu begreifenden, Gesetzmäßigkeit erhält, so daß Menschen in ihr faktisch zu einem theoretischen Weltverhalten und damit zur Realisierung ihrer Freiheit ermöglicht sind« (Striet: Ich 300f.), ermöglicht die prinzipielle Kohärenz von Selbst und Welt. Kohärenz, affirmatives Selbst- und Weltverhältnis sowie eine umfassende Zielperspektive als Elemente von Sinnaussagen sind damit für den christlichen Glauben in groben Gedankenstrichen vorgestellt.

Nachdem die Lebenskunst in der Frage nach dem Sinn begründet und der spezifisch christliche Sinnhorizont skizziert worden ist, ist im Folgenden zu konturieren, wie eine Lebenskunst in christlicher Perspektive im integralen Ansatz Theologischer Ethik grundgelegt werden kann.

3. Freiheit und die Verschränkung des Richtigen, Guten und Sinnhaften

Wenn sich Theologische Ethik als integrale Ethik versteht, die zwischen dem Sollen und dem Wollen zu vermitteln sowie die sollens- und strebensethischen Momente in eine Konzeption zu integrieren sucht und dabei die theoretische und praktische Option im christlichen Sinnzusammenhang verortet (Hunold: Ethik 7), so muss ihr Bestreben sowohl transzendentallogisch als auch transzendental-anthropologisch ausgewiesen werden. Beide Vorgehensweisen sind angezeigt, um den Menschen unter den transzendentalen Bedingungen seiner Subjektivität und als Individuum in seiner Eigentlichkeit zu erfassen (Hunold: Wege).

Die Frage nach einer angemessenen Lebensführung, nach einer Lebenskunst stellt sich nur deshalb, weil der Mensch handeln kann und muss. Nur als freies und vernünftiges Wesen ist der Mensch in der Lage und genötigt, sich handelnd zu orientieren und zu entwerfen. Zugleich verhält sich der Mensch aber vielfach reflexhaft und konditioniert. Die Grundverfasstheit des Menschen als endlich autonome Person lässt sich damit folgendermaßen beschreiben: »Verhalten und Handeln stehen im Schnittpunkt der anthropologischen Doppelbestimmung des Menschen, zugleich bedingtes und freies Wesen zu sein.« (Maurer: Homo 34)

3.1 Transzendentallogische Freiheitsanalytik
Hermann Krings hat durch seine transzendentallogischen Analysen die Bedingungen menschlicher Subjektivität zu erhellen und die praktische Philosophie transzendentallogisch zu begründen gesucht (Krings: System; Nitsche: Universalität 71–73, 314–318). Demnach ist transzendentale Freiheit »als Bedingung von Menschsein überhaupt« (Nitsche: Universalität 71) anzusehen. Formal ist sie als Vermögen, sich für einen Gehalt zu öffnen, zu verstehen. Entschließt sie sich transzendenaliter zu einem Gehalt, der ihr gemäß ist, nämlich zu anderer Freiheit, so ist diese ihr primärer materialer Gehalt. Diesem Entschluss als Affirmation anderer Freiheit ist transzendentallogisch jedoch die Selbstaffirmation als Entschluß der Freiheit zu sich selbst vorrangig. Öffnet sich transzendentale Freiheit für einen Gehalt, so wird sie praktisch. Verwirklichen kann sie sich jedoch »nur unter empirischen Bedingungen in sozialen und politischen Systemen auf endliche und begrenzte Weise« (Nitsche: Universalität 72).

Daraus folgt, dass »trotz der unbedingten Entschiedenheit der Freiheit für den Anderen, die Anerkennung doch stets eine

endliche und deshalb symbolische« (Striet: Versuch 69) ist. Insofern sie sich unter geschichtlich-ambivalenten Bedingungen
nur realisieren kann, gerät die Freiheit, die sich zu sich selbst
entschließt, in eine Antinomie, die immanent gedacht unauf-
löslich ist. Dennoch ist diese Aporie nicht definitiv unlösbar,
wenn die Idee Gottes als Orientierung gedacht wird, die als vollkommene, d.h. formal unbedingte sowie material erfüllende
Freiheit begriffen wird.

Die Aporie menschlicher, endlicher Freiheit stellt auf exis-
tenziell-lebensweltlicher Ebene jedoch die Sinnhaftigkeit solcher Freiheit in Frage, was besonders Albert Camus in »Die
Pest« literarisch vor Augen führt (Camus: Pest). Wird nun die
Idee einer vollkommenen Freiheit allerdings als Postulat im
Modus der Hoffnung gedacht, so wäre zumindest die Auflösung
der Aporie im hoffenden Ausgriff denkbar (Pröpper: Verantwortung; Striet: Versuch 79–86). Einer solchen vollkommenen
Freiheit wäre es möglich, das symbolische Bemühen menschlicher Freiheit zum Ziel zu führen. »Als Postulat ist die Idee vollkommener Freiheit [...] mit der Frage des Gelingens und der
materialen Selbstbestimmung von Freiheit als Liebe verknüpft.« (Nitsche: Universalität 326) – Liebe wird hier als tran-
szendental-materiale Bestimmung der transzendentalen Freiheit, die sich formal unbedingt entschließt und nur bezüglich
eines konkreten Gehaltes real wird, verstanden.

Das Postulat einer vollkommenen Freiheit eröffnet Anknüp-
fungsmöglichkeiten für die Theologie: Ihr Wirklichsein ist nur
durch einen freien Selbsterweis als Selbstoffenbarung Gottes in
der Geschichte einsehbar. Kurz gefasst entspricht das Postulat
im Wesentlichen dem christlichen Gottesverständnis, wie es im
Alten und Neuen Testament zum Vorschein kommt, nämlich einem freien und befreienden Gott, der den Menschen in seine
Freiheit entlässt und ihn zugleich zur eigentlichen Freiheit befördern möchte (Striet: Geheimnis; Pröpper: Verantwortung).

Die Ergebnisse, die sich einer transzendentalen Freiheitsana-
lytik verdanken, haben für die Frage nach einer Lebenskunst im
christlichen Kontext wesentliche Bedeutung. Bevor sie in transzendental-anthropologischer Weise ausgeführt werden, sei der
bisherige Gedankengang zusammengefasst: Transzendentale
Freiheit hat ihren primären materialen Gehalt in der formal un-

bedingten Bejahung anderer Freiheit. Transzendentallogisch ist der Affirmation anderer Freiheit jedoch die Selbstaffirmation menschlicher Freiheit vorrangig, wenn sie sich selbst auch erst in der Bejahung anderer Freiheit adäquat realisiert. Aus der transzendentalen Freiheit ergibt sich eine »Regel der Regelsetzung« (Krings: Verhältnis 380), die sich nicht direkt auf Handlungen bezieht, sondern »vielmehr die ethischen Regeln, und zwar im Sinne eines Kriteriums dafür, daß die ethische Regel die Qualität des Sittlichen aufweist« (ebd.), betrifft. Existenziell-lebensweltlich gilt sogar, dass endliche Freiheit einen hoffenden Ausgriff auf das Postulat einer vollkommenen Freiheit impliziert, wenn sie Sinnhaftigkeit und Gelingen ihres Entschlusses für andere Freiheit und damit ihrer selbst aufrecht erhalten möchte.

Somit ist das Ineinander vom Sollen des Richtigen, dem Wollen des Guten und dem Sinnhaften im Begriff der Freiheit und unter Berücksichtigung ihrer lebensweltlichen Verwirklichung aufgewiesen.

3.2 Transzendental-anthropologische Identitätsanalyse

Während es den transzendentallogischen Erörterungen um den Begründungszusammenhang geht, wie er generell für humane freiheitliche Vollzüge gilt, befasst sich die transzendental-anthropologische Argumentation mit der Frage nach dem sittlich Guten im Anspruch auf Eigentlichkeit in der strukturellen Einlösung im Rahmen ihrer empirischen Bedingungen, aus denen im Gegenzug normative Strukturen für die humane Gestaltung und damit auch für die Lebensführung des Individuums erwachsen (Hunold: Wege 65). Ohne die psychosozialen Strukturgesetzlichkeiten von Identität in ihrer ethischen Bedeutsamkeit einzeln ausführlich darstellen zu wollen (Hunold: Identität; ders.: Identitätstheorie), sollen hier die zentralen Ergebnisse kurz skizziert werden. Im Rekurs auf die sozialpsychologischen Forschungen G.H. Meads, E.H. Eriksons, E. Goffmans und A. Strauss lässt sich Identitätsbildung und –gestaltung als »Zusammenspiel der inneren Gestaltungskräfte der Affirmation, der Instrumentalisierung und der Arrangierung, die dem Menschen im Umgang mit sich selbst Orientierung geben und aus denen sein Handeln humane Gestalt gewinnt« (Hunold: Identität 40), verstehen. Im Arrangement sucht der Mensch angemessen seinen Bedürfnishaushalt zu regulieren, um nicht durch fehlgewichtete Dominanzen außer Gleichgewicht zu geraten. Um Ziele zu erreichen und Bedürfnisse zu befriedigen, muss er sich in seiner ganzen Existenz instrumentalisieren, indem er sich selbst bestimmt und temporär andere Ziele und Bedürfnisse zurückstellt. Die Energie und Motivation zur Selbstbejahung gewinnt der Einzelne aus der vorgängigen Erfahrung sozialen Angenommenseins. Die Affirmation äußert und verwirklicht sich »in jeder Form des Lebenswillens« (ebd.). Diese drei sogenannten »Ich-Regeln« haben ihr Pendant in den grundlegenden Umgangsregeln mit anderen: »Die normative Forderung der ›Goldenen Regel‹ ergibt sich unmittelbar aus der inneren Anspruchslogik dieses psycho-sozialen Regelkreises aus Selbstaffirmation, Instrumentalisierung einerseits, und Arrangement mit der sozialen Umwelt andererseits.« (ebd.)

Eine gegenseitig kritische Inbeziehungsetzung der transzendental-anthropologischen Argumentation, die die anthropologischen Strukturgesetzlichkeiten menschlicher Identitätsausbildung und -gestaltung berücksichtigt, mit der transzendentallogischen Analyse menschlicher Freiheitsvollzüge verweist trotz der methodischen Differenz auf folgende (gebrochene) Konvergenzpunkte: (1) Wenn auch die genetische und transzendentallogische Abfolge entgegengesetzt sind, so ist das Moment der Selbstaffirmation mit der Affirmation anderer verwoben. Bildet sich die existenziell-persönliche Selbstbejahung durch die Erfahrung des Angenommenseins durch andere heraus, so wird transzendentaliter in der Affirmation des Anderen zugleich die Selbstbejahung vorausgesetzt. (2) Da menschliche Freiheit sich nur in kontingenten, empirischen Bedingungszusammenhängen realisieren und damit ihren intendierten materialen Gehalt nur gebrochen verwirklichen kann, muss sie sich zugleich instrumentalisieren, obwohl sie darin nicht in ihrem Wesen aufgeht. (3) Darüber hinaus hat sich der (endliche) Mensch in seiner psychisch-leiblichen Verfasstheit mit sich und anderen zu arrangieren. Die Notwendigkeit des Arrangements ergibt sich zwangsläufig aus seiner Grundverfasstheit und betrifft neben der Befriedigung primärer und sekundärer Bedürfnisse auch die Wahl symbolischer Freiheitsakte, die zum Ziel haben, die eigene Freiheit adäquat zu verwirklichen und dabei die Freiheit anderer zu bejahen und zu fördern.

3.3 Sinnverwirklichung

Wenn dem aber so ist, dass transzendentallogisch in freiheitlichen Vollzügen zugleich das Sinnprinzip der Freiheit affirmiert wird, so ermöglicht doch zugleich lebenspraktisch das Vermögen der Vernunft, sich reflexiv zur eigenen Existenz zu verhalten und damit explizit die Sinnfrage zu thematisieren. Diese Frage ist für die individuelle Lebensführung selbst noch nicht problematisch, sofern die eigene Sinnhaftigkeit persönlich nicht in Frage steht. Erst wenn daraus existenzielle Sinnzweifel erwachsen, ist auch die Lebenskunst ernsthaft betroffen. Daher sind die anthropologischen Strukturgesetzmäßigkeiten auf deren praktische Relevanz für die existenzielle Sinnverwirklichung hin zu befragen.

Spätestens mit Viktor Frankls Logotherapie ist die Sinnfrage in das Bewusstsein der Humanwissenschaften eingedrungen (Frankl: Mensch). Inspiriert durch phänomenologische Analysen ist für Frankl das Bewusstsein immer als intentional zu verstehen. Es gehört zum Menschen, dass er immer auf etwas anderes hinweist und darauf ausgerichtet ist. Dabei strebt der Mensch immer auf ein Ziel zu, das Zukunftsorientierung gibt. Frankl betont, dass jeder Mensch auf Sinn aus ist, den niemand anderes als er selbst verwirklichen kann. Dazu bedarf es aber nicht notwendig entsprechender Reflexionen. Wenn Frankl auch der Vorwurf einer quasireligiösen Sinnmetaphysik gemacht werden kann, so geht er von der empirischen Sachstandaufnahme aus, dass der Mensch aufgrund eines »präreflexiven ontologischen Selbstverständnisses« (Frankl: Mensch 47) Sinn finden kann. Die empirisch erfassten individuell-persönlichen Sinngebungen lassen sich nach Frankl jedoch in drei Kategorien einteilen: »Zunächst einmal kann mein Leben dadurch sinnvoll werden, daß ich eine Tat setze, daß ich ein Werk schaffe; aber auch dadurch, daß ich etwas erlebe – etwas oder jemanden erlebe, und jemanden in seiner ganzen Einmaligkeit und Einzigartigkeit erleben heißt, ihn lieben. Es geschieht also entweder im Dienst einer Sache oder aber in der Liebe zu einer Person, daß wir Sinn erfüllen – und damit auch uns selbst verwirklichen. Zuletzt aber zeigt sich, daß auch dort, wo wir mit einem Schicksal konfrontiert sind, das sich einfach nicht ändern läßt, [...] läßt sich das Leben noch immer sinnvoll gestalten. [...] Das ist nämlich das Geheimnis der Sinnträchtigkeit des Lebens: daß der Mensch gerade in Grenzsituationen seines Daseins aufgerufen ist, gleichsam Zeugnis abzulegen davon, wessen er und er allein fähig ist.« (ebd.)

Diese existenziell-lebenspraktischen Kategorien persönlicher Sinnrealisation entsprechen gebrochen den transzendentalen Freiheitsvollzügen: (1) Im ersten Fall ruht das Schwergewicht auf der aktiv gestaltenden Freiheit. Indem sich menschliche Transzendenz in der transzendentalen Freiheit und dem Vernehmen eines Gehalts öffnet, kann sie sich in der Welt poietisch realisieren (Nitsche: Wahrheit 7). Damit aktuiert sie ihre formale Entschiedenheit zur Freiheit und affirmiert sich selbst. (2) Wenn Freiheit im Dienst einer Sache steht, dann steht die Affirmation dieses Gehalts im Vordergrund. Transzendentaliter ist in diesem Aktus aber auch wieder die transzendentale Freiheit zu sich selbst entschlossen. (3) Schließlich kann die Freiheit in der Haltung Sinn finden, dass sie als ursprüngliches Sichverhalten, Sichöffnen und Sichentscheiden ihrer eigenen Dignität aufgrund ihrer transzendentallogisch formalen Unbedingtheit bewusst ist, selbst wenn ihre empirischen Realisationen erheblich eingeschränkt sind.

Nun bedarf es aber, worauf besonders E.H. Erikson aufmerksam gemacht hat, für die Ausbildung solcher existenziell-lebenspraktischer affirmativer Strukturen der emotionalen Basis eines »Urvertrauens«, das sich im Sozialisations- und Interaktionsprozess, im sozialen Angenommensein ausbildet (Erikson: Identität). Je nach Gelingen wird es mehr oder weniger stark ausgebildet. Es kann aber auch zu späteren persönlichen Sinnkrisen kommen, wenn die Person in einem inkongruenten Verhältnis zu sich selbst steht, Erfahrungen nicht mehr in das Selbstkonzept integrieren kann, worauf Rogers hingewiesen hat (Rogers: Theorie). Denn die Person akzeptiert sich selbst nicht in allen seinen Erfahrungen und es entsteht eine nur eingeschränkte kognitiv-affektive Selbstaffirmation, weil bestimmte Erfahrungen, Erlebnisinhalte, Eigenschaften, Vorlieben, Bedürfnisse, Absichten oder Wünsche als bedrohlich, unangenehm oder ungehörig angesehen werden. Inkongruenz ist daher zentral mit Angst verbunden. Umgekehrt bedeutet das aber, dass eine kongruente Person als vollentwickelte Persönlichkeit keine durch Inkongruenz hervorgerufene Angst hat und bedingungslose positive Selbstachtung erfährt. Sie ist in der Lage, durch exakte Symbolisierung sich für andere Personen, die Umwelt und ihrem eigenen Erleben ungetrübt zu öffnen. Dies aber ist nur möglich – und darin kommen Rogers und Erikson strukturell überein –, wenn diese Person selbst von einer anderen bedingungslose positive Beachtung erfährt (Rogers: Theorie 65f.). Doch hierbei liegt nur ein ideales Ziel vor. Sowohl Inkongruenz als auch Kongruenz bilden sich damit in Interaktionen aus.

Die Analysen haben ergeben, dass menschliche Sinnerfahrung auf unterschiedliche Weise in der Entfaltung eigener Freiheit wurzelt, die ein affirmatives Selbstverhältnis impliziert. Sozialisations- und Interaktionsprozesse haben entscheidenden Einfluss auf die Intensität und Reichweite der Selbstbejahung eines Individuums. Das Ausmaß der Selbstaffirmation wirkt nun wiederum weitestgehend vermittelt über Angst auf den faktischen Verwirklichungsspielraum der praktischen Freiheit zurück. Transzendental-anthropologisch ist damit die existenzielle Sinnfrage aufs Engste mit dem Ausmaß an Selbst- und Weltaffirmation sowie der erlebten Freiheit verknüpft. In dieser Perichorese lässt sich auch eine Einschätzung der Frankl'schen Sinnkategorien vornehmen: (1) Wenn man selbst gestaltend in die Welt eingreift und nur daraus seinen Sinn schöpft, besteht die Gefahr, im Scheitern bzw. Verlust der eigenen Schaffenskraft in eine Sinnkrise zu verfallen. Der Mensch gibt sich sozusagen selber seinen Sinn, aber schränkt dabei seine Freiheitsverwirklichung auf ein Objekt ein. (2) Das Offensein für mögliche Erlebnisqualitäten und die Erlebnisfähigkeit dagegen führen zu einem medialen Sinnbezug. Das Individuum erfährt sich als angesprochen und lässt sich in Anspruch nehmen. Es partizipiert damit an erfahrener Sinnhaftigkeit. Die Gefahr besteht hier darin, einer Sinntäuschung zu verfallen bzw. sich zu sehr einzuschränken und damit die Freiheitsorientierung falsch ausgerichtet zu haben. (3) In der Haltung äußerster Selbstaffirmation aufgrund des eigenen Freiheitsvermögens wird das Individuum genötigt, sich von den beiden erstgenannten Sinnkategorien – temporär – zu lösen. Freiheit ist in diesem Fall aufgrund des transzendentalen Entschlusses für einen Gehalt und der damit implizierten Selbstaffirmation realisiert. Lebensweltlich kann aber eine derartige persönlich-existenzielle Selbstaffirmation nur in Interaktionen und der Erfahrung des Angenommenseins ausgebildet werden. Da aber jede Interaktion zugleich eine Einschränkung individueller Möglichkeiten endlicher Personen bedeutet, sind diese Aktionen immer mehr oder minder gebrochen, so dass eine vollkommene Selbstaffirmation lebensweltlich immer ein Ideal bleibt.

Ausgangspunkt war die Grundfrage der Lebenskunst, warum man überhaupt sein Leben gestalten solle. Die transzendentallogischen und transzendental-anthropologischen Analysen haben für die Beantwortung die Bedeutung eines Sinns im Leben herausgearbeitet. Sinnverwirklichung und -erfahrung ist ein existenziell verwurzeltes Moment der Lebenskunst, das maßgeblich in Interaktionen zwischen Menschen, in der Begegnung von Freiheiten fundiert ist. Erwächst aus diesen Interaktionsprozessen eine angemessene persönliche Selbstaffirmation, so stellt sich die Frage »Warum das Leben überhaupt führen?« als existenzielles Problem, das das Leben überhaupt in Frage stellt, gar nicht. Drängt sich dagegen diese Frage einer Person grundlegend auf, sind zwischenmenschliche Begegnungen erforderlich, die ein positives und möglichst integratives Selbstkonzept begünstigen (Rogers: Theorie). Die existenziell-lebensweltliche Erfahrung von Sinn, die sich nur persönlich relational entwickeln kann, ist transzendentallogisch durch eine transzendentale Freiheitsanalyse begründet, die die transzendentale Freiheit in der relationalen Struktur ihres Sichöffnens auf einen Gehalt hin ausweist, das zugleich den Entschluss transzendentaler Freiheit zu sich selbst voraussetzt.

Eine Analyse der drei Sinnsysteme Frankls, Kreativität, Erfahrung und Haltung (Yalom: Psychotherapie 525), hat jedoch gezeigt, dass sie keinen Sinn garantieren können. Sinn lässt sich im Letzten nicht selbstmächtig erschließen. Entweder ist es die eigene Endlichkeit und Gebrechlichkeit oder aber das Angewiesensein auf andere oder anderes, was Sinn als nicht völlig verfügbar bzw. realisierbar ausweist. Eine vollkommene Persönlichkeit auszubilden und in umfassender Sinnerfahrung sein Leben zu führen, ist damit nur denkbar, wenn die Erfahrung unbedingten Angenommenseins und der zugesprochenen Sinnhaftigkeit der Umwelt nicht nur symbolisch gegeben ist. Ist dies nicht der Fall, so ist Wetz zuzustimmen, wenn er zu dem Urteil gelangt: »Absolute Sinngeborgenheit bleibt ein unerreichbares Ziel.« (Wetz: Kunst 38) Das Ergebnis konvergiert mit dem Resultat der transzendentalen Freiheitsanalyse: Die Aporien geschichtlicher Gebrochenheit der Freiheit bedrohen die Sinnhaftigkeit von Freiheit (Nitsche: Universalität 324). Endliche Freiheit bedarf eines hoffenden postulatorischen Ausgriffs auf eine vollkommene Freiheit, wenn sie auf die Auflösung der Aporie menschlicher Freiheit hoffen will (Nitsche: Universalität 323–327; Striet: Ich 286–290).

Der christliche Glaube antwortet auf diese transzendental-anthropologisch ausgewiesene Verwiesenheit »mit der identitätsstiftenden Sinnvorgabe des Glaubens« (Pröpper: Wenn 38). Gott schenkt dem Menschen unbedingte Affirmation, Liebe, und spricht der gesamten Schöpfung Sinnhaftigkeit zu. Der Mensch macht die Erfahrung des Angenommenseins, des Beanspruchtseins und ist, weil er in der ursprünglichen Aktualität der eigenen Freiheit der »Gott entsprechende Mensch« (Jüngel: Gott) werden soll, in die Verantwortung und Nachfolge Christi eingeladen und gerufen. Das knüpft an Frankls zweites Sinnsystem an. Als Sinnenwesen steht der Mensch in einem Weltbezug. Weltoffenheit ist dabei bidirektional zu verstehen. Der Mensch ist offen für die Welt und ihren Erlebnisqualitäten, und die Welt ist offen auf den Menschen. Aus diesem Weltbezug erwächst die menschliche Schöpfungsverantwortung. Der Mensch hat den Auftrag erhalten, die Erde sorgsam zu bearbeiten und zu besiedeln, was der Kategorie der Kreativität entspricht. Und schließlich bekommt der Mensch allein schon dadurch Sinn zugesprochen, dass er Gottes Ebenbild ist. In einer unbedingten Annahme vermag sich erst eine unbedingte Selbstannahme auszubilden, die zu einer solchen Grundhaltung führt. Sie lässt sich in das dritte Sinnsystem einbetten.

Ist mit diesen Überlegungen zur Sinnfrage im christlichen Horizont eine Antwort auf die entscheidende Grundfrage der Lebenskunst, warum überhaupt sein Leben gestalten, zur Diskussion gestellt worden, so steht nun die Beantwortung konkreter Fragen der Lebenskunst an. Abschließend seien daher Konturen einer des Sinngrunds der Freiheit bewussten Lebensführung, die nicht allein einem subjektivistischem Urteil und Empfinden unterliegen, in der Explikation traditioneller Tugenden gezeichnet.

4. Tugenden als Elemente einer christlichen Lebenskunst

4.1 Tugenden als Grundhaltungen

Wie gezeigt, so lässt sich die Affirmation des eigenen Daseins und damit eine Verschränkung des Sollens mit dem Wollen transzendentallogisch in der Struktur menschlichen Handelns als eines freiheitlichen Vollzugs aufweisen (Striet: Versuch 71f.). Dieser Gedankenführung liegt eine von durch Kategorien der Freiheit bestimmte Denkform zugrunde, die zum einen dem durch Gott selbst eröffneten Glauben angemessen ist und zum anderen »mit der fortschreitenden Selbstreflexion des neuzeitlichen Denkens erreichte Problemniveau gerecht einhält und dem ursprünglichen Vernunftinteresse gerecht wird, das Fragen bis zur Einsicht in ein Unbedingtes zu führen« (Pröpper: Verantwortung 77). Der transzendentalen Freiheit kommt in dieser Denkform auch eine kriteriologische Funktion zu, indem sie als »Regel der Regelsetzung [...] die ethischen Regeln, und zwar im Sinne eines Kriteriums dafür, daß die ethische Regel die Qualität des Sittlichen ausweist« (Krings: Verhältnis 380), betrifft: die Anerkennung und der Entschluss zu anderer Freiheit unter der Wahrung und Anerkennung der eigenen Freiheit. Wenn sich aus diesem obersten Beurteilungsmaßstab aufgrund der Geschichtlichkeit des Situativen keine Normen unmittelbar ableiten lassen, so gilt er dennoch als Kriterium, an dem jede Einzelnorm und jeder Wert zu messen sind. Denn in der Freiheit sind transzendentallogisch die Momente des Richtigen als des Gesollten, des Guten als dessen, was erstrebt wird, und des Sinnhaften ineinander verschränkt, ohne dass das eine Moment durch ein anderes aufgesogen oder abgeleitet werden könnte. Wenn dem so ist, dann folgen daraus weitreichende Konsequenzen für das Verständnis und die Geltung von Tugenden, die für die individuelle Lebensführung bedeutsam sind.

Angesichts der eingangs skizzierten Orientierungsunsicherheit vernimmt man nicht selten den Ruf nach alten oder neuen Tugenden und Werten (Mieth: Tugenden; Brumlik: Bildung), die den Aufbau einer stabilen Identität im Arrangement zwischen subjektiven Bedürfnissen, Zielen, Wünschen etc. und objektiven Ansprüchen und Erwartungen mitermöglichen sollen. Mit Otfried Höffe ist nämlich Tugend zu verstehen als »eine durch fortgesetzte Übung erworbene Lebenshaltung: die Disposition (Charakter) der emotionalen u[nd] kognitiven Fähigkeiten u[nd] Kräfte, das sittlich Gute zu verfolgen, so daß es [...] aus Freiheit, gleichwohl mit einer gewissen Notwendigkeit, nämlich aus dem Können u[nd] der (Ich-)Stärke einer sittl[ich] gebildeten Persönlichkeit heraus geschieht. [...] T[ugend] haben heißt, folgerichtig u[nd] aus Verantwortung für sich u[nd] seine Mitmenschen ein Leben zu führen, das der Selbstverwirklichung dient u[nd] sich mit einer eigenen, der höchsten Form von Freude verbindet.« (Höffe: Tugend 267f.)

Eben weil Tugenden sich nicht auf das Gutsein einer Handlung beziehen, sondern auf das Gutsein der Person mit ihrem Können im Sinne einer tragenden Grundhaltung, ermöglichen Tugenden unter Berücksichtigung der motivationalen, biographischen und situativen Kontexte eine richtige und adäquate Entscheidung. Versteht sich Theologische Ethik als integrative Ethik, so berücksichtigt sie neben der normativen Frage auch die tugendethische Frage nach dem Gutsein des Menschen. Als autonome Ethik darf sie Tugenden oder ganze Tugendkataloge jedoch nicht unter veränderten Begründungsparadigmen einfachhin übernehmen und als gültig anerkennen. Vielmehr bedarf es einer der freiheitsanalytischen Denkform verpflichteten geltungstheoretischen Vergewisserung. Als sittliche Grundhaltungen, die wertbestimmt sind und sich letztlich auf das Human-Sinnvolle ausrichten, sind sie im Rahmen einer autonomen Ethik nur als Selbstverpflichtung der menschlichen Freiheit legitimierbar. Tugenden müssen sich als Grundhaltungen ausweisen können, die anthropologischen Strukturgesetzlichkeiten menschlicher Identität folgen und sich transzendentallogisch in Verbindung mit der Verwirklichung von Freiheit begründen lassen, wenn sie berechtigterweise als Elemente einer Lebenskunst im christlichen Horizont fungieren sollen.

4.2 Explikation der Kardinaltugenden

Neben den drei theologischen Tugenden von Glaube, Hoffnung und Liebe (Hilpert: Tugend) sollen die vier Kardinaltugenden Klugheit, Gerechtigkeit, Tapferkeit und Besonnenheit (Hilpert: Kardinaltugenden) im Folgenden in ihrer Bedeutung und Geltung als Elemente einer Lebenskunst in christlicher Perspektive expliziert werden.

Klugheit ist die Tugend des Wirklichkeitsgemäßen. In ihr kommt die feste Bereitschaft und das Vermögen zum Ausdruck, die Wirklichkeit, so wie sie ist, wahrzunehmen und diese sachliche Erkenntnis maßgeblich für eigenes Entscheiden und Handeln zugrunde zu legen (Pieper: Menschenbild 99–101). Ziel ist es, »mit Kritik u[nd] Realitätssinn das sittl[lich] Gute situationsgerecht zu bestimmen« (Höffe: Tugend 268). Dieser qualifizierten Offenheit liegt anthropologisch die Offenheit einer vollentwickelten Persönlichkeit nach Rogers zugrunde. Menschliche Freiheit, die sich adäquat verwirklichen möchte, bedarf aber im Arrangement materieller Bedingtheiten eben eines Realitätssinns zur Orientierung als Voraussetzung. Auch wenn das Individuum nur in der Lage ist, andere Freiheit symbolisch zu affirmieren, bedarf es dieser Offenheit. Damit trägt die Tugend der Klugheit der Grundverfasstheit des Menschen Rechnung und erweist sich als notwendige Grundhaltung, damit der Mensch seine Freiheit in der Anerkennung der Freiheit anderer und der eigenen qualifiziert.

Die qualifizierte Offenheit ermöglicht erst *Gerechtigkeit*, als »Vermögen, wahrhaft ›mit dem anderen‹ zu leben« (Pieper: Menschenbild 102), dem anderen in seiner jeweiligen Lage gerecht zu werden und den anderen sowie sich selbst in seiner Würde zu achten. Wie gesehen sind in der Ausbildung eigener Identität, Selbstachtung und Weltoffenheit gelungene Interaktionen mit bedingungsloser, echter Wertschätzung und Achtung konstitutiv. Nur in einer solchen Affirmation, so hat die transzendentale Freiheitsanalyse ergeben, kann sich Freiheit angemessen verwirklichen. Das Prinzip der Autonomie verpflichtet somit zur Gerechtigkeit, bzw. Freiheit, die nach eigener qualifizierter Verwirklichung strebt, will die Tugend der Gerechtigkeit als Grundhaltung einnehmen.

Tapferkeit ist dann erforderlich, wenn es darum geht, in der

Freiheitsrealisation als Verwirklichung des Guten, Richtigen und Sinnvollen Verwundungen, Bedrohungen oder Versehrungen in Kauf zu nehmen. Man könnte humanwissenschaftlich auch von qualifizierter Ich-Stärke sprechen. »Tapferkeit als Tugend gibt es nur da, wo die Gerechtigkeit gewollt wird.« (Pieper: Menschenbild 104) Wenn Freiheit nicht in einen Selbstverrat bzw. Selbstwiderspruch geraten möchte, ist Tapferkeit als Grundhaltung, die der materialen Bedingtheit des Menschen Rechnung trägt, erforderlich.

Die leib-seelisch-geistige Grundverfasstheit des Menschen erfordert zugleich die Tugend der *Besonnenheit*, des *Maßes*. Hierbei geht es zum einen um das gelingende intrapersonale Arrangement unterschiedlicher Bedürfnisse, Wünsche, Absichten und Ziele. Mit dieser Tugend wird zum einen die Abwertung der Sinnlichkeit des Menschen sowie eine rationalistische Engführung abgewehrt. Denn sie »lehnt eine Unterdrückung der menschlichen Triebkräfte ebenso wie ihre zügellose Befriedigung ab« (Höffe: Tugend 268). Neben dem intrapersonalen Arrangement verwirklicht diese Grundhaltung das gelingende Arrangement in interpersonalen, sozialen und ökologischen Bezugsfeldern. Damit entspricht die Tugend der Besonnenheit einer zentralen psycho-sozialen Grundgesetzlichkeit. Wenn sich menschliche Freiheit symbolisch adäquat verwirklichen möchte, so darf sie sich selbst nicht in einseitiger Fixierung verausgaben. Zum anderen trägt auch die Tugend des Maßes der Tatsache Rechnung, dass sich Freiheit immer nur material bedingt und symbolisch realisieren kann. Sie liefert ein Modell dafür, wonach sich das Arrangement als symbolischer Freiheitsvollzug orientieren kann.

Die vier Tugenden Klugheit, Gerechtigkeit, Tapferkeit und Maß können als Grundhaltungen einer Lebenskunst angesehen werden, die zwar nicht spezifisch christlich, aber auch für eine Lebenskunst in christlichem Kontext von grundlegender Bedeutung sind. Denn sie rekurrieren entsprechend dem transzendental-anthropologischen Vorgehen, das der materialen Bedingtheit des Menschen und seiner Freiheitsvollzüge Rechnung trägt, auf die zentralen Grundgesetzlichkeiten, die eine gelingende Lebensführung und Identitätsausbildung bedingen. Insofern sind sie nicht nur universal normativ einforderbar, sondern lassen sich auch strebensethisch als gut ausweisen, indem eine Verwirklichung dieser Tugenden auf die angemessene Realisation menschlicher Freiheit abzielt. Sie zielen auf »die innere Verfassung des Menschen u[nd] die ihm angemessene Lebensweise« (Hunold/Laubach: Glück 760), was als grundlegendes Merkmal von Glück angesehen werden kann.

4.3 Explikation der theologischen Tugenden

Die transzendentale Freiheitsanalyse wie auch die transzendental-anthropologische Identitätsanalyse haben gezeigt, dass ein Gelingen des Menschen im emphatischen Sinne auf einen universalen Sinnzuspruch angewiesen ist. Will menschliche Freiheit aufgrund ihrer antinomischen Struktur nicht scheitern, so ist sie hoffend auf die Idee einer vollkommenen Freiheit angewiesen. Dieses Angewiesensein kommt in den theologischen Tugenden, die ineinander verschränkt sind, zum Ausdruck und wird in ihnen existenziell verwirklicht.

Besteht in der *Hoffnung* – theologisch gesprochen – »die Zuversicht der Teilgewinnung am ›Leben der kommenden Welt‹« (Schaeffler: Hoffnung 199), so lässt sie sich freiheitstheoretisch als existenzielle Ausrichtung des Menschen auf die Idee einer vollkommenen Freiheit verstehen, deren Wirklichkeit gehofft werden muss, wenn menschliche Freiheit nicht in ihrer antinomischen Struktur verzweifeln will. Anthropologisch vermittelt sich in der Hoffnung die Ausrichtung auf ausstehendes Gelingen, »auf Eigentlichkeit hin [...]. Eigentlichkeit ist das vom Menschen selbst her schlechthin uneinholbare, ewig Ausstehende, die Utopie seiner eigenen Hoffnung« (Hunold: Wege 66).

Der notwendige Gedanke Gottes findet seine wirkliche Einlösung und Fortbestimmung in der geschichtlichen Selbstoffenbarung Gottes als Liebe, als formal und material unbedingte Affirmation sowohl seiner selbst als auch der Freiheit anderer und der Welt als seiner Schöpfung. *Glaube* als Tugend ist die existenzielle Antwort auf Gottes Selbsterweis, dass Gott wirklich, wirkmächtig und Liebe ist. In Gott als Sinngrund findet der Mensch ein tragendes Fundament und eine tragfähige Antwort auf seinen Willen zum Sinn. Die dem Glauben innewohnende motivationale, integrierende, kritische und stimulierende Funktion sowohl für die Theologische Ethik als auch für eine christliche Lebenskunst sei hier nur angedeutet (Pindl: Glaube 57f.).

Gott offenbart sich als Liebe, die die Freiheit des Menschen will und ihn selbst zur Liebe aufruft. Die affirmative Grundhaltung der *Liebe* lässt sich somit als »wirklichkeitsgemäße Antwort aller Bejahungskräfte« (Pieper: Menschenbild 112) auf Gottes vorgängige Liebe verstehen. Sie lässt sich als Liebe gegenüber Gott, den Mitmenschen, sich selbst und gegenüber der ganzen Schöpfung konkretisieren. Nur in der Liebe, in der bedingungslosen Achtung seiner selbst und des Anderen kann der Mensch, wie die anthropologische Betrachtung gezeigt hat, eine gelingende Identität ausbilden, in der das Wollen, das Sollen und die Sinnhaftigkeit miteinander vermittelt sind. Und transzendentallogisch eröffnet sich nur dann die Möglichkeit, seine Freiheit adäquat zu verwirklichen. Vielmehr gilt noch: In der Liebe realisiert sich Freiheit selbst. Somit kann man mit Thomas übertragen sagen: »Caritas omnium virtuum forma est.« (Thomas von Aquin: S.th. II–II 23, 8) Denn die Liebe ist Ausgangspunkt, Maßstab und Zielpunkt menschlicher Lebensführung unter dem Anspruch der Freiheit.

4.4 Ausblick: Tugenden und Angewandte Ethik

Indem die christliche Tradition den vier Kardinaltugenden die theologischen Tugenden voranstellt, gibt sie auch eine bestimmte Lese- und Interpretationsrichtung vor, die als spezifisch christlich angesehen werden kann. Wie gezeigt dürfen sie aber nicht entgegen mancher Meinung als Letztbegründung der Kardinaltugenden verstanden werden (Marschütz: Tugenden 264). Denn diese lassen sich begründungslogisch in der Struktur menschlicher Freiheit und den Gesetzmäßigkeiten menschlicher Identitätsausbildung fundieren. Stattdessen artikulieren die theologischen Tugenden Grundhaltungen, die der Mensch in seinem prinzipiellen Angewiesensein einnimmt bzw. einnehmen kann, darf, will und soll, wenn er die notwendige Idee Gottes, den tragenden Sinngrund, in Freiheit als wirklich glaubt und existenziell erfährt.

Doch sind die Tugenden nicht nur für eine Lebenskunst im christlichen Horizont zentral. Denn sie haben sich zugleich als Haltungen erwiesen, die den Menschen in seiner Vorfindlichkeit ernst nehmen und sein Bestreben, Freiheit zu verwirklichen, befördern. Damit gewinnen sie auch für die Sachbereiche einer Angewandten Theologischen Ethik grundlegende Bedeutung, die als integrative Ethik das Human-Sinnvolle im Möglichen zu eruieren sucht.

Literatur

Baumgartner, H.M.: Freiheit als Prinzip der Geschichte, in: ders. (Hg.): Prinzip Freiheit, Freiburg-München, 1979, 299–321.

Biesinger, A./Schmitt, C.: Gottesbeziehung, Freiburg u.a. 1998.

Brumlik, M.: Bildung und Glück. Versuch einer Theorie der Tugenden, Berlin 2002.

Camus, A.: Die Pest, Reinbek 1999.

Johannes Paul II.: Enzyklika Redemptor hominis [AAS 71 (1979) 274–286], in: Denzinger, H./Hünermann, P. (Hg.): Kompendium der Glaubensbekenntnisse und kirchlichen Lehrentscheidungen, Freiburg u.a. [37]1991, 4640–4645 (im Text: DH).

Erikson, E.H.: Identität und Lebenszyklus, Frankfurt [15]1995.

Frankl, V.E.: Der Mensch vor der Frage nach dem Sinn, München [15]2002.

Gerhardt, V.: Sinn des Lebens. Über einen Zusammenhang zwischen antiker und moderner Philosophie, in: Caysa, V./Eichler, K.D. (Hg.): Praxis – Vernunft – Gemeinschaft. Auf der Suche nach einer anderen Vernunft, Weinheim 1994, 371–386.

Göbel, W.: Verortung. Zur Dringlichkeit ethischer Reflexion, in: Hunold, G.W. u.a. (Hg.): Theologische Ethik. Ein Werkbuch, Tübingen-Basel 2000, 12–24.

Groß, P.: Die Multioptionsgesellschaft, Frankfurt [3]1995.

Hilpert, K.: Art. Kardinaltugenden, in: Lexikon für Theologie und Kirche 5, Freiburg u.a. [3]1996, 1232–1234.

Hilpert, K.: Art. Tugend III, in: Lexikon für Theologie und Kirche 10, Freiburg u.a. [3]2001, 297–300.

Höffe, O.: Art. Tugend, in: ders. (Hg.): Lexikon der Ethik, München [6]2002, 267–270.

Hunold, G.W.: Ethik in einer sich verändernden Welt, in: Theologische Quartalschrift 166 (1986) 1–7.

Hunold, G.W.: Identität, in: Wils, J.-P./Mieth, D. (Hg.): Grundbegriffe der christlichen Ethik, Paderborn u.a. 1992, 31–44.

Hunold, G.W.: Identitätstheorie: Die sittliche Struktur des Individuellen im Sozialen, in: Hertz, A. u.a. (Hg.): Handbuch der christlichen Ethik 1, Freiburg u.a. 1993, 177–195.

Hunold, G.W.: Wege transzendental-anthropologischer Argumentation, in: Hertz, A. u.a. (Hg.): Handbuch der christlichen Ethik 1, Freiburg u.a. 1993, 46–67.

Hunold, G.W./Laubach, Th.: Art. Glück III, in: Lexikon für Theologie und Kirche 4, Freiburg u.a. ³1995, 760f.

Hunold, G.W./Laubach, Th./Greis, A.: Annäherungen. Zum Selbstverständnis Theologischer Ethik, in: dies. (Hg.): Theologische Ethik. Ein Werkbuch, Tübingen-Basel 2000, 1–9.

Jüngel, E.: Der Gott entsprechende Mensch, in: ders.: Entsprechungen, München 1980, 290–317.

Krämer, H.: Integrative Ethik, Frankfurt 1995 (im Text: Ethik I).

Krämer, H.: Integrative Ethik, in: Schummer, J. (Hg.): Glück und Ethik, Würzburg 1998, 93–107 (im Text: Ethik II).

Krings, H.: System und Freiheit. Gesammelte Aufsätze, Freiburg-München 1980.

Krings, H.: Zum Verhältnis von Logik und Ethik, in: Baumgartner, H.M. (Hg.): Prinzip Freiheit, Freiburg-München, 1979, 379–390.

Laubach, Th.: Lebensführung. Annäherung an einen ethischen Grundbegriff, Frankfurt u.a. 1999.

Maurer, A.V.: Homo Agens. Handlungstheoretische Untersuchungen zum theologisch-ethischen Verständnis des Sittlichen, Frankfurt u.a. 1994.

Marschütz, G.: Moderne Tugenden, in: Diakonia 25 (1994) 259–264.

Mieth, D.: Die neuen Tugenden. Ein ethischer Entwurf, Düsseldorf 1984.

Nitsche, B.: Göttliche Universalität in konkreter Geschichte, Münster 2001.

Nitsche, B.: Wahrheit und Geschichte, in: Trappe, T. (Hg.): Wahrheit und Erfahrung, Würzburg 2003 (in Vorbereitung).

Pieper, J.: Über das christliche Menschenbild, in: ders.: Gesammelte Werke 7, hg. v. B. Wald, Hamburg 2000, 94–114.

Pindl, M.: Glaube. Leitperspektive theologisch-ethischer Reflexion, in: Hunold, G.W. u.a. (Hg.): Theologische Ethik, Tübingen-Basel 2000, 51–64.

Pröpper, T.: »Wenn alles gleich gültig ist ...«. Subjektwerdung und Gottesgedächtnis, in: ders.: Evangelium und freie Vernunft. Konturen einer theologischen Hermeneutik, Freiburg u.a. 2001, 23–39.

Pröpper, T.: Zur theoretischen Verantwortung der Rede von Gott. Kritische Adaption neuzeitlicher Denkvorgaben, in: ders.: Evangelium und freie Vernunft. Konturen einer theologischen Hermeneutik, Freiburg u.a. 2001, 72–92.

Rogers, C.R.: Eine Theorie der Psychotherapie, der Persönlichkeit und der zwischenmenschlichen Beziehungen, Köln ³1991.

Schaeffler, R.: Art. Hoffnung I, in: Lexikon für Theologie und Kirche 5, Freiburg u.a. [3]1996, 198–200.

Schmid, W.: Auf der Suche nach einer neuen Lebenskunst, Frankfurt 2000.

Schmid, W.: Lebenskunst als Ästhetik der Existenz, in: Schummer, J. (Hg.): Glück und Ethik, Würzburg 1998, 83–91.

Schmid, W.: Philosophie als Lebenskunst. Eine Grundlegung, Frankfurt 1998.

Schmid, W.: Schönes Leben? Einführung in die Lebenskunst, Frankfurt 2000.

Schulze, G.: Kulissen des Glücks. Streifzüge durch die Eventkultur, Frankfurt-New York 1999.

Seckler, M.: Theosoterik – eine Option und ihre Dimensionen. Fundamentaltheologische Anfragen und Anstöße zur Soteriologie, in: Theologische Quartalschrift 172 (1992) 258–284.

Spaemann, R.: Moralische Grundbegriffe, München [6]1999.

Striet, M.: Das Ich im Sturz der Realität, Regensburg 1998.

Striet, M.: Offenbares Geheimnis, Regensburg 2003.

Striet, M.: Spekulative Verfremdung. Trinitätstheologie in der Diskussion, in: Herder Korrespondenz 56 (2002) 202–207.

Striet, M.: Versuch über die Auflehnung. Philosophisch-theologische Überlegungen zur Theodizeefrage, in: Wagner, H. (Hg.): Mit Gott streiten. Neue Zugänge zum Theodizee-Problem, Freiburg u.a. [2]1998, 48–89.

Thomas von Aquin: Summa Theologica (Die deutsche Thomasausgabe 17A), Heidelberg 1959 (im Text: S.th.).

Tiedemann, P.: Über den Sinn des Lebens. Die perspektivische Lebensform, Darmstadt 1993.

Wetz, F.J.: Die Kunst der Resignation, Stuttgart 2000.

Wils, J.-P.: Die große Erschöpfung. Kulturethische Probleme vor der Jahrtausendwende, Paderborn 1994.

Wittgenstein, L.: Tractatus logico-philosophicus, Frankfurt 1963.

Yalom, I.D.: Existentielle Psychotherapie, Köln [3]2000.

Das ›ethische‹ Lernen am Beispiel »Solidarität«

Albert Biesinger/Klaus Kießling

■ Das von dem Psychoanalytiker Horst Eberhard Richter ausgegebene und längst berühmte »Lernziel Solidarität« (Richter: Lernziel) veranlasst den Pastoralsoziologen Hermann Steinkamp zu der Diagnose, »dass die Christen nach der europäischen Kirchengeschichte und angesichts der hiesigen Pathologien der Moderne gerade in Sachen Solidarität als Lernbehinderte, als Legastheniker zu gelten haben, deren Bekehrung einhergehen muß mit einer Alphabetisierung in Bezug auf das ›Lernziel Solidarität‹« (Steinkamp: Solidarität I 98).

■ Horst Eberhard Richter, ein sehr bekannter Vertreter der Psychologie, der sich innerhalb seiner Wissenschaft und darüber hinaus gesellschaftspolitischen Themen widmete und widmet, und Hermann Steinkamp, der als Theologe für die Sache der politischen Diakonie kämpfte und kämpft, stehen für zwei zentrale Zugänge zum Thema dieses Beitrags.

■ Denn Solidarität verstehen wir als einen Lernprozess von theologischer Dignität (1.) und sozialpsychologischer Qualität (2.). Diese multidisziplinäre Annäherung an Solidarität als Lernprozess unternehmen wir in praktischer Absicht, indem wir die biblische Urgeschichte solidarischen Handelns neu lesen und fragen, ob der barmherzige Samariter als Vorbild für den Lernprozess Solidarität taugt (3.).

1. Theologische Dignität des Lernprozesses Solidarität

1.1 Etymologie

Etymologisch rührt der Begriff Solidarität von den lateinischen Termini *solidus* (fest, ganz, sicher gegründet) und *solidum* (fester Grund und Boden) her. Als *solidarité* lebt der Begriff im französischen Sprachraum, und zwar zur Charakterisierung der Rechtsfigur der gesamtschuldnerischen Haftung im Sinne einer »Solidarobligation einer Schuldnergemeinschaft, innerhalb welcher jeder Einzelne für die Gesamtschuld herangezogen werden kann und zugleich alle für die Schuld jedes Einzelnen einzustehen haben« (Baumgartner: Solidarität I 707). Nach 1789 tritt *so-

lidarité hin und wieder an die Stelle der *fraternité*, schließlich auch zur Bezeichnung einer sozialen Pflicht und eines sozialen Anspruchs, der über Mildtätigkeit und Barmherzigkeit hinausgeht. Zur politischen Parole wird Solidarität erst in der Arbeiterbewegung nach 1848, wenn die Arbeiterklasse ihren Zusammenhalt und ihr Ethos mit diesem Begriff fasst.

1.2 Theologie

Eingang in die christliche Soziallehre findet der *Solidarismus* im 20. Jahrhundert (von Nell-Breuning: Solidarismus). In der systematischen Theologie gewinnt Solidarität erst mit dem Zweiten Vatikanischen Konzil und seiner Pastoralkonstitution »Gaudium et Spes« Bedeutung (GS 4; GS 32; GS 90 bzw. Rahner/Vorgrimler: Konzilskompendium 452; 478f; 549), und zwar als soteriologische Kategorie, wenn der Gedanke der Genugtuung Gottes durch Jesu Tod am Kreuz zurücktritt hinter eine Neubegründung von Solidarität durch die Menschwerdung Gottes: Jesus Christus offenbart und verwirklicht Gottes Liebe und Solidarität mit den Menschen und befreit sie mit seiner Botschaft vom Reich Gottes zur Solidarität untereinander. »Nur wo Gott Mensch wird und als Mensch radikal der Mensch für die andern ist, da wird der Grund gelegt zu einer neuen Daseinsmöglichkeit und einer neuen Solidarität unter den Menschen, zu Frieden und Versöhnung in der Welt.« (Kasper: Jesus 266) Göttliche Solidarität verlässt die Armen nicht – und stellt die Reichen in Frage, sie hilft den Unterdrückten zum Leben und ruft zum Widerstand auf (Fuchs: Solidarität 29).

Wenn der Gekreuzigte in das Reich des Todes hinabsteigt, so tritt er in seinem Tod und durch seine Auferstehung in die Solidarität mit den Toten und ihrem Leid ein; so begründet er Solidarität unter den Menschen über den Tod hinaus. Wenn Solidarität der biblischen Idee der *Stellvertretung* verpflichtet ist (Drumm: Solidarität 708), dann will Solidarität demjenigen, dem sie gilt, dessen personalen Selbstvollzug nicht abnehmen, sondern ihm den Raum für dessen eigenes Dasein schaffen. Stellvertretung meint einen Einsatz, der das Gegenüber nicht er-setzt, sondern frei-setzt.

Als *sozialethisches Prinzip* (Baumgartner: Solidarität III 709) gründet Solidarität in der Gemeinsamkeit der gleichen Würde aller, die Menschenantlitz tragen. So öffnet sich eine Solidarität, die Menschen innerhalb der Gemeinschaften pflegen, in denen sie leben, über die eigenen Gruppengrenzen hinaus. Als sozialethisches Prinzip duldet Solidarität keine Exklusivität; sie kommt Armen, Marginalisierten, Opfern von Unrecht und Gewalt zu – all denen, denen ein menschenwürdiges Leben erschwert ist. Hier lässt sich eine Solidarität aus gemeinsamer Betroffenheit, etwa innerhalb einer Frauengruppe, unterscheiden von einer Solidarität durch Parteinahme für Arme, etwa im Einsatz für politisch und religiös Verfolgte im Ausland. Diese Differenzierung (Steinkamp: Solidarität II 710) spielt auch in der empirischen Forschung eine tragende Rolle, wie wir zeigen werden.

Mit dem Lernziel Solidarität verbinden sich Lernprozesse zugunsten einer Sozialkultur (Kirchenamt der EKD und Sekretariat der DBK: Zukunft), die (griechisch) auf *Empathie* und (lateinisch) auf *compassio* baut, exemplarisch im nachfolgend skizzierten Projekt *Compassion* (Metz u.a.: Compassion; Kuld/Gönnheimer: Compassion).

1.3 Religionspädagogik

Während sich im evangelischen Religionsunterricht an manchen Gymnasien ein *Grundkurs Diakonie* etabliert, der sich etwa den Themen »Kinder«, »Menschen im Alter«, »Behinderte und nichtbehinderte Menschen« widmet und in ein Praktikum mündet (Schubert: Diakonie), schlägt im katholischen Religionsunterricht ein Projekt Wellen, das unter dem Namen *Compassion* bekannt wurde.

Dieses Projekt wurde von den Freien Katholischen Schulen der Erzdiözese Freiburg i.Br. entwickelt und an verschiedenen Schultypen in Baden-Württemberg erprobt. Gymnasiastinnen und Gymnasiasten verbringen in der elften Klasse, Schülerinnen und Schüler in Haupt-, Real- und Förderschulen in der neunten Klasse zwei Wochen des Schuljahres in sozialen Einrichtungen, in Altersheimen, Krankenhäusern, Kindergärten, Sozialstationen, Einrichtungen für Flüchtlingshilfe, Behinderteneinrichtungen und Bahnhofsmissionen. Sie nehmen dort am alltäglichen Dienst teil. Im Unterricht bereiten sie ihr Praktikum vor und nach. Die Lehrerinnen und Lehrer besuchen und begleiten ihre Schülerinnen und Schüler an ihren Praktikumsplätzen.

Dieses Lernkonzept von Freien Katholischen Schulen zeigt, dass für ethisches und religiöses Lernen im schulischen Kontext die Öffnung auf soziale Lebenswelten hin eine wichtige Bildungsmöglichkeit schafft. In den genannten Sozialpraktika lassen sich Erfahrungen sammeln, die eine einzelne Schulstunde niemals bieten kann. Müssten folglich diakonisches, ethisches und interkulturelles Lernen nicht anders konzipiert werden als im 45-Minuten-Takt?

Zwei Schülerkommentare sprechen für sich.

- »Ich bin froh, dass ich dort war. Ich habe gelernt, mit Behinderten umzugehen, kein Mitleid mit ihnen zu haben. Sie sind glücklich mit ihrem Leben und brauchen das Mitleid nicht. Sie brauchen Hilfe und Unterstützung, ein offenes Ohr, Verständnis, aber kein Mitleid.«
- »Das Zusammensein mit schwerbehinderten Kindern war zufrieden stellender als alles, was mit Schule zusammenhängt. Ich war glücklich und etwas stolz, wenn ich es schaffte, die Kinder zum Lachen zu bringen. Das Sozialpraktikum hat mir die Augen für das Leben anderer geöffnet. Es hat mir gezeigt, wie sehr kranke Menschen auf unsere Hilfe angewiesen sind und – was ich nicht gewusst hatte – wir auf sie. Im Sozialpraktikum habe ich auch eine Ahnung davon bekommen, worin das tiefste Glück für Menschen besteht.«

2. Sozial- und motivationspsychologische Qualitäten des Lernprozesses Solidarität

In Soziologie und – mehr noch – Psychologie findet eine Auseinandersetzung mit Solidaritätsprozessen statt, die terminologisch oft mit anderen Begriffen operiert. Daher setzen wir mit einer Umschreibung des Attributs »solidarisch« ein, das denjenigen Handlungen zukommt, die soziale Beziehungen konstituieren. Wir verweisen auf einen »kleinsten gemeinsamen Nenner, der sich in fast allen vorfindbaren Versionen dieses Konzepts auffinden lässt: Als *solidarisch* wird ein Handeln bezeichnet, das bestimmte Formen des helfenden, unterstützenden, kooperativen Verhaltens beinhaltet und auf einer subjektiv akzeptierten Verpflichtung oder einem Wertideal beruht« (Thome: Solidarität 219).

Wir setzen mit einigen wichtigen Etappen der Forschungsge-schichte ein – in Stichworten mit »Psychoanalyse«, »Lerntheo-rien« und »historischen Ereignissen«. Es folgen eine Übersicht zur gegenwärtigen Sozial- und Motivationspsychologie des Lernprozesses Solidarität sowie ein aus diesen Disziplinen her-vorgehendes Solidarprozessmodell, welches den Weg zur Ent-scheidung pro oder contra Solidarhandeln nachzeichnet. Eigens thematisiert werden darüber hinaus die Psychologie derer, de-nen Solidarhandeln gilt, und spezifisch soziologische Zugänge zum Lernprozess Solidarität.

2.1 Forschungsgeschichte

2.1.1 Psychoanalyse

Schon in den Anfängen der Psychoanalyse – dokumentiert in den Schriften von Sigmund Freud – finden sich Anklänge an un-ser Thema. In seinem berühmten Werk »Das Unbehagen in der Kultur« geht es Freud um »die Anerkennung der Liebe als einer Grundlage der Kultur« (Freud: Unbehagen 231). Er gibt aller-dings zu bedenken, »dass man sich auf diesem Wege in bedenk-lichster Weise von einem Stück der Außenwelt, nämlich vom gewählten Liebesobjekt, abhängig mache und dem stärksten Leiden aussetze, wenn man von diesem verschmäht werde oder es durch Untreue oder Tod verliere« (Freud: Unbehagen 231).

In diesem Zusammenhang führt Freud eine – wenn auch sei-ner Einschätzung nach kleine – Zahl von altruistisch konstitu-ierten Menschen an: »Diese Personen machen sich von der Zu-stimmung des Objekts unabhängig, indem sie den Hauptwert vom Geliebtwerden auf das eigene Lieben verschieben, sie schützen sich gegen dessen Verlust, indem sie ihre Liebe nicht auf einzelne Objekte, sondern in gleichem Maße auf alle Men-schen richten, und sie vermeiden die Schwankungen und Ent-täuschungen der genitalen Liebe dadurch, dass sie von deren Sexualziel ablenken, den Trieb in eine *zielgehemmte* Regung ver-wandeln« (Freud: Unbehagen 231). Dabei geht Freud davon aus, dass die Menge psychischer Energie, über die ein Mensch verfügt, begrenzt ist, ein altruistisch gesonnener Mann seine Aufgaben also durch zweckmäßige Verteilung seiner Libido er-ledigen müsse: »Was er für kulturelle Zwecke verbraucht, entzieht er großenteils den Frauen und dem Sexualleben« (Freud: Unbehagen 233).

Doch neben der Abzweigung libidinöser Energie für die Kulturarbeit und dem daraus resultierenden Zwist im Haushalt der Libido taucht ein weiterer Widersacher des Altruismus auf: »Diesem Programm der Kultur widersetzt sich aber der natürliche Aggressionstrieb der Menschen, die Feindseligkeit eines gegen alle und aller gegen einen. Dieser Aggressionstrieb ist der Abkömmling und Hauptvertreter des Todestriebes, den wir neben dem Eros gefunden haben, der sich mit ihm die Weltherrschaft teilt. Und nun, meine ich, ist uns der Sinn der Kulturentwicklung nicht mehr dunkel. Sie muß uns den Kampf zwischen Eros und Tod, Lebenstrieb und Destruktionstrieb zeigen, wie er sich an der Menschenart vollzieht. Dieser Kampf ist der wesentliche Inhalt des Lebens überhaupt, und darum ist die Kulturentwicklung kurzweg zu bezeichnen als der Lebenskampf der Menschenart« (Freud: Unbehagen 249).

Im Rahmen seiner Ausführungen zur Spannung zwischen den Forderungen menschlicher Triebe und den von der Zivilisation auferlegten Einschränkungen führt Freud ausdrücklich Nächsten- und Feindesliebe an. Diese hält er jedoch für eine großartige Inflation der Liebe, die den Wert der Liebe herabsetzt; denn lieben kann ich nur denjenigen und diejenige, die es verdienen: die mir ähnlich sind (so dass ich mich in ihnen lieben kann), die vollkommener sind als ich (so dass ich mein Ideal in ihnen lieben kann), oder dann, »wenn er der Sohn meines Freundes ist, denn der Schmerz des Freundes, wenn ihm ein Leid zustößt, wäre auch mein Schmerz, ich müßte ihn teilen« (Freud: Unbehagen 238).

2.1.2 Lerntheorien

Lerntheorien basieren in ihren Grundzügen auf den Strategien klassischer und operanter Konditionierung (Spada u.a.: Konditionierung). Was tragen sie zum Verständnis des Lernprozesses Solidarität bei?

Klassische Konditionierung kombiniert Schlüsselreize, die gleichsam reflexartig Reaktionen der Zuwendung nach sich ziehen, mit zunächst neutralen Reizen. Diese Verknüpfung zweier Stimuli führt dazu, dass schließlich der neutrale Reiz zu einem konditionierten Reiz wird und seinerseits Reaktionen der Zuwendung auslöst. Dieses Grundmuster macht sich beispielsweise die Werbung zunutze, indem sie mit Schlüsselreizen arbeitet, attraktive Frauen und Männer, Sonne und Strand, frohe Stimmung präsentiert und diese mit zunächst neutralen Reizen kombiniert, also mit einem Produkt und seinem Markennamen – mit dem Ziel, dass aus dem neutralen Stimulus ein konditionierter werde, der konditionierte Zuwendung und damit den Kauf dieses Produkts veranlassen möge.

Operante Konditionierung arbeitet mit Verstärkern, also mit Reizen, welche als Konsequenz einer gezeigten Verhaltensweise auftreten und deren Stärke (Auftretenswahrscheinlichkeit) steigern. Belohnungen, Lob und andere Formen der Zuwendung und Bekräftigung verstärken Verhaltensweisen, und umgekehrt dienen Bestrafungen dazu, unerwünschte Verhaltensweisen in ihrer Häufigkeit zu reduzieren. Operantes Konditionieren spielt beispielsweise in der Erziehung eine wichtige Rolle, in verschiedenen Ausformungen wohl in allen zwischenmenschlichen Interaktionen, schließlich auch in der Gerichtsbarkeit.

Aber würde ein Straftäter motiviert sein, gute Führung zu praktizieren, wenn er beispielsweise erst nach etlichen Jahren auf vorzeitige Entlassung hoffen kann? Und wie würde sich die Zahl der Straftaten verändern, wenn die Bestrafung nicht unmittelbar drohen würde, sondern ebenfalls erst Jahre später?

Damit operantes Konditionieren seine Wirkung voll entfalten kann, braucht es eine große zeitliche Nähe zwischen den infrage stehenden Verhaltensweisen einerseits und Verstärkung bzw. Bestrafung andererseits. Je größer das Zeitintervall ist, welches zwischen der Ausübung eines Verhaltens und dem Angebot eines Verstärkers verstreicht, desto langsamer erfolgt der Lernprozess, desto geringer ist auch die Stärke des konditionierten Verhaltens (Grice: Relation). So fällt manchem oder mancher von uns das Sparen schwer, weil es zunächst einen Verzicht bedeutet und erst auf lange Sicht eine Belohnung winkt. Und umgekehrt kennen wir viele Situationen, in denen positive Konsequenzen sofort eintreten, negative aber nur mit starker zeitlicher Verzögerung folgen, so dass diese langfristig schädlichen Folgen trotz ihrer bestrafenden Wirkung die Verhaltenshäufigkeit nicht zu senken vermögen.

Solche *Fallen* (Platt: Traps) kennen wir im individuellen Bereich, etwa beim Rauchen, wenn die Zigarette einen unmittelbaren Genuss und allenfalls späte Gesundheitsschäden vermittelt. Solche Fallen existieren aber auch kollektiv, etwa im Umgang mit ökologischen Fragen. Die Umweltministerien versuchen diese Fallen zu umgehen und den damit verbundenen Problemen durch operante Konditionierung Herr zu werden, etwa durch die Erhebung von Flaschen- und Dosenpfand. Ohne diese politische Maßnahme wäre es unmittelbar bequem, das Leergut schlicht dem Restmüll beizugeben, auch wenn der Prozess des Recycling dadurch auf Dauer erschwert und die Umwelt zusätzlich belastet würde; mit der Erhebung von Pfand jedoch erfolgt eine Gegensteuerung, denn die Rückgabe des Leerguts wird sofort belohnt, also positiv verstärkt – mit 15 Cents pro Flasche.

Zur *Unterscheidung von klassischer und operanter Konditionierung*: Bei der klassischen Konditionierung in ihrer ursprünglichen Form geht es darum, einen Reflex, also eine angeborene Reaktion des Organismus auf einen bestimmten auslösenden Reiz, mit einem anderen und zunächst neutralen Reiz zu koppeln. Bei der operanten Konditionierung hingegen handelt es sich um einen Lernprozess, bei dem die Wahrscheinlichkeit des Auftretens eines auf die Umwelt einwirkenden Verhaltens dadurch erhöht wird, dass mit diesem Verhalten positive Konsequenzen einhergehen.

Sowohl klassische als auch operante Konditionierung folgen einem hedonistischen Grundprinzip. Da ein mit seinen Mitmenschen solidarisch handelnder Mensch sich dabei jedoch häufig persönliche Nachteile einhandelt, lässt sich sein Handeln lerntheoretisch nicht erklären; es führt vielmehr in ein *Altruismus-Paradox* (Heckhausen: Motivation 282), welches zu der Annahme zwingt, ein solidarisch handelnder Mensch zeige zwar Empathie, welche Altruismus begünstige, konditioniere oder belohne aber, wenn es kein anderer tut, letztlich sich selbst für sein solidarisches oder gar selbstloses Tun.

Neben den beiden Varianten der klassischen und der operanten Konditionierung kommt als dritte Weise des Lernens das *Lernen am Modell* zum Tragen, das eng mit dem Namen des 1925 geborenen Psychologen Albert Bandura (Bandura: Lerntheorie) verknüpft ist. Durch Beobachtung eines Vorbilds erwirbt ein

Mensch die Möglichkeit, neue Verhaltensweisen zu lernen und diese zu zeigen, indem er das Modell nachahmt. Dazu liegen einfallsreiche Felduntersuchungen zu hilfeheischenden Situationen vor, die belegen, dass die Wahrnehmung vorbildlicher, eben modellhafter Hilfe die eigene Hilfsbereitschaft steigert. Wenn Mitwisser von Experimentatoren am Straßenrand eine Reifenpanne inszenieren und damit Solidarbedarf signalisieren, so halten weniger daherkommende Autofahrerinnen und Autofahrer an, als wenn bereits auf dem Weg zu dieser Stelle eine andere Reifenpanne von Reisenden zu sehen ist, denen in einer nicht als solcher erkennbaren Simulation bereits – modellhaft! – Hilfe gewährt wird (Heckhausen: Motivation 282f.).

2.1.3 Historische Ereignisse

Über psychoanalytische und lerntheoretische Konzepte hinaus wirkten in der Forschungsgeschichte insbesondere zwei Ereignisse als Motivationsschübe zugunsten weiterer Untersuchungen.

Zum einen denken wir an die Ermordung von Kitty Genovese, einer jungen Frau, in der Nacht zum 13. März 1964 auf einem Bahnhofsvorplatz bei New York. Obwohl der Mörder eine halbe Stunde damit zubrachte, sein um Hilfe schreiendes Opfer in mehreren Angriffen zu töten, 38 Nachbarn wach wurden und das Geschehen beobachteten, intervenierte niemand helfend – abgesehen vom Ruf eines Mannes: »Lass das Mädchen in Ruhe!« Einer der Nachbarn gab hernach zu Protokoll, er habe vor einem Anruf bei der Polizei die Situation, in die er als Beobachter verwickelt war, zunächst mit seinem Rechtsanwalt klären wollen. Das schockierende Ereignis forderte zur Untersuchung solidarischen Handelns und der Motive seiner Unterlassung unter lebensnahen (oder lebensbedrohlichen) Bedingungen heraus.

Zum anderen denken wir an in der Nachkriegszeit geführte Interviews mit Überlebenden des Zweiten Weltkriegs, die unter Einsatz ihres eigenen Lebens Jüdinnen und Juden vor der Vernichtung bewahrt haben. Trotz stark divergierender sozialer Herkunft und breit variierender Umstände der Hilfe ergaben sich drei Gemeinsamkeiten der Befragten (Harbach: Altruismus 208): Viele der Befragten verwiesen (1) auf eine starke Identifizierung mit einem Elternteil, der ausgeprägte moralische Überzeugungen vertrat, (2) auf den Eindruck eigener sozialer Marginalität und schließlich (3) auf ihre Abenteuerlust. Unter Bezugnahme auf die im nationalsozialistischen Deutschland zu Tage getretene Menschenverachtung kritisiert der Sozialphilosoph Theodor W. Adorno zwar die systemstabilisierenden Funktionen des Mitleids, zugleich hält er jedoch an ihm fest als einem natürlichen »Impuls«, den er skizziert als »das Gefühl der Solidarität mit den ... quälbaren Körpern« (Adorno: Dialektik 281).

2.2 Sozial- und Motivationspsychologie des Lernprozesses
Solidarität in der Gegenwart

Zunächst lassen sich zwei Solidarformen voneinander unterscheiden (Bierhoff/Küpper: Sozialpsychologie 264).

- Deren erste ist die *Solidarität bei gemeinsamen Interessen (A)*, wenn gleichermaßen Betroffene zusammenarbeiten, etwa Mitarbeiterinnen und Mitarbeiter einer psychiatrischen Einrichtung, die sich zu einer kollegialen Supervision ihrer Arbeit und der damit einhergehenden Problematik entschließen; Ziel ist die Verbesserung ihrer eigenen Lage, anregend wirkt dabei die Aussicht auf implizite oder explizite »Belohnungen« solidarischer Zusammenarbeit, so dass das Miteinander als extrinsisch motiviert gelten kann (Bierhoff: Sozialpsychologie 80).

- Die zweite Form ist die *Solidarität bei unterschiedlichen Interessen (B)*, etwa in der Kooperation von Europäern mit Kaffeebauern in Mittelamerika, die vor Ausbeutung geschützt werden sollen; solche altruistisch ausgerichtete Solidarität erfolgt gleichsam um der Hilfe selbst willen und gilt insofern als intrinsisch motiviert, als den Hilfeleistenden keine »Belohnungen« im Sinne der Verbesserung der eigenen Lage winken.

Diese beiden motivational unterschiedlichen Solidarformen A und B lassen sich auf insgesamt vier verschiedenen sozialen Ebenen verorten, und zwar auf intraindividueller, auf interpersonaler, auf positionaler und auf kultureller Ebene.

- Auf *intraindividueller* Ebene lassen sich persönlichkeitsspezifische systematische Unterschiede der Wahrnehmung und ihrer Konsequenzen beschreiben: Die eigene Lerngeschichte prägt die aktuelle Wahrnehmung, welche ihrerseits weiteres Lernen bedingt.

- Auf *interpersonaler* Ebene lassen sich Merkmale der Interaktion sowie situative Merkmale betrachten, die Interaktionen strukturieren.
- Auf *positionaler* Ebene lässt sich der Einfluss von Gruppen- und Statusunterschieden (»Positionen«) untersuchen.
- Auf *kultureller*, oft auch ideologisch genannter Ebene lässt sich die Kulturabhängigkeit sozialen Verhaltens berücksichtigen, also der Wirkzusammenhang, der zwischen Sinn- und Wertkonzepten einerseits und Sozialverhalten andererseits entsteht.

Aus der Verknüpfung der motivationspsychologisch divergierenden Solidarformen A und B (gemeinsame versus unterschiedliche Interessen) mit den vier sozialpsychologisch vorrangigen Ebenen resultieren acht Ansätze zu einem Verständnis des Lernprozesses Solidarität.

2.2.1 Intraindividuelle Ebene

Verhalten sich Menschen angesichts einer bestimmten Notsituation gleichermaßen solidarisch oder unsolidarisch – oder existieren persönliche Charakteristika, soziale Einstellungen, die zu Solidarität prädisponieren?

A. Bei gemeinsamen Interessen der Betroffenen tun sich dreierlei *soziale Wertorientierungen* und Handlungsstrategien auf: (1) *Individualismus* mit dem Ziel der Maximierung eigener Gewinne, also eine egoistische Motivation; (2) *Kooperation*, also Zusammenarbeit unter Betroffenen mit dem Ziel der Maximierung gemeinsamer Gewinne, etwa bei der Bildung der polnischen Gewerkschaftsbewegung »Solidarität«; damit einhergehende Erfolge stärken und erhalten den Zusammenhalt – dabei können auch egoistische Motive eine Rolle spielen, sofern die betroffenen Personen überzeugt sind, dass sie diese jeweils egoistischen Motive in Zusammenarbeit eher durchsetzen können als auf den Wegen von Individualismus und Wettbewerb; (3) *Wettbewerb* mit dem Ziel der Herstellung von Überlegenheit, also der Maximierung der Differenz zwischen sich selbst und dem Gegenüber.

B. Woher aber rührt solidarisches Verhalten, wenn es nicht meinen eigenen Interessen dient und die zwischenmenschliche Beziehung zu denen, mit denen ich solidarisch bin, nicht auf

Wechselseitigkeit angelegt ist? Die Wahrnehmung von Ungerechtigkeit kann den Eindruck *existenzieller Schuld* vermitteln, ein generalisiertes Mitgefühl mit unterprivilegierten Personengruppen ausbilden, auf deren Benachteiligung die Erlangung und Erhaltung eigener Vorteile basiert (Richter: Lernziel). Solidarisches Handeln auf Grund wahrgenommener Ungerechtigkeit kennt sowohl internale Zuschreibungen in dem Sinne, dass ich mich mitschuldig weiß an einer Ungerechtigkeit, die ich aus *sozialer Verantwortung* bekämpfe, als auch externale Attribuierungen, sofern mächtige Andere diese Situation geschaffen haben und mich zu sozialem Protest provozieren.

2.2.2 Interpersonale Ebene

A. Insbesondere sehr junge zwischenmenschliche Beziehungen folgen einer Tit-for-Tat-Strategie: Die Norm der Reziprozität spielt empirischen Untersuchungen (Bierhoff/Küpper: Sozialpsychologie 275) zufolge in frühen Phasen sozialer Interaktion eine herausragende Rolle. So genannte *egoistische Kooperation* erfolgt im Sinne machtmotivierten Hilfehandelns mitunter in der Absicht, mein Gegenüber abhängig und für eine spätere Gelegenheit, in der ich selbst Hilfe brauche, gefügig zu machen.

B. Altruistische Motivation zielt auf die Steigerung des Wohlergehens einer anderen Person. *Empathie* versteht sich als eine Fähigkeit zur Übernahme der Perspektive eines Mitmenschen, als ob diese Perspektive meine eigene wäre, doch ohne die Qualität des »als ob« zu verlieren (Rogers: Therapeut 216; Steinmetz-Zubovic: Beitrag); insbesondere gegenüber mir ähnlichen und nahen Einzelpersonen fungiert Empathie als Quelle von *Altruismus* bzw. von *prosozialem Verhalten*, das ich zugunsten einzelner zeige. Diese Empathie-Altruismus-Hypothese lässt allerdings den Schluss zu, dass der Bereich altruistischen Verhaltens wohl sehr begrenzt bleiben muss, da Menschen Empathie mit einem *einzelnen* Gegenüber und seinem Schicksal empfinden können, schwerlich aber etwa mit ausgebeuteten Kaffeebauern im Allgemeinen. Berichte über globale Ungerechtigkeiten rufen eher Schuldgefühle hervor, während es konkrete Einzelschicksale sind, die unsere Empathie ansprechen. Die Wahrscheinlichkeit des Auftretens von prosozialem Verhalten wächst, wenn die Abhängigkeit der bedürftigen Person von fremder Hilfe groß ist und wenn nur eine einzige Person da ist – eben ich da bin –, um die nötige Hilfe zu erbringen; andernfalls kann eine soziale Hemmung, ein *bystander effect* eintreten, der mich von spontaner Intervention abhält, denn schließlich »könnten ja auch die anderen ...« (Diffusion der Verantwortung) und »können andere vielleicht besser helfen als ausgerechnet ich«. Daraus resultiert ein Prozessmodell, welches an späterer Stelle unseres Beitrags zur Vorstellung kommt.

2.2.3 *Positionale Ebene*

A. Soziale Dilemmata können nicht nur zwischen Einzelpersonen und einer Gruppe entstehen, sondern auch im Wettbewerb einer Gruppe gegen eine andere Gruppe. *Kollektivismus* umschreibt das Ziel, das Wohlergehen der eigenen Gruppe zu steigern. Der Kollektivismus agiert nach der Devise »Allein machen sie dich ein«, Einzelpersonen sind also auf ein Kollektiv angewiesen. Dabei können Eigeninteresse und Gruppeninteresse so miteinander verschmelzen, dass sich ein Gruppenegoismus herausbilden kann. Etwa der »Mannschaftsgeist« geht mit einer Selbststereotypisierung einher – mitunter so sehr, dass die Ähnlichkeit der Mitglieder der Binnengruppe im Übermaß inszeniert wird und zu einer Depersonalisierung führt, möglicherweise mit dem Effekt, dass sich Interessen anderer Mannschaftsmitglieder derart in Eigeninteressen transformieren lassen, dass solidarisches Handeln zu Gunsten der Mitglieder meiner Mannschaft möglich wird, auch wenn meine persönlichen Interessen dadurch verletzt werden: »Ich bin nichts, die Gruppe ist alles.« Zu solidarischem Handeln trägt *relative Deprivation* auf der Grundlage wahrgenommener sozialer Benachteiligung bei. Relative Deprivation ergibt sich aus dem Umstand, dass die relative Position auf einem Kontinuum von Werten für das subjektive Wohlbefinden eine größere Rolle spielen kann als die absolute Position. Sie lässt sich beschreiben als Unzufriedenheit nicht mit der eigenen Lage als solcher, sondern damit, dass das bessere Abschneiden anderer Gruppen auf diesem Kon tinuum ungerechtfertigt erscheint. So mag eine Berufsgruppe mit ihrem Verdienst zwar nicht über finanzielle Engpässe klagen, aber um so heftiger darüber, dass »andere im gleichen Alter mehr kriegen – und die schaffen doch auch nicht mehr als wir«. Dabei lassen sich zwei Formen relativer Deprivation unterscheiden: eine *egoistische relative Deprivation*, die eine ungünstige individuelle Position innerhalb der eigenen Gruppe markiert, gleichsam das »schwarze Schaf« im Binnenraum einer Gruppe, mit dem Ziel, die persönliche Stellung innerhalb dieser Gruppe zu optimieren, sowie eine *fraternalistische relative Deprivation* auf Grund des Vergleichs der Binnengruppe mit einer fremden Gruppe, etwa unter politischen Parteien, mit dem Ziel, in solidarische Handlungen zur Stärkung gemeinsamer Interessen der eigenen Gruppe einzutreten, begünstigt oft durch ein verbindendes Feindbild.

B. Wenn Grenzen zwischen Binnen- und Fremdgruppe durchlässig sind, kann sich prosoziales Verhalten auf eine ganze Gruppe notleidender Menschen richten. Solches Solidarhandeln hebt nicht auf individuelle, kulturelle, religiöse Unterschiede ab, sondern betont die Gleichheit aller Menschen, so dass sich die Interessen von Menschen in allen Teilen der Welt in Eigeninteressen transformieren lassen: Die *soziale Kategorisierung als Mensch*, als Frau und/oder Mann erlaubt einen weiten Raum der Solidarität; Solidarität kann sich auch auf das Geschlecht beziehen und gleichsam die halbe Menschheit meinen: beim Weltgebetstag der Frauen oder in der Woche der Brüderlichkeit, auch wenn sie nicht nur Männer ansprechen will. Mit dem Philosophen Richard Rorty (Rorty: Kontingenz 310) lebt die stärkste Solidarität unter denen, die »zu uns« gehören (im Sinne des Kollektivismus), aber zugleich setzt Rorty auf einen Fortschritt hin zu Solidarität im Sinne einer »Fähigkeit, immer mehr zu sehen, dass traditionelle Unterschiede (zwischen Stämmen, Religionen, Rassen, Gebräuchen und dergleichen Unterschiede) vernachlässigbar sind im Vergleich zu den Ähnlichkeiten im Hinblick auf Schmerz und Demütigung – es ist die Fähigkeit, auch Menschen, die himmelweit verschieden von uns sind, doch zu ›uns‹ zu zählen«.

2.2.4 Kulturelle Ebene

Unterscheiden sich Menschen aus unterschiedlichen Kultur-
räumen darin, wie deutlich die Betonung auf der eigenen Gruppe als Bezugssystem liegt?

A. Bei gemeinsamen Interessen leitet sich solidarisches Verhalten aus der Idee der Wechselseitigkeit ab; *generalisierte Reziprozität* liegt vor, etwa als Binnensolidarität im Raum einer
   Kirche. Wer sie nicht einhält, gilt als »Nestbeschmutzer«.

B. So genannter *Prinziplismus* motiviert zu Solidarität gegenüber
   Mitgliedern anderer Kulturräume sowie gegenüber Minder-
   heiten, die als unterprivilegiert gelten oder Opfer eines
   schlimmen Schicksals wurden (Piaget: Biologie; Kohlberg
   u.a.: Wiederkehr; und Habermas: Gerechtigkeit; Oser/Gmün-
   der: Mensch; sowie Beile: Emotionen). Dazu gehören der
   auch in Lehrbüchern (Heckhausen: Motivation 279; Bier-
   hoff/Küpper: Sozialpsychologie 289) thematisierte Einsatz
   des Samariters für den unter die Räuber Gefallenen sowie die
   befreiungstheologisch geprägte »Option für die Armen«.

2.2.5 Bündelung

Wenn wir zentrale Begriffe aufgreifen, die in der motivations-
und sozialpsychologisch dimensionierten Struktur des Lernprozesses Solidarität zum Tragen kommen, so ergibt sich zusammenfassend folgendes Bild:

Formen der Solidarität

soziale Ebene	gemeinsame Interessen (A)	unterschiedliche Interessen (B)
intraindividuelle Ebene	soziale Wertorientie-rungen (Individualismus, Kooperation, Wettbewerb)	existenzielle Schuld, soziale Verantwortung
interpersonale Ebene	(egoistische) Kooperation	Empathie und Altruismus, prosoziales Verhalten
positionale Ebene	Kollektivismus, fraternalistische relative Deprivation	soziale Kategorisierung als Mensch
kulturelle Ebene	generalisierte Reziprozität	Prinziplismus

2.3 Solidarprozessmodell

Das bereits angekündigte Modell (Bierhoff: Sozialpsychologie 76–80) soll den Weg zur Entscheidung pro oder contra Solidarhandeln skizzieren und die dabei ablaufenden Prozesse nachvollziehbar werden lassen. Das Modell gliedert sich in fünf Schritte.

1. Schritt: Die *Aufmerksamkeitszuwendung* setzt mit einer Einstufung der Situation als einer mehr oder minder eindeutigen, mehr oder minder schweren Notlage ein. Ist ein »Hilferuf« vernehmbar? Schwer einzuschätzen ist etwa eine Szene, in der ein Mann sich auffällig an einem Kraftfahrzeug zu schaffen macht: Ist er ein Dieb, den anzusprechen mich selbst in Gefahr bringen könnte, oder ist er der Eigentümer, der den Zündschlüssel im verschlossenen Wageninnern vergessen hat?

2. Schritt: Die *prosoziale Motivation* resultiert aus persönlichen Normen und internalisierten Verstärkern (Boehnke: Motivation). Religiöse Überzeugungen hängen in ihrer Wirkkraft ab (1) von der Intensität der Gottesbeziehung, (2) von dem Maß ihres Verständnisses als Ruf zum zwischenmenschlichen Engagement und (3) von dessen praktischer Umsetzung als Nächstenliebe und Diakonie (Grom: Religion, 191–197; Grom: Engagement 69–71; gegenüber Keupp: Gemeinsinn 88).

3. Schritt: Die *antizipatorische Bewertung der Konsequenzen* meint die Abschätzung der ›Kosten‹ der Hilfe sowie der ›Kosten‹ ihrer Unterlassung. Die Kosten der Hilfe sind beispielsweise hoch, wenn das Opfer betrunken ist, aus dem Mund blutet, entstellende Narben im Gesicht trägt. Kosten der Unterlassung von Hilfe entstehen, wenn der potenziell hilfeleistende Mensch beobachtet wird und seine Unterlassung zu sozialer Missbilligung führt. Starke Empathiefähigkeit provoziert hohe Kosten stellvertretenden Mitleidens mit einem Opfer und steigert die Aussicht auf hohe stellvertretende Belohnung und Freude durch Hilfeleistung (»jetzt freue ich mich selbst, dass es ihm wieder besser geht«). Dadurch erweist sich die Empathie-Altruismus-Hypothese allerdings als motivations- und sozialpsychologisch zwiespältig: Kann intrinsisch motivierter, also um der Hilfe selbst willen gelebter Altruismus am Ende doch der Maximierung egoistischer Ziele (»jetzt freue ich mich selber ...«) dienen? Egoismus und Altruismus können wohl durchaus miteinander ver-

woben sein, ja sogar eine fruchtbare Mischung ergeben: Wenn wir an Einstellungsgespräche mit zukünftigen freiwilligen Mitarbeiterinnen und Mitarbeitern bei der Telefonseelsorge denken, so werden bei der Auswahl heutzutage diejenigen bevorzugt, die als ihre Motivation für diese Arbeit eine Mischung aus altruistischen (»für Menschen in Not erreichbar sein«) und egoistischen (»für mich etwas tun, und zwar etwas Sinnvolles«) Beweggründen erkennen lassen. Denn ausschließlich altruistisch gesinnten Personen droht das seelische Ausbrennen (»burn-out«).

4. Schritt: Die *Abwehrprozesse* können einsetzen, wenn die vorweggenommene Einschätzung der Konsequenzen erbrachter oder unterlassener Hilfeleistung kein eindeutiges Ergebnis erbringt. Abwehrprozesse, die gegen die Übernahme sozialer Verantwortung wirken, können sein (1) die Verneinung von Handlungsmöglichkeiten (»da ist nichts zu machen«), (2) die Nichtvorhersagbarkeit von Konsequenzen (»ich kann es nicht – wo komme ich da hin?«), (3) die Verantwortungsdiffusion (»was ist mit den anderen?« – so setzten vielleicht die Zeugen des Mordes an Kitty Genovese darauf, dass ein anderer Beobachter intervenieren würde; wenn ihr Verhalten dadurch an »Verständlichkeit« gewinnt, so ist es nicht entschuldigt), (4) eine externale Schuldzuschreibung (»meine Eltern haben mich angewiesen, ich solle mich heraushalten« und folglich »da mische ich mich nicht ein«), (5) das Fehlen eigener Kompetenzen (»Erste-Hilfe-Kurs reicht da nicht«) sowie (6) die Verneinung der Notlage (»halb so schlimm«).

5. Schritt: Die *Verhaltenskonsequenzen* zeigen sich im Erbringen oder Unterlassen von Solidarhandlungen.

Mit diesem Modell stehen die Menschen im Zentrum der Aufmerksamkeit, die sich für oder gegen solidarisches Handeln entscheiden. Dabei taucht die Frage nach ihrem Gegenüber auf, nach denen, denen dieses Handeln zugute kommt und die darunter leiden, wenn solidarisches Handeln unterbleibt. Aber leiden vielleicht auch diejenigen, denen Solidarität »angetan« wird?

2.4 Psychologie der »Solidaritäts-Opfer«
Auch wenn solidarisches Handeln soziale Billigung erfährt, bleibt eine Frage offen: Wie leicht, wie demütigend kommt es mir vor, Hilfe anzunehmen? Eine negative Akzentuierung von

Hilfeleistungen unter ihren Empfängerinnen und Empfängern zeichnet sich bereits in der Interaktion von Grundschülerinnen und Grundschülern ab (Bierhoff: Sozialpsychologie 91–98), und zwar insbesondere dann, wenn ›Solidaritätsopfer‹ sich in ihrem Selbstwert bedroht sehen. Eine fürsorgliche Belagerung, die Abhängigkeiten schafft oder zementiert, vermittelt den Eindruck, dass Helfende der Ansicht sind, die Kompetenz der Empfängerinnen und Empfänger sei gering; sie erstickt beim Hilfeempfänger den Impuls, eigene Initiativen zu starten und die gewährte Unterstützung als Hilfe zur Selbsthilfe zu verstehen. Letzteres kann gelingen, wenn die Verantwortung der in Not Geratenen für die Lösung ihres Problems mehr betont wird als etwa ihre Verantwortung für die Entstehung ihrer Notlage. Es macht einen Unterschied, ob diese als unabwendbarer Schicksalsschlag erscheint oder der Unzulänglichkeit der in Not Geratenen zugeschrieben wird.

Wirkungen der Hilfeleistung auf ihre Empfängerinnen und Empfänger hängen empirisch nachweisbar von drei Faktoren ab: (1) vom Ausmaß der konkreten Notlage: je größer die Not, desto willkommener die Hilfe, (2) vom Selbstwert der Hilfeempfängerinnen und -empfänger insofern, als Personen mit hohem Selbstwert (Selbsteinschätzung hoher eigener Kompetenz) bereit sind, sich mit hohen Anforderungen zu konfrontieren, und darum auf Hilfeleistung defensiv reagieren, um diesen Selbstwert zu sichern, anstatt zu kapitulieren, sowie (3) von dem Maß an Ähnlichkeit der solidarisch Interagierenden: Große Ähnlichkeit erleichtert die Empathie des Hilfeanbieters, erschwert aber die Aufrechterhaltung des Selbstwerts des Hilfeempfängers!

2.5 Soziologie des Lernprozesses Solidarität

Sozialpsychologie bewegt sich als psychologische Disziplin an der Grenze zur Soziologie, die ihrerseits unterschiedliche Konzeptionen von Solidarität entwickelt (Göbel/Pankoke: Grenzen). Fünf Ansätze führen wir nachfolgend an.

1. *Solidarität und Natürlichkeit*: Eine *naturale Solidarität* gründet in gewachsener Vertrautheit sozialer Nähe, insbesondere im Rahmen familialer Lebenszusammenhänge. Die Solidaritätsdichte der »Kleingruppe« Familie lässt sich aber nur sehr be-

dingt auf andere Systeme übersetzen: »Die Familie etabliert sich als der Ort, an dem das Gesamtverhalten, das als Person Bezugspunkt für Kommunikation werden kann, behandelt, erlebt, sichtbar gemacht, überwacht, betreut, gestützt werden kann. Insofern bildet die Familie das Modell einer Gesellschaft, die nicht mehr existiert« (Luhmann: Sozialsystem 208).

2. *Solidarität und Modernisierung*: Freiheit und Gleichheit verbinden sich in den revolutionären Ideen von 1789 mit dem Programm, die auf naturale Nähe bezogene Brüderlichkeit als Solidarität zu universalisieren. Während *Gemeinschaft* einen Personalverband meint, der auf sozialer Nähe gründet, lässt *Gesellschaft* – in funktionalen Zonen moderner Vergesellschaftung – an Anonymisierung und Depersonalisierung denken.

3. *Solidarität und Wohlfahrtsstaat*: Wohlfahrtsstaatliche Entwicklungen verlangen nach einer Umstellung von *Sozial*vertrauen in *System*vertrauen. Wohlfahrtsstaatliche Modernität schafft Unabhängigkeit von zwischenmenschlichen Solidarbeziehungen – dank einer *Inklusion* (Luhmann: Sozialsystem 207ff.) in großflächige Systeme: Jede Person ist dann berechtigt, Zugang zu allen Funktionskreisen zu erhalten, also im Bedarfsfall medizinisch versorgt zu werden und am Wirtschaftsverkehr teilnehmen zu können.

4. *Solidarität und Reflexivität*: Eine Revitalisierung der Solidarität naturaler Nähe erfordert heute die Verknüpfung sozialer Netze. Solidarität konstituiert sich dann nicht mehr als machtvolles Gefälle von Geben und Nehmen, sondern als Partnerschaft: »Solidarisierung wird reflexiv zum Prozess der wechselseitigen Spiegelung, Beobachtung und Beeinflussung von Gebern und Nehmern, ohne dass dabei die Geber- und Nehmerrollen noch im asymmetrischen Gefälle von Arm und Reich, mächtig und ohnmächtig zu orten sind« (Göbel/Pankoke: Grenzen 478).

5. *Solidarität und Gesellschaftstheorie*: Systemtheoretisch erweist sich als Charakteristikum moderner Gesellschaften eine Differenzierung nach gesellschaftlich relevanten Funktionen, die jeweils exklusiv darauf spezialisierte, eigenständig operierende Subsysteme erfüllen. Es erhebt sich die »Frage, wie es gelingen kann, dass die singulären Elemente des Sozialen (bei Luhmann: Kommunikationen) in einer Weise miteinander ver-

knüpft werden, die erwartbar und regelmäßig geschieht« – in diesem Sinne lässt sich von einer »Solidarität« der Elemente sozialer Systeme sprechen, »und dies auch nur deshalb, weil sie die gleiche Form haben und also ›anschlussfähig‹ sind.« (Göbel/Pankoke: Grenzen 490) Damit geht die These einher, dass Solidarität »in modernen Gesellschaften weniger verfällt als vielmehr erschaffen wird« (Hondrich/Koch-Arzberger: Solidarität 7).

Dass *Religion als Solidarkraft* wirkt, zeigt die empirische Untersuchung von Paul Michael Zulehner, Hermann Denz, Anton Pelinka und Emmerich Tálos (Zulehner u.a.: Solidarität). Wo religiöse Netzwerke gebildet werden konnten, erreicht belastbare Solidarität nachweisbar überdurchschnittliche Werte. Religion fördert über die Mikrosolidarität im Nahraum hinaus vor allem dann Makrosolidarität mit den Ferneren und den Fernsten, wenn sie im Kontext unautoritärer Kommunikation erlebt wird, als Religion in Freiheit.

3. Der Samariter – Vorbild im Lernprozess Solidarität?

»Da stand ein Gesetzeslehrer auf, und um Jesus auf die Probe zu stellen, fragte er ihn: Meister, was muss ich tun, um das ewige Leben zu gewinnen? Jesus sagte zu ihm: Was steht im Gesetz? Was liest du dort? Er antwortete: Du sollst den Herrn, deinen Gott, lieben mit ganzem Herzen und ganzer Seele, mit all deiner Kraft und all deinen Gedanken und: Deinen Nächsten sollst du lieben wie dich selbst. Jesus sagte zu ihm: Du hast richtig geantwortet. Handle danach, und du wirst leben. Der Gesetzeslehrer wollte seine Frage rechtfertigen und sagte zu Jesus: Und wer ist mein Nächster? Darauf antwortete ihm Jesus: Ein Mann ging von Jerusalem nach Jericho hinab und wurde von Räubern überfallen. Sie plünderten ihn aus und schlugen ihn nieder; dann gingen sie weg und ließen ihn halbtot liegen. Zufällig kam ein Priester denselben Weg herab; er sah ihn und ging weiter. Auch ein Levit kam zu der Stelle; er sah ihn und ging weiter. Dann kam ein Mann aus Samarien, der auf der Reise war. Als er ihn sah, hatte er Mitleid, ging zu ihm hin, goss Öl und Wein auf seine Wunden und verband sie. Dann hob er ihn auf sein Reittier, brachte ihn zu einer Herberge und sorgte für ihn. Am andern Morgen holte er zwei Denare hervor, gab sie dem Wirt und sagte: Sorge für ihn, und wenn du mehr für ihn brauchst, werde ich es dir bezahlen, wenn ich wiederkomme. Was meinst du: Wer von diesen dreien hat sich als der Nächste dessen erwiesen, der von den Räubern überfallen wurde? Der Gesetzeslehrer antwortete: Der, der barmherzig an ihm gehandelt hat. Da sagte Jesus zu ihm: Dann geh und handle genauso.« (Lk 10, 25–37)

3.1 Empirische Untersuchung zur biblischen Konstellation von Lk 10, 25–37

Die Geschichte vom barmherzigen Samariter haben wir bereits gestreift. Wie kommt es, dass Priester und Levit einfach vorbeiziehen? Was macht den Samariter barmherzig? Aus dieser biblischen Szene ist – auch unter dem Schock, den der Mord an Kitty Genovese seinerzeit hervorrief – ein sozialpsychologisches Untersuchungsszenario entwickelt worden, zu welchem Studierende der Theologie herangezogen wurden (Rebell: Grundwissen 90–92). Sie erhielten im Einzelversuch den Auftrag, sich kurz auf einen Vortrag vorzubereiten, der in einer Dauer von ca. 3–5 Minuten in einem Nachbargebäude gehalten und dort auf Tonband aufgezeichnet werden sollte. Die eine Hälfte der Versuchspersonen sollte über die Geschichte vom barmherzigen Samariter sprechen, die andere Hälfte über Berufsmöglichkeiten von Geistlichen außerhalb der Pastoral. Auf dem Weg zum Vortrag wurden die Versuchspersonen unter drei verschiedene Grade von Zeitdruck gesetzt (hoch – mäßig – fehlend). Vor dem Nachbargebäude kamen sie einzeln an einer zusammengesunkenen, abgerissen gekleideten Gestalt in bedauernswerter Verfassung vorbei. Wie wirkt sich der Zeitdruck auf die Hilfeleistung aus? Was trägt die Beschäftigung mit Normen im Zusammenhang mit der Geschichte vom barmherzigen Samariter im Unterschied zur Vorbereitung eines neutralen Themas (Berufsmöglichkeiten außerhalb der Pastoral) zur Hilfsbereitschaft der Studierenden bei?

	fehlender Zeitdruck	mäßiger Zeitdruck	hoher Zeitdruck
Samariter als Thema	1	2	4
neutrales Thema	3	3	5

Die Ziffern markieren eine Rangfolge, derzufolge mit »1« diejenigen Versuchspersonen bezeichnet sind, deren Solidarhandeln

erstrangig war. Zur Tat schritten am häufigsten die Studierenden, die sich mit dem barmherzigen Samariter befassten und
unter keinem (1) oder lediglich mäßigem (2) Zeitdruck standen.
Wer mit einem neutralen Thema befasst war, aber keinem hohen Zeitdruck ausgesetzt war, stand mit seinem Solidarhandeln
im Mittelfeld (3). Weniger hilfreich zeigten sich diejenigen, die
starkem Zeitdruck standhalten mussten, auch wenn das Hilfe-
thema ihr aktuelles war (4), und am wenigsten hilfreich erschienen jene, die sich unter hohem Zeitdruck einem neutralen Thema widmeten (5).

Mit anderen Worten nimmt in beiden Vortragsgruppen das
Ausmaß der Hilfeleistung mit wachsender Eile deutlich ab (die
Zahlen steigen in den einzelnen Zeilen von links nach rechts
an); der zunächst trivial anmutende Faktor Zeit ruft bei der Verfolgung eigener Anliegen (pünktliches Erscheinen zum Vortrag
im Nachbargebäude) offenbar eine Selbstbezogenheit hervor,
welche Empathie und damit Solidarität unterbindet. Aber auch
die Auseinandersetzung mit der Geschichte vom barmherzigen
Samariter zeigt einen Einfluss, der Solidarhandeln fördert (die
Zahlen in den einzelnen Spalten sind allesamt unten höher als
oben). Neben dem Grad des Zeitdrucks wirkt sich also auch die
Auseinandersetzung mit Normen auf das Solidarhandeln aus.

3.2 Solidarhandeln des Samariters in Lk 10, 25–37

Der biblische Text setzt sich aus zwei Teilen zusammen, aus der
Frage nach dem höchsten Gebot und der Geschichte vom Samariter (Theißen: Hilfsethos); dieser handelt aus Mitleid, aus *Empathie* mit dem Halbtoten. Während der Gesetzeslehrer in den
parallelen Überlieferungen bei Mt 22, 34–40 und Mk 12, 28–31
nach dem höchsten Gebot fragt, lautet die Frage bei Lukas so:
»Was muss ich *tun*, um das ewige Leben zu gewinnen?«

Der Gesetzeslehrer kann diese Frage selbst beantworten –
mit dem Doppelgebot der Liebe, in welchem jüdische *und* christliche Traditionen zusammenlaufen (zur Liebe zu Gott siehe Dtn
6,5; zur Liebe zum Nächsten siehe Lev 19,18).

Diese Geschichte ist also wenig geeignet, die Frage nach dem
Proprium spezifisch *christlicher* Solidarität eindeutig zu klären.
Und: Gerade die mit dem Kult verbundenen Männer – Priester
und Levit – unterlassen die Hilfeleistung, sie erreichen das Lern-

ziel Solidarität nicht; vielleicht sind sie jene vielbeschäftigten Männer, denen damals wie heute die Zeit davonzulaufen droht, so dass sie selbst davonlaufen, weg von denen, die ihre Unterstützung lebensnotwendig brauchen – und dies, obwohl doch die Wahrscheinlichkeit *prosozialen Verhaltens* wächst, wenn die Abhängigkeit der bedürftigen Person von fremder Hilfe groß und keine andere Hilfsperson in Sicht ist: Da Priester und Levit einzeln auftreten, entfallen der zu ihrer Entlastung zu erwägende *bystander effect* und die damit verknüpfte *Verantwortungsdiffusion*. Aber eben weil sie jeweils allein auftreten, entstehen ihnen keine *sozialen Kosten*, wenn sie den unter die Räuber Gefallenen liegenlassen, da niemand da ist, der ihre Unterlassung beobachten und missbilligen könnte. Da muss erst ein Samariter kommen, einer, der keine manifesten religiösen Motive zeigt, die Kosten der Hilfe auf sich nimmt – und als ganz profanes Vorbild des Lernprozesses Solidarität wirkt, *Lernen am Modell* ermöglicht.

Der Versuch, im Samariter Jesus zu sehen, der sich des halbtoten Mannes annimmt, dient der durchsichtigen Absicht, der Geschichte vom Samariter einen tieferen, vielleicht gar christologischen Sinn abzugewinnen, um so den Samariter als Vorbild spezifisch christlichen Hilfehandelns zu etablieren. Dieser Versuch erfolgt aber aus theologischer Verlegenheit und wird dem biblischen Text nicht gerecht. Der Samariter ist nicht Jesus, sondern eben ein Samariter. Wie bedeutungsvoll uns gerade dies erscheint, werden wir noch zu zeigen versuchen. Der Samariter jedenfalls handelt aus Mitleid, aus anerkennenswerten humanen Beweggründen also – ganz offenbar nicht auf Grund *gemeinsamer Interessen*, sondern aus *sozialer Verantwortung*. Wenn Jesus diese Geschichte beschließt mit den Worten: »Geh hin und *handle* genauso«, so korrespondiert diese Aufforderung mit der Frage des Gesetzeslehrers: »Was muss ich *tun*?«

Die psychologische Gefahr, dass der Helfer sich mit dem Hilfsbedürftigen in Abhängigkeiten verstrickt, sich von ihm nicht hinreichend abgrenzen kann und sich darum verzehrt bis zum *Ausbrennen*, bannt der Samariter. Er trennt sich unterwegs vom Überfallenen und folgt seinem eigenen Weg; er engagiert den Wirt der Herberge als einen weiteren Helfer. Der Samariter setzt also auf *institutionelle Unterstützung*; und eine gesellschaftliche Verankerung von *Solidaritätsstrukturen* tut Not, wenn wir vom Recht der Geschöpfe ausgehen, von Gott geliebt zu werden. Ein Burnout droht doch vor allem dann, wenn Helfer sich alleingelassen fühlen und selbst hilflos werden; der Samariter jedoch lässt es dazu gar nicht erst kommen und knüpft ein *soziales Netz*. Er selbst praktiziert begrenzte Hilfe und verlangt auch vom Wirt keine selbstlosen Gesten, sondern unterstützt ihn finanziell – mit zwei Denaren. Und auch das Doppelgebot der Liebe verlangt zwar uneingeschränkte Liebe zu Gott (»mit ganzem Herzen und ganzer Seele, mit all deiner Kraft und all deinen Gedanken«), aber *endliche* Liebe zum Nächsten (»Deinen Nächsten sollst du lieben wie dich selbst.«). Die Liebe zum Nächsten findet ihr Maß in der Liebe zu sich selbst. Jüdisch-christliche Theologie verlangt nicht mehr als die begrenzte Hilfe, die der Samariter praktiziert – aber auch nicht weniger!

Vor psychologischem Hintergrund bezeugt die Geschichte vom barmherzigen Samariter eine den Rahmen menschlicher Grenzen respektierende und zugleich sehr eindrucksvolle Zuwendung – eine Liebe, eine *compassio*, die dem Fremden aufhilft, ohne den Liebenden zu überfordern; eine Liebe, in der Fremd- und Selbsthilfe zusammenspielen. Purer *Altruismus* ist nicht gefragt: Der Samariter ist nicht selbstlos, sondern sich treu – und gewinnt seine Treue zu sich selbst neu.

Auch *reziproker Altruismus* scheidet als Motiv des Samariters praktisch aus – denn beide gehen jeweils ihrer Wege und werden sich kaum mehr begegnen, so dass es nicht zu wechselseitiger Hilfeleistung wird kommen können. Das Solidarhandeln des Samariters richtet sich aber dennoch auf den ihm Fremden, den schon Aufgegebenen. Die Perikope ist eingeleitet mit der Frage des Gesetzeslehrers: »Was muss ich tun, um das ewige Leben zu gewinnen?« Eine mögliche Antwort: Wenn du ewiges Leben suchst, so rette das Verlorene, Armselige, Lebensuntüchtige! So handelt der Samariter, und so fährt gerade der altruistisch Handelnde einen Gewinn ein!

Soziologisch entsteht der Verdacht, Hilfe sei altruistisch verschleierte Machtausübung. Die Worte »Dir helfe ich!« können zweierlei bedeuten: Zum einen können sie ein Versprechen sozialer Unterstützung ausdrücken. Zum anderen kann einer »Dir helfe ich!« aber auch mit geballter Faust sagen und damit einen

Machtkampf ankündigen, etwa in folgendem Sinne: »Wenn du nicht sofort tust, was ich dir befehle, dann werde ich dir dabei helfen und meinen Willen mit Gewalt durchsetzen.« Die deutsche Sprache verrät, dass Helfen und Herrschen miteinander verwandt sind. Und zunächst bestätigt sich dieses Bild einer Hilfe von ›oben‹ nach ›unten‹, wenn der Samariter sich dem halbtoten Opfer der Räuber zuneigt, sich zu ihm ›herablässt‹. Abhängigkeiten treten in Hilfsbeziehungen immer wieder auf, oft unvermeidbar, nicht nur zu biblischen Zeiten, auch heute. Aber von der Etablierung eines Machtgefälles kann biblisch keine Rede sein, wenn das Gebot der Nächstenliebe wirklich eine Begegnung auf gleicher Ebene meint. »Und wer ist mein Nächster?« So fragt der Gesetzeslehrer nach dem Empfänger der Hilfe. Im Anschluss an die Geschichte fragt Jesus, wer sich als der Nächste des Überfallenen erwiesen habe – als der Nächste gilt hier nicht der Empfänger der Hilfe, sondern derjenige, der Liebe schenkt. Einmal gilt also der *Hilfsbedürftige* als mein Nächster, ein andermal ist der *Helfende* selbst der Nächste. Beide, Helfer und Beschenkter, sind also einander Nächste und befinden sich als solche auf gleicher Ebene. Sie gehen miteinander eine *Solidaritätspartnerschaft* ein – in symmetrischer Beziehung, in der der eine dem anderen nicht Ersatzmann ist, welcher den anderen von seinem Platz verdrängt, sondern zum *Stellvertreter* wird, der den Platz des anderen freihält, bis dieser ihn wieder selbst einnehmen kann.

In biblischen Traditionen artikuliert sich ein starker Protest gegen machtförmige Schieflagen einer Hilfe von oben nach unten, am radikalsten in der Gestalt Jesu Christi. In der Weltgerichtsrede (Mt 25, 31–46) bindet der Weltenherrscher seine Gegenwart in der Geschichte an die Armen und Ohnmächtigen. Dabei sind Christinnen und Christen zugleich mit der Frage konfrontiert, inwiefern sie selbst zu Räubern geworden sind – oder es versäumt haben, den Räubern das Handwerk zu legen.

Zudem verbindet den Samariter und den unter die Räuber Gefallenen eine sozialpsychologisch wichtige Gemeinsamkeit, die die aus der oben genannten Studie bekannten Theologiestudierenden wohl nicht mit der in der Versuchsanordnung auftauchenden Hilfe heischenden Gestalt teilen: Beide sind *marginalisiert*, der eine durch den Überfall, der andere auf Grund seiner sozialen Rolle, denn ein Samariter hatte im judäischen Land einen minderen Status. Die sozial Mächtigeren dagegen, der Priester und der Levit, versagen; für sie ist der Überfallene schon gestorben. Wenn der Samariter nicht aufträte, so müsste der unter die Räuber Gefallene nach dem sozialen Tod auch noch den physischen Tod sterben. Doch die Solidarität des Samariters rettet Leben, das bereits halbtot war.

Christinnen und Christen dürfen und sollen nicht nur das Solidarhandeln des Samariters, sondern die Hilfe jedes Menschen anerkennen, auch wenn er ihre christlichen Motive und ihren Glauben nicht teilt – dies gilt erst recht angesichts der eingangs zitierten Diagnose, »dass die Christen ... gerade in Sachen Solidarität als ... Legastheniker zu gelten haben, deren Bekehrung einhergehen muß mit einer Alphabetisierung in Bezug auf das ›Lernziel Solidarität‹« (Steinkamp: Solidarität I). Und zugleich können Christinnen und Christen überall dort, wo Solidarität wächst, die Gottebenbildlichkeit des Menschen aufblitzen sehen.

Das Reich Gottes, das Jesus verkündet, gilt den Armen, denen, die in ihrer unantastbaren Würde angetastet sind, die massiver Selektionsdruck aus dem Leben hinauszukatapultieren droht. Christliches Engagement konzentriert sich darum auf die antiselektionistische Suche nach dem Verlorenen, nach den an den Rand des Lebens Gedrängten und solidarisiert sich mit ihnen. Christliche Solidarität ist dabei weniger sozialer Kitt zum Zusammenhalt der eigenen Gemeinschaft, sondern richtet sich vielmehr an den Armen und ihrem Solidarbedarf aus, ob sie nun zur Kirche gehören oder nicht.

Literatur

Adorno, T.W.: Negative Dialektik, Frankfurt a.M. [6]1990.

Bandura, A.: Sozial-kognitive Lerntheorie, Stuttgart 1979.

Baumgartner, A.: Art. Solidarität, I.: Begriffsgeschichte, in: Lexikon für Theologie und Kirche 9, Freiburg u.a. [3]1999, 706–708.

Baumgartner, A.: Art. Solidarität, III.: Theologisch-ethisch, in: Lexikon für Theologie und Kirche 9, Freiburg u.a. [3]1999, 709–710.

Beile, H.: Religiöse Emotionen und religiöses Urteil. Eine empirische Studie über Religiosität bei Jugendlichen (Zeitzeichen 4), Ostfildern 1998.

Bierhoff, H.-W.: Sozialpsychologie. Ein Lehrbuch, Stuttgart u.a. [5]2000.

Bierhoff, H.-W./Küpper, B.: Sozialpsychologie der Solidarität, in: Bayertz, K. (Hg.): Solidarität. Begriff und Problem, Frankfurt a.M. 1998, 263–296.

Boehnke, K.: Prosoziale Motivation, Selbstkonzept und politische Orientierung. Entwicklungsbedingungen und Veränderungen im Jugendalter, Frankfurt a.M. 1988.

Drumm, J.: Art. Solidarität, II.: Systematisch-theologisch, in: Lexikon für Theologie und Kirche 9, Freiburg u.a. [3]1999, 708–709.

Freud, S.: Das Unbehagen in der Kultur, in: ders.: Fragen der Gesellschaft. Ursprünge der Religion (Studienausgabe 9), Frankfurt a.M. [8]1997, 191–270.

Fuchs, O.: Solidarität und Glaube, in: Deutscher Caritasverband (Hg.): caritas '99. Jahrbuch des Deutschen Caritasverbandes, Freiburg 1998, 19–35.

Göbel, A./Pankoke, E.: Grenzen der Solidarität. Solidaritätsformeln und Solidaritätsformen im Wandel, in: Bayertz, K. (Hg.): Solidarität. Begriff und Problem, Frankfurt a.M. 1998, 463–494.

Grice, G.R.: The relation of secondary reinforcement to delayed reward in visual discrimination learning, in: Journal of Experimental Psychology 38 (1948) 1–16.

Grom, B.: Aktivierung und Neutralisierung des sozialen Ethos der Religion. Eine psychologische Perspektive, in: Kerber, W. (Hg.): Religion und prosoziales Verhalten (Fragen einer neuen Weltkultur 13), München 1995, 179–218.

Grom, B.: Soziales Engagement und Konfessionsverbundenheit, in: Pompey, H. (Hg.): Caritas – Das menschliche Gesicht des Glaubens (Studien zur Theologie und Praxis der Caritas und Sozialen Pastoral 10), Würzburg 1997, 62–71.

Habermas, J.: Gerechtigkeit und Solidarität. Eine Stellungnahme zur Diskussion über »Stufe 6«, in: Edelstein, W./Nunner-Winkler, G. (Hg.): Zur Bestimmung der Moral. Philosophische und sozialwissenschaftliche Beiträge zur Moralforschung, Frankfurt a.M. 1986, 291–318.

Harbach, H.: Altruismus und Moral (Studien zur Sozialwissenschaft 103), Opladen 1992.

Heckhausen, H.: Motivation und Handeln, Berlin u.a. [2]1989.

Hondrich, K.O./Koch-Arzberger, C.: Solidarität in der modernen Gesellschaft, Frankfurt a.M. 1992.

Kasper, W.: Jesus der Christus, Mainz [10]1986.

Keupp, H.: Gemeinsinn und Selbstsorge. Gegen einen falschen Moralismus, in: Wendt, W.R. u.a.: Zivilgesellschaft und soziales Handeln. Bürgerschaftliches Engagement in eigenen und gemeinschaftlichen

Belangen (Schriftenreihe der Deutschen Gesellschaft für Sozialarbeit 4), Freiburg i.Br. 1996, 78–95.

Kirchenamt der Evangelischen Kirche in Deutschland und Sekretariat der Deutschen Bischofskonferenz (Hg.): Für eine Zukunft in Solidarität und Gerechtigkeit. Wort des Rates der Evangelischen Kirche in Deutschland und der Deutschen Bischofskonferenz zur wirtschaftlichen und sozialen Lage in Deutschland (Gemeinsame Texte 9), Bonn 1997.

Kohlberg, L. u.a.: Die Wiederkehr der sechsten Stufe: Gerechtigkeit, Wohlwollen und der Standpunkt der Moral, in: Edelstein, W./Nunner-Winkler, G. (Hg.): Zur Bestimmung der Moral. Philosophische und sozialwissenschaftliche Beiträge zur Moralforschung, Frankfurt a.M. 1986, 205–240.

Kuld, L./Gönnheimer, S.: Compassion – Sozialverpflichtetes Lernen und Handeln, Stuttgart u.a. 2000.

Luhmann, N.: Sozialsystem Familie, in: ders.: Soziologische Aufklärung 5: Konstruktivistische Perspektiven, Opladen 1990, 196–217.

Metz, J.B. u.a. (Hg.): Compassion. Weltprogramm des Christentums. Soziale Verantwortung lernen, Freiburg i.Br. 2000.

Nell-Breuning, O.v.: Art. Solidarismus, in: Philosophisches Wörterbuch, Freiburg i.Br. [18]1990, 364–365.

Oser, F./Gmünder, P.: Der Mensch – Stufen seiner religiösen Entwicklung. Ein strukturgenetischer Ansatz, Gütersloh [4]1996.

Piaget, J.: Biologie und Erkenntnis. Über die Beziehungen zwischen organischen Regulationen und kognitiven Prozessen, Frankfurt a.M. 1992.

Platt, J.: Social traps, in: American Psychologist 28 (1973) 641–651.

Rahner, K./Vorgrimler, H.: Kleines Konzilskompendium, Freiburg i.Br. u.a. [18]1985.

Rebell, W.: Psychologisches Grundwissen für Theologen. Ein Handbuch, München [2]1992.

Richter, H.E.: Lernziel Solidarität, Reinbek bei Hamburg 1974.

Rogers, C.R.: Therapeut und Klient. Grundlagen der Gesprächspsychotherapie, Frankfurt a.M. 1990.

Rorty, R.: Kontingenz, Ironie und Solidarität, Frankfurt a.M. [3]1995.

Schubert, B. v.: Diakonie in Schule und Unterricht, in: Diakonisches Werk der EKD (Hg.): Danken und Dienen. Arbeitshilfe für Verkündigung, Gemeindearbeit und Unterricht, Reutlingen 1998, 88–95.

Spada, H. u.a.: Klassische und operante Konditionierung, in: Spada, H. (Hg.): Lehrbuch Allgemeine Psychologie, Bern u.a. 1990, 323–372.

Steinkamp, H.: Solidarität und Parteilichkeit. Für eine neue Praxis in Kirche und Gemeinde, Mainz 1994. (im Text: Solidarität I)

Steinkamp, H.: Art. Solidarität, IV.: Praktisch-theologisch, in: Lexikon für Theologie und Kirche 9, Freiburg u.a. [3]1999, 710. (im Text: Solidarität II)

Steinmetz-Zubovic, M.: Der Beitrag von Empathie und Mitleid zur Entstehung von Hilfsbereitschaft in unterschiedlichen Notlagen, Marburg a.d.L.: unveröffentlichte Dissertation, 1997.

Theißen, G.: Universales Hilfsethos gegenüber allen Menschen? Neutestamentliche Wurzeln der Diakonie, in: Götzelmann, A. (Hg.): Einführung in die Theologie der Diakonie. Heidelberger Ringvorlesung (DWI-Info/Forum Materialien Informationen; Sonderausgabe), Heidelberg 1999, 34–54.

Thome, H.: Soziologie und Solidarität: Theoretische Perspektiven für die empirische Forschung, in: Bayertz, K. (Hg.): Solidarität. Begriff und Problem, Frankfurt a.M. 1998, 217–262.

Zulehner, P.M. u.a. (Hg.): Solidarität. Option für die Modernisierungsverlierer, Innsbruck-Wien 1996.

II. Sachbereiche

Bioethik

Thomas Laubach

■ Den enormen Wissenszuwächsen in der Biomedizin und den biotechnologischen Wissenschaften sowie den daraus resultierenden neuen Anwendungsmöglichkeiten des Wissens stehen häufig keine adäquaten ethischen Antworten gegenüber.

■ Beispielhaft lässt sich diese Herausforderung, vor die sich die ethische Reflexion gestellt sieht, anhand der Möglichkeiten und Probleme der Präimplantationsdiagnostik, repräsentiert etwa durch den Fall »Adam Nash«, aufzeigen.

■ Vor diesem Problemhintergrund kann »Bioethik« als ›Lückenwissenschaft‹ beschrieben werden, die die ›ethischen Lücken‹ besetzt, welche durch die Erforschung, Manipulation bzw. Veränderung und Steuerung des *Bios* (gr. Leben), des Lebens und des Lebendigen überhaupt, entstanden sind. Als Bio-*Ethik* ist sie wie jede andere Angewandte Ethik die Reflexionswissenschaft auf das menschliche Handeln und Verhalten unter der Frage nach Richtig und Falsch, Gut und Böse. Als *Bio*-Ethik richtet sie ihre Reflexion auf den Bereich des menschlichen Handelns, der mit dem Bios zu tun hat.

■ Gerade der Bereich des biotechnologischen Fortschritts ist voll von religiösen Metaphern und Anspielungen – bis hin zum Gedanken, dass sich im ›Glauben‹ an die Technologie eine neue »Bioreligion« ausdrückt. Systematisch betrachtet lassen sich darüber hinaus vielfältige Vernetzungen von Glaube bzw. theologischer Reflexion, biotechnologischem Handeln und bioethischem Nachdenken konstatieren. Diese sind allerdings vorwiegend im vornormativen Raum angesiedelt. Sie betreffen nicht die Entwicklung genuin christlicher Normen, sondern zielen vor allem auf eine vertiefte Reflexion der Chancen und Möglichkeiten wie Grenzen und Gefahren des biotechnologischen Fortschritts. Dadurch wirken sie wiederum indirekt normativ, d.h. sie beeinflussen den Prozess der Normbildung und Normveränderung.

Wohl kaum eine andere ethische Disziplin machte in den letzten Jahren eine derart steile Karriere wie die Bioethik. Eng gekoppelt ist ihr Aufstieg an die atemberaubenden Entwicklungen, die auf den Feldern der Biomedizin, der Genetik und der Gentechnologie gemacht wurden. Viele dieser Entdeckungen und Erfindungen sind in das Gedächtnis der Menschheit eingeschrieben worden: die Erforschung der Doppelhelix, der Struktur der DNS (Desoxyribonukleinsäure) durch die jungen Forscher Francis Crick und James Watson, die Analyse des Erbgutes der Fruchtfliege Drosophila, die Geburt von Louise Brown, des ersten Kindes, das mittels der In-vitro-Fertilisation gezeugt wurde, die erste Präsentation des Klon-Schafs Dolly und die Entschlüsselung der 23 Chromosomen des Menschen. Diese und andere Entwicklungen haben dazu beigetragen, dass die »Rätsel des Lebens« mehr und mehr gelüftet und der technologischen Anwendung des gewonnenen Wissens Tür und Tor geöffnet wurden.

Das gewonnene Wissen vor allem um die Prozesse des Lebens an seinem Anfang wie an seinem Ende befriedigte allerdings nicht nur die wissenschaftliche Neugier des Menschen. Neben die Frage nach dem »Warum?« schob sich unübersehbar die Frage nach dem »Wozu?«; der Grundlagenorientierung trat die Anwendungsorientierung zur Seite. Diese ermöglichte vor allem der Biomedizin und der Gentechnologie im Verbund mit dem technologischen Fortschritt (etwa der Computertechnologie) neue Handlungsmöglichkeiten, eröffnete neue Wissensfelder und warf schließlich – neue – ethische Fragen auf. Denn fast immer ging das neue Wissen und seine Anwendung dem ethischen Diskurs voraus und fand keine adäquaten ethischen Antworten auf die Probleme, die ihr einhergingen. Seien es Organtransplantation oder Keimbahntherapie, seien es Stammzellforschung, Klonen, genetische Veränderung von Pflanzen und Tieren, Freilandversuche und pharmazeutische Anwendung: Auch die Ethik betrat mit diesen Handlungsfeldern Neuland, wurde neu herausgefordert.

Sicher: Im Bereich der Medizinischen Ethik verfügten Theologen wie Philosophen über Erfahrung, Prinzipien und Normen, um auch neue Handlungsfelder beurteilen zu können[1].

---

[1] Siehe den Artikel »Medizinische Ethik« in diesem Band.

Doch gerade der Revolution des Wissens auf der Ebene von Gen und Genom sowie den Erweiterungen der biotechnologischen Möglichkeiten waren mit den traditionellen Methoden – offenkundig – nicht beizukommen. Ethik, so eine zu Recht weit verbreitete Position, tritt dort in den Vordergrund, »wo die überkommenen Lebensweisen, Grundsätze und Institutionen ihre Geltung oder zumindest ihre Orientierungskraft verlieren« (Höffe: Medizin 14). Anders formuliert: Wenn das Handeln in die Krise gerät, wenn es nicht – mehr – selbstverständlich ist, was zu tun ist, dann schlägt die Stunde der Ethik. Im Rahmen der biotechnologischen Möglichkeiten gerät allerdings nicht in erster Linie das traditionelle Handeln in die Krise. Vielmehr gebiert der wissenschaftlich-technologische Fortschritt immer schneller neue Situationen, in denen ethische Entscheidungen zu fällen sind, die sich im Grunde auf keine Tradition berufen können, sondern innovativ neue Argumentationen und Begründungen generieren müssen.

Selbstverständnis wie Reichweite, Möglichkeiten und Grenzen der bioethischen Reflexion sollen im Folgenden entschlüsselt werden. Dafür wird zunächst an der Geschichte von Adam und Molly Nash paradigmatisch das Feld bioethischer Reflexion erläutert (1). Davon ausgehend wird dann die Bioethik als Bereich der Ethik systematisch entschlüsselt (2). In einem dritten Schritt gilt es, den theologisch-religiösen Aspekten und Implikationen dieser ethischen Reflexion nachzugehen (3).

1. Adam Nash und die Präimplantationsdiagnostik

Herausforderungen und Problemen, denen sich die bioethische Reflexion gegenüber gestellt sieht, werden fast täglich in Talkshows, Tageszeitungen und Internetseiten diskutiert.

Der Fall des »Erlanger Babys«, als eine hirntote Schwangere medizinisch weiterversorgt wurde, um ihr Baby zur Welt zu bringen, die Klage einer schwerkranken Britin, die vor dem europäischen Gerichtshof erreichen wollte, dass ihr Mann straffrei aktive Sterbehilfe bei ihr leisten dürfe, die langandauernden Debatten um die so genannte »Bioethik-Konvention« der EU: Die Liste der spektakulären Fälle und öffentlichen Diskussionen ließe sich fast beliebig fortführen. An ihnen lässt sich aber nicht nur die Konjunktur bioethischen Denkens aufzeigen, sie weisen selber auf zentrale Fragen, Probleme, Argumentationsweisen und Möglichkeiten der bioethischen Reflexion. Einer dieser ›Fälle‹ ist der Fall »Adam Nash« (Belkin: Weiterleben; Dietrich: Stammzellentransplantation; Höhn/Schroeder-Kurth: Kommentar; Höver: Kommentar; Jakobs: Kommentar; www.fanconi. de).

Der Fall »Adam Nash« beginnt am 4. Juli 1994. Es ist der Geburtstag von Molly Nash: Als sie im Krankenhaus auf die Welt kommt, ist schon vom Augenschein her klar, dass sie kein Kind wie viele andere ist. Ihr fehlen beide Daumen, der rechte Arm ist etwa ein Drittel kürzer als der linke und in ihrem Herzen befinden sich zwei Löcher. Die Ärzte diagnostizieren bei ihr die Fanconi-Anämie (FA), eine seltene Knochenmarkskrankheit mit tödlichem Ausgang.

Therapeutisch ist in solchen Fällen eine Knochenmarkstransplantation angezeigt. Die besten Erfolgsaussichten für diese Therapie bestehen dann, wenn Stammzellen aus dem Nabelschnur- und Plazenta-Blut eines neugeborenen Geschwisterkindes übertragen werden. Für die Eltern Nash war damit der Weg vorgezeichnet: Die Zeugung eines von der FA genetisch unbelasteten Spenderkindes. Mit den technischen Möglichkeiten der In-vitro-Fertilisation (IVF) und einer anschließenden Präimplantationsdiagnostik (PID) lässt sich heute ein solcher passender Spender im Labor ›erzeugen‹. Denn die mittels Hormonstimulation gewonnenen Eizellen werden nach der künstlichen Befruchtung auf Gendefekte und die immunologische Passung zur Empfängerin untersucht. Der Embryo, der »passt«, kann der Mutter zur Austragung implantiert werden.

Unter erheblichen Anstrengungen und nach etlichen ›Fehlschlägen‹ hatten die Eltern Nash schließlich ›Erfolg‹: »Von 15 Embryonen kommen zwei von den erforderlichen DNA-Merkmalen her in Frage. Der kräftigere von beiden wird in den Uterus der Mutter übertragen und nistet sich erfolgreich ein« (Dietrich: Stammzellentransplantation 387). Im August 2000 wird, sechs Jahre nach Molly, ihr Bruder Adam geboren. Die nachfolgende Transplantation von Stammzellen aus dem Nabelschnurblut ihres Bruders ermöglicht der stark erkrankten Molly in der Folge ein weitgehend ›normales‹ Leben.

Der Fall »Adam Nash« berührt eine Vielzahl ethischer Fragen, Probleme und Dilemmata, vor die sich die Bioethik gestellt sieht.

So lässt sich gegenwärtig feststellen, dass die Heilung oder auch nur die verbesserte gesundheitliche Situation eines Menschen – wie es bei Molly nach der Transplantation festgestellt werden konnte – mehr und mehr als ›ethische Keule‹ verwandt wird. Warum sollte es unrecht sein, so die Argumentation, seinem Kind ein gesundes und normales Leben zu ermöglichen? Warum sollte man nicht die Möglichkeit nutzen, dass gesunde Kinder das Licht der Welt erblicken? Letztlich werden in solchen Fragen der Heilung und der Gesundheit ein Prinzip-ähnlicher-Status zuerkannt. Ein Vorgang, der sich auch bei der Diskussion um die Stammzellforschung beobachten ließ. Darüber hinaus formieren sich die Befürworter der PID unter einem erweiterten Rechtsbegriff und fordern das Recht auf Familienplanung als Teil des Grundrechts auf freie Entfaltung der Persönlichkeit ein. PID, so die These, würde genetisch stark vorbelasteten Elternpaaren bei ihrer verantwortlichen Familienplanung helfen (Kritisch dazu Haker: Elternschaft).

Doch gegenüber solchen zustimmenden Voten ist die Kritik vor allem an der PID, aber auch erneut an der IVF, die lange Zeit als eingeführte und akzeptierte Technik galt, in den letzten Jahren heftiger geworden – bei gleichzeitig steigender Zahl von Ländern, in denen PID erlaubt wurde. Einige wichtige Argumente seien vorgestellt:

- *Totalinstrumentalisierung des Embryos.* Die kritischen Einwände richten sich zunächst auf den Status des Embryos, der in einer »Ethik des Heilens« (Schneider: Stammzellforschung 144) als Produkt, als verwert- und verwendbares Material gilt, als zu instrumentalisierende Größe (Höver: Kommentar 394).
- *Missbrauchspotenzial.* PID, so die Kritiker, berge ein großes Missbrauchspotenzial in sich. Der Schritt von der Selektion des Embryos bei mangelnder genetischer Passung oder bei genetischen Schäden hin zur Selektion etwa bei nicht gewünschten Eigenschaften sei nicht weit.
- *Selektion und Diskriminierung.* Dadurch dass die PID eine selektive Technik sei, würden vor allem alle Kranken und Behinderten diskriminiert und benachteiligt.

- *Frauen als ›Opfer‹.* Frauen würden durch PID enormen physischen und psychischen Belastungen ausgesetzt, von der Hormonbehandlung über das Warten auf die Ergebnisse bis hin zu konkreten Ängsten oder »neuen Zwängen« (Kollek: Präimplantationsdiagnostik).
- *Genetischer Reduktionismus.* In der Diskussion um die PID würde in der Regel übersehen, dass ein Großteil der Behinderungen und Versehrungen eines Menschen gar nicht genetischen Dispositionen folgt, sondern durch Geburtskomplikationen, Unfälle etc. verursacht würde. Die PID aber verdränge diesen Aspekt des Lebens, dass nämlich letztlich Gesundheit in toto ein illusionärer und ideologischer Anspruch sei (Geisler: Kinder 172).
- *Fortschrittsideologie.* Die »Fiktionen des Forschritts« (Mieth: Präimplantationsdiagnostik 40) ließen es kaum zu, Risiken, Misserfolge und geschichtliche Erfahrungen in angemessenem Maße in die Diskussion um die Entwicklung der PID einfließen zu lassen.

Die Konflikte zwischen Befürwortern und Kritikern der PID können im Fall »Adam Nash« wie in einem Brennglas fokussiert werden. So zeigt die weitere Geschichte von Molly Nash zwar, dass die »Ethik des Heilens« zumindest hinsichtlich der Gesundheit Mollys Recht behalten hat. Sicher: Das Mädchen ist keine Gesunde im landläufigen Sinne. Aber sie lebt einen weitgehend normalen Alltag, unterstützt von einer medizinischen Betreuung. Doch typisch für diesen auf die individuelle Gesundheit fokussierten Blick ist, dass ›das Andere‹ keine Rolle spielt: Das andere Kind, Adam, taucht sowohl in den journalistischen Berichten als auch in der wissenschaftlichen Literatur nicht als Persönlichkeit auf. Es ist allein der ›Lieferant‹ von Nabelschnurblut. Nicht von ungefähr. Denn Adam war ja – zunächst auf jeden Fall – gar nicht als zweckfreies Individuum noch als Gabe, als Zu-Kommendes vorhanden. Er hatte keinen Wert in sich, sondern verdankte seine Existenz allein seinen biologischen ›Werten‹. Etwas polemisch formuliert ist Adam Nash der Prototyp des durch und durch geplanten und doppelt selektierten Kindes: Er sollte frei von Krankheit und zugleich geeignet zur Knochenmarkstransplantation sein. Nur auf Grund dieser beiden Selektionskriterien erblickte Adam das

Licht der Welt. Die Entscheidung der Eltern und Ärzte für Adam war somit in erster Linie eine Entscheidung im Blick auf seine Schwester und zugleich eine Entscheidung gegen die anderen Leben, die da in der Petri-Schale zur Auswahl standen. Was Adam Nash zu diesem zentralen Punkt seiner Biografie später einmal sagen wird, nämlich als Nachwuchs nur konditional gewollt gewesen zu sein, steht offen (Höver: Kommentar).

Systematisch gesprochen macht der Fall Adam Nash darauf aufmerksam, dass die »Ethik des Heilens« und der Glauben an bzw. die Hoffnung auf die Lösung von Problemen durch die Biotechnologie häufig einen sehr einseitigen Blick fördert. Aus ethischer Sicht müssen den tatsächlichen oder auch nur erhofften Erfolgen der Biotechnologie gewichtige Anfragen und mögliche Folgen gegenübergestellt werden. Einige davon seien genannt:

- Die verfeinerte Diagnostik führt zur Zeit fast ausschließlich zur Frühselektionen von Embryonen, da die therapeutischen Möglichkeiten allen Erfolgsutopien zum Trotz auf sich warten lassen (Mieth: Diktatur 23);
- die gesellschaftlichen Folgen einer »Auswahl-Zeugung« mit der »Pflicht zum gesunden Kind« (Schindele: Lebensentwürfe 66) und den möglichen Diskriminierungen von Behinderten lassen sich derzeit nur ahnen;
- die Auswirkungen der Technisierung der Fortpflanzung und damit der Trennung von Sexualität und Fortpflanzung in individualer und sozialer Hinsicht werden tendenziell verdrängt (Beck-Gernsheim: Präimplantationsdiagnostik);
- mögliche Dankbarkeits- und Schuldungszusammenhänge und Abhängigkeiten zwischen den Eltern, Geschwistern und ihren ›technisch gezeugten‹ Kindern werden nicht thematisiert;
- die Frage nach den moralischen Rechten Ungeborener wird allzu oft zu Gunsten der Rechte der Eltern oder den vermeintlichen Interessen des Embryos heruntergespielt (Singer: Ethik);
- meist tritt nicht ins Bewusstsein, dass sich in der IVF und der PID der Ort der Entscheidungsfindung im Umgang mit dem ungeborenen Leben von den Eltern auf die Ärzte und Biotechniker verlagert, was ganz neue ethische Fragen aufwirft (Mieth: Was wollen wir können? 178);

- schließlich werden die sozialen Verwerfungen kaum zur Kenntnis genommen, die mit der PID und ihrer Anfrage an Grenzen und Reichweite des bestehenden moralischen Bewusstseins einhergehen.

Die PID, die durch einen Fall »Adam Nash« in all ihrer Reichweite und Problematik handgreiflich wird, ist nur eine der Anwendungsfälle bioethischer Reflexion. Von ihm aus aber lässt sich näher bestimmen, was unter Bioethik zu verstehen ist und welche Chancen, aber auch Grenzen das bioethische Nachdenken auszeichnet.

2. Zum Profil der Bioethik

Wie kaum eine andere Sachbereichsethik war und ist die Bioethik vielfältigsten Verwendungsweisen unterworfen, Missverständnissen ausgesetzt und Ideologisierungen preisgegeben. Das hat historische, inhaltliche und strukturelle Gründe. Diesen drei Problemfeldern gehen die folgenden Überlegungen nach und präzisieren so das Verständnis von Bioethik als ethischer Reflexion auf den menschlichen Umgang mit dem Lebendigen.

2.1 Bioethik als umstrittener Begriff

Lässt man die Geschichte der »Bioethik« (Ach/Gaidt: Herausforderung; Engelhard: Foundations; Jonsen/Jametown: Ethics) Revue passieren, fällt zunächst zweierlei auf. Zum einen springt die relativ kurze Geschichte dieser ›Disziplin‹ der Ethik ins Auge, wenn man auf andere Sachbereiche der Angewandten Ethik sieht, wie etwa die seit Beginn des ethischen Denkens in der Antike präsenten Themen der Politischen Ethik oder der Wirtschaftsethik. Denn herkunftsgeschichtlich stammt der Begriff »Bioethik« aus dem anglo-amerikanischen Raum und bildete sich erst seit den fünfziger Jahren des 20. Jahrhunderts heraus. Trat der Begriff zunächst vereinzelt auf, so setzte er sich ab etwa 1970 mehr und mehr durch und wurde zu einem gängigen Terminus (Jonsen/Jametown: Ethics).

Zum anderen fällt aber auch auf, dass der Begriff »Bioethik« in dieser kurzen Zeit vielfältigen und inhärenten Definitionen, Konzeptionen und Verwendungsweisen ausgesetzt worden war und mit unterschiedlichen Bedeutungen aufgeladen wurde:

- Er fungierte und fungiert als eine Chiffre für eine philosophische Medizinethik (Düwell/Steigleder: Bioethik 21);
- er wurde mit einer auf die biologischen Grundlagen des menschlichen Lebens und Überlebens bezogenen Zukunftsethik gleichgesetzt (Potter: Bioethics);
- er wird mit der ethischen Reflexion auf die durch moderne (bio)technologische Fortschritte ausgeweiteten Fragen des Lebens gleichgesetzt (Rehmann-Sutter: Bioethik 247);
- er bildet den Oberbegriff für ein Konglomerat aus Medizin-, Tier- und Umweltethik (Siep: Bioethik 19–23);
- er wird als Begriff für eine Ethik verstanden, der es um die Verantwortung des Menschen für das Leben in der Vielfalt seiner Aspekte geht (Korff: Einführung 8);
- er wird mit einer Ethik gleichgesetzt, die auf das reflektiert, »was Forschung und Technik im Teilbereich Leben für die Gesamtwirklichkeit Mensch bedeuten.« (Fuchs: Leben 244);
- er wird als Titel einer »philosophischen Schule oder Strömung« begriffen (Siep: Bioethik 17), wie auch als Ethikrichtung (Düwell/Steigleder: Bioethik 26).

Darüber hinaus hat es die Bioethik längst geschafft – oder wurde dazu verdammt –, das enge Korsett allein wissenschaftlichen Nachdenkens zu verlassen oder, um es weniger neutral zu formulieren, sie wurde vom öffentlichen Leben okkupiert. Das Schlagwort der Bioethik dient gegenwärtig nämlich auch als Label für diverse politische Aktivität, vor allem von Forschungsgegnern, für parlamentarische und außerparlamentarische Arbeit in verschiedensten »Bioethik-Kommissionen« sowie für die Anstrengungen der Biotechnologie-Lobby (Düwell/Steigleder: Bioethik 27).

Vor diesem Hintergrund hat sich auch eine Kritik an der »Bioethik« eingebürgert, die diesen Begriff vor allem als ideologischen Begriff verstand, der die Ethik einer einseitigen patriarchalischen Geschlechterordnung auf dem Feld des biotechnologischen Wissens fortschreibt, der grundsätzlich an einer Veränderung der moralischen Überzeugungen und Werte der Gesellschaft arbeitet oder der mit bestimmten, utilitaristischen, biologistischen oder soziobiologischen Ethiken gleichgesetzt wird (Braun: Menschenwürde). Davon unterscheidet sich allerdings die derzeit in der Ethik gängigste Version des Begriffs

»Bioethik«. Sie versteht Bioethik als neutrale Bezeichnung eines bestimmten ethischen Untersuchungsbereichs.

Systematisch-konzeptionell geben sich zudem hinsichtlich des Status einer Bioethik erhebliche Probleme zu erkennen. Geht man bei der Bestimmung der Sachbereichsethiken von den entsprechenden Wissens- und Wissenschaftsfeldern aus, dann gäbe es für die Bioethik nur die Möglichkeit der Verankerung in den Lebenswissenschaften. So legt etwa eine gebräuchliche Definition des Begriffes »die Silbe Bio- als Abkürzung für Biowissenschaften aus« (Rehmann-Sutter: Bioethik 247). Bioethik wäre dann die kritische Auseinandersetzung mit den moralisch-sittlichen Dimensionen der von den Biowissenschaften betroffenen Handlungskontexten. Die Bioethik wäre demnach eine »ethische Begleitdisziplin« (Düwell/Steigleder: Bioethik 25) biotechnologischen Fortschritts. Sie würde also beispielsweise im Fall »Adam Nash« die biomedizinischen Aspekte kritisch reflektieren und auf ihre Ethizität hin befragen.

Eine solche Verankerung steht allerdings in der Gefahr, dass die Distanz der ethischen Reflexion zu ihrem Gegenstand verloren ginge, die für sachlich richtige und argumentativ logische Begründungen allerdings notwendig ist. Ethik könnte zu einem Appendix der human- und naturwissenschaftlichen Forschung werden und so deren Voraussetzungen, Vorentscheidungen und Implikationen nicht genügend reflektieren. So käme etwa das jeweilige Menschen- und Personverständnis, die Forschungsinteressen oder die Ziele der biomedizinischen und biotechologischen Forschungen nur unzureichend in den Blick. Auch die sozialen Folgen dieser Technologien ließen sich nicht reflexiv fassen, die den Forschungen zu Grunde liegenden Menschenbilder und Fortschrittsutopien könnten nicht bewertet, historische und erfahrungsbezogene Vergleiche könnten nicht gezogen, gesellschaftliche Aporien zwischen Individualisierungsdruck einerseits und der sozialen Verträglichkeit der aufgewendeten Mittel andererseits könnten nicht aufgedeckt werden. Damit sind nur einige wenige Aspekte ethischen Denkens genannt, die durch eine natur- und biowissenschaftliche Orientierung nicht abgedeckt werden könnten.

In der Konsequenz heißt dies, dass Ethik, wie übrigens auch das Recht, nicht von der Biologie und angrenzenden (Natur)Wissenschaften her entworfen werden kann. Insofern lässt sich die bioethische Reflexion eigentlich nur als eine Reflexion im Angesicht wissenschaftlicher Erkenntnisse verstehen (Mieth: Was wollen wir können? 5).

Vor diesem Problemhintergrund lässt sich die Bioethik als eine positiv zu verstehende ›Lückenwissenschaft‹ beschreiben. Denn sie stieß und stößt in individuelle wie gesellschaftlich relevante Handlungsfelder hinein, in denen es dezidiert um die Erforschung, Manipulation bzw. Veränderung und Steuerung des *Bios* (gr. Leben), des Lebens und des Lebendigen überhaupt, geht und in denen sich zugleich ethische ›Lücken‹ hinsichtlich der Begründung und Beurteilung moralisch-sittlicher Handlungen auftun. Als Bio-*Ethik* ist sie dann die Reflexionswissenschaft auf das menschliche Handeln und Verhalten unter der Frage nach Richtig und Falsch, Gut und Böse. Als *Bio*-Ethik richtet sie ihre Reflexion auf den Bereich des menschlichen Handelns, der mit dem Bios zu tun hat.

2.2 Inhalte bioethischer Reflexion

Bioethik könnte also von dort aus als Ethik definiert werden, die das in den Blick nimmt, was als tatsächliche und mögliche Handlungsfelder des Menschen das Leben insgesamt tangiert. Dazu zählen nicht allein die von den Biowissenschaften betroffenen Handlungskontexte der Biomedizin und der Bio- und Gentechnologien (Dulitz: Bioethik 8). Der Blick geht dann auch auf den Umgang des Menschen mit sich selbst, wie er in dem weiten Feld der Humanökologie thematisiert wird (Hunold: Bioethik 471), auf den Umgang des Menschen mit anderen Lebenswesen, wie er in der Tierethik präsent ist (Wolf: Tier; Wolf: Tierethik), und schließlich auch auf den Umgang mit der Umwelt überhaupt, der in jüngerer Zeit in der Ökologischen Ethik einen eigenen Platz gefunden hat[2]. Bioethik lässt sich so ausbuchstabieren als die ethische Reflexion auf vier zentrale Handlungsfelder des Menschen, die allerdings nur kurz benannt werden können:

- *Medizin:* Unter den Begriff der Bioethik fallen die Probleme und Fragen der kurativen (heilenden), präventiven (vorbeugenden) und prädiktiven (vorhersagenden) Medizin;

---

[2] Siehe den Artikel »Ökologische Ethik« in diesem Band.

- *Gentechnologie:* Die Bioethik reflektiert auf die Felder der Bio-und Gentechnologie (gentechnische Veränderung von Lebewesen und -mitteln; Patentierung) und der Humangenetik (Genetische Diagnostik; Genomanalyse; Gentherapie);
- *Humanökologie:* Bioethische Reflexion problematisiert den Umgang des Menschen mit sich und anderen, wie er in ganz konkreten Themen (etwa Angst, Alter, Arbeit, Armut, Bevölkerungsentwicklung, Freizeitverhalten, Sexualität, Stress, Sucht u.a.) zu Tage tritt;
- *Ökologie:* Schließlich umfasst das Gebiet der Bioethik die Problemkreise Tierversuche, Tierschutz, Naturschutz, Landschaftspflege und humanes Wohnen wie auch die Umwelt-und Lebensraumgestaltung des Menschen.

Folgt man einer solch weiten Bestimmung von Bioethik, die ja durchaus ihren Reiz hat, so drängen sich zwei Probleme auf. Einerseits verschwimmen durch die große Reichweite der bioethischen Reflexion letztlich ihre Grenzen. Sie mutierte zu einer Art »Super-Angewandte-Ethik«, da ja sehr viele Fragen Angewandter Ethik mit Prozessen des Lebens in direkter oder indirekter Form zu tun haben. Bioethik wächst sich dann zum Dachbegriff Angewandter Ethik überhaupt aus.

Andererseits aber ist unbestritten, dass es auch Themen innerhalb der bioethischen Reflexion gibt, die gar nicht so nah an den unmittelbaren Fragen des Lebens stehen, wie dies zunächst vermutet werden könnte. Eher wirtschaftsethische Fragen (Wie viel Gesundheit kann sich ein Staat und seine Bürger leisten?) oder politisch-ethische Probleme (Wie löst man das Problem der Diskrepanz von tatsächlichen Organspenden und möglichen Organtransplantationen?), ethisch relevante Sachbereiche wie etwa die Technikfolgeabschätzung (Wie hoch ist das Risiko beim »Baby-Klonen« oder bei der Keimbahntherapie zu bewerten?) oder soziologische Fragen (Was sind die gesellschaftlichen Folgen der PID, wie sie etwa im Fall »Adam Nash« zum Tragen kommen?) kommen durch den Fokus auf das Lebens-Moment nicht in den Blick. Die aufgezeigten Probleme spielen aber eine nicht unwichtige Rolle in der ethischen Reflexion auf Fragen des menschlichen Lebens.

2.3 Bioethik als Strukturbegriff

Der aufgezeigte Problemhintergrund macht deutlich, dass es die »Randunschärfe der Bioethik« (Schockenhoff: Ethik 31) schwer macht, ihr tatsächliches Reflexionsgebiet inhaltlich abzustecken. Während die einen allerdings daran festhalten, die Teilgebiete der Bioethik ausmachen zu können (Siep: Bioethik 19ff.), messen andere Autoren der »genauen Bestimmung des Umfangs der Bioethik ... nachgeordnete Bedeutung« (Düwell/Steigleder: Bioethik 29) zu und bemühen sich um eine nähere Bestimmung der Aufgaben dieses Bereiches ethischer Reflexion.

Ich schließe mich diesem aufgabenorientierten Umgang mit der Randunschärfe der Bioethik an. Er bietet die Chance, den Reflexionsbereich der Bioethik stärker systematisch als inhaltlich zu fassen und von dort aus die eigentliche ethische Aufgabe bioethischer Reflexion präziser zu fassen.

In einer ersten Annäherung lässt sich der Begriff »Bioethik« als eine bestimmte Ausrichtung der ethischen Reflexion als rationaler Analyse und Bewertung menschlichen Handelns verstehen. Bioethik ist dann ethische Reflexion in vierfacher Hinsicht:

- In allgemeiner Hinsicht reflektiert sie auf moralische Fragen im Bezug auf das Leben (*Bio*ethik);
- in spezieller Hinsicht richtet sie sich auf die gewonnene Verfügungsmacht des Menschen über Lebensprozesse (Ethik der *Bio- und Humanwissenschaften*);
- in systematischer Hinsicht erfolgt dies mit den Zielen der Bestimmung von Grenzen, der Begrenzung von Mitteln, der Analyse und Aufstellung von Perspektiven des Handelns (*Ethizität* der Reflexion);
- in kategorischer Hinsicht bemüht sie sich als Ethik um eine Reflexion des Richtigen und Guten unter der Perspektive des Menschenwürdigen, des Humanen (Ethische *Argumentativität*).

Bioethik lässt sich angesichts dieser vierfachen Bestimmung als der Sachbereich der Ethik bezeichnen, der sich mit der richtigen Handlungsweise des Menschen beschäftigt, wenn es im weitesten Sinne um Handlungen und Verhaltensweisen geht, die das Lebendige und die Natur insgesamt betreffen. Um nun aber die oben angemahnte ›Randschärfe‹ in diesen Begriff zu bekommen, muss man diese Bestimmung von Bioethik als Beschreibung in struktureller Hinsicht verstehen. Bioethik ist ein Strukturbegriff[3]. Er strukturiert in vierfacher Hinsicht die Frage nach der Verantwortung des Menschen im Umgang mit dem Lebendigen. Bioethik

- *reagiert* auf biomedizinische und biotechnologische Forschungsergebnisse, Anwendungen und Möglichkeiten sowie auf die dadurch entstehenden Probleme;
- *orientiert* den Dialog zwischen Wissenschaften und Gesellschaft sowie den Dialog zwischen Anwendung und Reflexion;
- *fragt* nach der Art und Weise des Umgangs mit dem Leben unter der Perspektive des Woraufhins, der Ziele dieses Umgangs;
- *sensibilisiert* gegenüber Gefährdungen des Lebens und unbewussten Normierungen innerhalb neuer Handlungsfelder.

Wenn sich die Bioethik so als Strukturethik fassen lässt, dann scheint es auch möglich, ihre Aufgaben, weniger ihre eng umrissenen Reflexionsfelder bestimmen zu können.

Gegenwärtig erlauben es technische, medizinische und biotechnologische Entwicklungen dem Menschen auf bisher ungeahnte Art und Weise in das Leben einzugreifen. Damit geht auch die Zunahme von Handlungs- und Entscheidungsproblemen einher, in denen ethische Orientierung nachgefragt oder angeboten wird. Die Bioethik versucht diesem wachsenden Bedürfnis nach ethischer Orientierung gerecht zu werden. Dabei muss sie allerdings zur Kenntnis nehmen, dass »angesichts völlig neuer Handlungsdimensionen, Konfliktfelder und Gefahrenpotentiale in vielen Fällen ein eigener ethischer Diskurs über Ansatz und Schlüssel einer verantwortbaren Praxis unverzichtbar erscheint« (Korff: Einführung 8). Dieser Diskurs steht allerdings nicht erst am Nullpunkt. Gerade von den Sachbereichen her, die unter dem Dach der Bioethik thematisiert werden, gibt es vielfach einen schon geführten Prozess der Konsens- und Kompromissfindung. Gesetze, Ethikkommissionen oder Ethiklehrstühle in medizinischen und biologischen Fakultäten kön-

---

[3] Diesen Hinweis verdanke ich G.W. Hunold, an dessen Überlegungen sich die folgenden Strukturbemerkungen anlehnen.

nen als institutioneller Ausdruck dieses schon bestehenden bioethischen Diskurses verstanden werden.

Vor diesem Hintergrund muss Bioethik den unterschiedlichen Anforderungen der menschlichen Handlungswelt Rechnung tragen, die auf Grund gegebener Ziel- und Güterkonflikte
bewältigt werden müssen. Diese im weitesten Sinne als Orientierung beschriebene Aufgabe der Bioethik sieht sich indes vielfältigen Problemen ausgesetzt. Wenn ethische Urteile auf die
Sachgerechtigkeit, also die Richtigkeit des Handelns zielen, was
allgemein unumstritten sein dürfte, dann stellt sich die Frage,
wie eine solche Sachgerechtigkeit überhaupt hergestellt werden
kann. Gerade der vorgestellte Fall von »Adam Nash« zeigt die
Problematik dieser scheinbar einfachen Forderung auf. Angesichts der ausdifferenzierten, segmentierten und hochspeziali-
sierten Forschungen der Biowissenschaften und -technologien
scheint es bisweilen unmöglich, die Sache, also die etwa mit der
PID einhergehenden faktischen und möglichen Anwendungsmöglichkeiten, ihre technischen und sozialen Folgen, ihre
rechtlichen Probleme, ihre medizinischen Risiken und ihre
anthropologischen Verwerfungen in den Blick zu bekommen.
Diese Problematik ist strukturell bedingt, worauf Marcus Düwell und Klaus Steigleder hinweisen: »Während nämlich die
Naturwissenschaften davon leben, Problemstellungen zu isolieren, ist die Bioethik darauf angewiesen, Zusammenhänge herstellen« (Düwell/Steigleder: Bioethik 30). Trotzdem lebt der bioethische Diskurs davon, dass sich Ethiker in der Sache kundig
machen und auf der Höhe der Zeit die Probleme der Biowissenschaften diskutieren.

Ergänzt werden muss das bioethische Bemühen um die
Sachgerechtigkeit in Bezug auf die Naturwissenschaften und
Technologien aber auch durch die Forderung nach einer Sach-
gerechtigkeit in ethischer Hinsicht. Denn gerade durch das Ei-
gengewicht des Ethischen kann der bioethische Diskurs vor der
Schieflage bewahrt werden, das Faktische nachträglich nur legi-
timieren zu müssen. Stattdessen ist zwischen technologischer
Sache und ethischem Argument, zwischen der Deskription des
Handelns und der Handlungsmöglichkeiten und der Präskrip-
tion des Gewollten und Gesollten gut zu unterscheiden. Dem
Grundlagen- und Anwendungswissen der so genannten Le-

benswissenschaften ist deshalb das Grundlagenwissen des Ethischen zur Seite zu stellen.

Letztlich zielt diese Forderung auf eine Transparenz der Begründungen, auf die Nachvollziehbarkeit der jeweiligen Urteilsfindung sowie auf die Plausibilität der Empfehlungen und Handlungsvorschläge, die der ethischen Reflexion entstammen. Das heißt: Ethische Urteile müssen nicht nur auf der Basis eines einschlägigen Sachwissens erfolgen, sondern auch selber ihre Ethizität legitimieren, sich also als methodisch wie sachlich gerechtfertigt in ethischer Hinsicht ausweisen können. Erst auf dem Hintergrund einer solchen Selbstvergewisserung ist es der Bioethik möglich, den Dialog zwischen Wissenschaften und Gesellschaft, zwischen Anwendung und Reflexion zu orientieren und wirklich die Lücke des offen stehenden ethischen Diskurses auszufüllen.

Dies kann die Bioethik nicht allein als sachbezogene Ethik in der beschriebenen Hinsicht leisten. Sie muss zudem als eine Ethik verstanden werden, die in der Lage sein muss, ihre Prinzipien und Kategorien, mit denen sie argumentiert, ausweisen zu können. Deutlich lässt sich diese Forderung am umstrittenen Personbegriff machen. Gerade in der PID kommt diesem Begriff offenkundig eine Schlüsselrolle zu. Denn wenn jemand Embryonen nicht als Personen bestimmt, denen bestimmte Rechte zukommen, wird er sich zur PID und der damit verbundenen Selektion von Embryonen ganz anders stellen, als jemand, der Embryonen als Personen mit unveräußerlichen Rechten versteht, die sich aus der Idee der Menschenwürde ableiten lassen. Dabei kann aber der bioethische Diskurs nicht bei Postulaten stehen bleiben. Es reicht nicht aus, Embryonen mit dem Label »Person« zu etikettieren und damit ihr unbedingtes Lebensrecht zu begründen. Es ist vielmehr deutlich zu machen, warum der Embryo schutzwürdig ist, was ihn zu einer Person macht, und was schließlich passiert, wenn Embryonen als nichtschutzwürdige Lebewesen eingestuft oder gar zu Zellhaufen degradiert werden.

Letztlich heißt dies, dass die Bioethik einen im weitesten Sinne als verantwortungsethisch zu kennzeichnenden Diskurs zu leisten hat, der Wege der Auseinandersetzung anbietet, geeignete Grundorientierungen bereitstellt und auf die Herstellung eines Urteiles, einer Empfehlung oder auch eines Konsenses zielt, der sich an der Kraft seiner Argumente ausrichtet.

Die vorrangige Aufgabe der Bioethik ist es von dort aus, leitende Wertkriterien in anstehende Entscheidungsprozesse einzubringen, die Dringlichkeit und Rangordnung derselben offen zu legen und dabei die jeweils involvierten Rechte Betroffener zu wahren und eine rationale Gefahren- bzw. Risiko-Folgen-Analyse vorzunehmen, ohne damit die Eigenverantwortung der am Entscheidungsprozess Beteiligten zu lenken oder zu unterdrücken.

Schließlich kommt der Bioethik die Aufgabe zu, gerade weil sie nicht unmittelbar an die so genannten Lebenswissenschaften gekoppelt ist, in besonderer Weise sensibel gegenüber ihren eigenen Prinzipien und deren Verletzung zu sein. Diese Sensibilität zielt auch auf den biomedizinisch-technologischen Fortschritt, den die Bioethik kritisch zu begleiten hat. Hier ist es ihre Aufgabe, mögliche Gefährdungen des Lebens wahrzunehmen und auf sie aufmerksam zu machen, wie schließlich auch unbewusste Normierungen innerhalb bekannter und neuer Handlungsfelder aufzudecken. Diese unbewussten Normierungen geben sich in der Regel nur undirekt zu erkennen: in Haltungen und Handlungen, in Einstellungen und Vorstellungen. Im weitesten Sinne handelt sich hier um Vor-Urteile bezüglich der Anwendung von Techniken, der Wertigkeit von Gütern, dem Stellenwert bestimmter Positionen oder daraus resultierender Konflikte. Sie existieren sowohl vor dem reflektierten und begründeten Urteil, als sie dieses bereits auch voraussetzen (Mieth: Diktatur 126). Die Bioethik kann dafür sensibilisieren, welche Reichweite solche Normierungen haben, und sie unter ethischer Perspektive kritisch beleuchten.

3. Religion und Bioethik

Als der Bruder von Molly Nash geboren wurde, da nannten ihn seine Eltern »Adam«. Die Namenswahl begründeten sie religiös: »Mit Adams Hilfe gibt Gott unserer Molly eine zweite Chance,« gaben sie zu Protokoll (Belkin: Weiterleben 90). Eine solche religiöse Anspielung mag dem aufgeklärten Mitteleuropäer fremd sein, doch in biomedizinischen Zusammenhängen und

Kontexten ist sie keineswegs nur in »Gods own country« zu finden. So tauchen auch im europäischen Kontext in Diskussionen und Karikaturen, bei Bildungsveranstaltungen oder Kongressen immer wieder religiöse Versatzstücke, Metaphern, Redewendungen und Anspielungen auf: Die Rede vom Menschen, der sich zum Schöpfer macht oder an die Stelle Gottes tritt, die Rede von der zweiten Schöpfung, die Argumentationen mit Heilung und Heil wie auch Utopien eines ewigen, perfekten, leidfreien und gelingenden Lebens, um nur einige dieser religiösen Anspielungen zu nennen, belegen diese These (Baker: Rendezvous).

Unterstrichen wird dieser Eindruck, wenn etwa auch ein der Religion sicher nicht verpflichteter Wissenschaftler wie Ernst-Ludwig Winnacker, Genforscher und der Präsident der Deutschen Forschungsgemeinschaft (DFG), ernüchtert konstatiert, dass »der Biologismus pur zur neuen Religion geworden« (zit. nach Grolle: Sprache 168) ist.

Warum aber diese Affinität zu religiösen Fragen, Themen und Begriffen, wo doch immer wieder wortreich gegen die scheinbare Überfremdung der bioethischen Debatte durch Theologen und ›die Kirchen‹ polemisiert wird? (Vgl. Gerhardt: Mensch) Im Folgenden soll dieser Frage in phänomenologischer, systematischer, historischer und explizit theologisch-ethischer Sicht nachgegangen werden.

3.1 Die immanente »Religiosität« biotechnologischen Fortschritts

Ganz ohne jeden apologetischen Hintergedanken muss zunächst konstatiert werden, dass die Medizin- und Biotechnologie Fragen aufwirft, die in der abendländischen Kultur auch in nachmetaphysischer Zeit immer noch als bevorzugtes Gebiet der Religion angesehen werden. Es sind die Fragen, die den Anfang und das Ende des Lebens betreffen: Wann ist der Mensch ein Mensch? Wann ist der Mensch tot? Wie gehen wir mit Toten um? Welche Achtung gebührt dem ungeborenen Leben? Können wir Menschen machen? Wie viel Zufall dürfen wir heute noch im Leben zulassen? Gibt es so etwas wie Schicksal? Muss der Mensch endlich alles selbst in den Griff bekommen? Solche und ähnliche Fragen enthalten im Kern Probleme, die denen der theologischen Reflexion nahe stehen: Anfang und

Ende des menschlichen Lebens, Grenzen und Möglichkeiten menschlichen Handelns und der Selbstbestimmung des Menschen.

Nicht wenigen erscheint es auf Grund der Nähe zwischen den theologischen und den säkularen Fragen zwingend, die biotechnologischen Verheißungen als eine Art Religionsersatz zu denken. Der Philosoph Peter Sloterdijk formulierte nicht von ungefähr in einem Interview: »Gesundheitseinbildung, Immunitäts-Illusionen und Langlebigkeitsillusionen sind zum Religionsersatz geworden. Schon heute ist Langlebigkeit eine allgemeine Option. Es dürfen bei modernen Menschen nicht zu viele Rechnungen mit dem Leben offen bleiben, weil sonst ein allzu metaphysischer Überbau hervorgetrieben wird« (Sloterdijk: Gott). Sloterdijk macht hierin auf zwei Aspekte der biotechnologischen Debatte deutlich. Zum einen hebt er auf quasireligiöse Vorstellungen ab, wie etwa das ewige Leben, die vom Jenseits ins Diesseits verlagert werden. Zum anderen betont er, dass der »medizinisch-pharmazeutisch-biotechnische Komplex« (Sloterdijk: Gott) unter anderem dazu dient, die unerledigten metaphysischen Fragen des Menschen durch seine eigenen Verheißungen zu erledigen oder zumindest zurückzudrängen. Sloterdijk sieht in seinen sicher überspitzten und gerade deshalb angreifbaren Thesen den biotechnologischen ›Glauben‹ als Teil der »Amerikanischen Religion« (Harald Bloom): der »Verschmelzung von Börsen-Illusion und Bio-Illusion« (Sloterdijk: Gott), in der das religiös-vitale und das ökonomisch-dynamische »Illusionssystem« zusammenwachsen. Am Horizont scheint, so Sloterdijks Gedanke, die Entstehung einer »Bioreligion« auf.

Selbst wenn man versucht, dieser Diagnose unvoreingenommen gegenüberzutreten, so entfaltet sie doch eine erstaunliche Suggestionskraft angesichts der virulenten biotechnologischen wie gesellschaftlichen Utopien des gesunden, geheilten, überlebensfähigen, perfekten Menschen, angesichts der Bereitwilligkeit heutiger Geschöpfe, sich an der Vollendung des unvollkommen erscheinenden Schöpfungsplans aktiv zu beteiligen (Gräfrath: Gott 10) – wie es der Fall »Adam Nash« durchaus plastisch zeigt.

3.2 Systematische Reflexionen auf das Verhältnis von Bioethik und Glaube

Nun erschöpft sich die Beziehung zwischen Biotechnologie und Religion nicht allein in metaphorischen oder quasi religionsphilosophischen Zusammenhängen. In historischer wie systematischer Hinsicht gehen die Vernetzungen von Glaube bzw. theologischer Reflexion, biotechnologischem Handeln und bioethischem Nachdenken weiter.

Zunächst lässt sich in genealogischer Hinsicht festhalten, dass das bioethische Nachdenken als erstes im Raum der Theologie anzutreffen ist. Es mag zwar überraschen, dass die ersten ›Bioethiker‹, wenn man sie einmal so bezeichnen möchte, Theologen waren. Doch es ist unbestritten: Als ›Geburtshelfer‹ der Bioethik im Sinne einer Bereichsethik gelten heute zwei evangelische Theologen bzw. ihre wegweisenden Publikationen.

- Schon 1954, als an Stammzellenforschung und Keimbahntherapie nicht im Entferntesten gedacht wurde, veröffentliche Joseph F. Fletcher sein Buch »Morals and Medicine« (Fletcher: Morals), in dem wichtige medizin- und bioethische Themenfelder wie etwa künstliche Befruchtung und Sterbehilfe ausführlich diskutiert wurden.
- Sechzehn Jahre später veröffentlichte Paul Ramsey »The Patient as Person« (Ramsey: Patient), dass vielfach als grundlegendes Werk der Bioethik verstanden wurde.

Allerdings kommen diese theologischen Impulse wenig überraschend, wenn man die lange Tradition Angewandter Ethik vor allem in der katholischen Theologie beachtet[4]. In der Regel orientierte sich ihre medizinethische Reflexion an den zehn Geboten (vorzugsweise am Tötungsverbot und dem Ehebruchverbot) oder den Tugenden (wie Gerechtigkeit, aber auch Nächstenliebe). Darüber hinaus widmeten sich Moraltheologen mindestens seit dem siebzehnten Jahrhundert konkreten, zumeist kasuistischen Ethiken, in denen unter anderem Fragen, wie sie heute auch in der Bioethik diskutiert werden, breiten Raum einnahmen (Schwangerschaftsabbruch, Eingriffe in den Körper etc.).

---

[4] Siehe den Artikel »Medizinische Ethik« in diesem Band.

In systematischer Hinsicht lässt sich zudem ergänzen, dass wichtige theologische Erkenntnisse und Begriffe das bioethische Gespräch befruchtet haben bzw. befruchten: Reflexionen auf das Personsein des Menschen, auf herrschende Menschenbilder und ihre Probleme innerhalb der Biotechnologie, auf die Grenzen der Verfügungsmacht des Menschen oder den Umgang mit der Natur wie auch die grundsätzliche Infragestellung einer säkularen und scheinbar allein rationalen Vernunft sind tief im theologischen Denken verwurzelt.

Noch weiter allerdings reicht die Relevanz theologisch-ethischen Nachdenkens für die Bioethikdebatte, wenn man auf einen Grundzug ethischer Reflexion überhaupt blickt. Dennis Müller hat darauf hingewiesen, »dass im Kern jeglicher wahren ethischen Fragestellung Transzendenz zu finden ist« (Müller: Theologie 26). Dabei denkt Müller keineswegs an eine Re-Theologisierung des ethischen Diskurses oder seine – sicherlich unangemessene – theologische Überformung. Er macht vielmehr darauf aufmerksam, dass eine Position radikaler Immanenz verkennt, dass in die Biotechnologie implizit transzendente Dimensionen einfließen – und damit auch in die bioethische Debatte münden müssen. In den Themenkreisen »Körper«, »Tod«, »Spende«, »Nachkommen«, »Krankheit« oder »Gesundheit« geben sich, so Müller, symbolische wie religiöse Repräsentationen der Kultur zu erkennen – selbst wenn diese gar nicht intendiert seien. Immanenz wird dabei mit Transzendenz aufgeladen – ohne dass dies nur das Interesse von einigen Theologen wäre. Vielmehr zeigt es sich anthropologisch-phänomenologisch, dass über den Tod oder den Umgang mit dem Körper gar nicht rein immanent nachgedacht werden kann, ohne damit wichtige Aspekte des bioethischen Diskurses zu vernachlässigen (Müller: Theologie 36ff.).

Vor diesem Hintergrund gibt sich auch das ›Woraufhin‹ biotechnologischen Handelns als Teil des Immanenz-Tranzendenz-Diskurses zu erkennen. Denn wer Heilen, Leiden verringern, Behinderungen verunmöglichen oder ein optimiertes Leben schaffen will, muss sich fragen lassen, warum dies Ziele menschlichen Handelns sein sollen. Doch die Utopie oder Hoffnung auf eine Zukunft, in der Menschen besser, gesünder, langlebiger existieren können, muss, da ist Sloterdijk Recht zu geben, als letztlich transzendente Vorstellung verstanden werden. Gerade die Theologie und die Religion können auf solche subkutan wirksamen ›quasi-religiösen‹ Aspekte des biotechnologischen und bioethischen Diskurses hinweisen.

Am eingeführten Beispiel der PID lässt sich eine weitere Relevanz theologisch-bioethischen Nachdenkens deutlich machen. In der Güterabwägung um den Konflikt zwischen dem Lebensrecht des Embryos und der möglichen Heilung eines anderen Kindes oder möglicherweise sogar vieler anderen Menschen, wie es in der Diskussion um die Stammzellforschung immer wieder heißt, muss auf den Status des Embryos rekurriert werden (Engels: Status; Honnefelder: Frage; Oduncu: Status). Die Diskussion über den moralischen Status des Embryos hat sich allerdings im Laufe der Diskussion um PID und Stammzellforschung festgefahren.

Stephan Ernst hat in dieser Situation darauf aufmerksam gemacht, dass »die Frage, ab wann wir einem menschlichen Embryo Personstatus und damit Lebensrecht zuschreiben, letztlich keine Frage des logischen Beweises ist, sondern eine Frage der Deutung und des Verstehens, das den jeweiligen Argumenten leitend zu Grunde liegt« (Ernst: Vergegenständlichung 166). Diese Deutung, die nicht – mehr – argumentativ erzwungen werden kann, ist Ausdruck der Art und Weise, wie sich die jeweiligen Disputanten zur Wirklichkeit verhalten und sie verstehen. Selbst eine scheinbar neutrale, objektive oder möglichst deutungsfreie Sicht auf den Embryo kann sich dem nicht entziehen. Oder wie es Christine Hauskeller auf den Punkt brachte: »Keine Sichtweise ist ethisch neutral, weil jede ein bestimmtes Verhältnis Beobachter-Gegenstand impliziert. Auch die technischen Visualisierungsapparaturen stellen solche Verhältnisse her – selbst wenn deren ethische Dimension geleugnet wird« (Hauskeller: Konstruktionen 64). Das heißt: Auch wenn der menschliche Embryo scheinbar neutral durchs Mikroskop beobachtet wird, wird er zum Gegenstand einer bestimmten Weltsicht: Er wird in der mikroskopischen Ansicht »neutralisiert und vergegenständlicht« (Ernst: Vergegenständlichung 166). Denn wenn der Acht-Zeller etwa im technologischen Zugriff mikroskopiert, präpariert oder geteilt wird, dann wird er aus seinem ursprünglichen Kontext herausgenommen und als eine Art Gegenstand betrachtet. Das aber ist dann wiederum keine neutrale Beobachtungs- bzw. Behandlungsweise dieses Acht-Zellers.

Aus dem Deutungszwang, den Ernst zu Recht festhält, lässt sich nur eine Konsequenz ableiten: Es ist gar nicht möglich, in der Bioethik ohne weltanschaulich geprägte Deutungen, Transzendenzbezüge und Sinngebungen zu argumentieren oder auf sie zu verzichten – außer man gibt von vornherein einer bestimmter Weltsicht den Vorzug. Denn auch der Versuch, »angesichts des Pluralismus und um eines Konsenses willen auf alle Sinngebung zu verzichten, führt nur dazu, dass sich die neutralisierende und vergegenständlichende Sicht des Menschen durchsetzt« (Ernst: Vergegenständlichung 168). Anders formuliert: Wer auf Deutungen des Menschen etwa im Rahmen der PID verzichten will, läuft Gefahr, dass sich unter der Hand eben doch bestimmte Deutungen durchsetzen.

Das heißt aber auch: Das Theologische oder Religiöse ist mit seinen Deutungen keineswegs ein Sonderfall des Ethischen. Sondern der aufgeklärte theologische Diskurs bringt vielmehr eine Leistung in das bioethische Gespräch ein, die von allen anderen Diskursteilnehmern ebenfalls eingeholt werden muss. Diese Leistung besteht darin, dass der theologisch-ethische Diskurs durch seine Rückbindung an die Religion über argumentativ ausweisbare Deutungen des Menschen, seines Woher und Wohin, seiner Genese und seines Endes verfügen kann. Vor diesem Hintergrund könnte das Religiöse als Stachel im Fleisch der bioethischen Debatte verstanden werden, der nicht locker lässt, nach den expliziten oder impliziten Deutungen und Interpretationen des Menschen und seines Lebens und Sterbens zu fragen und diese zum Thema zu machen – um des begründeten ethischen Urteils willen.

3.3 Die bioethischen Kompetenzen theologischen Sprechens

Die bisher aufgezeigten Beziehungen zwischen theologischem Nachdenken und ethischen Fragestellungen – Genealogie, Frage der Transzendenz, Zieloptionen, Sinndeutungen – enthalten keine Hinweise auf die normative Relevanz theologisch-ethischer Reflexion. Mit Absicht, denn ganz grundsätzlich lässt sich festhalten, dass der Glaube und die Glaubenswissenschaft selber die ethischen Argumente nicht ersetzen können und also auch nicht aus sich heraus Normen generieren können (Auer: Moral). Unabhängig vom ethischen Gegenstand, sei es die PID oder die Stammzellenforschung, sei es Sterbehilfe oder Organtransplantation, gilt: »Zur Begründung moralischer Normen mit universalem Geltungsanspruch haben christliche Glaubensüberzeugungen (...) keine eigenen, religiösen Argumente beizutragen« (Mandry: Theologie 507). Damit aber ist der Beitrag der Religion zum Thema »Bioethik« nicht erschöpft. Ganz im Gegenteil. Denn die bisher gezeigten Relevanzen des theologisch-ethischen Denkens machen deutlich, dass der Theologie nicht primär der Begründungszusammenhang, sondern vielmehr der Entdeckungszusammenhang moralisch-ethischer Einsichten, Werte, Überzeugungen und Erfahrungen zugesprochen werden muss (Mieth: Diktatur 126).

Was das heißt, lässt sich an einem Beispiel deutlich machen: So kann etwa der theologische Topos der »Menschwerdung« zu einer neuen Reflexion auf das Menschen-Machen, Menschen-Auswählen und Menschen-Gestalten führen. Im Sinne einer Kontrasterfahrung lässt die unbedingte Annahme des Menschen durch Gott, wie sie in der Menschwerdung Jesu zu Tage tritt, fragen, was heute die Annahme des Menschen durch den Menschen bedeuten kann. Kritisch ist zu ermitteln, ob nicht heute diese Annahme an bestimmte Leistungen, genetische Dispositionen und individuelle oder gesellschaftliche Erwartungen gebunden ist, ob also Annahme in der gegenwärtigen Gesellschaft eine Annahme unter bestimmten Bedingungen ist. Diese »bedingte Annahme« wiederum lässt sich aus theologischer Sicht kritisieren. In individualethischer Sicht ist zu fragen, was diese Annahme unter Vorbehalt für das so geborene Kind bedeutet – siehe Adam Nash. In sozialethischer Hinsicht ist zu fragen, ob diese bedingte Annahme nicht zur grundsätzlichen Erosion des Lebensrechtes für alle führt, die selber ihre Stimme nicht erheben können und/oder den Ansprüchen der Gesellschaft nicht oder nicht mehr genügen.

Am Beispiel des Topos »Menschwerdung« wird so die narrative Kompetenz theologischen Sprechens deutlich: Die Erzählung von der Menschenwerdung führt zur Frage nach den Bedingungen von Menschwerdung heute. Deutlich wird aber auch, dass diese Kompetenz im vornormativen Bereich bioethischer Reflexion liegt. Sie darf nicht durch einen Fehlschluss, sei er autoritativer oder genealogischer Art, in Normativität überführt werden. Letztlich leistet die Theologie mit solchen und anderen Reflexionen einen erheblichen Beitrag zum Entdeckungszusammenhang ethischen Fragens und Nachdenkens. Wie aber gezeigt, bleibt die Reflexion nicht bei der Entdeckung des ethisch Richtigen oder Fragwürdigen stehen. Auch die Sensibilisierung für moralische Probleme oder Fragen, auch die Motivation zum sittlichen Handeln sowie die kritische Relativierung der Moral sind Teil des theologischen Geschäfts in Sachen Bioethik.

Gerade angesichts einer um sich greifenden »Ethik des Heilens«, wie sie auch bei »Adam Nash« zu greifen ist, lassen sich die Qualitäten des theologisch-ethischen Diskurses verdeutlichen. Ganz grundsätzlich bleibt gegenüber einer Moral, die sich an Heilungsaussichten und am Heilungserfolg orientiert und die die Heilung oder Gesundung des Menschen zum Prinzip erhoben hat, zu bedenken, dass der christliche Glaube trotz aller Sorge um das Heil des Menschen weiß, dass dieses Heil nicht durch den Menschen hergestellt oder herbeigeführt werden kann. Dadurch steht der Glaube gegenüber jeglichen Heilungsphantasien, die häufig auch Gelingen und Glück des Menschen implizieren, in einer kritischen Distanz. Indem er darauf hinweist, dass Endlichkeit, Sterblichkeit, Leid und Kontingenz zum Menschen gehören, kann er die Problematik solcher säkularen Erlösungsphantasien deutlich machen. Hier wird deutlich, dass das theologische Denken letztlich auf die Kontexte der ethischen Reflexion zielt, das ethische Denken sozusagen verorten möchte, ohne damit bestimmte Normen präjudizieren zu wollen. Die ethische Richtigkeit selber gehört nicht zum theologischen Depositum (Mieth: Diktatur 127).

Vor diesem Hintergrund lassen sich die Grenzen theologischen Sprechens innerhalb der Bioethik bestimmen. Sie sind dort zu ziehen, wo eine besondere ethische Kompetenz von Theologen angenommen wird, die sich auf die biblischen Schriften, auf die Erkenntnisse in der theologischen Tradition oder auf eine besondere göttliche Offenbarung stützt. Ohne diese fundamentaltheologisch brisanten Themen nur annähernd erörtern zu können[5], ist es heute theologisches Allgemeingut, dass die normative Reichweite singulären theologischen Sprechens sehr eng begrenzt ist. Bibel, Tradition und Offenbarung liefern keine Handhabe für eine Ableitung konkreter Normen hinsichtlich biotechnologischen Handelns, wie sie etwa auch im Fall »Adam Nash« gefragt sind.

Vielmehr lassen sich diese traditionellen Orte theologisch-ethischer Erkenntnis heute als Impulsgeber für die Reflexion auf und die Begründung von Grundlagen und Grundlagenfragen des bioethischen Diskurses ausmachen. Auf einiger dieser Impulse wurde bereits hingewiesen: Die Frage nach dem »Sinn« biotechnologischen Fortschritts, das Problem der Annahme des Menschen, der Hinweis auf die Endlichkeit des Menschen. Weitere Impulse lassen sich anführen (vgl. Mieth: Diktatur 126–131):

- Die Idee der Geschöpflichkeit des Menschen als gezeugtes, nicht geschaffenes oder gemachtes Wesen,
- der Hinweis auf die Leibhaftigkeit des Menschen, auf sein Dasein im Körper,
- der Vorrang, der christlicherseits dem Dasein vor dem Sosein eingeräumt wird,
- die Option für die Randgestalten der Gesellschaft, die insbesondere in der Biotechnologie zur Disposition stehen: Embryonen, Feten, Kinder, Behinderte, nichteinwilligungsfähige Menschen, Alte, aber auch Frauen.

All diese Impulse sind für die bioethische Reflexion unverzichtbar, da sie nicht nur in ethische Argumente einfließen können, sondern sogar den gesamten Horizont des ethischen Denkens verändern können – ohne indes dieses Denken in irgendeiner Weise substituieren zu wollen oder zu können.

Literatur

Ach, J.S./Gaidt, A. (Hg.): Herausforderung der Bioethik, Stuttgart 1993.

Auer, A.: Autonome Moral und christlicher Glaube, Düsseldorf ²1984.

Baker, R.: Rendezvous im Reagenzglas. Von Männern, Frauen und der Sexualität im 21. Jahrhundert, Bergisch Gladbach 2002.

---

[5] Siehe den Artikel »Gott in der Moral« in diesem Band.

Beck-Gernsheim, E.: Präimplantationsdiagnostik: Welche Folgen? Zur aktuellen biopolitischen Debatte in Deutschland, in: Nacke, B./Ernst, S. (Hg.): Das Ungeteiltsein des Menschen. Stammzellforschung und Präimplantationsdiagnostik, Mainz 2002, 121–132.

Belkin, L.: ... damit sie weiterleben. Die Geschichte eines ethischen Dilemmas, in: GeoWissen Nr. 30, Hamburg 2002, 82–91.

Braun, K.: Menschenwürde und Biomedizin. Zum philosophischen Diskurs der Bioethik, Frankfurt a.m.-New York 2000.

Dietrich, R.: Erfolgreiche Stammzellentransplantation bei einem Kind mit Fanconi-Anämie durch HLA-identisches Nabelschnurblut seines eigens gezeugten Geschwisterkindes, in: Zeitschrift für medizinische Ethik 48 (2002) 386–387.

Dulitz, B./Kattmann, U.: Bioethik, Stuttgart 1990.

Düwell, M./Steigleder, K.: Bioethik – Zu Geschichte, Bedeutung und Aufgaben, in: dies. (Hg.): Bioethik. Eine Einführung, Frankfurt a.M. 2003, 12–37.

Engels, E.-M.: Der moralische Status von Embryonen und Feten – Forschung, Diagnose, Schwangerschaftsabbruch, in: Düwell, M./Mieth, D. (Hg.): Ethik der Humangenetik, Tübingen ²2000, 271–301.

Engelhard, H.T jr.: The Foundations of Bioethics, 1986.

Ernst, S.: Vergegenständlichung des Menschen? Anfragen der theologischen Ethik angesichts der Macht der Biotechnologie, in: Nacke, B./Ernst, S. (Hg.): Das Ungeteiltsein des Menschen. Stammzellforschung und Präimplantationsdiagnostik, Mainz 2002, 163–168.

Fletcher, J.: Morals and Medicine, Boston 1954.

Fuchs, J.: Verfügen über menschliches Leben? Fragen heutiger Bioethik, in: ders.: Für eine menschliche Moral. Grundfragen der theologischen Ethik 2, Freiburg u.a. 1989, 243–256.

Geisler, L.S.: Kinder auf Bestellung?, in: Graumann, S. (Hg.): Die Genkontroverse, Freiburg u.a. 2001, 169–178.

Gerhardt, V.: Der Mensch wird geboren. Kleine Apologie der Humanität, München 2001.

Gräfrath, B.: Es fällt nicht leicht, ein Gott zu sein. Ethik für Weltenschöpfer von Leibniz bis Lem, München 1998.

Grolle, J.: Die Sprache des Lebens, in: Der Spiegel (9/2003) 160–170.

Haker, H.: Verantwortliche Elternschaft, in: Graumann, S. (Hg.): Die Genkontroverse, Freiburg u.a. 2001, 179–184.

Hauskeller, C.: Wissenschaftliche Konstruktionen, ärztliches Selbstverständnis und ethische Bewertung. Überlegungen zum moralischen Status von Embryonen in der Stammzellforschung, in: Nacke, B./Ernst, S. (Hg.): Das Ungeteiltsein des Menschen. Stammzellforschung und Präimplantationsdiagnostik, Mainz 2002, 55–70.

Höffe, O.: Medizin ohne Ethik?, Frankfurt a.M. 2002.

Höhn, H./Schroeder-Kurth, T.M.: Medizinischer Kommentar zum Fallbericht, in: Zeitschrift für medizinische Ethik 48 (2002) 388–391.

Höver, G.: Ethischer Kommentar zum Fallbericht, in: Zeitschrift für medizinische Ethik 48 (2002) 392–396.

Honnefelder, L.: Die Frage nach dem moralischen Status des menschlichen Embryos, in: Höffe, O. u.a.: Gentechnik und Menschenwürde. An den Grenzen von Ethik und Recht, Köln 2002, 79–110.

Hunold, G.W.: Bioethik, in: Lexikon für Theologie und Kirche 2, Freiburg u.a. [3]1994, 469–472.

Jakobs, S.: Juristischer Kommentar zum Fallbericht, in: Zeitschrift für medizinische Ethik 48 (2002) 397–401.

Jonsen, A.R./Jameton, A.: Medical Ethics, History of: The Americas, B. The US in the Twentieth Century, in: Encyclopedia of Bioethics 3, New York u.a. 1995, 1616–1632.

Kollek, R.: Präimplantationsdiagnostik: Belastungen für Frauen und Ausweitungstendenzen, in: Nacke, B./Ernst, S. (Hg.): Das Ungeteiltsein des Menschen. Stammzellforschung und Präimplantationsdiagnostik, Mainz 2002, 83–92.

Korff, W.: Einführung in das Projekt Bioethik, in: Lexikon der Bioethik 1, Gütersloh 1998, 7–16.

Mandry, C.: Theologie und Ethik (kath. Sicht), in: Düwell, M. u.a. (Hg.): Handbuch Ethik, Stuttgart-Weimar 2002, 504–508.

Mieth, D.: Die Diktatur der Gene. Biotechnik zwischen Machbarkeit und Menschenwürde, Freiburg u.a. 2001.

Mieth, D.: Präimplantationsdiagnostik im Kontext, in: Orientierung 62 (2003) 38–42.

Mieth, D.: Was wollen wir können? Ethik im Zeitalter der Biotechnik, Freiburg u.a. 2002.

Muck, O.: Philosophische Gotteslehre, Düsseldorf 1983.

Oduncu, F.S.: Moralischer Status von Embryonen, in: Düwell, M./Steigleder, K. (Hg.): Bioethik. Eine Einführung, Frankfurt a.M. 2003, 213–220.

Potter, V.R.: Bioethics. Bridge to the future, Englewood Cliffs 1971.

Ramsey, P.: The Patient as Person. Explorations in Medical Ethics, New Haven 1970.

Rehmann-Sutter, C.: Bioethik, in: Düwell, M. u.a. (Hg.): Handbuch Ethik, Stuttgart-Weimar 2002, 247–252.

Reich, W.T. (Hg.): Encyclopedia of Bioethics, New York 1995.

Schindele, E.: Weibliche Lebensentwürfe im Kontext von Fortpflanzungsmedizin und Pränataldiagnostik, in: Graumann, S. (Hg.): Die Genkontroverse, Freiburg u.a. 2001, 52–66.

Schneider, I.: Embryonale Stammzellforschung – eine ethische und gesellschaftspolitische Kritik, in: Graumann, S. (Hg.): Die Genkontroverse, Freiburg u.a. 2001, 128–147.

Schramme, Th.: Bioethik, Frankfurt a.M. 2002.

Siep, L.: Bioethik, in: Pieper, A./Thurnherr, U. (Hg.): Angewandte Ethik. Eine Einführung, München 1998, 16–36.

Singer, P.: Praktische Ethik, Stuttgart ²1994.

Sloterdijk, P.: Ich glaube nicht an den Gott, der Hasenscharten schuf. Interview, in: Der Tagesspiegel (08.03.2001). http://www2.tagesspiegel.de/archiv/2001/03/07/ak-po-449607.html

Wolf, J.-C.: Tierethik. Neue Perspektiven für Menschen und Tiere, Freiburg/CH 1992.

Wolf, U.: Das Tier in der Moral, Frankfurt a.M. 1990.

Medizinische Ethik

Günter Virt

■ Medizinethik ist keine Sonderethik, sondern eine Ethik, die in besonderen Bereichen der Medizin Handlungen und Haltungen unter dem Gesichtspunkt von sittlich richtig und falsch, sowie gut und böse systematisch reflektiert.

■ Die Ethik, deren Wissenschaftscharakter eine Zeit lang bestritten und deren Bedeutung nicht im Vordergrund gesehen wurde, ist erneut gefragt, vor allem auf dem Gebiet der Medizin. Die Erweiterung der medizinischen Handlungsmöglichkeiten fordert Entscheidungen heraus, die frühere Generationen nicht kannten (»Die moderne Medizin hat der Ethik das Leben gerettet.« S. Toulmin).

■ Die Pluralität der Moralen in unserer modernen Gesellschaft wirkt sich besonders im medizinischen und ethischen Handeln aus und provoziert einen neuen Schub an Interesse an der Theorie der Moral.

■ Auch die Ansätze und Modelle von medizinethischen Theoriebildungen sind in ihrer geschichtlichen Genese plural.

■ Dennoch lässt sich vom Gegenstand wie von den unterschiedlichen Arbeitsweisen her die Medizinethik als besonders wichtiger, eigenständiger Bereich der Ethik darstellen.

■ Die Relevanz des Glaubens liegt vor allem in der grundlegenden Motivation zum sittlichen Handeln und Reflektieren. Diese wirkt sich zum Teil integrativ, zum Teil kritisch und zum Teil stimulierend aus.

1. Von den geschichtlichen Wurzeln bis zur gegenwärtigen Situation

Medizinische Ethik ist keine Sonderethik. Sie ist eine Sachbereichsethik, die in den letzten Jahrzehnten zunehmend an Bedeutung gewonnen hat. Sie ist so alt wie das medizinische Handeln selbst und das Maß an Reflexion auf das Handeln in diesem Bereich. Älteste erhaltene Quellen finden sich in Mesopotamien (Codex Hamurabi, der z.B. bereits eine gestaffelte Gebührenordnung sowie drastische Strafen bei Kunstfehlern vorsah) und im Alten Ägypten (Papyrus Ebers sah z.B. Strafen für Ärzte bei Missachtung der Lehrtradition vor, die Pflicht zur Schmerzbehandlung sowie unterschiedliche Bewertung der Abtreibung je nach Umständen). Medizinethische Themen werden aber auch im Judentum, im alten Griechenland und Rom behandelt. Am berühmtesten ist der sogenannte »Hippokratische Eid« (zentrale Inhalte beziehen sich darauf, dem Patienten zu nützen und niemals zu schaden, keine Abtreibung vorzunehmen, auf aktive Euthanasie zu verzichten sowie das Arztgeheimnis zu wahren).

Im Christentum, das die medizinethische Tradition nachhaltig prägte, kreisten theologische Diskussionen anfänglich um die grundsätzliche Berechtigung der Heilkunde: Man warf dieser ihre heidnischen Wurzeln vor und erörterte die Frage, ob Krankheiten, die zum Teil als Prüfung oder Strafe Gottes galten, mit Heilversuchen begegnet werden dürfe. Sehr bald aber setzte sich das Bild von Christus dem Arzt durch. Die Fürsorge für bedürftige, behinderte und unheilbar kranke Menschen wurde sehr früh auf innovative Weise gefördert. Die Aussetzung Neugeborener sowie Abtreibung, Euthanasie und Beihilfe zum Suizid wurden in einem breiten Konsens abgelehnt.

Im frühen Mittelalter wurde die beginnende Akademisierung der ärztlichen Ausbildung zunächst vom Zweiten Laterankonzil 1139 und anderen Synoden abgelehnt, ebenso wie medizinische Experimente am Patienten mit ungewissem Ausgang. Die Tradition der Hospize und Hospitäler hingegen wurde breit ausgebaut.

In der Renaissance galten nach der »Constitutio Criminalis Carolina« von 1532 Empfängnisverhütung und Abtreibung als schwere Verbrechen. Diese Auffassung wurde auch von Reformatoren geteilt. Die von Papst Sixtus V. 1588 ausgesprochenen Strafen für Abtreibung, Beihilfe zum Abort, Empfängnisverhütung und Sterilisation beeinflussten die katholische Medizinethik bis ins 20. Jahrhundert. Durch Francis Bacon (1623) wurde in der Neuzeit erstmals wieder der Begriff Euthanasie in einer doppelten Bedeutung aufgenommen: Die innere Euthanasie bedeutet den seelischen Beistand, die äußere die Schmerzbekämpfung, auch in medizinisch hoffnungslosen Situationen. In der besonderen literarischen Gattung der Utopia wird bei Thomas Morus (1516) aktive Euthanasie mit Einverständnis der Betroffenen und unter Begleitung eines Weisensenates erwogen.

Mit dem Aufkommen einer utilitaristischen Ethiktradition in der englischen Aufklärung gerieten auch medizinethische Themen in Bewegung, so z.B. die Bewertung des Suizids durch David Hume. Ein Wechsel von der klassischen medizinethischen Tradition zum Modell eines Sozialvertrages zwischen Arzt und Patienten bahnte sich an. Im 19. Jahrhundert erschienen dann die ersten modernen medizinethischen Codices im Gefolge von Thomas Percivals »Medical Ethics or a Code of Institutes at Precepts«. Nach den verbrecherischen Verletzungen medizinethischer Grundsätze im Nationalsozialismus erschienen nach dem Zweiten Weltkrieg zahlreiche neue Ethikcodices. Für die Forschung am Menschen wurde vor allem die mehrfach – zuletzt 2001 – revidierte Helsinkideklaration des Weltärztebundes zur weltweiten Richtlinie für die Arbeit in Ethikkommissionen.

Einen neuen Schub erhielt die Medizinethik in der besonders durch die Erweiterung medizinischer Handlungsmöglichkeiten und moralischem Pluralismus gekennzeichneten Gesellschaft der *USA*. Der protestantische Theologe Joseph Fletcher eröffnete mit seinem 1954 erschienenen Buch »Morals and Medicine« (Fletcher: Morals) gleichsam eine neue Phase, in dem er nicht mehr von Pflichten und Geboten, sondern von fünf grundlegenden individuellen Freiheitsrechten ausging: dem Recht auf Kenntnis der Wahrheit, dem Recht auf Kontrolle der Elternschaft, dem Recht auf Überwindung der Kinderlosigkeit, dem Recht auf Ausschluss der Elternschaft und dem Recht zum Sterben. Auf J. Fletcher geht auch das bekannte Wort zurück: »Let's play God«. Darauf antwortete der protestantische Theologe Paul Ramsey in seinem Buch »Der Patient als Person«, der Mensch solle nicht Gott spielen, bevor er nicht gelernt hat Mensch zu werden, und wenn er gelernt hat Mensch zu werden, wird er nicht mehr Gott spielen (Ramsey: Man 138).

In einer nächsten Phase (die Phasen überlappen sich) wurde die Medizinethik von den traditionellen religiösen Wurzeln zunehmend getrennt. Ein besonders einflussreicher Ansatz in den Vereinigten Staaten ist der sogenannte *Principlism*, der seinen Ausgang von vier sogenannten Prinzipien erster Ordnung nimmt:

a. Autonomie (autonomy),
b. Schadensvermeidung (non maleficience),
c. Wohltun (beneficience),
d. Gerechtigkeit (justice).

Diese Prinzipien sind von unterschiedlichen Ethosformen sowie religiösen und kulturellen Traditionen her akzeptabel. Sie addieren Traditionsstücke aus der hippokratischen Tradition (b und c), aus utilitaristischen Gerechtigkeitstheorien und aus dem Autonomiepathos der Aufklärung (es gilt allerdings hier schon darauf hinzuweisen, dass Autonomie im Sinne des amerikanischen Principlism eine andere Bedeutung hat als etwa bei Immanuel Kant). Ergänzt werden diese Prinzipien erster Ordnung durch Prinzipien zweiter Ordnung: Regeln der Wahrhaftigkeit, der Wahrung der Privatsphäre, der Schweigepflicht, der Vertrauenswürdigkeit usw. sowie einer berufsbezogenen Tugendethik. Der Vorteil dieses Ansatzes liegt vor allem in der Lösung medizinethischer Probleme auf politischer Ebene in einer moralpluralistischen Gesellschaft. Dieser Ansatz ist von einem übergeordneten ethischen Theoriekontext unabhängig, die Prinzipien, die aus verschiedenen Traditionen zusammenaddiert sind, können mit einer breiten Akzeptanz rechnen. Die Probleme allerdings zeigen sich, wenn es zum Konflikt zwischen den vier Hauptprinzipien kommt, da in ihnen kein Rangordnungskriterium enthalten ist. Dann muss letztlich entweder rein kasuistisch nach subjektiven Intuitionen entschieden werden, oder es schlagen im Konfliktfall genau jene übergeordneten Theorieansätze durch, deren Ausklammerung die Prinzipien erster Ordnung ihre Stellung verdanken. Ihnen fehlt eine tiefere Begründung, sie spiegeln bloß die herrschende Moral wieder.

Im weiteren Verlauf wurden aber in der medizinethischen Diskussion nicht nur religiöse, sondern auch transzendentalphilosophische Begründungen wie der kategorische Imperativ von Immanuel Kant als Letztbegründung zurückgewiesen. Von der Begründung normativer Urteile verschob sich das Interesse zunehmend auf die psychologische Genese von Werthaltungen: Die Identität des moralischen Subjekts wird in sozialen Gruppen gebildet und weitervermittelt. Die allgemeine Gesellschaft kann nur durch eine formale Gerechtigkeitsordnung dafür sorgen, dass der Respekt vor der Autonomie des anderen eingehalten wird. Aus der Unmöglichkeit, moralische Konfliktsituationen universal verbindlich entscheiden zu können, wird dem einzelnen Subjekt ein Recht auf Abtreibung, auf Suizid, auf Euthanasie usw. zugestanden, wenn diesbezügliche Entscheidungen aus der Autonomie der Person stammen. Antwort auf die in der Ethik stets vorausgesetzten Sinnfragen gibt es nur in den partikulären Lebenswelten. Am Anfang des sogenannten *Kommunitarismus,* der sich in verschiedene Richtungen ausfaltet, stand die Ablehnung des Projekts der Aufklärung, das auf einem allgemein menschlichen Vernunftethos gründet. Das universale Gesellschaftsethos bleibt rein formal, die Freiheit und Autonomie der Individuen zu schützen. Eine universale Ethik besteht dann in einer rein formalen Verfahrensfrage, die alle Mitglieder der Gesellschaft verpflichtet, ihre Konflikte durch einen möglichst herrschaftsfreien Dialog friedlich zu lösen. Autonomie erhält in diesem Kontext aber zunehmend eine andere Bedeutung als in der Aufklärung, in der man darunter die sittliche Selbstbestimmung des Menschen verstand. Autonomie wird in diesem Kontext zu einem unhinterfragbaren Recht auf beliebige Wunscherfüllung, wenn nur grundlegende Rechte anderer dadurch nicht gestört werden.

In der weiteren Folge lag die Frage nahe, wer nun wirklich autonom ist. Da man auf jede religiöse und metaphysische Voraussetzung verzichten wollte, setzte man positivistisch beim augenscheinlich Erfahrbaren an: Als Person und Subjekt, das seine Autonomie wahrnehmen kann, kann daher nur gelten, wer über bestimmte messbare Eigenschaften verfügt, die wir normalerweise mit dem Personsein assoziieren. Peter Singer folgert daraus, dass nicht alle Menschen Personen sind, sondern nur diejenigen, die ihre Fähigkeit zum Vernunftgebrauch, zum Vertreten von Interessen, der Fähigkeit sich zu erinnern und Zukunft zu antizipieren usw., positiv greifbar unter Beweis stellen. Wer diese Eigenschaften nicht zeigt, ist zwar ein Mensch, aber keine Person mit Würde.

In *Europa* wurde, wenn auch mit einiger Verspätung, die Ethik im Bereich der Medizin durch die Erweiterung der Erkenntnis und Handlungsmöglichkeiten der Medizin, durch Veränderungen im Selbstverständnis der Medizin und der Strukturen ärztlichen Handelns sowie durch den Wandel in den gesellschaftlichen Bedingungen der Medizin herausgefordert. Trotz des zunehmenden internationalen Austausches setzt europäische Medizinethik bei den in Europa maßgeblichen Traditionen an. Diese liegen vor allem in der kantischen Maximenethik, der aristotelisch-thomistischen Tradition sowie in der Tradition berufsrechtlicher Bindungen und Gelöbnisse. Angesichts der zunehmend engen Verflechtungen in der Europäischen Union und in den mittlerweile 44 Mitgliedsstaaten des Europarates, konzentrierte sich die ethische Diskussion auf für Europa verbindliche ethisch-rechtliche Rahmenregelungen. Diese fanden zuletzt ihren Ausdruck in der Menschenrechtskonvention zur Biomedizin (MRB) des Europarates (»Übereinkommen zum Schutz der Menschenrechte und Menschenwürde im Hinblick auf die Anwendung von Biologie und Medizin«, Oviedo 1997):

In 14 Kapiteln regelt die MRB wichtige Probleme der modernen Biomedizin:

- *Kapitel 1* gibt das oberste Ziel der Konvention mit dem Schutz der Würde und Identität jeder Form menschlichen Lebens an.
- *Kapitel 2* regelt das Problem der Einwilligung: Eine Intervention im Gesundheitsbereich darf erst nach Aufklärung und Einwilligung der betroffenen Person erfolgen.
- Im *Kapitel 3* wird der Schutz der Wahrung der Privatsphäre sowie das Recht auf Wissen und auch das Recht auf Nichtwissen festgehalten.
- *Kapitel 4* befasst sich mit Untersuchungen, die genetisch bedingte Krankheiten vorhersagen können. Das beinhaltet den Ausschluss jeder Form von Diskriminierung wegen des genetischen Erbes und bindet prädiktive genetische Untersuchungen an Gesundheitszwecke, gesundheitsbezogene wissenschaftliche Forschung und angemessene Beratung. Artikel 13 untersagt genetische Eingriffe, die darauf abzielen, eine Veränderung des Genoms von Nachkommen herbeizuführen und verbietet die Geschlechtswahl, außer bei schweren erblichen geschlechtsgebundenen Krankheiten.
- *Kapitel 5* behandelt die Fragen der medizinischen Forschung. Es regelt den Schutz von Personen, die an einer wissenschaftlichen Forschung teilnehmen auf der Basis des Informed Consent.

Artikel 17 öffnet unter zusätzlichen Bedingungen aber auch die Tür für die Forschung an nichteinwilligungsfähigen Personen. Diese Zusatzbedingungen lauten:

– Die erwarteten Forschungsergebnisse sind für die Gesundheit der betroffenen Person von tatsächlichem und unmittelbarem Nutzen.
– Die Forschung von vergleichbarer Wirksamkeit ist an einwilligungsfähigen Personen nicht möglich.
– Die notwendige Einwilligung wurde eigens für diesen Fall und schriftlich erteilt sowie
– die betroffene Person lehnt nicht ab.

Über diese sogenannten therapeutischen Heilversuche hinaus wird in Ausnahmefällen und nach Maßgabe der durch die Rechtsordnung vorgesehenen Schutzbestimmungen auch eine Forschung zugelassen, die für die betroffenen Personen nicht von unmittelbarem Nutzen ist, wenn zusätzlich folgende Voraussetzungen erfüllt sind

– die Forschung hat zum Ziel, durch wesentliche Erweiterung des wissenschaftlichen Verständnisses des Zustandes der Krankheit oder der Störung der Person zu Ergebnissen beizutragen, die der betroffenen Person selbst oder anderen Personen nützen können, welche derselben Altersgruppe angehören oder an derselben Krankheit oder Störung leiden oder sich in dem selben Zustand befinden, und
– die Forschung bringt für die betroffene Person nur ein minimales Risiko und eine minimale Belastung mit sich.

Die Forschung an Embryonen in vitro wird an den angemessenen Schutz des Embryos in jenen Staaten, die eine Forschung an Embryonen zulassen, gebunden. Die Erzeugung menschlicher Embryonen zu Forschungszwecken wird hingegen verboten.

- *Kapitel 6* befasst sich mit dem Problem der Entnahme von Organen und Gewebe von lebenden Spendern zu Transplantationszwecken.
- *Kapitel 7* verbietet die Kommerzialisierung des menschlichen Körpers und regelt die Verwendung von Teilen, die dem menschlichen Körper entnommen sind. Diese dürfen nur zu dem Zweck aufbewahrt und verwendet werden, zu dem sie entnommen wurden.

- *Kapitel 8* befasst sich mit Verletzungen von Bestimmungen des Übereinkommens.
- *Kapitel 9* regelt das Verhältnis der Konvention zu anderen Bestimmungen. Dieses Übereinkommen sieht ausdrücklich die Möglichkeit eines höheren Schutzniveaus in den Unterzeichnerstaaten vor.
- *Kapitel 10* regt die öffentliche Diskussion der Probleme an.
- *Kapitel 11* regelt die Auslegung des Übereinkommens.
- *Kapitel 12* regelt die Weiterentwicklung der Konvention durch Zusatzprotokolle.
- *Kapitel 13* stellt Verfahrensregeln für mögliche Änderungen des Übereinkommens bei Weiterentwicklung der Wissenschaft fest.
- *Kapitel 14* enthält eine Reihe von Schlussbestimmungen, die die Unterzeichnung, Ratifikation, Kündigung, die Vorbehalte und Notifikationen sowie das Inkrafttreten betreffen.

Diese Menschenrechtskonvention mit völkerrechtlicher Verbindlichkeit entfaltet über Europa hinaus eine ethosbildende Kraft. Die Konvention wird in Zusatzprotokollen fortgeschrieben. Ein Zusatzprotokoll zum Klonen und ein weiteres zu Fragen der Transplantation ist bereits verabschiedet, ein Zusatzprotokoll zur medizinischen Forschung am Menschen steht knapp vor der Fertigstellung.

Dennoch bleiben wichtige medizinethische Themen in dieser Menschenrechtskonvention zunächst ausgeklammert. Diese betreffen z.B. das Problem der Euthanasie, das durch neue Gesetzesinitiativen in den Niederlanden und in Belgien besonders brisant wurde. Zu diesem Problembereich wurde die »Recommendation 1418 des Europarates zum Schutz der Menschenrechte und der Würde todkranker und sterbender Menschen« mit großer parlamentarischer Mehrheit 1999 angenommen. Dieses Dokument analysiert zunächst die Probleme, die sich in den Ängsten der Menschen niederschlagen, und empfiehlt den Mitgliedsstaaten in ihrer Gesetzgebung, den notwendigen sozialen und gesetzlichen Schutz angesichts dieser Ängste zu verankern.

In einem ersten Teil wird der Vorrang der Palliativmedizin (die nicht nur die physischen Schmerzen, sondern auch die psychischen, sozialen und spirituellen Leiden lindert) mit den dazugehörigen Begleitmaßnahmen gefordert.

Bezüglich des Schutzes des Rechtes auf Selbstbestimmung eines Todkranken wird im zweiten Teil vor allem das Recht auf wahrheitsgemäße, umfassende und einfühlsam vermittelte Information über den Gesundheitszustand des Patienten gefordert. Weiterhin soll sichergestellt werden, dass kein todkranker Mensch gegen seinen Willen behandelt oder in seinen Entscheidungen durch andere Personen unter Druck gesetzt wird. Auch Patientenverfügungen eines aktuell entscheidungsunfähigen sterbenden Menschen, in denen spezifische medizinische Behandlungen abgelehnt werden, müssen respektiert werden.

Das Dokument des Europarates bezieht schließlich in einem dritten Teil den Artikel 2 der Europäischen Menschenrechtskonvention von 1950 – »dass niemand absichtlich seines Lebens beraubt werden darf« – auf Todkranke und Sterbende: Die Mitgliedsstaaten anerkennen auch für Todkranke und Sterbende, dass niemand vorsätzlich seines Lebens beraubt werden darf, dass auch der Todeswunsch eines Todkranken niemals gesetzliche Rechtfertigung sein kann, von der Hand einer anderen Person zu sterben, und dass der Todeswunsch eines Todkranken niemals eine gesetzliche Rechtfertigung darstellt, für Handlungen, deren Ziel die Herbeiführung des Todes ist.

2. Fallbeispiele

Da die medizinethischen Probleme am Lebensende besonders gravierend sind, werden zwei Fallbeispiele aus diesem Bereich gewählt.

a. Eine Frau leidet an einer Krankheit, die bereits so weit fortgeschritten ist, dass sie nicht mehr spontan atmen kann, sondern von einer Maschine abhängig ist. Sie möchte sterben und nicht mehr länger durch maschinelle Substitution in diesem Leidenszustand am Leben gehalten werden. Soll der Wunsch erfüllt werden?

b. Eine Frau leidet an amyotropher Lateralsklerose, sie kann durchaus noch spontan atmen, hat aber angesichts der fortschreitenden Muskellähmung Angst, einen qualvollen Erstickungstod zu sterben. Sie möchte vom Gericht erwirken, dass ihr Mann sie straffrei töten darf. Kann die Erfüllung dieses Ansuchens ethisch gerechtfertigt sein?

Fragen zu den beiden Fällen:
* Sind die beiden Situationen ethisch gleich zu beurteilen?
* Welche Lösungsmöglichkeiten ergeben sich aus den Prinzipien des US-amerikanischen Principlism?
* Welche Bestimmungen der Recommendation 1418 (1999) des Europarates sollen angewendet werden?
* Welche zusätzlichen ethischen Gesichtspunkte spielen eine Rolle (z.B. Mitleid usw.)?
* Welche Möglichkeiten hat die Palliativmedizin, wenn diese auf der Höhe des erreichten Standards umgesetzt wird?
* Was bedeutet menschenwürdiges Sterben?
* Was verletzt die Menschenwürde eines Sterbenden?
* Wie ist in den beiden Fällen zwischen den verschiedenen konfligierenden humanen Gütern abzuwägen? Nach welchen Kriterien?
* Welche Bedeutung hat das ärztliche Standesethos, welche das Berufsethos der Pflegenden in diesen beiden Fällen?
* Welche Folgen ergeben sich für die Gesellschaft? Wir alle gehören ja zu denen, die das Sterben noch vor sich haben.

3. Gegenwärtige Themenfelder der medizinischen Ethik

Die Diskussion der beiden Fallbeispiele stellt nur *ein* wichtiges Thema im weiten Feld der Probleme der medizinischen Ethik dar. Überschneidungen mit dem Kapitel »Bioethik« sind unvermeidbar. Grundlegend sind die Diskussionen um das Verständnis von Gesundheit und Krankheit. In diesem Kontext gibt es verschiedene Verantwortungsebenen:

a. Verantwortung für das eigene Leben
Primär ist jeder Mensch für sein Leben und seine Gesundheit selbst verantwortlich. Die Medizinethik reflektiert hier Themen des Lebensstiles, der persönlichen Gesundheitsvorsorge, des persönlichen Anteils bei Krankheitsverläufen (u.a. Suchtkrankheiten), bis hin zum Suizid. In diesen Bereich gehört auch zunehmend die Bereitschaft, sich im Rahmen des gesundheitsbezogenen Gemeinwohls unter gegebenen Voraussetzungen für medizinische Forschung zur Verfügung zu stellen. Ein spezifisches Problem der Forschung am Menschen ist das der Nichteinwilligungsfähigen. Als generelle Regel für die Teilnahme me-

dizinischer Forschung am Menschen gilt ja die ausreichende Information und die freie Zustimmung. Manche Forschungen können allerdings nur an Einwilligungsunfähigen vorgenommen werden, so z.b. bei Kindern, bei Notfallkomapatienten, bei psychisch Kranken und Dementen. Diese Menschen verdienen einen besonderen Schutz, sollten aber auch nicht vom Fortschritt der Medizin ausgeschlossen werden.

Gerade durch die Möglichkeiten molekularbiologischer und anderer ähnlicher aussagekräftiger Untersuchungen ergibt sich das ethische Problem, dass bei Menschen, die sich gesund fühlen und noch keine Krankheitssymptome zeigen, prädiktive Tests für Krankheitsdispositionen bei entsprechender Familienanamnese vorgenommen werden können. Die Schere zwischen möglicher Voraussagbarkeit von Krankheiten und mangelnder Therapie wird in den nächsten Jahren vermutlich immer größer werden und schafft große moralische Entscheidungsprobleme. Vielfach hat man in nationalen Gesetzen versucht, den Einsatz molekularbiologischer Tests in der prädiktiven Medizin zu regeln, hat aber die Verwendung ähnlich aussagekräftiger Tests, die nicht auf molekularbiologischen Methoden beruhen, weithin ungeregelt gelassen. Nicht nur therapeutische Eingriffe, sondern auch prädiktive Tests dürfen nur vorgenommen werden, wenn der betroffene Mensch ausreichend informiert wurde und zugestimmt hat. Dies ist aber bei Kindern, bei vorgeburtlichen Tests und bei der sogenannten Präimplantationsdiagnose nach extrakorporaler Befruchtung nicht möglich. Nach welchen Kriterien sollen solche prädiktiven Tests, die für die Zukunft und künftige Lebensgestaltung des Menschen von großer Bedeutung sein können, entschieden werden? Wie kann der Datenschutz wirksam gewährleistet werden und wie betroffene Menschen vor Diskriminierung, z.B. am Arbeitsmarkt, bei Versicherungen geschützt werden?

Ein weiteres Themenfeld in diesem Zusammenhang der Verantwortung für die eigene Gesundheit stellt die Organtransplantation dar. Unter welchen Voraussetzungen ist eine Organtransplantation sinnvoll, dürfen Organe von Lebenden gespendet werden? Sollen Organe von Toten für die Transplantation entnommen werden und unter welchen Voraussetzungen? Von hier aus stellt sich auch das Problem der Hirntodfeststellung und des

Hirntodkriteriums, ebenso wie die Frage nach der Sinnhaftigkeit der intensivmedizinischen Behandlung und deren Begrenzung. In dem Bereich der Vorsorge für das eigene Sterben und die medizinischen Maßnahmen, die ein Mensch nicht mehr zulassen möchte, wird in Zukunft die Erstellung von Vorsorgevollmachten und Patientenverfügungen zunehmend an Bedeutung gewinnen.

b. Verantwortung für das Leben anderer
Ein weiterer großer Bereich ist die Verantwortung für das Leben anderer. Die Probleme am Lebensende im Zusammenhang mit Sterbebegleitung und Sterbehilfe wurden bereits in den beiden Fallbeispielen andiskutiert. Am Lebensbeginn ist das leidvolle Problem der Abtreibung in verschiedenen Facetten zu behandeln, ebenso aber auch jenes der Vorsorge für das vorgeburtliche Leben sowie der Forschung in diesem Bereich. Eine spezifische Dringlichkeit hat in letzter Zeit die Debatte um die Embryonenforschung beziehungsweise der Forschung an Stammzellen und Stammzelllinien bekommen, die durch die Vernichtung von menschlichen Embryonen gewonnen werden.

Ein weiterer großer Themenbereich betrifft die Weitergabe des menschlichen Lebens, insbesondere verantwortete Elternschaft, Empfängnisregelung, aber auch medizinisch-technische Fortpflanzungshilfe, wobei sich auch hier das dringliche Problem der sogenannten überzähligen Embryonen stellt. Diese Debatte ist brisant wegen des umstrittenen moralischen, anthropologischen und rechtlichen Status des embryonalen Menschen. Allein die Begriffswahl ist von ethischer Relevanz. Wer von menschlichen Embryonen spricht, geht vom Allgemeinbegriff der Embryonen aus und subsummiert darunter den Spezialfall menschlicher Embryonen. Wer hingegen vom embryonalen Menschen spricht, geht von der Kontinuität des Menschenlebens – von der Kernverschmelzung bis zum Tode – aus. Wer zuerst den Allgemeinbegriff z.B. »Behinderter« oder »Embryo« und dann erst als Spezialfall das »menschlich« hinzufügt, beweist weniger ethische Sensibilität als derjenige, der zuerst das Subjekt »Mensch« nennt und dann erst die besondere Situation, in welcher sich dieser Mensch befindet, z.B. »Mensch mit Behinderung«, »embryonaler Mensch« usw.

In letzter Zeit hat das Problem der Herstellung genetisch

identischen menschlichen Lebens durch Kerntransfer besondere Brisanz erhalten. Wiederum wird bereits in der begrifflichen Unterscheidung von so genanntem »reproduktiven« und »therapeutischen« Klonen das Interesse deutlich. In Wirklichkeit ist jedes Klonen reproduktiv. Auch der Begriff des »therapeutischen« Klonens ist irreführend, da es weder um einen Heilversuch zu Gunsten des Individuums geht noch eine konkrete Heilung anderer derzeit in Sicht ist, sondern bloße Forschungshypothesen. Für die Verfolgung dieser Forschungshypothesen soll die Tatsache verschleiert werden, dass menschliches Leben durch Kerntransfusion hergestellt wird, um es in der Forschung zu zerstören.

c. Gesellschaftliche Probleme
Mit den rasanten Fortschritten und Veränderungen in der Medizin gewinnen auch die ökonomischen Fragen der Zuteilung der Ressourcen im Gesundheitswesen eine zunehmende Bedeutung. Traditionellerweise wurde die sogenannte Allokationsfrage im Bereich der Organtransplantation angesichts knapper Organressourcen entwickelt. Sie ist nun auszuweiten auf Prioritäten in der medizinischen Forschung. Hier gilt es zu überlegen, für welche Forschung Geld und Energie investiert werden. Werden Krankheiten, die vorwiegend in den armen Ländern viele Menschenleben bedrohen und dahinraffen, ausreichend beforscht? Werden die Krankheiten, an denen auch in unseren Ländern viele Menschen leiden, ebenso beforscht wie die neuen Technologien, auf die sich nicht nur das Forscherinteresse, sondern auch die ökonomischen Interessen richten?

Die dringend anstehenden Gesundheitsreformen bedürfen eines ethischen Monitorings und dies ist einer der vermutlich wichtigsten Themen für die Medizinethik in Zukunft. Schließlich spielen die Auswirkungen der neuen medizin-technischen Möglichkeiten auf das Menschenbild eine zunehmend wichtige Rolle.

4. Gegenstand und Arbeitsweise der Medizinethik

Ungeachtet der Vielfalt medizinethischer Ansätze, Modelle und Methoden wird doch von *einer* Medizinethik gesprochen. Ist dies noch zu rechtfertigen?

Zu den Grundzügen der medizinischen Ethik gehört weithin die Einsicht, dass eine solche, wenn sie den Namen Ethik verdienen will, keine Sonderethik sein kann, sondern von philosophisch begründbaren und gesellschaftlich in der Erfahrung bewährten Überzeugungen ausgehen muss. Ihr Gegenstand ist eine Ethik, deren Objekt die Handlungen und Haltungen unter dem Gesichtspunkt der Differenz von richtig und falsch und gut und böse im weiten Bereich der Medizin ist. Sie hat keine eigenen – von der allgemeinen Ethik gesonderten oder unabhängigen – Prinzipien und Kriterien. Die Medizinethik ist aber auch kein äußerlicher Zusatz zur Medizin, auf den die Medizin auch verzichten könnte, sondern bildet eines ihrer konstitutiven Strukturmomente, wenn man Medizin nicht auf eine reine naturwissenschaftliche Technik reduziert, sondern sie als praktische Disziplin auffasst; nur eine solche wird dem Menschen als Person gerecht.

Das in den USA vorherrschende Modell geht von Kriterien bzw. Axiomen mittlerer Reichweite aus, die den ethisch-politischen Traditionen entnommen und oft auch Prinzipien genannt werden, mit denen das spezifische Handlungsfeld der Medizin handlungstheoretisch erschlossen wird. Die unterschiedlichen europäischen Modelle hingegen, die zur Europäischen Menschenrechtskonvention und nun zur Menschenrechtskonvention zur Biomedizin geführt haben, gehen vom Prinzip der Menschen- und Personwürde aus. Nicht nur der Begriff »Prinzip« wird also unterschiedlich gefasst, sondern auch die sogenannten Prinzipien selbst. So versteht man unter dem »Prinzip Autonomie« in der europäischen Tradition der Aufklärung die sittliche Selbstverpflichtung, im US-Principlism die Interessenskundgabe ohne ausdrücklichen Rückbezug auf das sittliche Gesetz.

Dennoch ist beiden Ansätzen gemeinsam die Konkretisierung der Grundlagen in Form von Rechten, die aus der Perspektive des individuellen Menschen formuliert werden. Versteht man unter Autonomie einfach den Anspruch auf Erfüllung frei geäußerter Wünsche, dann stellt sich die Frage, ob und wie diese sich im Konfliktfall zu den Rechten verhalten, die sich aus den anderen Prinzipien ergeben und wie solche Konflikte zu lösen sind. Es stellt sich aber auch die Frage, ob und wie die so verstandene Autonomie auf die Ziele der Medizin bezogen wird und an diesen ihre Grenzen findet.

Aber auch ein von der Menschenwürde und den daraus abgeleiteten Menschenrechten strukturierter Prinzipienzusammenhang kann zunächst nur sehr grundsätzliche und allgemein formulierte Folgerungen ableiten, die davon ausgehen, dass die mit dem Menschsein gegebene Anlage zur sittlichen Selbstverpflichtung (sittliches Subjektsein) unlösbar mit der leib-seelischen Ganzheit des Menschen verbunden sind. Deswegen bezieht der Schutz der Würde auch den Schutz des naturalen Dispositionsfeldes für den Freiheitsvollzug des Menschen ein. Grundlegend ist dann der Schutz der Integrität von Leib und Leben, das Verbot von Kommerzialisierung des menschlichen Körpers und aller seiner Teile in allen Phasen der Entwicklung des menschlichen Leibes, das Verbot der Diskriminierung auf Grund leiblicher – und dazu gehören insbesondere genetische – Merkmale, das Verbot einer genetischen Fremdbestimmung durch Klonen und Keimbahnintervention, die Gebote der Vertraulichkeit im Umgang mit gesundheitsbezogenen Daten, die Berücksichtigung des Patientenwillens usw. Zunehmend gewinnt auch die Berücksichtigung von Patientenverfügungen und Patientenvollmachten an Bedeutung, weil der Mensch das Wesen ist, das sein Leben in Freiheit vorweg qualifizieren kann: Diese Vorausverfügungen sind daher unter entsprechenden Voraussetzungen ebenso ernst zu nehmen, wenn ein Mensch seinen Willen nicht mehr äußern kann, wie ein aktuell geäußerter Wille.

Diese allgemeinen sittlichen Axiome sind eine notwendige, aber noch nicht hinreichende Voraussetzung für die Gewinnung sittlicher Urteile im Bereich medizinischen Handelns. Konkrete ethische Urteile müssen daher immer auch auf die anthropologisch begründeten Ziele der Medizin bezogen werden. Diese Ziele, wie sie in der klassischen Trias von *Diagnose, Prophylaxe und Therapie* gefasst sind, müssen heute angesichts der erweiterten Handlungsmöglichkeiten der Medizin und der gesellschaftlichen Herausforderungen ergänzt werden. So gewinnt die *Palliativmedizin* (Palliativmedizin wird hier im integrativen Sinn von Medizin und Pflege verstanden) als eigene Zielsetzung medizinischen Handelns zunehmend an Bedeutung in

Situationen, in denen ein Patient nicht mehr kurativ in sinnvoller Weise behandelt werden kann. Die Weltgesundheitsorganisation beschreibt Palliativmedizin als die umfassende aktive Sorge für Patienten, deren Krankheit nicht mehr auf kurative Behandlung anspricht. Die Kontrolle von physischen, psychischen, sozialen und auch spirituellen Leiden tritt dann als Ziel medizinischen Handelns in den Vordergrund. Das Ziel der Palliativmedizin ist das Erreichen der in der Situation bestmöglichen Lebensqualität für die Patienten und deren Angehörigen. Wenn Paaren aus medizinischen Gründen die Erfüllung ihres Kinderwunsches auf natürlichem Weg nicht möglich ist, kann die Fortpflanzungsmedizin oft keine Therapie anbieten, wohl aber eine *Substitution*. Die ethische Diskussion dreht sich hierbei vor allem um die Bedingungen, unter denen eine solche Ersetzung naturaler Vollzüge durch medizintechnisches Handeln gerechtfertigt ist, wo hier Grenzen liegen, und wie mit den Folgen (z.B. überzählige Embryonen) umzugehen ist. Auch im Bereich der *kosmetischen Interventionen* (z.B. bei Schönheitsoperationen) sind viele Situationen zu nennen, in denen dem Patienten in seiner leib-seelischen Integrität geholfen werden kann und soll, aber ebenso Situationen, in denen Patientenwünsche für den Patienten selbst schädlich sind, bis hin zu Todesfällen bei Lifestyle-Eingriffen und -Medikationen.

Jede medizinische Intervention muss also nicht nur durch Zustimmung nach ausreichender Aufklärung (abgesehen von Notfällen), sondern ebenso durch Indikationen gerechtfertigt werden, die sich aus den anthropologisch begründeten Zielen der Medizin ergeben. Das Verständnis von Gesundheit bzw. Krankheit fließt ebenso in die ethische Urteilsbildung ein. Gesundheit und Krankheit sind keine rein naturwissenschaftlich zu fassenden Begriffe, denn im Verständnis von Gesundheit und Krankheit sind immer auch partielle Vorgriffe auf Vorstellungen von einem gelungenen Leben für den einzelnen und in einer Kultur impliziert. Dies wird unter anderem besonders deutlich in dem Gesundheitsbegriff der Weltgesundheitsorganisation: Sie beschreibt Gesundheit als allgemeinen Zustand völligen körperlichen, seelischen und sozialen Wohlbefindens. Über diesen Gesundheitsbegriff ist viel diskutiert worden: über seine Vorteile, dass Gesundheit nicht bloß von Krankheit her beschrieben wird und den Menschen ganzheitlich in den Blick nimmt. Andererseits aber auch der utopische Charakter, der zu einer Schwächung und Untergrabung der Motivation bei der Pflege führen kann, wenn dieses Maß einer so beschriebenen Gesundheit nicht erreichbar ist.

Ein weiterer wichtiger Gesichtspunkt bei der ethischen Urteilsbildung im Bereich der Medizin sind die verschiedenen rollenspezifischen Berufsethiken in den verschiedenen Bereichen der therapeutischen Berufe, bei Ärzten, bei Pflegeberufen, bei medizinisch-technischen Therapeuten, Physiotherapeuten, Psychologen, die in verschiedenen Codices ihren Niederschlag finden und an denen stets weiter gearbeitet wird. Im Rahmen einer Medizinethik ist aber auch auf die Notwendigkeit eines meist zu wenig bedachten Patientenethos hinzuweisen. Im Vordergrund der Überlegungen stehen meistens immer genauere und detailliertere Patientenrechte, die durch die medizinische Ethik geltend gemacht werden sollen. Rechten entsprechen aber immer auch Pflichten. Auch der Patient selbst steht unter dem moralischen Anspruch und ist der primär Verantwortliche für seine Gesundheit, soweit er diese Verantwortung selbst wahrnehmen kann.

Innerhalb der Vielfalt von Berufen, die im medizinischen Bereich tätig sind, ist auch ihr Zusammenspiel Gegenstand der medizinischen Ethik. Für eine umfassende Ethik des Gesundheitswesens ist die Kooperation und Teamfähigkeit dieser Berufsgruppen von großer Bedeutung. Es gilt zu reflektieren, welche Entscheidungen innerhalb der Personenbeziehung – zwischen dem Patienten, dem Arzt, dem Therapeuten und den Pflegenden – zu treffen sind, welche innerhalb eines institutionellen Zusammenhanges und welche durch übergeordnete politische Instanzen. Medizinische Ethik hat also immer auch die Ethik der Institutionen und die politische Dimension mitzureflektieren. Die Entscheidung, auf welcher Ebene die Zuteilung gesundheitsbezogener Mittel vorgenommen wird, wird unter dem Stichwort Allokation diskutiert. Ursprünglich ist diese Allokationsdiskussion im Bereich der Transplantationsmedizin geführt worden und wird dort weiter geführt, wo es darum geht, wie – angesichts einer großen Zahl von Patienten, denen medizinisch geholfen werden kann und den knappen Ressourcen an

Organen – die Zuteilung der Organe in gerechter Weise gewährleistet werden kann. Auf der unteren Ebene der sogenannten Mikroallokation gilt es, die gerechte Zuteilung gesundheitsbezogener Mittel – und dazu gehört auch die Zeit und die personale Zuwendung des Arztes zum Patienten – zu gewährleisten. Auf der höheren Ebene der Mikroallokation geht es um die gerechte Verteilung von Mitteln und Leistungen für bestimmte Patientengruppen. Auf der unteren Ebene der Makroallokation geht es um die gerechte Zuteilung von Mitteln für die verschiedenen Bereiche der Medizin und auf der oberen Ebene der Makroallokation um gerechte politische Entscheidungen, welcher Anteil am gesamten zur Verfügung stehenden Budget für den Sektor Gesundheit zur Verfügung gestellt wird.

Angesichts der länderübergreifenden globalen Forschungen kommt den Entscheidungen große Bedeutung zu, welche Forschungen vorangetrieben werden und welche zurückbleiben, etwa im sechsten Forschungsrahmenförderungsprogramm der EU. Hier geht es vor allem darum, von den Krankheiten, unter denen die Menschen wirklich leiden, auszugehen und ökonomische Gesichtspunkte und forschungsorganisatorische Gesichtspunkte dem Wohl kranker Menschen unterzuordnen. Auch das Verhältnis zwischen den Teilsystemen Medizin, Ökonomie und Sozialpolitik usw. zu reflektieren, ist Gegenstand einer umfassenden Medizinethik.

Im weiten Feld dieser Entscheidungssituationen ist weder eine Ableitung von Prinzipien noch eine intuitive oder gar emotionale Einzelfallbeurteilung zielführend. Von einer Medizinethik ist die schwierige Vermittlung zwischen Prinzip und Situation zu leisten, in der sich die Konflikte abspielen. Ethische Fragen entstehen meistens bei konfligierenden Zielen bzw. Gütern. Eine wichtige Methode der Medizinethik ist daher die der sogenannten Güterabwägung. Eine ethische Güterabwägung unterscheidet sich aber von ähnlichen Abwägungsvorgängen ökonomischer, rechtlicher, politischer usw. Art dadurch, dass sie präzise unter dem Fixpunkt der unveräußerlichen Würde eines jeden Menschen vorgenommen wird. Menschenwürde ist die Voraussetzung für eine ethische Güterabwägung, aber eben noch nicht eine hinreichende Bestimmung, das konkret Gesollte in der Situation aufzufinden. Für eine Güterabwägung gilt es zunächst einmal den Güterkonflikt elementar herauszuarbeiten und darauf zu achten, dass nur gleichwertige Güter gegeneinander abgewogen werden können (z.B. Leben gegen Leben, aber nicht Leben gegen Lebensqualität). Gefährliche Tendenzen zeichnen sich nicht nur in den Gesellschaften, sondern auch in den medizinethischen Diskussionen ab, wenn die Würde eines Menschen nicht länger an die Grundvoraussetzung gebunden ist, dass er lebt (und zwar während der gesamten Dauer seines Lebens), sondern an das Kriterium der Lebensqualität. Für eine ethische Güterabwägung braucht es auch klare Vorzugsregeln für die Regelung von Güterkonflikten, wie sie bereits von Aristoteles in seiner Topik formuliert wurden. Es ist vermutlich eine der vordringlichsten Aufgaben der Ethik, für die einzelnen Bereiche – so auch im Bereich der Medizinethik – spezifische Vorzugsregeln für typische strukturelle Güterkonflikte weiterzuentwickeln.

5. Die Relevanz des Glaubens, der theologischen Reflexion und religiösen Bindung im Feld der Medizinethik

Wenn abschließend die Relevanz des Glaubens im Feld der Medizinethik bedacht wird, ist unter Glaube zunächst der ganzheitliche Lebensvollzug zu verstehen. Dieser zeigt sich in einer grundlegenden Einstellung zur Wirklichkeit, in einem Vertrauen zum Grund aller Wirklichkeit, weiterhin in einem Glaubenswissen, dessen wesentliche Inhalte in den christlichen Konfessionen im Glaubensbekenntnis greifbar sind, in theologischen Reflexionen und in persönlichen wie gemeinschaftlichen Glaubenserfahrungen sowie in der religiösen Bindung. Dieser Glaube tritt zur praktischen Vernunft in der Medizinethik nicht in Konkurrenz und kann die praktische Vernunft nicht ersetzen. Glaubenserfahrung und sittliche Erfahrung sind selbständige Erfahrungsbereiche, die in einem engen Wechselwirkungsverhältnis zueinander stehen. Gerade der Blick auf die Eigenständigkeit dieser beiden Erfahrungsbereiche ermöglicht auch eine genauere Reflexion auf ihre Wechselwirkung. Der Glaube geht keineswegs in Ethik auf, aber christlicher Glaube ist ethikrelevant. Der Glaube kann die sittliche Vernunft nicht ersetzen, ihr aber sehr wohl zusätzlich zu denken geben.

Relevant ist der christliche Glaube zunächst auf der Ebene der anthropologischen Voraussetzungen der Medizinethik. Eine Medizinethik, die gleich mit der Abwägung von Pros und Kontras beginnt, ohne sich ihrer anthropologischen Voraussetzungen zu vergewissern, ist methodisch unbedarft. Derzeit lassen sich zunehmende Spannungen zwischen christlichem Glauben und dem verbreiteten Klima in der Gesellschaft feststellen, was sich auch im medizinethischen Dialog niederschlägt. Dem Gläubigen stehen Menschen gegenüber mit Restbeständen aus dem christlichen Glauben; dem Glaubenden stehen aber auch Menschen gegenüber, die sich dezidiert vom Glauben, in dem sie noch irgendwie erzogen wurden – nicht selten voller Ressentiments – absetzen. Dem glaubenden Christen stehen aber auch Christen aus anderen Konfessionen und Angehörige anderer Religionen gegenüber und schließlich Menschen, die dem christlichen Glauben weder intellektuell noch existenziell begegnet sind.

Aus Glaubensüberzeugungen lassen sich unmittelbar keine ethischen Normen ableiten, der Glaube bedarf in seiner ethisch-relevanten Artikulation der sittlichen Vernunft. Glaubensüberzeugungen können auch durchaus widersprüchlich sein – nicht nur zwischen den verschiedenen Religionen – und bedürfen daher der Auslegung und der Prüfung durch die kritische Vernunft. Kritisch wird der Glaube allerdings Vorverständnissen gegenübertreten, in denen sich ein reduktionistisches Menschenbild abzeichnet. Nicht immer sind solche reduktionistischen Menschenbilder so klar zu erkennen, wie wenn z.B. das »Nichts als« spürbar wird: Der Mensch ist nichts anderes als das Ergebnis von evolutionären Gesetzmäßigkeiten; nichts anderes als die Funktion seiner Gene; nichts anderes als ein Lebewesen, das biologischen Gesetzmäßigkeiten gehorcht; nichts anderes als ein Wesen, das durch psychische Determinanten bestimmt ist; nichts anderes als ein Wesen, das Interessen vertreten kann; nichts anderes als ein Wesen, das Schmerz und Leid vermeiden will usw. Kritisch begegnet der Glaube auch den Illusionen, die die Endlichkeit überspringen, auch wenn sie in bekannten philosophischen Quellen auftreten, so z.B. wenn René Descartes in seinem Hauptwerk »Discours de la Méthode« meint: »Die Medizin werde eines Tages unendlich viele Krankheiten heilen und vielleicht auch die Altersschwäche loswerden.« (Descartes: Discours 62)

Der Glaube bedient sich allerdings auch philosophischer Schulen, in denen die grundsätzliche Erschlossenheit des Menschen auf das Sein im Ganzen vertreten wird. Daraus folgt, dass der Mensch nicht nur in einem Verhältnis zum Sein im Ganzen, zu den Mitmenschen und zur Umwelt, sondern in diesem Horizont auch in einem sittlichen Verhältnis zu sich selbst steht.

Der Glaube mag bei einem ersten Hinsehen zunächst in seiner kritischen Funktion wahrgenommen werden. Viel tiefer allerdings setzt die motivierende Kraft des Glaubens an. Glaube motiviert nicht nur zu moralischem Engagement, sondern auch zur ethischen Reflexion. Abstrakte intellektuelle Kenntnis von Menschenrechtsdokumenten enthält in sich noch keine Motivation, sein Leben und Handeln danach auszurichten. Hierzu bedarf es einer tieferen Quelle, die das Leben eines Menschen bewegt. Je tiefer und umfassender die Begründung von Menschenwürde im eigenen Leben, desto mehr Kraft zum sittlichen Handeln und der dazu nötigen Reflexion wächst dem Menschen zu. Der Glaube und die Glaubensquellen können hier vor allem durch ihre Bilder, Metaphern und Gleichnisse Quellen der Motivation erschließen.

Der Glaube hilft auch gegen einen Sog nach unten zu einem ethischen Minimum, gerade unter dem wirtschaftlichen Druck der internationalen Konkurrenz, ethische Minimalstandards weiter abzusenken.

Der Glaube bewahrt aber durchaus auch vor jener der säkularen Vernunft innewohnenden Tendenz, richtige und wichtige Werteinsichten absolut zu setzen, so z.B. wenn Lebensqualität und Gesundheit in einem utopischen Sinn für die ethische Urteilsbildung wichtiger werden als die Grundgabe des Lebens. Der christliche Glaube leistet einen wichtigen Beitrag dazu, in der Medizinethik offen zu bleiben für bessere Abwägungen. Der Glaube bringt alternative Handlungsmöglichkeiten ins Spiel und gibt in diesem Sinne zusätzlich zu denken.

Der Glaube bietet eine grundlegende Voraussetzung für die Annahme der eigenen Endlichkeit, der Endlichkeit der medizinischen Handlungsmöglichkeiten wie der Endlichkeit des Lebens von Patienten. Wenn in der modernen Gesellschaft nicht nur, aber auch durch die Fortschritte in der Medizin dem Menschen zusätzliche Lebensjahre gegeben werden, ihm aber zugleich die Perspektive auf Auferstehung und ewiges Leben verloren gehen, dann erzeugt eine solche Haltung einen ungeheuren Druck, in dieses Leben alles mit maximalem Anspruch hineinzuraffen. Dies geschieht, wenn der Mensch zwar einige Lebensjahre gewinnt, aber die Ewigkeit verliert. Die logische Konsequenz dieses Trends besteht dann im Ruf nach Euthanasie, wenn nicht mehr ausreichende Lebensqualität vorhanden ist, dem Tod technisch zuvorzukommen.

Der Glaube bietet nicht nur einen Zugang zur Annahme der eigenen Endlichkeit, sondern auch zur Annahme von Schuld und Versagen. Jeder schuldhaften Handlung gehen meist viele Unterlassungen voraus und jeder Mensch stirbt nicht nur in einer bestimmten Weise unvollendet, sondern auch mit uneingelösten Schulden und Rechnungen. Der christliche Glaube vermittelt Wege, Schuld nicht durch Strafe, sondern durch Reue und Vergebung zu überwinden. Der Mensch muss sich nicht selbst erlösen, sondern er darf sich erlösen lassen, er muss sich nicht krampfhaft und illusionär selbst vergeben, sondern darf sich vergeben lassen.

Der christliche Glaube gibt aber auch gute Gründe zur Annahme des Pluralismus und der Bewahrung vor voreilig geschlossenen Systemen. Bilder aus der Glaubensgeschichte wie etwa zum Turmbau zu Babel, vermitteln Einsichten in den gottgewollten Pluralismus. Die Integration der pluralen, zum Teil auseinanderstrebenden Strömungen ist aber nicht durch ein philosophisches System oder irgendwelche politischen Machenschaften zu erreichen, sondern die Integration des Pluralismus, die der Glaube anbietet, ist die Integration unter dem Haupt »Jesus Christus« und unter keinem anderen.

Nicht zu unterschätzen ist die Kraft der Bilder und Gleichnisse, mit denen Jesus von Nazareth uns das Geheimnis Gottes, in dem wir alle ›daheim‹ sind, erschließt. Die Botschaft vom Reich Gottes bedeutet letztlich, dass Gott ein Gott ist, der unwiderruflich zum Heil der Menschheit entschlossen ist, und dass da nichts mehr dazwischen kommen kann. In diesem Sinn verkündet Jesus, dass das Reich Gottes unwiderruflich nahe gekommen ist (Mk 1,15).

Die Tradition der Kirche hat neben vielen schrecklichen Fehlern sehr viel mehr ethische Substanz und Weisheit zu bieten, als eine rein innerweltliche Ethik. Die großen Heiligen, spirituellen Gestalten und caritativen Einrichtungen sind Modelle auch im Bereich medizinischen Handelns, so etwa die Ausbildung des Hospizwesens für unheilbar Kranke, so etwa die Gründung des ersten modernen Spitals durch Johannes von Gott; sie stellen die Vorläuferrolle für die heutige Hospizbewegung für Sterbende dar.

Im Mittelpunkt der Medizinethik steht der Mensch. Um den Menschen, wie er von Gott gemeint ist und gesehen wird, ist es Jesus gegangen. Will die Kirche die Kirche Jesu Christi sein, muss dieser Mensch auch der Weg der Kirche bleiben und zwar der zeitgenössische Mensch.

Literatur

Beauchamp, T.L./Childress, J.F.: Principles of Biomedical Ethics, New York [5]2001.

Beck, M.: Hippokrates am Scheideweg. Medizin zwischen Naturwissenschaft, Materialismus und ethischer Verantwortung, Paderborn 2001.

Bergdolt, K. u.a.: Medizinische Ethik, in: Lexikon der Bioethik 2, Gütersloh 1998, 647–663.

Chadwick, R.: Enzyklopaedia of applied Ethics, Volume 1–4, London 1998.

Descartes, R.: Discours de la Méthode, Paris 1902.

Fletcher, J.: Morals and Medicine, Princeton 1954.

Holderegger, A.: Das medizinisch assistierte Sterben, Freiburg 2000.

Irrgang, B.: Grundriss der medizinischen Ethik, München 1995.

Pöltner, G.: Grundkurs Medizinethik, Wien 2002.

Rager, G. (Hg.): Beginn, Personalität und Würde des Menschen, Freiburg 1997.

Ramsey, P.: Fabricated Man: The Ethics of Genetic Control, New Haven 1970.

Reich, W. T. (Hg.): Enzyclopaedia of Bioethics, New York [2]1995.

Schockenhoff, E.: Ethik des Lebens, Mainz [3]2000.

Virt, G.: Leben bis zum Ende. Zur Ethik des Sterbens und des Todes, Innsbruck 1998.

Engelhardt, D. von: Ethik im Alltag der Medizin, Basel 1997.

Wiesing, U. (Hg.): Ethik in der Medizin, Stuttgart 2000.

Dokumente

Deklaration von Helsinki des Weltärztebundes, Version Edinburgh, Scotland 2000.

Good Clinical Practise – Richtlinie der EG: die RL 2001/20/EG – http:// goinform.de/demo/eurecht/eu2001/r010020.pdf

Recommendation 1418 (1999) des Europarates »Zum Schutz der Menschenrechte und Würde terminal Kranker und Sterbender« – http:// assembly.coe.int/documents/adoptedtext/ta99/erec1418.htm

Übereinkommen über Menschenrechte und Biomedizin des Europarates – http://bioethik.tripod.com/bioet-en.htm

Beziehungsethik

Johannes Gründel

▮ Leben heißt in Beziehung stehen. Soll menschliches Leben glücken und gelingen, muss es sich seiner vielfältigen Beziehungen bewusst werden, sie entsprechend positiv gestalten und kultivieren. Ethik muss vor diesem Hintergrund als »Beziehungsethik« konzipiert werden.

▮ Beziehung ist als personales Geschehen zu denken. Beziehungsfähig ist der Mensch, weil er auf Transzendenz, auf Selbstüberschreitung hin angelegt ist; er ist fähig zum Rückblick (Woher?), zum Ausblick (Wohin?), zum Einblick (Wer bin ich?) und zum Bezug zu seinem Umfeld.

▮ Der Mensch ist als Beziehungswesen auch fähig zur Beziehung zu Gott. Sie ermöglicht ihm den »Durchblick« auf Sinn hin. Gott wird christlicherseits als Grund von Beziehungen bestimmt. Er ist ein Gott in Beziehung ›zu sich selbst‹ (Gott in drei Personen) wie zum Menschen (Menschwerdung, Inkarnation).

▮ Für die Struktur einer »Beziehungsethik« kommt der »Erfahrung« eine zentrale Bedeutung zu. Erfahrungen verbinden und verstärken zwischenmenschliche Beziehungen, Erfahrungen gerade in Beziehung mit anderen Menschen ermöglichen eine emotionale Vertiefung und Festigung des als richtig Erkannten.

▮ In struktureller Hinsicht lässt sich die Beziehungsethik als Ethik fundieren, der es um die Erfahrungsbezogenheit ihrer Normen geht, um die Förderung von Beziehungen als lebendige Prozesse, um den Dialog als Ausdruck und Bewährung guter Beziehungen, um die Suche nach Kompromissen in Beziehungskrisen. In christlicher Perspektive lassen sich diese Strukturelemente vertiefen und in einen Sinnhorizont einbetten (Suche nach der größeren Gerechtigkeit; Entfaltung einer dynamischen »Weg«-Moral; Hoffnungsperspektiven angesichts misslingender Beziehungen).

Leben heißt in Beziehung stehen, in Beziehung treten und aus den bestehenden Beziehungen Leben und Kraft für das Überleben schöpfen. Sterben und Tod sind für unsere unmittelbare

Wahrnehmung genau das Gegenteil: Beziehungen verflüchtigen sich mehr und mehr und reißen dann endgültig ab. Der Mensch lebt offensichtlich nur dank bestehender Beziehungen. Menschliches Leben beginnt im weitesten Sinne mit der Zeugung – normalerweise als Folge einer intimen leiblich-sexuellen Beziehung von Mann und Frau. Dieses neue Leben tritt mit der Nidation in eine Symbiose mit der Mutter und wächst in ihrem Schoß heran. Bereits während der Schwangerschaft entfaltet sich eine intensive Beziehung der Mutter zu dem unter ihrem Herzen heranwachsenden Kind. Nach der Geburt weiten sich diese Beziehungen im Verlauf dieses Lebens aus zur gesamten Umwelt, zu den Eltern, Angehörigen und Freunden.

Wenn dem so ist, dann lautet die Antwort auf die zweite der von Kant genannten drei wichtigsten Fragen des Menschen »(1) Was kann ich wissen? (2.) Was soll ich tun? (3.) Was darf ich hoffen?«: Soll menschliches Leben glücken und gelingen, dann geht es wesentlich darum, sich der vielfältigen grundlegenden Beziehungen bewusst zu werden, sie entsprechend positiv zu gestalten und zu kultivieren.

Auf diesem Hintergrund erscheint es sinnvoll, Ethik nicht nur einfach als Normwissenschaft, als Tugendlehre, als Reflexion über die verschiedenen moralischen Vorstellungen und Verhaltensweisen des Menschen oder entsprechend der Unterscheidung von Max Weber als Verantwortungsethik zu verstehen, sondern – im Blick auf die Bedeutung der vielfältigen lebenswichtigen Beziehungen des Menschen – als Beziehungsethik zu konzipieren. Allerdings können hierzu im Rahmen eines kurzen Beitrages nur einige wenige Impulse gegeben werden.

Eine letzte Verbindlichkeit sittlicher Verpflichtungen sowie der Werte und Normen lässt sich jedoch nicht aufzeigen, wenn sich Ethik gegenüber einer Transzendenz und Metaphysik und gegenüber einem religiösen Bereich grundsätzlich verschließt. Eine religiöse Verankerung personaler Beziehungen und menschlicher Verantwortung dürfte auch für das gesamte innerweltliche sittliche Verhalten des Menschen von positiver Bedeutung sein. Insofern wird eine Beziehungsethik letztlich auch auf eine Beziehungstheologie verweisen.

1. Vielfalt und Wandel des Wortes »Beziehung«

In alter Zeit besaß das Wort »beziehen« vornehmlich intransitive Bedeutung: »ziehen aus«, im Althochdeutschen »piziohan«; dieses Wort erfuhr aber durch die Vorsilbe »be-« im Mittelhochdeutschen als »beziehen« eine sachlich transitive Bedeutung: eine Wohnung beziehen, ein Streichinstrument mit Saiten beziehen, ein Land mit Krieg beziehen (so bis ins 18. Jahrhundert), Gehalt oder Waren beziehen, oder auch als rückbezüglicher Gebrauch: »der Himmel bezieht sich mit Wolken«, »die Antwort dieses Schreibens bezieht sich auf einen vorausgehenden Brief« u.ä. In der 2. Hälfte des 17. Jahrhunderts taucht dann das feminine Hauptwort »die Beziehung« auf, zu dem sich das Adverb »beziehungsweise« gesellt – letzteres wurde von Etymologen als eine »Sprachdummheit« bezeichnet (Kluge/ Götze: Wörterbuch 74).

Unter »Beziehung« versteht man im 20. Jahrhundert unter anderem verschiedene Formen von Interaktionen im menschlichen Miteinander, die sich durch ein besonderes Maß an Emotionalität und menschlicher Intimität auszeichnen (Gruber: Beziehung/Beziehungsethik; Ammicht-Quinn: Beziehungsethik; Pompey: Beziehungstheologie) etwa das Verhältnis der Eltern zu ihren Kindern und der Kinder zu ihren Eltern oder der Lehrer und Erzieher zu ihren Schülern, des Arztes zu seinen Patienten und umgekehrt.

Heute wird »Beziehung« in einem engeren Sinne besonders für verschiedene Formen intimen geschlechtlichen Zusammenlebens verwendet, etwa wenn vor einem rechtlichen Abschluss einer Ehe bereits eine lockere oder feste Beziehung zwischen zwei Partnern besteht oder wenn diese vielleicht bereits eine gemeinsame Wohnung bezogen und erotisch-sexuelle Kontakte aufgenommen haben. »Beziehung« wird nicht nur das intimste leiblich-sexuelle Verhältnis von Mann und Frau, sondern auch das von gleichgeschlechtlichen Partnern genannt. In einem weiteren übertragenen Sinne spricht man auch von der »religiösen Beziehung« des Menschen zu einem persönlichen Gott. Jedenfalls erfährt heute dieser Begriff eine vielfältige Verwendung. Vor allem aber unterliegt er auch ständig einem weiteren Bedeutungswandel.

Im Rahmen einer »Beziehungsethik« wird hier »Beziehung« verwendet für jenes Verhältnis des Menschen, das er zu sich selbst, zu seinen Mitmenschen, zu seiner Familie und den verschiedenen gemeinschaftlichen Gruppierungen und schließlich auch im religiösen Sinne zu Gott oder einem transzendentalen Bereich besitzt, ein Verhältnis, das in besonderer Weise auch emotional geprägt ist und welches entsprechend als eine tragende Verbindung erfahren wird. Ausgeklammert bleiben hier jene auch als tragend erlebten Beziehungen des Menschen zu Tieren, zur Natur und zur übrigen Umwelt. Im Humanbereich werden Probleme menschlichen Miteinanders auf ihre Relevanz hin befragt. Welche Bedeutung besitzen sie für das persönliche wie für das gesamte zwischenmenschliche verantwortliche Leben und Zusammenleben und damit für ein Verständnis von Ethik und Theologie überhaupt? Es geht auch darum, Interaktions- und Kommunikationsvorgänge für das praktische Leben hermeneutisch zu erschließen.

2. Der Mensch als Beziehungswesen

Die Kategorie der Beziehung durchzieht unser gesamtes Leben und Wirken.

Der Mensch ist ein Wesen, das auf Transzendenz hin angelegt ist; er besitzt die Möglichkeit und die Befähigung, sich zu »transzendieren«, auszulangen über den Augenblick hinaus (zeitlich): einmal zurück auf die Begegnungen und Erfahrungen in der Vergangenheit, also auf die Tradition; dann aber auch sich auszurichten nach vorn auf die Zukunft hin und diese zu planen. Er vermag sich aber ebenso auch auf sich selbst zurück zu beziehen, über sein Äußeres wie über sein Inneres zu reflektieren und im Rahmen einer Rückmeldung (eines »feedback«) von Seiten anderer seine eigenen blinden Flecke aufzuhellen oder verdrängte Gehalte aus dem Unbewussten ins Bewusstsein zu heben. Darüber hinaus »transzendiert« oder übersteigt er sich ständig auf seine Mitmenschen hin und auf sein ganzes Umfeld.

Diese hier genannten vier Dimensionen – der Rückblick auf das »Woher« und auf die eigene Vergangenheit, die Herkunft und Tradition, der Ausblick auf die Zukunft mit der Frage nach dem »Wohin« und nach dem Sinn des eigenen Lebens, der Einblick in das eigene Innere mit dem Versuch der Aufarbeitung verdrängter unbewusster Gehalte und schließlich der Bezug zu seinem eigenen Umfeld, zum Sozialbereich und zu den Mitmenschen – diese vier Dimensionen und Ausrichtungen erscheinen für eine ganzheitliche Wahrnehmung der Wirklichkeit menschlichen Lebens von Bedeutung. Wird eine dieser vier Dimensionen völlig ausgeklammert, liegt ein verkürztes Verständnis des Menschen vor. Dabei geht es nicht nur um eine bloße Kenntnis des Umfeldes, sondern um ein tieferes Verstehen seiner selbst, des eigenen Tuns und Lebens. Je mehr diese vier Dimensionen nicht nur rational, sondern auch gefühls- und erlebnismäßig wahrgenommen werden, umso tiefer wird diese Form der Selbst- und der Fremdwahrnehmung den Menschen erfassen, betroffen machen und als seiner Verantwortung zugewiesen erfahren werden.

Dabei geht es um ein ganzheitliches menschliches Erleben und um die Wahrnehmung sowie das Verständnis der vielfältigen personalen Beziehungen. Der Mensch versteht sich also nicht bloß im Sinne von Rene Descartes (†1650) als ein denkendes Wesen, das sich seiner Existenz gewiss wird (»cogito, ergo sum« = Ich denke, also bin ich), sondern er erlebt sich gerade in der Begegnung mit dem Du des anderen und in der Gemeinschaft wesentlich als einer, der in verschieden starken Beziehungen lebt und aus diesen heraus Kraft schöpft.

Im älteren Schöpfungsbericht des Jahwisten kommt die archaische Erfahrung des intimen Verhältnisses von Mann und Frau zum Ausdruck, wenn es darin heißt: »Und der Mensch sprach: Das endlich ist Bein von meinem Bein und Fleisch von meinem Fleisch. Frau soll sie heißen; denn vom Mann ist sie genommen. Darum verlässt der Mann Vater und Mutter und bindet sich an seine Frau, und sie werden ein Fleisch« (Gen 2,23f.). Jene intime Beziehung von Mann und Frau erscheint hier als grundlegende Erfahrung des Menschseins. Das Ich und das Du, das als Zweiheit erfahren wird, vermag in der menschlich sexuellen Einswerdung – vielleicht für wenige Augenblicke – eine kleine Ahnung von der Sehnsucht nach einem bleibenden Glück zu vermitteln. Zugleich aber wird auch die andere Seite des Lebens, das Noch-nicht-Fest-Halten-Können, das notwendige Abschiednehmen und die Trennung als schmerzlich erlebt.

Das gilt dann aber auch noch in einem weiteren Sinne dort, wo Eltern im Du ihres Kindes in einer besonderen Weise sich noch einmal selbst neu erfahren, sehen und wiedererkennen.

Für den jüdischen Religionswissenschaftler Martin Buber (†1965) ist alles wirkliche Leben Begegnung und Beziehung eines Ich zu einem Du. Der Mensch wird sich seiner selbst eigentlich erst in der Beziehung zum Du bewusst. Erst dann findet er auch allmählich seine Identität: »Der Mensch wird am Du zum Ich ... Beziehungsereignisse verdichten sich und zerstieben, und im Wechsel erklärt sich, von Mal zu Mal wachsend, das Bewusstsein des gleichbleibenden Partners, das Ichbewusstsein« (Buber: Ich 37). Nur in der Relation, im Gewebe der erlebten Beziehungen, vollzieht sich im Wesentlichen unser Menschsein. Für Buber ist »Beziehung« das Grundwort für menschliches Dasein schlechthin: »Im Anfang ist die Beziehung« (Buber: Ich 25). Buber lehnte alle Schattierungen des jüdischen Lebens dort ab, wo sie nur als Gesetze und Lehren verstanden werden. Er möchte die »echte Religiosität«, die weithin verloren gegangen ist, wieder aufzeigen. Diese findet für ihn nur in der erfahrenen dialogischen personalen Begegnung statt.

In jüngster Zeit hat auch Jürgen Habermas die Bedeutung der personalen Begegnung und der Personalität mit dem Religiösen in Beziehung gebracht. Habermas, der sich selbst einmal als »religiös unmusikalischen Menschen« bezeichnete (Waldenfels: Religion 291), spricht heute von einer postsäkularen Gesellschaft und meint, dass wir allein schon mit der Rede von der Personalität des Menschen religiösen Grund betreten. So sagte er in seiner Ansprache anlässlich der Verleihung des Friedenspreises auf der Frankfurter Buchmesse wenige Wochen nach dem terroristischen Anschlag vom 11. September 2001 in New York: »Die Wissenschaften erreichen da ihre Grenzen, wo sie den Menschen in seinem Subjektsein zerstören, wo Wissenschaften durch eine rein objektivierende Selbstbeschreibung das personale Selbstverständnis ablösen. Wo aber von Personalität die Rede ist, betreten wir in der Entwicklungsgeschichte der westlichen Säkularisierung so oder so religiösen Grund.« (zit. nach Waldenfels: Religion 292).

Personale Begegnungen setzen sicherlich entsprechende Erfahrungen des Vertrauens, der Liebe, des Angenommenseins und der Geborgenheit in der frühen Kindheit voraus, vor allem in der Familie. Fehlen diese, so darf man sich nicht wundern, wenn Menschen sich später mit zunehmendem Alter schwerer tun, einem anderen Menschen Vertrauen zu schenken und feste dauerhafte Beziehungen einzugehen. Das ist ja auch mit dem Wort »Liebe« gemeint, wenn es nicht vordergründig nur als sexuelle Beziehung, sondern im Sinne von tragenden personalen zwischenmenschlichen Beziehungen verstanden wird.

Heute erfährt der Begriff der Beziehung zunehmend seine Legitimität »als Leitbegriff für die verschiedenen Formen gefühlsbetonten, von wechselseitigem Verständnis und personenbezogener Wertschätzung getragenen Interagierens zweier Menschen« (Gruber: Beziehung/Beziehungsethik 364); er weist hin auf die Bedeutung der mehr oder weniger stabilen personalen Beziehungen im Leben eines Menschen. Darüber hinaus aber bleibt im Folgenden zu prüfen, inwieweit auf Grund derartiger persönlicher Erfahrungen sich auch ein Wandel des Verständnisses sittlicher Forderungen und ihrer Verbindlichkeit, also auch von Ethik, abzeichnet.

3. Theologischer Urgrund aller Beziehungen

Es ist naheliegend, nicht nur im zwischenmenschlichen Bereich von Beziehung als einem personalen Geschehen zu sprechen, das die Existenz des Menschen zutiefst erfassen kann und das zum Menschsein schlechthin gehört. Auch der religiöse Bezug gehört zum Bereich der Beziehungen – allerdings unter der Voraussetzung, dass Gott als Person und nicht als irgendein »ewiges Gesetz« verstanden wird oder wie im deistischen Verständnis als ein Wesen, das zu seinen Geschöpfen in keinerlei Beziehung mehr steht.

So wichtig die vier innerweltlichen Dimensionen unserer Transzendenz auch sind, sie allein genügen nicht. Es fehlt letztlich noch als fünfte Dimension der religiöse Bereich, das Auslangen des Menschen nach einem letzten Sinn seines Lebens und Daseins, nach Gott. Es ist dies der Durchblick zu Gott als jener transzendentale Grund, der menschliches Leben umfängt, ihm Sinn verleiht und auf den letztlich jede Ich-Du-Beziehung zweier Menschen verweist (Gruber: Beziehung/Bezichungsethik 364). Sie ist auch gemeint, wenn in der Bibel von »Gott« als dem Schöpfer gesprochen wird, der den Menschen nach seinem Bilde, als »sepher Jahwe« (Gen 1,27), geschaffen hat. Hier geht die Beziehung als solche ursprünglich »schöpferisch« allein von Gott aus. Der Mensch als Geschöpf ist zugleich aufgerufen, seinerseits »Antwort« auf dieses vorausgehende schöpferische »Wort Gottes« zu geben. Dies ist der Überstieg in jenen metaphysischen transzendentalen Bereich, der sich unserer empirischen Erfahrung entzieht und der doch irgendwie erahnt werden kann.

Nach christlichem Glaubensverständnis ist Gott kein einsamer, sondern ein dreipersönlicher oder dreifaltiger Gott. Dabei spricht die Theologie von innergöttlichen Beziehungen. Wie auch immer diese im einzelnen auszulegen sind: der eine Gott existiert in drei Personen, Person aber nicht im traditionellen Verständnis des antiken Philosophen Boethius (†524) als völlig eigenständige Personen, sondern in der im 3.–6. Jahrhundert von den Kirchenvätern verwendeten Form der »Hypostase« (Person) als der eine Gott, der uns wirkend als Schöpfer, in der Menschwerdung Jesu als Erlöser und im Heiligen Geist als Heiligmacher begegnet[1]. Mit dieser Aussage bekommt eine »Beziehungsethik« gerade aus dem Bereich der Theologie entscheidenden Impuls für die Deutung als »Beziehungstheologie«.

Wenn heute der Mensch von Gott spricht oder nach einem letzten Sinn allen Lebens und Liebens Ausschau hält, geht es ihm nicht so sehr um eine seinsmäßige Bestimmung seines Wesens oder um eine Unterwerfung unter Gottes Gebote. Vielmehr steht auch hier die Kategorie des »Dabeiseins«, die »Beziehung« zu diesem Wesen, Gott als »Partner« des Menschen, im Vordergrund. Diese religiöse Dimension umfasst die übrigen vier Dimensionen menschlicher Beziehungen integrativ und

---

[1] Boethius definiert Person als eine für sich bestehende, in Raum und Zeit sich durchhaltende selbstständige und unteilbare vernünftige Seinsform (»rationalis naturae individua substantia«; so in: contra Eutych. III). Diesem Personverständnis fehlt das für die Trinitätsteologie anders gedeutete Hypostase- oder Personverständnis der Kirchenväter aus dem 3.–6. Jahrhundert: die Rollen, die der eine Gott als Schöpfer, Erlöser und Heiligmacher in seiner Beziehung zu uns einnimmt. Vgl. hierzu Wildfeuer: Person/Personalität; Greshake: Person/Personalität.

vermittelt sowohl für das »Woher« wie auch für das »Wohin« des Menschen eine über das Sinnfällige hinausgehende Antwort: Der Mensch, Geschöpf eines ihn liebenden Gottes, ist berufen über den Tod hinaus zur Auferstehung, einem Leben in Fülle.

Neben den vier innerweltlich ausgerichteten vier Dimensionen des Menschen ist diese fünfte ›religiöse Dimension‹ die alles tragende, zentrale und alle vier Dimensionen integrierende »Beziehung«, die zum Menschen als »dialogalem Wesen« gehört. Wird dieser Urgrund aller Beziehungen, die religiöse Dimension, völlig verdrängt oder ausgeblendet, wird dieser ›Ausfall‹ oft dadurch kompensiert, dass Menschen zu verschiedenen Ersatzbefriedigungen greifen und den leeren ›Stuhl Gottes‹ mit anderen Größen (oder Götzen) besetzen.

Bei der Kommunikation und Interaktion mit der religiösen Dimension lassen sich einmal der Inhaltsaspekt des Glaubens – theologisch die »Fides-quae-creditur« (die Glaubensinhalte) – vom Glaubensgrund – der »Fides-qua-creditur« – unterscheiden: Letztere ist der eigentlich personale Vollzug unseres Glaubens, der Bezug, der sich als Glaube, das heißt als ein »Vertrauen auf« realisiert (Pompey: Beziehungstheologie 359).

Ausgangspunkt einer Beziehungsethik bleibt der Mensch als Person; er ist letzter ethischer Bezugspunkt der verschiedenen Formen menschlicher Beziehung. Doch wer ist es, der dem Menschen seine Würde und damit auch jene Grundrechte zuspricht, von denen wir in unserer aufgeklärten westlich demokratischen Gesellschaft sprechen? Ist es der Mensch selbst und das von ihm gesetzte und ins Jenseits projizierte Bild von Gott, dem jedoch im Sinne von Ludwig Feuerbach (†1872) keine Wirklichkeit entspricht: Religion und Gott als bloße Projektion menschlicher Bedürfnisse? Oder dürfen wir davon ausgehen, dass der Projektion auch eine Wirklichkeit entspricht und somit dem Menschen von anderswoher, und zwar von Gott her, eine solche Würde zugewiesen wird? Letzteres wäre dann jene transzendentale Beziehung, die der Mensch von Gottes schöpferischem »Ja« erhält und die dem Menschen eine unaufhebbare Würde zuweist. In Psalm 8 heißt es: »Was ist der Mensch, dass du an ihn denkst, des Menschen Kind, dass du dich seiner annimmst? Du hast ihn nur wenig geringer gemacht als Gott, hast ihn mit Herrlichkeit und Ehre gekrönt. Du hast ihn als Herrscher eingesetzt über das Werk deiner Hände, hast ihm alles zu Füßen gelegt« (Ps 8,5–7).

Theologisch gesehen geht Gottes Beziehung zum Menschen schließlich so weit – und darin unterscheidet sich christlicher Glaube vom jüdischen und vom islamischen Glauben – dass sich dieser Bezug zum Menschen noch in der Weise zuspitzt, dass Gott »um unseres und des Menschen Heiles willen« Mensch wurde – und zwar in einer geschichtlichen Stunde und an einem historischen Ort in der Person des Jesus von Nazareth. Dies beinhaltet eine weitere intensive Beziehung des einen Gottes zu den Menschen als seinen Geschöpfen, denen er den Auftrag erteilt hat, diese Welt weiter positiv zu gestalten und auch in Zukunft Menschen ein friedvolles und gerechtes Zusammenleben zu ermöglichen. Darüber hinaus ist es der gleiche Gott, der in der Inkarnation im Menschen Jesus in einer Weise Beziehung zum Menschen aufnimmt, dass von diesem einen Gott angenommen werden darf: »Wahrer Gott – wahrer Mensch«, wie dies das 4. Allgemeine Konzil von Chalkedon (451) unterstreicht.

In der Menschwerdung (Inkarnation) Gottes zeigt sich, wie ernst Gott diese Welt und vor allem den Menschen nimmt. Konsequenterweise sollte auch alles ethische menschliche Handeln diese irdische Wirklichkeit berücksichtigen. Der Mensch darf nicht an der Realität vorbei seine »Verantwortung« wahrnehmen. Dies bedeutet zugleich eine Schwerpunktverlagerung und Kritik einiger vorhandener ethischer Entwürfe. So bleibt eine rein idealistische Konzeption einer Ethik unzureichend; sie bedarf einer ›Erdung‹ durch den Bezug zu der jeweiligen Wirklichkeit menschlichen Lebens und Handelns. Dementsprechend kommt der »Erfahrung« gerade auch für eine »Beziehungsethik« eine wichtige Bedeutung zu.

4. Stellenwert der »Erfahrung« in der Ethik

Sittliche Forderungen begegnen uns Christen zunächst weithin in der Form von Weisungen der Eltern und Erzieher und von anderen gesellschaftlichen Autoritäten, aber auch in Gesetzen, Normen und in jenen Traditionen, die sich bewährt haben und die weiter vermittelt werden. Wir nehmen diese gewohnheitsgemäß an, versuchen sie aber auch zu verstehen, diskutieren vielleicht noch über ihren Sinn, ihren Stellenwert und über ihre Begründungen. Wo sie sich jedoch als wirklichkeitsfremd erweisen und nur mehr – wenn überhaupt – rein äußerlich formal befolgt werden, haben sie wenig Bestand. Rein gewohnheitsgemäß vollzogenes sittliches Verhalten, das ohne inneren Sinnbezug und ohne tiefere Einsicht erfolgt, wird in dem Augenblick aufgegeben, wo sich das gewohnte Umfeld ändert. Es erscheint sinnlos und wird fallen gelassen. Mit bloß theoretisch rationalem Bewusstmachen lassen sich sittlich positive Verhaltensweisen allein nicht retten. Es bedarf vielmehr einer emotionalen Vertiefung und Festigung des bislang gewohnt vollzogenen sozialen Verhaltens; dies geschieht wesentlich durch entsprechende gemeinsame Erlebnisse und Erfahrungen mit anderen Menschen. Dem gemeinsamen Erleben und der daraus erfolgten emotionalen zwischenmenschlichen Beziehung kommt für die Akzeptanz von sittlichen Werten und das Leben positiv prägenden Elementen eine entscheidende Bedeutung zu. Sie sind für die Festigung sittlicher Verhaltensweisen und das Glücken und Gelingen menschlichen Lebens und Zusammenlebens wichtig.

Erfahrung ist mehr als bloße Wahrnehmung. Im Unterschied zum diskursiven Denken oder zum bloß theoretisch Vorgelegten oder Gedachten bildet die Erfahrung eine eigene Form von Erkenntnis; sie besitzt den Charakter der Unmittelbarkeit. Das, was wir erfahren, hinterlässt nicht nur in unserem Inneren Spuren; es prägt uns, bestimmt auch mehr oder weniger unsere weiteren Verhaltensweisen und Entscheidungen. Angesichts der Fülle und Vielfältigkeit unserer Wahrnehmungen, mit denen wir heute – auch von Seiten der Medien – ständig konfrontiert und überschüttet werden, vergessen wir vieles wieder sehr schnell; vielfach nehmen wir nur oberflächlich Beziehungen auf.

Demgegenüber hinterlassen Erfahrungen, wie wir sie hier verstehen, bleibende Spuren im Leben eines Menschen. Schon vom Wortgehalt her deutet »erfahren« hin auf eine gewisse Aktivität, Bewegung, Fertigkeit und Eigentätigkeit. Ursprünglich meint erfahren »sich auf die Fahrt begeben«, »durch das Land fahren«. Dazu bedarf es eigener Initiative, einer Anstrengung und Zeit. Es wird etwas unmittelbar persönlich Erlebtes in einen Lernprozess aufgenommen.

Der Begriff »Erfahrung« ist äußerst komplex: ein Vorgang, der sich im Subjekt und seinem Erleben vollzieht, also in einer tieferen Weise eine Beziehung zu diesem Subjekt und seinem Erleben besitzt, zugleich aber auch im weiteren Sinne eine Art von Besitz umschreiben kann, der im Verlauf des Lebens erworben wurde. Für den subjektiven menschlichen Erkenntnisvorgang und für die Aneignung einer Wahrheit spielt die Erfahrung eine konstitutive Rolle.

Zugleich ist es eine allgemein menschliche Erfahrung, dass wir in unserer subjektiven Wahrnehmung und ihrer Deutung bisweilen irren. Irrtümer aber können verhängnisvolle Folgen haben. Wir leben eben in einer noch unheilen Welt und tragen durch unsere verschuldeten wie auch durch nicht verschuldeten Irrtümer zu größerem Unheil bei. Insofern bedarf es einer kritischen Wachsamkeit. Wir müssen unsere eigenen Erfahrungen mit den Erfahrungen anderer vergleichen, auch mit jenen Erfahrungen, die in bereits vorliegenden Gesetzen, Normen und ethischen Weisungen einer Autorität zum Ausdruck kommen. Für Christen zählt in besonderer Weise auch das in der Bibel aufgezeichnete und in der Tradition immer wieder neu verkündete »Wort Gottes« zu jenen Erfahrungen, mit denen sie ihre eigenen Erfahrungen konfrontieren müssen. Biblische Texte sind ein Niederschlag jener positiven wie negativen Heilserfahrungen, die das Volk Israel mit seinem Bundesgott Jahwe (Erstes Testament) und im Zweiten Testament die Apostel und Jünger mit Jesus gemacht haben. Dabei dürfen die biblischen Texte nicht ohne Berücksichtigung ihres Kontextes, ihrer zeitbedingten und kulturellen Einkleidung und ihrer eigentlichen Sinnspitze verwendet werden – das, was uns die bibelkritische Exegese und die biblische Hermeneutik an Hilfen zur Klärung der Bedeutungsgehalte biblischer Texte anbietet. Die biblische Botschaft bleibt jedoch eine Hilfe, die eigenen menschlichen Erfahrungen kritisch zu prüfen und entsprechend zu deuten. Eine absolute Eindeutigkeit von Erfahrungen gibt es nicht. Doch bildet unsere moderne Erfahrungswelt ihrerseits die Matrize für die christliche Glaubenserfahrung, die sich wesentlich als ein

Beziehungsverhältnis realisieren sollte. Der Glaube wird nur dann eine verwandelnde Kraft erhalten, wenn er einen Niederschlag findet in einer Beziehung des Menschen zu Gott, das heißt etwa im Lesen der Schrift, im persönlichen vertrauenden Glaubensvollzug, aber auch in der gemeinsam vollzogenen Gottesbeziehung im Gottesdienst. Auch und gerade der Gemeinschaft der Glaubenden hat Jesus seine Gegenwart zugesagt.

In seinem Freiheitsstreben drängt der erwachsene Mensch dazu, selbst zu entscheiden, was für ihn und für andere im Einzelfall wichtig und richtig ist. Erst recht begehrt er auf, wenn sich eine äußere Lenkung allmählich auf alle Bereiche seines Lebens erstreckt und die ganze Gemeinschaft einer autoritären Leitung unterstellt ist. Einerseits ist eine Außenlenkung autoritativer Art notwendig, andererseits soll sie allmählich abgebaut und durch eine nach innen übernommene Steuerung ersetzt werden. Letzteres wird umso leichter geschehen, wenn zwischen Autorität und Handelndem nicht bloß eine amtliche, sondern auch eine vertrauensvolle persönliche Beziehung besteht.

Für unser sittliches Verhalten bleibt eine Spannung zwischen einer autoritativen Außenlenkung und der Eigenentscheidung kennzeichnend. Doch die letzte Verbindlichkeit besitzt jener Gewissensentscheid, der nach gründlichem Bemühen um ein richtiges, das heißt von Liebe und Gerechtigkeit getragenes Handeln getroffen wurde. Das gilt auch dann noch, wenn der Mensch dabei irrt, vorausgesetzt, dass er sich zuvor nach den ihm eigenen Möglichkeiten bemüht hat, das Rechte zu finden. In den Texten des II. Vatikanischen Konzils kommt dies zum Ausdruck in den Worten: »Nicht selten jedoch geschieht es, dass das Gewissen aus unüberwindlicher Unkenntnis irrt, ohne dass es dadurch seine Würde verliert. Das kann man aber nicht sagen, wenn der Mensch sich zu wenig darum bemüht, nach dem Wahren und Guten zu suchen und das Gewissen durch die Gewöhnung an die Sünde allmählich fast blind wird« (Gaudium et Spes 16).

Die Gesamtheit der vorhandenen Erfahrungen eines Menschen nennen wir dann »Lebenserfahrung«. Derartige objektivierte Erfahrungen sollte man von der moralpsychologischen Kategorie der Erfahrung als einer Erlebnisqualität unterscheiden, wenngleich zwischen beiden ein Zusammenhang besteht.

Um diese jeweils gemachte Erfahrung geht es uns hier. Sie setzt eine Reflexion voraus; ein ›Aha-Erlebnis‹ macht den Menschen im emotionalen Bereich ›betroffen‹, ihm erschließt sich rational die Plausibilität oder der Sinn eines Verhaltens, einer Sache oder einer sittlichen Forderung – oder aber auch ihr Ungenügen. Erfahrung ist eine vertiefte Art von Erkenntnis, die im Subjekt verankert bleibt und Einfluss behält für sein späteres Handeln. Demgegenüber gilt: »Grau ist alle Theorie«. Insofern ist zwischen Theorie und Praxis ein bedeutender Unterschied, der sich auch auf das Handeln des Menschen auswirkt.

Erfahrung hat mit »Praxis«, mit Handeln zu tun. Erfolgt dieses zusammen mit anderen, so kann dies neue Verbindungen schaffen. Gemeinsame Erfahrungen verbinden und verstärken zwischenmenschliche Beziehungen. Wer entsprechende Erfahrungen besitzt, hat gegenüber jenen Menschen, die eine solche Erfahrung nicht haben, etwas voraus. Erst die Erfahrung führt zur vertieften Einsicht in die Vernünftigkeit oder Plausibilität richtigen Verhaltens. Weitere neue Wahrnehmungen und Erlebnisse werden in das bereits vorausgehende und immer wieder neu hinzukommende Wissen mit aufgenommen und abgewogen. Damit wachsen unsere Erfahrungen jeweils weiter an – vorausgesetzt, wir sind für solche Erfahrungen genügend offen. Reinen Theoretikern, erst recht Ideologen, die immer als Besserwisser erscheinen und oft emotional unterentwickelt sind, fehlt eine solche Offenheit.

5. Strukturen einer Beziehungsethik

5.1 Entschärfung der Legalisierung – die »größere Gerechtigkeit«

Ein normatives Denken wird der Radikalität der Botschaft Jesu nicht gerecht; denn diese richtet sich wesentlich auf die intensive Pflege mitmenschlicher Beziehungen und auf die Beziehungen des Menschen zu Gott. Bloße Gesetzesbefolgung übersieht, dass die christliche Botschaft den Menschen gerade von einem formal legalistischen Verhalten befreien möchte zu einer von innen heraus in Freiheit vollzogenen Antwort auf das vorausgehende befreiende Handeln Gottes. Jesus kritisiert die Schriftgelehrten, die Menschen schwere Lasten auflegen, diese aber selbst nicht tragen wollen.

So erforderlich für eine Gemeinschaft rechtliche Regelungen und Normierungen auch sind, sie sollten eigentlich zum Glücken und Gelingen menschlichen Lebens und mitmenschlicher Beziehungen beitragen; sie dürfen nicht die eigentliche Sinnspitze der christlichen Botschaft, ihren Freiheitscharakter verstellen. Legalistisch normatives Vorgehen erweckt den Eindruck, genau zu wissen und abgrenzen zu können, wo das Böse beginnt und was alles Sünde ist. Es führt leicht zu kasuistischer Kleinlichkeit, schürt Angst und führt zu Kleinmut. Angesichts verantwortungslosen Verhaltens wird der Ruf nach genauen Verhaltensregeln und kasuistischen Handlungsanweisungen laut. Doch eine Ethik, die diesem Drängen entspricht, erweist der christlichen Botschaft und ihrer Radikalität einen schlechten Dienst. Sie führt eher dazu, sich mit einem bloß äußeren legalen Verhalten zu begnügen.

Das Entscheidende und der eigentliche radikale (= an die Wurzeln gehende) Kerngehalt sittlicher Weisungen kommt jedoch beispielhaft in den Antithesen der Bergpredigt zum Ausdruck. Nachdem Jesus zunächst betont, er sei »nicht gekommen, um das Gesetz und die Propheten aufzuheben, ... sondern um zu erfüllen« (Mt 5,17ff.), sagt er: »Wenn eure Gerechtigkeit nicht weit größer ist als die der Schriftgelehrten und der Pharisäer, werdet ihr nicht in das Himmelreich kommen« (Mt 5,20). Jesus stellt den einzelnen Weisungen der Tora (»Ihr habt gehört ...«) seine eigene Deutung entgegen (»Ich aber sage euch ...«). Das Anstößige für seine Zeitgenossen, die Frommen und Pharisäer, und das zugleich völlig Neue der Rede Jesu gegenüber der Tora und dem seit langer Zeit tradierten Gesetz ist: Jesus will weder die Tora aufheben, noch verschärfen, sondern ihr Wesen, ihre eigentliche Sinnspitze, herausstellen: Es ist die weitaus größere Gerechtigkeit; sie geht über die äußere Gesetzeserfüllung hinaus. Sie richtet sich nicht auf das tote Gesetz, sondern auf das gesamte zwischenmenschliche Beziehungsgefüge und Verhalten. Das ist der eigentliche Wille Gottes. Demgegenüber ist das Verbot des Tötens nur eine »Minimalmoral«. Alles, was menschliches Leben erschwert und blockiert: Zorn, Streit, Ungerechtigkeit wie auch die kleinen Verletzungen und Tötungen, die Menschen im Verlauf ihres Zusammenlebens anderen zufügen und damit die Beziehungen zerstören, sind die Wurzeln von Mord und Totschlag.

Auch Gebet und Opfer bleiben wertlos, wenn die Beziehung zum Mitmenschen gestört ist. Darum heißt es in der Bergpredigt: »Wenn du deine Gabe zum Altar bringst und dir dabei einfällt, dass dein Bruder etwas gegen dich hat, so lass deine Gabe dort vor dem Altar liegen; geh und versöhne dich zuerst mit deinem Bruder, dann komm und opfere deine Gabe« (Mt 5,23f.). Auch der Ehebruch beginnt nicht erst mit vollzogener Tat, sondern im Herzen mit der grundlegend gestörten Beziehung zum Partner (Mt 5,27–30). Gegenüber den überlieferten »Verboten« des Meineids und der vergeltenden Gewaltanwendung fordert Jesus als positive Gebote die eindeutige wahrhafte Aussage, den Verzicht auf Gewalt und ein Frieden stiftendes Handeln bis hin zur Feindesliebe (Mt 5, 33–48). Immer geht es also um einen Aufbau und um die Förderung personaler Beziehungen zu den Mitmenschen und zu Gott.

Dabei wäre es ebenso verkehrt, diese positiven Forderungen wiederum zu einem Gesetz zu machen; denn dann würde wieder ein Legalismus den Kerngehalt dessen, was Sünde ist, verdecken. Sünde ist eben nicht nur Gesetzesübertretung, sondern im wesentlichen eine Beziehungsstörung, die vor der vollzogenen Tat schon im Herzen beginnt. Dass wir jedoch in einer mit Schuld verstrickten ›noch unheilen‹ Welt leben, kann uns gerade dort bewusst werden, wenn die Zielvorgaben des christlichen Hochethos, wie es in der Bergpredigt verkündet wird, nicht erreicht werden. In der Theologie kommt dies im missverständlichen Begriff von der »Erbsünde« zum Ausdruck oder in der Rede von »sündhaften Strukturen dieser Welt«. Die Bergpredigt legt keineswegs eine reine Gesinnungsethik vor. Doch Gesinnung des Menschen, seine Grundeinstellung zum Mitmenschen und die Förderung personaler Beziehungen bleiben die »Seele der Sittlichkeit«.

5.2 Der Wegecharakter: »Unterwegs mit einer Verheißung«

Beziehungen sind nicht etwas Statisches und Starres, sondern sind ein lebendiger Prozess und sollten weiter gepflegt werden, können aber auch rückläufig sein und bedürfen im Leben des Menschen immer wieder neu personaler Impulse. Will sich eine Beziehungsethik und -theologie an der Bibel orientieren, so bietet sich hierfür das Bild vom Wege an. In den Texten des II. Vatikanischen Konzils wird das Bundesvolk Israel und die Kirche als das durch die Zeiten wandernde Volk Gottes umschrieben. Der Gedanke des Weges und des Unterwegsseins bestimmt bereits die alttestamentliche Heilsgeschichte: Gott ruft Abraham, aus seiner angestammten Heimat aufzubrechen in ein fremdes Land. Dieser Aufbruch ist bereits mit einem Segensspruch und mit einer Verheißung verbunden. In ähnlicher Weise wird der Auszug der Hebräer unter Moses aus Ägypten, dem Land der Knechtschaft, sowie der Zug durch die Wüste Sinai getragen vom Ruf Jahwes und von der Verheißung eines Gelobten Landes: Jahwe begleitet sein Volk und beschützt es. Diese Wegbegleitung und Beziehung Jahwes zu seinem Volk wird schließlich zum charakteristischen Gottesnamen: Der Gott Israels heißt »Immanuel«, er ist der »Gott-mit-uns« und bleibt Wegweiser und Begleiter seines auserwählten Volkes. Auch in den Texten des Zweiten (Neuen) Testaments begegnen wir immer wieder dem Bild des Weges, auf dem der Mensch nicht allein ist; er darf mit der ständigen Begleitung Gottes rechnen. Es ist dies das einmal gesagte schöpferische »Ja« Gottes zum Menschen als Person, jene Urbeziehung, die dem Menschen sein Leben lang in der Gemeinschaft der Glaubenden zugesagt bleibt, selbst wenn er diese nicht wahrnimmt und vergisst. Der »Immanuel« oder »Gott-mit-uns« ist nach Aussage der Schrift zugleich »die Liebe« schlechthin (1 Joh 4,8), damit aber auch Ursprung und Ziel aller personalen Liebe der Menschen.

Beziehungstheologie und Beziehungsethik stehen somit in einem engen Zusammenhang. Wenn die Theologie von »Gnade« spricht, dann bedeutet dies: Die Liebe und damit die Beziehung Gottes zum Menschen geht aller menschlichen Liebesantwort voraus, ist unverdientes Geschenk. Sie bleibt auch ausgerichtet auf eine endgültige Erfüllung allen menschlichen Liebens in Gott. Dies kommt in den Worten Jesu zum Ausdruck: »Ich bin der Weg und die Wahrheit und das Leben. Niemand kommt zum Vater außer durch mich« (Joh 14,6).

Das Bild vom Weg macht aufmerksam auf die Dynamik und Bewegung sowie auf den geschichtlichen Charakter der christlichen Frohbotschaft. Dies gilt auch für alle personalen Beziehungen: Sie sind lebendig; die Partner müssen sich öffnen füreinander, sich ausrichten auf ein gemeinsames Ziel und dahin aufbrechen.

Eine biblisch konzipierte Beziehungsethik und -theologie weiß trotz des Bestehens verbindlicher Normen um deren Relativität, Zeit- und Situationsbedingtheit. Sie weiß sich gerade in den vielfältigen personalen Beziehungen »unterwegs mit einer Verheißung«: mit der Zusage der ständigen Begleitung Gottes. Sie fragt aber auch immer wieder neu nach dem konkreten Ruf Gottes in der jeweiligen Stunde, um bei Entscheidungen den »Kairos« (den rechten Augenblick) nicht zu verpassen.

Bei der konkreten sittlichen Bewertung personaler Beziehungen wird eine Beziehungsethik behutsam vorgehen und den Blick zunächst auf das Wesentliche, die innere Einstellung, richten. Dabei bedarf es eines klugen und behutsamen Urteils. Einerseits sind die bestehenden geltenden kirchlichen Weisungen zu Sexualität und Ehe zu berücksichtigen, wonach volle gelebte geschlechtliche Intimbeziehungen ihren legitimen Platz nur in der Ehe haben. Gleichzeitig aber wird über jene Menschen, die bereits auf dem Weg zur Ehe volle sexuelle Beziehungen aufgenommen haben, differenziert und nur behutsam zu urteilen sein. Objektiv fehlt bei den so genannten nichtehelichen Lebensgemeinschaften – in durchaus unterschiedlicher Weise – noch die klare bindende Entscheidung der Partner füreinander und das öffentliche Bekenntnis vor der Gemeinschaft der Gläubigen in der Kirche sowie der Schutz der Rechtsgemeinschaft. Darum trägt diese Beziehung noch keinen sakramentalen Charakter und wird von der Kirche als solche nicht gebilligt (KEK 382–383). Wo jedoch diese Beziehungen bereits Ausdruck einer wachsenden Zusage und wirklich personaler Liebe und Treue sein wollen und sich die Partner ehrlich darum bemühen, wo darüber hinaus durch sie auch nicht Beziehungen und Rechte anderer verletzt werden, »unterscheiden sie sich erheblich von unpersönlichen und bindungslosen Sexualbeziehungen« (KEK 383) als der eigentlichen Form der Unzucht. Der personale Gehalt einer solchen Beziehung sowie ihre Zielausrichtung auf einen beabsichtigten formalen Eheabschluss haben heute meistens die Folge, dass die betreffenden Partner ihre bereits gelebte Beziehung subjektiv auch nicht als völlig verkehrt oder schwer sündhaft empfinden.

Demgegenüber bleibt zu fragen, ob nicht doch bisweilen in einer formal gültig geschlossenen sakramentalen Ehe die sexu-

ellen Verhaltensweisen der Partner eher den Charakter der Unzucht oder einer Vergewaltigung tragen können, wenn ihnen
eine ganzheitlich personale Liebe mangelt und der Partner lediglich nur als Lustobjekt dient. Oft wird dies dem einen oder
auch beiden Partnern gar nicht voll bewusst.

Auch in Fragen gleichgeschlechtlicher Liebesbeziehungen
bedarf es heute einer neuen behutsameren Beurteilung; denn
bislang lässt sich die Frage nach dem Ursprung solcher Beziehungen nicht hinreichend klären. Der neue römische Katholische Katechismus sagt hierzu: »Eine nicht geringe Anzahl von
Männern und Frauen sind homosexuell veranlagt. Sie haben
diese Veranlagung nicht selbst gewählt ... Ihnen ist mit Achtung...und Takt zu begegnen. Man hüte sich, sie in irgendeiner
Weise ungerecht zurückzusetzen« (KKK 2358). Auch und gerade hier bedarf es einer entsprechenden Sensibilität; vor allem ist
sehr deutlich zwischen homosexueller Veranlagung und der
Ausübung rein genitaler homosexueller Praktiken zu unterscheiden. Gegenüber letzteren betont der Katechismus, gestützt
auf die Heilige Schrift und die kirchliche Überlieferung, »dass
die homosexuellen Handlungen in sich nicht in Ordnung sind«
(KKK 2357). Im Übrigen gilt für alle Menschen – ob heterose-
xuell oder homosexuell geprägt –, dass sie zur »Keuschheit«,
d.h. zu einer rechten Formung und ganzheitlich personalen Gestaltung ihres erotischen und sexuellen Lebens aufgerufen bleiben, wozu auch eine entsprechende Selbstbeherrschung und
Enthaltung gehört.

5.3 Der Dialog – Bewährung der Beziehung

Mit anderen Menschen in Beziehung treten bedeutet auch, sich
auf sie einzulassen, mit ihnen zu reden, einen Dialog zu führen.
Ein guter Dialog ist nicht nur Ausdruck, sondern die Bewährung für eine gute Beziehung. Dazu bedarf es einer entsprechenden Offenheit, den Partner anzuhören und ihm zuzuhö-
ren; er muss spüren, dass er als ganzer Mensch mit seinen
Argumenten und Gefühlen, aber auch mit seinen Sorgen und
Nöten ernst genommen wird. Dies geschieht nicht allein über
die Vernunft (»ratio«), sondern im Wesentlichen über Herz und
Gefühl. Entscheidend für ein gegenseitiges Verständnis bleiben
alle unsere Sinne und Gefühle, die in einen Dialog mit einflie-

ßen, vor allem die eigene zugrunde liegende Einstellung zum Gesprächspartner. Für ein Gelingen eines solchen Dialogs ist eine entsprechende Sensibilität vonnöten: »Der Ton macht die Musik!« Mienenspiel, Gestik und Tonfall sind oft entscheidend dafür, ob und inwieweit ein Wort beim Partner ankommt, ob er glaubwürdig ist. Der gute Dialog erfordert auch die Bereitschaft, Gegensätze auszuhalten und gegebenenfalls die eigene Position in Frage stellen zu lassen. Im Dialog wird auch das Bruchstückhafte und Ungenügen der eigenen Position deutlich. Einen guten Dialog zu führen setzt eine hohes Maß an Empathie, an Einfühlung und die Bereitschaft zur Toleranz voraus: Eine Achtung vor der Meinung und Position des anderen, auch und gerade dann, wenn einer diese Position nicht teilt. Im Dialog sollte über die verschieden vertretenen Positionen ein offener Meinungsaustausch erfolgen. Dabei können die Teilnehmer lernen, gegebenenfalls auch fair miteinander zu streiten. »Streiten verbindet«, so lautet der Titel eines Buches für Partnerschaften und Eheleute.

Heute begegnen wir aber auch Tendenzen, die einem offenen einfühlenden Meinungsaustausch nicht gerade förderlich sind. Bei jungen Leuten gilt es heute als Mode und darum als erstrebenswert, »cool« (= ruhig, überlegen, kaltschnäuzig) zu bleiben, nach außen hin keinerlei Gefühlsregungen zu zeigen, sondern sich von Gefühlen – ob sie freudig oder traurig stimmen – überhaupt nicht beeindrucken zu lassen. Bedeutet dies nicht doch, die Gefühle zu unterdrücken? – In der antiken epikureischen Ethik gab es die Tugend der »Ataraxia« (wörtlich: die Unerschütterlichkeit); man wertete sie als Höchstmaß eines Glücks, das nicht mehr steigerungsfähig ist durch Gefühle, Bedürfnisse oder irgendwelche emotionalen Einflüsse und Beziehungen; der einzelne genügte sich selbst. In der späteren stoischen Ethik verband sich diese Sicht mit der stoischen »Apathie« (= Gefühllosigkeit); sie ist eigentlich das Gegenteil von »Empathie«, einem Einfühlungsvermögen. Zwar verwahrten sich die Stoiker dagegen, die Apathie als Gefühllosigkeit anzusehen. Doch galten für sie Affekte und Gefühle als unvernünftige seelische Regungen und widernatürliche Bewegungen. Der stoische »Weise« lässt sich durch nichts mehr erschüttern; er steht über allem. Diesem stoischen Denken entsprang dann auch der ethische Grundsatz: »Nichts um der Lust willen tun«, der sich gerade im Rahmen einer christlichen Sexualmoral in den folgenden Jahrhunderten negativ als sexual- und leibfeindlich ausgewirkt hat. Wo einer »cool« bleibt, gegenüber seinem Partner keinerlei Gefühlsregungen erkennen lässt, wird eine Beziehung verkümmern und schließlich abbrechen. Dann allerdings bleibt auch eine Kultivierung des Gefühlslebens, die uns heute besonders Not tut, auf der Strecke.

In der neutestamentlichen nachösterlichen Erzählung von den beiden Jüngern auf dem Weg nach Emmaus (Lk 24, 13–35), denen Jesus begegnet und mit denen er über ihre Enttäuschung und Traurigkeit spricht, kommt die einfühlende Haltung der Gesprächspartner und die therapeutische Wirkung dieses Gespräches zum Ausdruck. Die beiden zuvor auf der Flucht aus Jerusalem wegen des Todes Jesu traurig gestimmten Emmausjünger kehren nach dem Gespräch mit Jesus, den sie zunächst nicht erkannt haben, völlig verwandelt und freudig wieder um und gehen zurück nach Jerusalem. Sie erkannten Jesus am Brechen des Brotes. Die im Gespräch und beim Mahl gewachsene Beziehung mit Jesus führte zu einer tieferen Erkenntnis und vermittelte ihnen neue Lebensperspektiven und Hoffnung.

5.4 Der Kompromiss – Ausdruck einer noch unheilen Welt

Angesichts der Komplexität unserer pluralen gesellschaftlichen Wirklichkeit, aber auch menschlicher Unzulänglichkeit und Sündigkeit lassen sich für so manche persönliche und gesellschaftlich zu treffende Entscheidungen keine glatten Lösungen finden. Das gilt erst recht für jene Situationen, in denen es um schwer gestörte menschliche Beziehungen geht. Wo eine eheliche Beziehung und das Zusammenleben für beide Partner zur Qual werden, wo keinerlei personale Liebe mehr die Beziehung trägt, erscheint die Trennung der Partner oft als einzige Möglichkeit. Damit verliert das biblische Scheideverbot keineswegs seine Verbindlichkeit; aber seine Realisierung wird unmöglich und führt zu notvollen Kompromissen.

Um für solche Situationen die erforderlichen Entscheidungs- und Handlungsmöglichkeiten zu eröffnen, müssen Kompromisse gefunden werden. Jeder gute Kompromiss setzt jedoch voraus, dass auch weiterhin Grundwerte und Grundrechte anerkannt und nicht aufgegeben werden, so der Respekt vor der Menschenwürde, vor der Gewissensentscheidung und der Glaubensfreiheit des anderen und die Grundhaltung der Toleranz. Wo nicht alle divergierenden Interessen und Überzeugungen voll integriert werden können, ist Rücksichtnahme und eine entsprechende Sensibilität gefordert, dürfen keine neuen Fronten aufgebaut werden, sondern müssen neue Wege gefunden werden (Weber: Dialog; Eid: Kompromiss).

5.5 Hoffnungsperspektiven

Sicherlich ließe sich noch viel sagen über missglückte Beziehungen, über Sünde und Schuld, Schuld als personale, aber auch als »transpersonale« und weithin unbewusste Schuld, Schuld als Verhängnis und als eine gesellschaftliche Größe – alles Gegebenheiten, die sich störend und zerstörend auf unsere Beziehungen auswirken. Ebenso gibt es auf der Grundlage christlichen Glaubens Perspektiven der Hoffnung, die bei Versagen und Schuld auf die Möglichkeit von Umkehr und Versöhnung verweisen und einen neuen Anfang ermöglichen.

Bereits die hier aufgezeigten wenigen Ansätze für eine Beziehungsethik und Beziehungstheologie zeigen, dass sich die Kategorie der »Beziehung« besonders gut eignet, den personalen Charakter sittlicher Verantwortung in sämtlichen Lebensbereichen aufzuzeigen. Ein solches Moral- und Glaubensverständnis wird nicht in eine lebensfremde Gesetzesmoral abdriften, sondern vielmehr als positiver und ermutigender Beitrag für eine lebensfreundliche humane Ethik und für einen befreienden christlichen Glaube verstanden werden.

Literatur

Ammicht-Quinn, R.: Beziehungsethik, in: Lexikon für Theologie und Kirche 2, Freiburg u.a. ³1994, 387–388.

Buber, M.: Ich und Du, Köln 1966.

Eid, V.: Kompromiß, in: Lexikon für Theologie und Kirche 6, Freiburg u.a. ³1997, 232–233.

Gaudium et Spes. Pastoralkonstitution des II. Vatikanischen Konzils.

Greshake, G.: Person/Personalität II. Theologiegeschichtlich und systematisch-theologisch, in: Lexikon für Theologie und Kirche 8, Freiburg u.a. ³1999, 46–50.

Gruber, H.-G.: Beziehung/Beziehungsethik 2, in: Lexikon der Bioethik 1, Gütersloh 1998, 363–365.

Hilpert, K.: Person/Personalität III. Theologisch-ethisch, in: Lexikon für Theologie und Kirche 8, Freiburg u.a. [3]1999, 50–52.

Katechismus der Katholischen Kirche. (im Text: KKK)

Katholischer Erwachsenen-Katechismus 2. Leben aus dem Glauben, Bonn 1995, 382–383. (im Text: KEK)

Kluge, F./Götze, A.: Etymologisches Wörterbuch der deutschen Sprache, Berlin [16]1953.

Pompey, H.: Beziehungstheologie, in: Lexikon für Theologie und Kirche 2, Freiburg u.a. [3]1994, 358–359.

Waldenfels, H.: Religion in der Modernen Welt. Wissenschaftliche Forschung, in: Lebendiges Zeugnis 57 (2002).

Weber, H. (Hg.): Der ethische Dialog, Fribourg u.a. 1984.

Wildfeuer, A.G.: Person/Personalität I. Philosophisch, in: Lexikon für Theologie und Kirche 8, Freiburg u.a. [3]1999, 42–46.

Politische Ethik

Gerhard Droesser

▨ Menschen leben in Institutionen: Staat, Wirtschaft, Familie, Religion etc., die sie selbst hervorbringen und gestalten. Aufbau und Leitidee einer Institution wird durch theoretische Reflexion in Modellen dargestellt, durch ethische Reflexion auf ihren Beitrag zur Entfaltung des Humanum kritisch abgefragt.

▨ Das Basismodell des politischen Systems in der westlichen Moderne stellt sich dem Problem, wie die gesellschaftliche Einheit gegen die Vielheit individueller Sonderinteressen herzustellen ist.

▨ Die Legitimation der politischen Steuerungsinstanz ist nur durch rationale Einsicht und Einwilligung der Bürger in ihre Funktionsnotwendigkeit zu erreichen.

▨ Die Sicherung sozialen Friedens wird von der im Staat konzentrierten und von ihm monopolisierten Erzwingungsmacht erwartet. Machtzähmende Systemelemente sind: die Gewaltenteilung, die öffentliche Kritik, die Konzeption vorstaatlicher individueller Freiheitsrechte.

▨ Der Freiheitsbegriff bleibt dem Staatshandeln nicht nur widerständig, sondern erweitert sich zur Leitidee politischer Ordnung, die sich die Bürger selbst geben. Die abstrakten Menschenrechte sollen in den bürgerlichen Rechten sich konkretisieren.

▨ Die politische Befriedung der Gesellschaft ist die Bedingung für das System moderner Wirtschaft. Das ökonomische Basismodell setzt auf freies Unternehmertum, freie Konkurrenz und freien Handel. Aus nichtintendierten Folgen der Systementwicklung erwachsen der Gesellschaft erneut schwere Belastungen, die zu einer Vertiefung und Erweiterung ethischer Interpretation menschlichen Daseins und zu Neuansätzen politischer Praxis führen.

Wie jede ethische Perspektive, so dient auch die politische zur Selbstorientierung: Wer bin ich? Wer ist mein Anderer? Was müssen, können und sollen wir miteinander tun? Unter welchen Voraussetzungen, in welcher Weise und um welcher Zwecke willen führen wir unser Leben? Jeder Mensch, der über sich selbst nachdenken und sich verantworten will, wird sich diese Fragen stellen und in den verschiedensten Lebenssituationen jeweils neu konkretisieren.

Bei aller Verschiedenheit der individuellen Lebensgeschichten gibt es allgemeine Sinnstrukturen, die allen Individuen, die zu einer bestimmten Zeit in einer bestimmten Gesellschaft und Kultur zusammenleben, als gemeinsame Grundlage vorgegeben sind. Solche Sinnstrukturen sind in den Institutionen, in die wir hineingeboren werden und hineinwachsen, wirksam – sie formen unsere soziale Identität, bestimmen unsere Wirklichkeitsauffassung, unsere Argumentationen und unsere Praxis.

Wer über sich selbst nachdenkt, kann versuchen, diese Sinnstrukturen nicht mehr wie im Alltagsleben einfach zu gebrauchen, sondern sie zu thematisieren. Wer fragt: Was ist moderne Politik und was habe ich mit ihr zu tun?, der muss ihre geschichtliche und logische Tiefendimension rekonstruieren. Welche Funktion, welchen Sinn hat Politik in der modernen Gesellschaft? Die Formen von Politik und Gesellschaft sind nicht überzeitlich, sie entstehen in der Geschichte, bauen sich zu relativ konstanten objektiven Gebilden auf, die dem Folgegeschehen die Richtung und das Maß weisen und von diesem in vielfacher Weise fortgestaltet werden. Die Formen, die in unserer Alltagswelt unmittelbar wirksam sind, sind uns in einer langen Vorgeschichte vermittelt. Sie sind von Menschen geschaffene Produkte, Resultate gesellschaftlicher Auseinandersetzungen und Erfahrungen.

Geschichtliche Erfahrungen werden in realer Praxis gemacht, in der Theorie aber, die jede Praxis begleitet, auf den Begriff gebracht. Die theoretische Reflexion zieht die Summe der Erfahrungen, bringt das in ihnen Wesentliche zum Sprechen. Sie ist nicht Abbildung einer geschichtlichen Situation; das Empirische ist nur die Bedingung, der Anstoß zur theoretischen Modellbildung, die die im Empirischen gelegenen Sinnzusammenhänge freilegt und auf die Ebene abstrakter Argumentationen überführt. Jedes Modell hat einen Zeitort, in dem es erfunden werden kann; aber zugleich geht sein argumentativer Geltungsanspruch über die Zeitstelle seines Ursprungs hinaus: Als exemplarische Konstruktion hat es Deutungskraft auch für spätere Zeiten, eine begrenzte zwar, aber doch eine notwendige. Denn, was eine Theorie als exemplarische Konstellation menschlicher Praxis darstellt, wirkt weiter und bleibt aufgehoben als Moment späterer Realität und Theorie. Ihr unmittelbarer Geltungsanspruch wird bestritten, neue Erfahrungen werden gemacht, neue Argumentationen vorgebracht – aber nur darum, weil die erste Erfahrung und ihre Reflexion den Weg gewiesen haben.

Einige der klassischen Reflexionen auf Funktion und Sinn moderner Politik möchte ich hier vorstellen und zwar so, dass in der Darstellung der einzelnen Theorieansätze zugleich die Problematiken sichtbar werden, die die spätere Theorie zur Kritik provozieren und zu genauerer Bestimmung des Gegenstands veranlassen. Weil der Bedeutungsgehalt des Gegenstands – die Idee moderner Politik – weit umfassender und komplexer ist als die einzelne theoretische Reflexion, folgen die Theorien nicht willkürlich aufeinander, sondern bilden einen spannungsreichen Entwicklungszusammenhang. An einem kleinen, aber für die Moderne konstitutiven Ausschnitt aus der politischen Ideengeschichte der westlichen Kultur soll versucht werden, in der hermeneutischen Einstellung des dialogischen Lernens ein begriffliches Instrumentarium wie Vorverständnis für das Verstehen gegenwärtiger politischer Problemlagen und ihren theoretischen Reflexionen darzulegen.

1. Pragmatisch-rationale Legitimation der staatlichen Gewalt

Thomas Hobbes (1588–1679)
Leviathan (1651), ed. with an Introduction by C.B. Macpherson, 1985 (Penguin)

> »*For by Art is created that great Leviathan, called a Common-Wealth, or State, (in latine Civitas) which is but an Artificiall Man.*«
> *(The Introduction)*

Für Hobbes ist das Konzept von Politik in eins die Entscheidung für säkulare Vernunft. Die Menschen machen Geschichte und Gesellschaft kraft ihrer eigenen intellektuellen und voluntativen Vermögen. Was ihre Orientierungs- und Organisationsleistungen betrifft, ist menschliche Vernunft ohne Transzendenzbezug – sie ist nicht mehr durch »eingeborene Ideen« informiert –

sie ist schlichtweg eine Gegebenheit, die ebenso hinzunehmen ist wie die Strebungen der Natur, von denen sie allerdings dadurch geschieden bleibt, dass sie sich zu ihnen verhalten, mit ihnen gestalterisch umgehen kann. Dass sie Natur zu organisieren imstande ist, ist eben ihre Funktion, die menschliches Leben überhaupt erst möglich macht. Unmöglich wäre menschliches Leben, wäre es allein von der vernunftlosen Natur bestimmt.

Die Definition der menschlichen Vernunft schneidet sich von der Legitimationsinstanz »Gott« radikal ab. Als endliche Vernunft kann sie nur Endliches erfassen. Gott als Unendliches ist unerfassbar und unbegreiflich. Damit werden theologische Legitimationen sozialer und politischer Ordnung hinfällig. Sie sind als Herrschaftsideologien durchschaubar, die Überzeugungskraft und Verbindlichkeit verloren haben. Mit einer ständisch gegliederten Ordnung hat damit Hobbes von vorneweg gebrochen. Nicht nur, dass sich Gesellschaft eine bestimmte politische Ordnung selbst geben muss, sie muss sich grundlegender überhaupt erst *als* Gesellschaft konstituieren. Nicht allein die Politik, vielmehr die Gesellschaft selbst ist keine naturhafte Gegebenheit.

Die Gesellschaft Hobbes' muss rational konstruiert und gewollt werden, durch die Erkenntnis und den Willen der einzelnen Individuen. Traditionale vorstaatliche Sozialverbindungen werden nicht abgestritten, gelten aber als kontingent. Denn auch sie sind aus individuellen Willen zusammengesetzt und können von ihnen jederzeit wieder verlassen und aufgelöst werden, wenn sie keinen Vorteil mehr versprechen. Der individuelle Wille bleibt also kleinste, nicht auflösbare Einheit. Das Gesellschaftssystem kann nur das Produkt der individuellen Willen sein, und nicht umgekehrt.

> »... I put for a generall inclination of all mankind, a perpetuall and restless desire of Power after power, that ceaseth onely in Death.« (Part I, Chap. XI)

Was führt die Individuen dazu, ihr Sein-als-Einzelne zu transzendieren? Nach ihrem Begriff sind sie, soweit ihre Kraft reicht, auf Selbsterweiterung angelegt. Selbsterweiterung ist Einverleibung, ist Verzehren des Anderen. Aus der Perspektive des Habenmüssens hat der Andere keinen Selbstwert, er ist nur möglicher Gebrauchswert. Insofern transzendiert sich das Individuum nur auf sich selbst, es relativiert sich nicht, sondern ist in den Vollzug seiner Machtexplikation gebannt.

Aber so handelt jedes Individuum. Der eine bedroht damit den anderen, der wiederum ihn bedroht. Jeder muss zugleich angreifen und sich verteidigen. Gewiss, der Stärkere gewinnt, aber niemand kann sicher sein, dass er in neuen Machtkonstellationen nicht zu den Unterlegenen gehört. Zur Demonstration von Stärke genötigt und auf seinen Eigenvorteil fixiert, erweist sich das Individuum am Ende doch schwach. Die Mittel, die es in den Lebenskampf investiert, verlangen so viel Anstrengung und Kosten, dass der eigentliche Zweck – der Lebensgenuss – darüber illusorisch wird.

> »In such condition, there is no place for Industry; because the fruit thereof is uncertain: and consequently no Culture of the Earth; [...] and which is worst of all, continuall feare, and danger of violent death; And the life of man, solitary, poore, nasty, brutish, and short.« (Part I, Chap. XIII)

Zunächst steht die Ratio im Dienst der Triebdetermination. Sie ist instrumentelle Rationalität, die Mittel zur Erreichung des vorschwebenden Triebziels organisiert. In ihrem Scheitern jedoch wird eine ihrer tieferen Tendenzen manifest, nämlich sich zur Unmittelbarkeit des Triebes und ihren durch und in ihn gebannten organisatorischen Vermittlungen reflexiv zu verhalten. Das Triebverlangen wird dadurch nicht aufgelöst, es bleibt auch für die es reflektierende Rationalität bestimmend – das Bedürfnis soll befriedigt werden. Aber zur Einsicht kommt, dass die Triebbefriedigung nur auf einem Umweg erreicht und maximiert werden kann, nämlich so, dass die Situation des allseitigen Bedrohens und Bedrohtwerdens aufgehoben wird. Das Individuum wird bereit sein, seinem Triebstreben Grenzen zu ziehen, wenn es sich darauf verlassen kann, dass alle anderen Individuen das auch tun.

Die reziproke und symmetrische Limitation besagt, dass jedem Individuum durch alle anderen Individuen Raum zur Selbstentfaltung zugestanden wird. Wie dieser Raum von den Einzelnen inhaltlich ausgefüllt wird, wie sich die Einzelleben verwirklichen, bleibt hierbei offen. Entscheidend ist allein, dass jeder dem anderen das Lebendürfen zugesteht.

> »And Convenants, without the Sword, are but Words, and of no strength to secure a man at all. [...] The only way to erect such a Common Power [...] is, to conferre all their power and strength upon one Man, or upon one Assembly of men, that may reduce all their Wills [...] unto one Will ...« (Part II, Chap. XVII)

Dass dieses wechselseitige Zugeständnis der Individuen auch eingehalten wird, bedarf der Sicherung durch eine dritte, von ihren Partikularwillen unabhängige und ihnen übergeordnete Gewalt. Denn eine bloß moralische intersubjektive Einigung – wenn sie nur durch Worte erfolgt – kann jederzeit von diesem oder jenem wieder gekündigt werden, sie hat keine bindende Kraft. Die Konvention der Gewaltenthaltung muss folglich verstetigt, der Fortschritt gegenüber dem vorrationalen Naturzustand stabilisiert werden. Der gemeinsamen Einsicht muss ein gemeinsamer Willensentschluss folgen, in dem jeder auf seine Machtpotenzen Verzicht leistet. Die Verzichtleistung ist zugleich eine Machtübertragung auf die Position eines Dritten, der außerhalb der partikularen Interessensphäre steht. Der Dritte ist allen Individuen gegenüber, auf ihn werden die Machtpotenziale konzentriert. Die Macht löst sich nicht auf, sie steigert sich aus ihrer fragmentierten Vielheit zur Einheit absoluter Macht. Die absolute Macht verfährt gleichwohl nicht willkürlich, sie steht nicht mehr auf der Ebene des partikularen Interesses. Sie ist als allgemeines Subjekt konstruiert und mit der einzigen Funktion versehen, die Einhaltung des von allen ausgesprochenen Gewaltverzichts zu überwachen. Im Souverän vergegenständlicht sich der Vergesellschaftungswille der Vielen. Der Souverän schafft den sozialen Frieden – er ist so die Bedingung der gesellschaftlichen Produktionen und Zwecke, die sich im interindividuellen Verkehr in Industrie und Handel vollziehen. Der soziale Friede, den die politische Herrschaft herstellt, ist die Bedingung des sozialen Wohlstands, der durch die Systematisierung des Wirtschaftslebens – und nicht mehr durch die Systematisierung der Politik – zustande kommt. Die Politik öffnet und garantiert die Dimension der Wirtschaft, aber sie macht sie nicht.

> »... he hath the use of so much Power and Strength conferred on
> him, that by terror thereof, he is inabled to forme the wills of
> them all, to Peace at home, and mutuall ayd against their enemies
> abroad.« *(Part II, Chap. XVII)*

Die Notwendigkeit einer absolut starken staatlichen Zwangsmacht ist für Hobbes durch die Ausgangslage gerechtfertigt:
Welche Bedingungen müssen erfüllt werden, um tendenziell
egoistische Individuen zu einer befriedeten Gesellschaft zu vereinen? Allein der absolute Staat, selbst eine künstliche Veranstaltung, erlaubt den naturhaften Anarchismus zu beenden und
die gesellschaftlichen Beziehungen auf sichere Weise aufzubau-
en. Hierbei aber zeigt sich als Folgeproblem, dass der Staat, auch
wenn er aus den reflektierten Willen der Individuen als ihr gemeinsames Produkt hervorgeht, als ein Unmittelbares und Erstes gesetzt ist, dem sich die Individuen rückhaltlos anvertraut
haben. Niemand kann garantieren, dass der Souverän mit der
ihm übertragenen Macht nicht auch Missbrauch treibt; ja, es
gibt überhaupt kein Kriterium, Gewaltmissbrauch zu benennen, solange nur die Funktion der Friedenswahrung erfüllt ist.
Die Aufgabe dieser Funktionserfüllung rechtfertigt jedes Mittel,
gegen einzelne wie gegen alle Gesellschaftsglieder.

Begründet die Herrschaftsübertragung an sich ein Dienstver-
hältnis des Staates gegenüber seinen Bürgern, so gilt es, diese
Dienstfunktion zu definieren und institutionell zu kontrollie-
ren, soll nicht der Zustand der Anomie – jetzt zwischen Souverän und Untertanen – wiederkehren. Für die Politische Theorie
ergibt sich mithin konsequent die Aufgabe, die Grenzen der
Staatsmacht zu bestimmen, ohne deren lebensnotwendige
Funktion und ihre rationale Lösung zu bestreiten.

2. Organisation der Normierung des Regierungshandelns

John Locke (1632–1704)
Two Treatises of Government (1689), ed. by Mark Goldie, 1997
    (Everyman)

Der Begriff einer limitierten Staatsmacht – wie er gegen die
Möglichkeit einer Staatsdiktatur zu formulieren ist – verlangt
allerdings eine Umstellung der anthropologischen Grundüber-

zeugungen, die erlaubt, die Konstruktion Hobbes' auf neue Argumentationen zu öffnen. Nur weil Locke den Begriff der menschlichen Sozialnatur revidiert, neue Evidenzen einführt, ist ihm möglich, die Staatsmacht aus der Position einer absoluten Bedingung von Gesellschaft überhaupt zu der einer relationalen Position herabzustimmen. Der Staat wird dann zum Partner oder Subsystem einer Gesellschaft, die für sich selbst definitionsmächtig ist und von deren Definitionen er abhängig bleibt.

Für Locke begründet sich Gesellschaft von unten, von den Individuen, denen jedem – sofern es Geschöpf Gottes ist – von Natur aus das Recht auf freie Selbstverwirklichung zukommt. An diesem für alle Menschen gleichen Recht hat die Gesellschaft ihre Grundnorm.

> »... no one ought to harm another in his life, health, liberty or
> possessions.« (Second Treatise, Chap. II)

Jedes Individuum hat eine Eigensphäre, in das kein Fremdes einzudringen befugt ist; die Sozialbeziehungen gründen auf deren wechselseitiger Respektierung. Locke entwirft – im Gegensatz zu Hobbes – ein ideales Szenario gesellschaftlicher Harmonie, dessen Umpolung von der schlechten zur guten Menschennatur für sich genommen naiv zu nennen wäre, das aber andererseits die notwendigen Korrekturen an Hobbes einsichtig macht. Die naturhafte Gesellschaftsordnung ist ein Ideal, das in der Realität durchaus ungesichert ist und das deshalb durch Politik ständig approximativ einzuholen ist. Die Gesellschaft kann ihre Bestimmung nur mit Hilfe des Staates vollziehen, aber der Staat steht unter dieser Bestimmung, er macht sie nicht, sondern ist ihr Instrument. Während für Hobbes der durch die Individuen vollzogene politische Gründungsakt zugleich ihre Entmächtigung bedeutet, so dass sie sich gegenüber dem Souverän nur noch als a-politische Untertanen zu verhalten haben und jeder Widerspruch tödliche Konsequenzen hat, ist für Locke das Individuum ständig nach der Seite seiner Politikfähigkeit angesprochen. Jedes Individuum ist Bürger, dazu berufen, seine Rechte auch zu wahren.

Zwar realisiert sich die individuelle Freiheitssphäre vornehmlich durch den Verfolg wirtschaftlicher Interessen. Sofern aber die Wirtschaftsinteressen verschiedener Individuen auch verschieden sind, geraten sie zueinander in Konflikte, deren Auflösung nicht von einer ein für allemal geschaffenen politischen Rahmenordnung, sondern von einem ständigen politischen Management zu erwarten ist. Verschweigt Lockes Harmoniemodell die ökonomischen Gegensätze, so eröffnet es doch den Raum, deren Erscheinung als politische Gegensätze zuzulassen und zu integrieren. Die theologische Naturrechtskonzeption erlaubt Locke, politische Differenzen als grundsätzlich vermittelbar zu fassen. Die Natur des Menschen ist Vernunft, offen für die reziproke Anerkennung ihrer individuellen Träger.

Die interindividuellen Einigungsprozesse vermitteln sich dann nochmals in die politischen Instanzen, die derart an der gesellschaftlichen Selbstverständigung immer mitbeteiligt sind. Das politische System erhält seine Identität einmal durch die Beziehung auf die naturrechtliche Grundnorm, bleibt aber andererseits differenzierbar und konkretionsoffen für die jeweilige geschichtlich-soziale Situation.

> »... every man has a property in his own person. This nobody has any right to but himself. The labour of his body, and the work of his hands [...] are properly his.« (Second Treatise, Chap. V)

Ist für Hobbes der Staat die Bedingung der Möglichkeit bürgerlicher Gesellschaft, so geht für Locke die Gesellschaft bürgerlicher Eigentümer dem Staat voraus. Wird für Hobbes das rastlose und unendliche Begehren der menschlichen Natur erst durch die äußere staatliche Intervention in Schranken gewiesen, ist der Eigentumsbegriff Lockes direkt mit dem Begriff vorstaatlicher Anthropologie verknüpft. Ein natürliches Recht auf Eigentum entsteht daraus, dass es Ergebnis und Darstellung menschlicher Arbeit ist. Arbeit ist die Grundbestimmung des Menschen, die zu erfüllen ihm vom göttlichen Schöpfer aufgetragen ist. Respekt vor dem Eigentum ist zugleich Respekt vor der menschlichen Natur und der Schöpfungsordnung insgesamt. Das Wesen der bürgerlichen Gesellschaft besteht im gegenseitigen Respektieren des Bürgers als Eigentümer.

Missachtung des Eigentums ist moralisch verwerflich, weil im Widerspruch zur für gut befundenen Sozialordnung. Die Staatsorgane haben denn auch nur die Funktion, Störungen der bürgerlichen Ordnung zu ahnden oder zu vermindern. Der Staat ist das Polizeiinstrument der Gesellschaft. Tätigkeiten des Staates, die in die Ordnung selbst eingreifen könnten, sind zu verhindern. Es bedarf darum einer Organisation, die die Freiheit des Bürgers und der Gesellschaft *vom* Staate garantiert.

Der vorstaatliche Eigentumsbegriff erlaubt, den Rechtsanspruch auf Schutz des Eigentums durch den Staat und auch gegen ihn geltend zu machen. Der Mensch als Eigentümer ist schutzwürdig – das ist sein passives Menschenrecht. Zugleich aber behalten die Eigentümer ihr natürliches Recht auf aktive politische Mitwirkung. Die Souveränität, über sich in politischen Angelegenheiten zu bestimmen, wird von der Gesellschaft bei Einrichtung ihrer Staatsapparaturen nicht aus der Hand gegeben. Die ausführende politische Gewalt, die Exekutive, wird durch die Legislative kontrolliert, deren Mitglieder auf Zeit gewählte Repräsentanten der Gesellschaft sind und ihr verantwortlich bleiben.

> »... *the law of nature stands as an eternal rule to all men, legislators as well as others. The rules that they make for other men's actions, must [...] be conformable to the law of nature, i.e. to the will of God, of which that is a declaration, and the fundamental law of nature being the preservation of mankind, no human sanction can be good, or valid against it.*« (Second Treatise, Chap. XI)

Damit lässt sich sogleich näher bestimmen, was die Verfassung enthalten muss, um das politische Handeln auf die ihm gemäße Sphäre zu beschränken. In ihr sind allgemeine Schutzgarantien für jedes individuelle Mitglied der Gesellschaft festzulegen. Keine Regierung ist befugt, in die Persönlichkeits- und Eigentumssphäre auch von den Individuen einzugreifen, die zu ihr – in verfassungsgemäß legitimierter – Opposition stehen. Eine Minderung der Persönlichkeits- und Schutzrechte kann nur, und zwar durch legale Verfahren, vorgenommen werden, wo ein Individuum selbst der vorstaatlichen Naturordnung zuwidergehandelt hat: als Strafe. Mit den Schutzrechten für Person und Eigentum einhergehen das Recht auf Meinungsfreiheit und das Recht auf freie Wahl der jeweiligen Interessenvertreter. Wo diese Rechte schwach entwickelt sind oder unterbunden werden, wo die Oppositionen verhindert werden, sich zu formieren, zu artikulieren und mitzuwirken, wird der Wahlmechanismus um seinen Sinn, relativ das politische Wohl des sozialen Ganzen zu besorgen, gebracht.

Der Verfassung müssen mithin Realbedingungen entsprechen: dass jedes Individuum Eigentümer sein, seine Meinung frei und offen äußern und durch seine Wahlstimme objektivieren kann.

Die Funktion der Regierung wird fast völlig aufs Instrumentelle reduziert. Sie ist Exekutive, Organ, das die im Parlament beschlossenen Gesetze zur Ausführung bringt. Aber auch das Volk und seine unmittelbaren Interessen werden relativiert. Nicht von ihm werden die Gesetze gemacht, sondern von den von ihm gewählten Volksvertretern. Das Parlament ist ein Ort der Entscheidungsfindung, bei ihm liegt die legislative Gewalt.

> *»... the legislative, or supreme authority, cannot assume to itself a power to rule by extemporary arbitrary decrees, but is bound to dispense justice, and decide the rights of the subject by promulgated standing laws, and known authorized judges.« (Second Treatise, Chap. VIII)*

Die Definition des Bürgers ist sowohl ökonomisch wie politisch. Vorausgesetzt ist, dass er fähig und willens ist, sich im Politischen zu engagieren. Bedingung seiner Mitwirkung ist, dass er über Eigentum verfügt. Oder umgekehrt: Nichteigentümer sind aus der Politik ausgeschlossen. Wie sollten sie sich auch in angemessener Weise für Politik, deren Funktion ja ausschließlich die Sicherung von Eigentum ist, kümmern können? Wie wären sie imstande, für die finanziellen Kosten, die politische Aktivität bereitet, aufzukommen?

Damit deutet sich an, dass der Staat Lockes als Selbstverteidigungsinstrument einer bestimmten sozialen Klasse: der Reichen, und nicht der Gesellschaft insgesamt gelesen werden kann. Wie viel Eigentum man braucht, um Zugang zur Politik zu haben, wird verschwiegen, kann nur durch die Willkür von Machtinteressenten gesetzt werden.

Dass Arbeit nicht mit Notwendigkeit zu Eigentum und Wohlstand führt, dass ein Arbeiter – obgleich von patriarchalen Verhältnissen emanzipiert – in ökonomische Abhängigkeiten gerät,

wird von Locke nicht registriert. Für Hobbes wird das nicht sichtbar, weil seine Anthropologie nur die Individuen ins Verhältnis
gegenseitiger Negation setzt und nur durch die äußere Vermittlung des Staates zur Koexistenz und Kooperation bestimmt. Für
Locke darum nicht, weil er das nicht-politische Verhältnis der Individuen als grundlegend harmonisches bestimmt. Die bürgerlichen Eigentümer formieren eine einige Gesellschaft.

Eine innergesellschaftliche Differenz wird zwar durch das
Wahlverfahren für die Volksvertreter angezeigt. Die Wahl erfolgt durch Abstimmung, es gewinnt, wer die meisten Stimmen
auf sich zieht. Es wird erwartet, dass die Majoritäten sich verändern, dass einmal diese, dann jene Partei zum Tragen kommt.
Funktional ist das gegenüber Hobbes ein Gewinn. Die Krise des
Regierungswechsels wird produktiv benutzt, steigert die Effizienz des politischen Systems, sich kontinuierlich an gesellschaftliche Erwartungen anzupassen.

> »... it is necessary the body should move that way whither the
> greater force carries it, which is the consent of the majority: or
> else it is impossible it should act ...« (Second Treatise, Chap. VIII)

Das Verhältnis von Mehrheit und Minderheit ist veränderlich.
Die institutionalisierte Mechanik ist, dass der Wechsel der Zah-
lenverhältnisse notwendig einen Wechsel der Regierung nach
sich zieht. Wenn dieser Wechsel sich mit einiger Regelmäßigkeit
vollzieht, werden, so erwartet Locke, die einseitigen Richtungs-
vorgaben bestimmter Interessengruppen, die für die Gesamtge-
sellschaft zu handeln berufen sind, immer wieder durch Gegensteuerung relativiert. Das Gemeinwohl wäre so die Resultante
der unterschiedlichen Kräfte.

Politische wie soziale Struktur sind durch Regierungswech-
sel nicht bedroht und müssen nicht von Fall zu Fall neu begründet werden. Es ist nicht zu erwarten, dass die Differenz von
Majorität und Minorität fundamentale gesellschaftliche Antagonismen ans Licht fördert – der Dissens kann nur die relativen Unterschiede von Maßnahmen betreffen, die den Grund-
konsens nicht in Frage stellen, und die, sobald die Gegenpartei
am Zuge ist, wieder ausgeglichen werden können.

Lockes Polemik gegen Hobbes richtet sich auf den Begriff des
absoluten Souveräns, der ausschließlich nach der Möglichkeit

seiner Fehlentwicklung als ein übermächtiges, aber selbstsüchtiges Individuum interpretiert und dessen objektiv notwendige gesellschaftserhaltende Funktion abgeblendet wird. Diese Funktion ist dann wieder zu beanspruchen, sobald die harmonistische Anthropologie Sprünge zeigt, die nicht einfach durch moralische Maßstäbe von Gut und Böse und durch polizeiliche Maßnahmen wegzudekretieren sind. Dann muss neu gefragt werden, was der Staat für die gesellschaftliche Einheit zu tun imstande ist, und zwar so, dass er zugleich Lockes Erkenntnis der Freiheitssphäre jeden Individuums nicht rückgängig macht. Und ebenso, wie eine Gesellschaft, die vom ökonomischen System und den aus ihm resultierenden Konflikten beherrscht ist, sich auf das Niveau bürgerlicher Politikfähigkeit als dem notwendigen Komplement des Staates erheben kann: Wie ist eine Civil Society herstellbar, wenn sie als naturgegeben nicht vorausgesetzt werden kann?

3. Freiheit als Grund und Zweck der Staatsanstalt

Jean-Jacques Rousseau (1712–1778)
Discours sur l'Origine de l'Inégalité (1755), introduction par
    Jacques Roger, 1999 (GF-Flammarion);
Du Contrat Social (1762), introduction par Pierre Burgelin 1978
    (GF-Flammarion)

Hobbes fasst das Verlangen nach Güterbesitz als Naturgegebenheit. Locke verleiht ihm humanen Wert, sofern es sich durch Arbeit objektiviert. Beide akzeptieren, dass der Begriff des Menschen primär durch materielle Interessen bestimmt ist, und erst sekundär ergibt sich die Notwendigkeit politischer Definitionen. Für Rousseau dagegen ist die Selbstverständlichkeit, dass Menschen ihren materiellen Interessen folgen, nicht auch schon deren Rechtfertigung. Seine Theorie dient nicht dem Aufbau und der Sicherung der Erwerbsgesellschaft, sondern ihrer Kritik. Entspricht das rastlose Erwerben der Bestimmung, der Wesensnatur des Menschen? Ist die moderne Zivilisation nicht eher als Verlust oder wenigstens als Entfremdung des menschlichen Wesens zu lesen?

Die Konstitution fester gesellschaftlicher Beziehungen bezeichnet für Rousseau das Ende des Naturzustands, in dem die Individuen nur flüchtige Kontakte zueinander haben. Hierzu im Kontrast ist der zivilisierte Zustand gerade durch die notwendige Relationierung der Individuen bestimmt.

> *»Le premier qui, ayant enclos un terrain, s'avisa de dire: Ceci est à moi, et trouva des gens assez simples pour le croire, fut le vrai fondateur de la société civile. Que de crimes, de guerres, de meurtres, que de misères et d'horreurs n'eût point épargnés au genre humain celui qui [...] eût crié à ses semblables: Gardez-vous d'écouter cet imposteur; vous êtes perdus, si vous oubliez que les fruits sont à tous, et que la terre n'est à personne.«* (Discours, Seconde Partie)

Auch für Rousseau ist das Leitwort der Moderne das Privateigentum. Privateigentum ist zunächst die Festlegung des »Meinen« und des »Deinen«. Eigentum erhält seine Legitimation durch menschliche Arbeit, es ist Zeichen und Selbstausdruck der Subjektivität für andere und nicht bloß Moment subjektiver Bedürfnisbefriedigung.

Folgt die enge Verbindung von Arbeit und Eigentum dem Konzept Lockes, so erweitert Rousseau den Arbeitsbegriff um den der Arbeitsteilung. Der Zusammenhang der Gesellschaft kommt dadurch zustande, dass die Individuen sich auf verschiedenartige Tätigkeiten spezialisieren; so werden sie voneinander notwendig abhängig.

Die Institution der Arbeitsteilung wird asymmetrisch, sobald ein Teil der Gesellschaft den anderen für sich arbeiten lässt und zu dessen Subsistenzerhaltung sich ständig einer größeren Gütermenge versichern muss als für ihn selbst erforderlich. Der Gegensatz von Reich und Arm ist nicht durch die instrumentelle Differenzierung gegeben, er ist an sich ein politisches Gewaltverhältnis, das sich unter dem Schein ökonomischer Sachnotwendigkeit verbirgt und sich auf Dauer stellt.

Die Unzufriedenheit der Armen mit ihrer inferioren Lage führt denn auch zu einer ständigen Bedrohung der Reichen, ohne dass die ökonomische Asymmetrie als solche beseitigt würde: Die Armen wollen sich selbst an die Stelle der Reichen setzen. Von beiden Parteien wird als allgemeine menschliche Verkehrsform die Instrumentalisierung des Mitmenschen um des je eigenen Vorteils willen und damit die Konkurrenz zwischen den individuellen Nutzenmaximierern akzeptiert.

Am Ende bleibt der Discours in seiner Beurteilung der Zivilisation pessimistisch. Der Fortschritt des Menschen von der Natur zur Kultur führt notwendig zur Vergesellschaftung. Die Vergesellschaftung ist aber in eins die Zerstörung eben der Einheit, die sie aufbaut. Der zivile Zustand ist per se die Negation eines guten Lebens, sowohl für den einzelnen wie für das soziale Ganze.

> *»Enfin l'ambition dévorante, l'ardeur d'élever sa fortune relative, moins par un véritable besoin que pour se mettre au-dessus des autres, inspire à tous les hommes un noir penchant à se nuire mutuellement, une jalouse secrète d'autant plus dangereuse que, pour faire son coup plus en sûreté, elle prend souvent le masque de la bienveillance; en un mot, concurrence et rivalité d'une part, de l'autre opposition d'intérêt, et toujours le désir caché de faire son profit aux dépens d'autrui, tous ces maux sont le premier effet de la propriété et le cortège inséparable de l'inégalité naissante.«*
> *(Discours, Seconde Partie)*

Eine Rückkehr in den vorzivilen Zustand ist nicht möglich, der Fortschritt ist objektiv und nicht umzukehren; nicht einmal wünschenswert ist eine solche Rückkehr, ist doch der Naturzustand selbst als ein Minimum menschlicher Lebensqualität gekennzeichnet.

Die Antagonismen der Zivilisation können nur dann aufgehoben werden, wenn sich in der menschlichen Natur ein Gestaltungspotenzial entdecken lässt, das sich bis jetzt weder im Status der Wildnis noch in dem der Zivilisation aufgeschlossen hat.

Wenn Rousseau die Lebensweise des zivilisierten mit dem des wilden Menschen kontrastiert, ist das nur die literarische Verkleidung für sein vernichtendes moralisches Urteil: Der Fortschritt ist die Zerstörung aller menschlichen Tugend und gesellschaftlichen Sitte. Aber es bleibt nicht bei der Klage und dem nostalgischen Rückblick. Die moralische Verurteilung der Gegenwart wird sogleich in ihre Sollbestimmung transformiert. Der entfremdete Mensch kann auf sein Wesensniveau zurückkehren und seiner humanen Bestimmung entsprechen, wenn er es nur will.

> *»Renoncer à sa liberté c'est renoncer à sa qualité d'homme, aux droits de la humanité, même à ses devoirs. [...] Une telle renonciation est incompatible avec la nature de l'homme, et c'est ôter toute moralité à ses actions que d'ôter toute liberté à sa volonté.«*
> *(Contrat Social, Livre I, Chap. IV)*

Die Entfremdung, die die Sphäre der Erwerbsgesellschaft durchherrscht, wird durch moralische Selbstkritik durchschaubar, die individuelle wie soziale Humanisierung des Menschen ist durch freie Entscheidung zu vollziehen. Die wahre menschliche Natur ist kein Seinsbestand, sondern eine Möglichkeit, die nur aus Freiheit hervorzubringen ist. Im Einklang mit Hobbes und Locke lehnt Rousseau eine politische Ordnung, die sich am Muster der patriarchalen Familie orientiert, ab. Denn in ihr werden die beherrschten Gesellschaftsglieder in Abhängigkeit von einem fremden Willen gehalten. Das ist im Widerspruch zu ihrer Freiheitsnatur. Die kleinste gesellschaftliche Einheit ist denn auch für Rousseau nicht die Familie, sondern das einzelne Individuum. Für die politische Theorie sind die Familienbande der individuellen Freiheit äußerlich. Ihr eigentliches Thema wird ebenso radikal formuliert wie vordem von Hobbes.

Nicht vom fremden Willen soll das Individuum abhängig sein, sondern nur von seinem eigenen. Der Wille ist fähig, jedwede Abhängigkeit, auch die von den eigenen egoistischen Neigungen, zu negieren. Nur eine solche Ordnung ist wesensgemäß, die der Wille sich selbst bestimmt hat. Damit ist die Anarchie des Naturzustandes als Ausgangspunkt der Konstruktion bestimmt. Die Frage ist jetzt, wie die Freiheit des einen mit der Freiheit des anderen und aller anderen bestehen kann? Wie kann aus den vielen willkürlichen Ordnungen die eine notwendige Ordnung der Gesellschaft werden? Wie können alle Individuen zugleich nur von sich abhängig sein, wie von einem auch von den anderen gesetzten Allgemeinen?

> *»A l'instant, au lieu de la personne particulière de chaque contractant, cet acte d'association produit un corps moral et collectif composé d'autant de membres que l'assemblée a de voix, lequel reçoit de ce même acte son unité, son moi commun, sa vie et sa volonté.«* *(Contrat Social, Livre I, Chap. VI)*

Das Allgemeine muss aus der Freiheitsnatur jedes Individuums hervorgehen. Alle müssen die Objektivation der allgemeinen Freiheit wollen. Die Selbstnegation der egoistischen Besonderheit ist nur die erste Phase und die notwendige Bedingung des Einigungsgeschehens.

Die zweite Phase ist, dass jedes der Individuen auch auf seine individuelle Freiheitsform Verzicht tut, und zwar so, dass es sein Recht auf Selbstbestimmung aufgibt und den anderen übergibt. Aber auch die anderen übergeben ihr Recht auf Selbstbestimmung. Das Individuum, das seine Freiheit total den anderen überlassen hat, das sich seinem Selbstzentrum völlig entfremdet und zum Objekt gemacht hat, wird erneut zum Subjekt, indem es die Freiheit der anderen übernimmt. Die radikale Hingabe erfolgt als Tausch. Jedes Individuum ist dann das andere seiner selbst. Jedes Individuum ist Ich als Repräsentant der Freiheit aller anderen. Aber warum kann aus den vielen, einem Individuum übertragenen Einzelfreiheiten *ein* Subjekt werden?

Dadurch, weil die Einzelfreiheiten nur noch formal unterschieden waren und eben dieser formale Unterschied in der Hingabe sich auflöst. Die vielen Freiheiten gehen in der allgemeinen Freiheitsform auf und sie ist es, die das Subjekt konstituiert. Jeder einzelne ist allgemeines Freiheitssubjekt. Die Vergesellschaftung ist die Konstitution eines Gesellschaftssubjekts. Jedes Individuum ist die Form des Ganzen, der gesellschaftlichen Vernunft, des gesellschaftlichen Willens.

Es ist also nicht allein eine gegenseitige Hingabe, sondern eine gegenseitige Ermächtigung. Die Partikulareinheiten – damit aber auch der Vertrag zwischen ihnen – sind beseitigt. Jedes Individuum ist mit dem Ganzen verschmolzen und kann die Selbstbestimmung des Ganzen, das es ist, verwirklichen.

»Ce passage de l'état de nature à l'état civil produit dans l'homme un changement très remarquable, en substituant dans sa conduite la justice à l'instinct, et donnant à ses actions la moralité qui leur manquait auparavant. [...] l'homme qui jusque-là n'avait regardé que lui-même, se voit forcé d'agir sur d'autres principes, et de consulter sa raison avant d'écouter ses penchants. [...] l'instant heureux [...] qui, d'un animal stupide et borné, fit un être intelligent et un homme.« (Contrat Social, Livre I, Chap. VIII)

Was wird mit dieser Konstruktion gewonnen? Gesellschaft konstituiert sich nicht unter der Macht eines Dritten; die Bürgergesellschaft ist ihr eigener Souverän. Sie beherrscht sich selbst. Sodann: Die Gleichheit der Individuen als Bürger ist nicht ungefähre Kräftegleichheit, sondern essenziell. Jedes ist gleich im Zuge der Konstitution des Souveräns, und jedes wird durch den Souverän radikal als gleich, als allgemeines Ich ohne individuierende Besonderheit, bestimmt. Jedes ist gleich vor dem Gesetz. Wenn der Souverän der objektivierte allgemeine Freiheitswille ist, dann kann er auch nur die essenzielle Freiheit der individuellen Bürger wollen, aus der er sich wiederum erneuert, aus dem solidarischen Zusammenschluss der individuellen Freiheiten. Der Staat will den Bürger, den Citoyen, als moralische Persönlichkeit, und nicht bloß die Erhaltung seines Lebens oder Eigentums. Er ist selbst eine moralische Anstalt.

Die Schwäche des Modells ist, dass den partikularen Interessen der Erwerbsbürger: der Bourgeois, keine Chance gelassen wird, sich mit der Gesellschaft der Citoyens zu vermitteln. So wie diese ihre besonderen Neigungen bezwingen müssen, so kann der Staat der Ökonomie nur als Zwangsmacht begegnen, sie also permanent aus dem Begriff der Gesellschaft ausschließen. Das politische System isoliert sich in sich. Es bringt für die Ökonomie keinen Nutzen. Die Forderung, ihren materiellen Interessen und deren Systematisierung zu entsagen, kann für moderne Individuen, die sich sämtlich um ihren Lebensunterhalt bemühen müssen, nicht akzeptabel sein. Sie ist abstrakt. Sie kann nur Menschen faszinieren, deren ökonomische Situation aussichtslos ist, als Ideologie, die den Umsturz der bestehenden Eigentumsverhältnisse rechtfertigt. Aber nicht anders kann es der besitzenden Klasse dienen, hinter der Fiktion der Bürgergleichheit ökonomische Konflikte zu vertuschen. Das Modell bleibt ein Spielball von Klassengegensätzen.

Die Idee der individuellen Freiheit und der gesellschaftlichen Freiheitsordnung, mit der Rousseau das Anspruchsniveau moderner Politik bestimmt, ist folglich, wenn es ideologischem Missbrauch widerstehen soll, in Bezug zu setzen mit der Idee der modernen Ökonomie, die als System mit ambivalenten Konstituenten und Resultaten zu begreifen ist. Die Notwendigkeit der politischen Freiheitsordnung muss sich als Konsequenz der Problematiken der Wirtschaft und nicht aus der Forderung einer reinen Moral ergeben. Um den Begriff der kapitalistischen Wirtschaft zu klären, ist von Hobbes der Konkurrenzgedanke aufzunehmen, von Locke der Gedanke der vorpolitisch bestehenden Eigentumsgesellschaft. Wie kommt aus der Konkurrenz Eigentum und Wohlstand, wie kommt soziale Einheit zustande?

4. Konfrontation der Eigenlogiken von Politik und Wirtschaft

Adam Smith (1723–1790)
The Wealth of Nations (1776), with an Introduction by D.D. Raphael, 1991 (Everyman).

Karl Marx (1818–1883)
Ökonomisch-Philosophische Manuskripte (1844), in: Frühe Schriften. Hg. v. Hans-Joachim Lieber u. Peter Furth, Bd. 1, Darmstadt 1981.

Die Einheit und Dynamik der bürgerlichen Gesellschaft hinsichtlich ihrer wirtschaftlichen Seite wird durch Smith zur Darstellung gebracht. Die von Locke eingenommene Haltung der Schätzung materiellen Wohlstands wird von ihm übernommen, und auch, dass der Wohlstand seine Genese in der Arbeit hat, gilt als Selbstverständlichkeit. Aber der Satz, dass Arbeit zu Wohlstand führt, und Wohlstand ein schätzenswertes moralisches Gut sei, eröffnet nur die allgemeine Perspektive für eine systematische Erörterung, die nach den Ursachen spezifisch des Wohlstands der bürgerlichen Gesellschaft forscht. Während Lockes Arbeitsbegriff einerseits nur den je einzelnen Menschen definiert und andererseits sich von biblisch inspirierten Vorstellungen des Ackerbaus leiten lässt, fasst Smith die Arbeit als gesellschaftliche Produktion und zugleich die Produktion selbst als durch eine neue Produktionsweise bestimmt.

> »It is the great multiplication of the productions of all the different arts, in consequence of the division of labor, which occasions, in a well-governed society, that universal opulence which extends itself to the lowest ranks of the people.« (Book I, Chap. I)

Eine Produktionsweise, die sich eben nur als gesellschaftliche Produktion – und nicht mehr segmentär: als ob sie jeder einzelne Arbeiter für sich gebrauchen könnte – realisiert. Es ist die Industrie, die die Steigerung ihrer Güterproduktion durch die Systematisierung streng voneinander abhängiger Teilarbeiten erreicht. Die Arbeiter in einer Fabrik funktionieren wie die Teile einer Maschine, indem jeder möglichst einfache Handgriffe verrichtet. Für solche Arbeiten bedarf es weder einer langen Ausbildung und Erfahrung, noch vieler Umstände bei der Arbeitsvorbereitung. Der Arbeitsprozess wird von individuellen Unterschieden gereinigt und dadurch beschleunigt. Jede der Teilarbeiten hat natürlich nur darum ihren Sinn, dass sie auf die anderen Teilarbeiten bezogen ist. Dieses Prinzip der Arbeitsteilung gilt indessen nicht nur für den Binnenraum einer Fabrik. Es gilt für die moderne Gesellschaft generell. Denn auch die einzelnen Fabriken sind ja wiederum nur Teilarbeiter der gesamtgesellschaftlichen Produktion. Wenn ein Produkt schließlich fertig ist und konsumiert wird, dann sind in dieses die Beiträge räumlich oft weit entfernter und sich persönlich gänzlich unbekannter Produzenten eingeflossen. Das Kleidungsstück, das der Konsument erwirbt, ist nicht sein eigenes, es ist gesellschaftliches Produkt. Die individuelle Konsumtion ermöglicht sich vom gesellschaftlichen anderen her, sie ist durch anonyme andere ermöglicht. Und genauso arbeitet der individuelle Produzent für andere, und nicht direkt für seinen unmittelbaren Gebrauch und Verzehr. Das ganze Fabrikwesen steht unter dem Plan, dass die Menge der erzeugten Teilprodukte für andere Sinn machen, von ihnen zu gebrauchen sind. Für den Produzenten allein wäre die Menge uniformer Güter völlig sinnlos, nicht zu gebrauchen.

> *»Nobody ever saw a dog make a fair and deliberate exchange of one bone for another with another dog. Nobody ever saw one animal by its gestures and natural cries signify to another, this is mine, that yours; I am willing to give this for that.«* (Book I, Chap. II)

Im ökonomischen Gesellschaftsmodell Smith' realisiert sich die gesellschaftliche Einheit durch Arbeitsteilung und Tausch. Das Tauschenwollen ist ein anthropologisches Essenzial, das durch die industrielle Arbeitsteilung voll zur Entfaltung kommt, räumlich auseinander liegende Gesellschaften in ein dichtes Netz gegenseitiger Abhängigkeiten verknüpft. Als Bedingung für die Durchsetzung des weltweiten Tauschs bedarf es des Ausbaus von Verkehrswegen und Transportmittel, die nach betriebsrationalen Kriterien bedeutend weniger Kosten verursachen und bedeutend mehr Leistung erbringen als der traditionelle Transport. Die Notwendigkeit des Warenverkehrs richtet sich die Kommunikationsbedingungen nach seiner eigenen Logik zurecht. Alles naturwüchsig Unmittelbare wird abgeschliffen, Bedeutung hat Natur nur insofern, als sie als Moment im rationalen Plan zu verwerten ist. Flüsse sind Transportwege, nicht mehr.

Ebenso wird die menschliche Natur auf die Bestimmung der Arbeitsfähigkeit reduziert, diese wiederum näher definiert als gesamtgesellschaftlich nützliche Arbeit und damit als fragmentierte Arbeit. Nützlich ist eine Arbeit, wenn für sie gesellschaftlicher Bedarf besteht. Dass Bedarf besteht, zeigt sich daran, dass die Produkte bezahlt werden, also in die Tauschlogik aufgenommen sind. Eine Arbeit, die nicht bezahlt wird, bleibt unnütz und wertlos.

Was die individuelle Produktion an Ganzheitlichkeit verliert, gewinnt der Konsument am Reichtum der eingetauschten Lebensmittel zurück. Allerdings ist er auf die Konsumangebote beschränkt, die ihm die gesellschaftliche Produktion offeriert. Würde er rein individuellen Bedürfnissen nachhängen, müsste er für ihre Befriedigung individuell sorgen. Dann würde er sich wieder in eine vormoderne Situation zurückversetzen, für die in der rationalisierten Gesellschaft keine objektive Verwirklichungschance besteht. Es ist ihm nur möglich, sein Bedürfnis als allgemeines Bedürfnis zu artikulieren, so dass es für die Produzenten interessant wird. Das Individuum, als Für-sich-sein, wäre dann wiederum negiert, die Distinktion seines individuellen Begehrens aufgelöst: Das Produkt, das es verzehrt, ist gesellschaftlich normiert. Ein authentisches individuelles Für-sich-sein gibt es nicht.

Dass die Vereinseitigung der Arbeit nicht nur zur Leistungssteigerung, sondern ebenso zur Idiotie des individuellen Arbeiters führt, ist bereits Smith klar. Aber erst Marx macht die Problematik, wie denn die moderne Idee der individuellen Selbstverwirklichung durch Arbeit mit der Verwirklichung des gesellschaftlichen Menschen durch Industrie zu vereinen sei, zum Thema. Der generelle humane Wert und Fortschritt der industriellen

Produktion ist für ihn unbezweifelbar. Die fragmentierte Arbeit kann darum ihrer Funktion nach auch gar nicht eingezogen werden. Sie wird sich aber weitgehend durch weitere Perfektionierung der Technik ersetzen lassen. Der Habitus, den die fragmentierte Arbeit dem individuellen Bewusstsein eingeprägt hat, ist jedoch derart aufzuheben, dass dieses sich aus seiner Begrenztheit zu umfassend gesellschaftlichem Bewusstsein erweitert.

> *(Das Tier) »... produziert nur, was es unmittelbar für sich und sein Junges bedarf; es produziert einseitig, während der Mensch universell produziert; es produziert nur unter der Herrschaft des unmittelbaren physischen Bedürfnisses, während der Mensch selbst frei vom unmittelbaren physischen Bedürfnis produziert und erst wahrhaft produziert in der Freiheit von demselben; es produziert nur sich selbst, während der Mensch die ganze Natur reproduziert; [...] Das Tier formiert nur nach dem Maß und dem Bedürfnis der species, der es angehört, während der Mensch nach dem Maß jeder species zu produzieren weiß und überall das inhärente Maß seinem Gegenstand anzulegen weiß; der Mensch formiert daher auch nach den Gesetzen der Schönheit.« (Die entfremdete Arbeit)*

Der einzelne Arbeiter soll sich als Moment des gesellschaftlichen Gesamtarbeiters begreifen, und alle individuellen Arbeiter sollen das tun. Ja, durch die Selbstnegation der individuellen Limitiertheit wird das gesellschaftliche Gesamtbewusstsein überhaupt erst konstituiert. Dem gesellschaftlichen Selbstbewusstsein, dem Selbstbewusstsein des allgemeinen Produzenten, wird dann möglich, adäquat das objektive gesellschaftliche Selbst, die allgemeine Produktion, zu reflektieren und zu leiten. Alle individuellen Arbeiter, die sich aus ihrer Besonderheit zur Einheit des Gesellschaftssubjekts befreit haben, können frei über Produktionsvorgang und Produktionszweck bestimmen. Die Gesetze der Produktion legen sie sich selbst und aus Freiheit auf.

Endzweck kann nur die Rückkehr in den Anfang, mithin die Fortsetzung des schöpferischen Produzierens sein. Das ist mehr als bloß die Übernahme der Positionen der Fabrikherren, verfolgten ja auch sie nur borniere Interessen, vollbrachten nur fragmentierte Arbeiten.

Sondern es ist die Herrschaft des durch alle besonderen Individuen konstituierten allgemeinen Willens, der sich nicht über die Ökonomie weg, sondern durch sie hindurch realisiert.

> »... *daß die Emanzipation der Gesellschaft vom Privateigentum etc., von der Knechtschaft, in der* politischen Form *der Arbeiteremanzipation sich ausspricht, nicht als wenn es sich nur um ihre Emanzipation handelte, sondern weil in ihrer Emanzipation die allgemein menschliche enthalten ist, diese ist aber darin enthalten, weil die ganze menschliche Knechtschaft in dem Verhältnis des Arbeiters zur Produktion involviert ist und alle Knechtschaftsverhältnisse nur Modifikationen und Konsequenzen dieses Verhältnisses sind.« (Die entfremdete Arbeit)*

Damit hat Marx Rousseaus Idee der Selbstherrschaft des Volkes reetabliert. Was die bürgerliche Ökonomie nur als Getrenntsein vermittelt, eint in der politischen Sphäre die sozialistische Gemeinschaft. Bei Rousseau wie bei Marx wird das vormoderne Gemeinschaftskonzept, zwar gemäß den modernen Bedingungen modifiziert, mit dem Ziel der Kritik und der realen Revision der Moderne aufgenommen.

Rousseaus und Marx' politische Theorien sind vom religiösmoralischen Schema Fall-Erlösung geprägt, sie stehen unter geschichtstheologischen Vorzeichen. Der säkulare Akzent dieser Geschichtstheologie liegt darin, dass die Erlöserrolle dem Menschen selbst zugeschrieben wird. Es geht um einen endgültigen und absoluten Akt, der sich in der Geschichte zum »Reich der Freiheit« entfalten soll. Für Instanzen und Handlungen, die die Relativität, Pluralität und Zweideutigkeit des geschichtlichen Lebens grundsätzlich anerkennend dennoch auf Bestanderhaltung und Verbesserung tatsächlicher Lebensformen aus sind, die sich auf eine Vielfalt von Vermittlungsaufgaben einstellen, hat die radikale Politiktheorie per se keinen Blick.

Aber die Relativität des geschichtlichen Lebens ist stärker als die in ihr proklamierten Absolutheiten. Es ist darum weit lebensdienlicher, wenn sich politische Theorie auf das Gegebene und Machbare einstellt, wenn sie ihre Modelle so konzipiert, dass Differenzierungen und Vermittlungen in ihr möglich werden. Dazu ist zwar notwendig, dass sie sich aus den Banden des religiösen Schemas, in das sie sich selbst eingesponnen hat, befreit. Diese Distanzierung von der in ihr versteckten und unter fremder Flagge fahrenden Religion würde aber zugleich nach einer Neudeutung des religiösen Bereichs verlangen, und sei es nur, dass man dessen Grenze bezeichnete. Nicht anders aber darf die Kritikfähigkeit, die die Politik durch Aneignung religiöser Sinnbestände gegenüber dem Faktischen gewonnen hatte, nicht einer bloßen Akzeptanz des nur Faktischen weichen. Die ethische Reflexion bedarf weiterhin einer geschichtstheoretischen wie soziologischen und auch einer philosophischen und theologischen Fundierung, die umfassender ist als die sich je aufdrängenden relativen Realitätsansprüche, soll sie über deren humane Möglichkeiten orientieren. Maßstäbe der Kritik müssen dann als reflektierte Konstruktionen erarbeitet werden. Nur von ihnen aus wird ja auch das Bestehende – und wiederum nur durch Konstruktionen vermittelt – sichtbar, verständlich.

Literatur

Primärliteratur (Deutsche Übersetzungen)
Hobbes, T.: Leviathan. Einführung und hg. v. H. Klenner; übers. v. J. Schlösser, Hamburg 1996.
Locke, J.: Zwei Abhandlungen über die Regierung. Einführung und hg. v. W. Euchner; übers. v. H.J. Hoffmann, Frankfurt a.M. 1977.
Marx, K.: Ökonomisch-Philosophische Manuskripte (1844), in: Frühe Schriften 1. hg. v. H.-J. Lieber/P. Furth, Darmstadt 1981.
Rousseau, J.J.: Vom Gesellschaftsvertrag oder Grundsätze des Staatsrechts, Stuttgart 1980.
Rousseau, J.J.: Über Kunst und Wissenschaft; Über den Ursprung der Ungleichheit unter den Menschen. Einführung, Übersetzung und hg. v. K. Weigand, Hamburg 1995.
Smith, A.: Der Wohlstand der Nationen. Übersetzt u. hg. v. H.C. Recktenwald, München 1988.

Weiterführende Literatur
Cassirer, E. u.a.: Drei Vorschläge, Rousseau zu lesen, Frankfurt a.M. 1995.
Fetscher, I.: Rousseaus politische Philosophie. Frankfurt a.M. 1999.
Hampson, N.: The Enlightenment. An evaluation of its assumptions, attitudes and values, London 1990.
Hobsbawm E. u.a. (Hg.): Das Manifest – heute. 150 Jahre Kapitalismuskritik, Hamburg 2000.

Hobsbawm, E.J.: Die Blütezeit des Kapitals. Eine Kulturgeschichte der Jahre 1848–1875, Frankfurt a.M. 1980.

Kersting, W.: Thomas Hobbes zur Einführung, Hamburg 1992.

Meyer-Faje, A./Ulrich, P. (Hg.): Der andere Adam Smith. Beiträge zur Neubestimmung von Ökonomie als Politischer Ökonomie, Stuttgart 1991.

Specht, R.: John Locke, München 1989.

Starbatty, J. (Hg.): Klassiker des ökonomischen Denkens. 2 Bände, München 1989.

Starbatty, J.: Die englischen Klassiker der Nationalökonomie, Darmstadt 1985.

Wirtschaftsethik

Johannes Hoffmann

■ Wirtschaftsethische Fragen gehören zur Tradition des jüdisch-christlichen Kulturkreises. Allerdings veränderten sich phänomenologisch betrachtet die Paradigmen dieser Fragen (Subjekt, Gegenstand, soziale Dimension, Werthierarchien etc.) besonders seit der Neuzeit in umfassender Weise.

■ Am Beispiel »Geld« lässt sich dieser umfassende Wandel paradigmatisch verdeutlichen. Geld mutierte vom Sachgegenstand zur Weltformel, zum letzten Ziel, substituierte somit Gott selbst; der Kapitalismus als Gesellschaftsform, in der dem Geld diese überragende Rolle zukommt, trägt dann Züge einer Religion. Vor diesem Hintergrund kommt dem religiösen Diskurs sowohl als Erkenntnisdiskurs wie als kritischer Diskurs innerhalb der Wirtschaftsethik Bedeutung zu.

■ Wirtschaftsethik stellt sich vor diesem Hintergrund der Aufgabe, den Umgang mit Geld und Kapital »zukunftsfähig«, im humanen Sinne, zu machen. Dafür bieten sich zwei Wege an: Zum einen mit Blick auf die Unternehmer die rationale Begründung ethischer Prinzipien und Normen des Wirtschaftens, zum anderen mit Blick auf die Zivilgesellschaft die kulturelle Zähmung des Kapitals mittels sozialer Prozesse überhaupt.

■ Als eines der Instrumente der zweiten Form wirtschaftsethischen Denkens und Agierens lässt das »Ethisch-ökologische Rating« erkennen, wie zivilgesellschaftliche Veränderungen des Umgangs mit Kapital zu verwirklichen sei.

1. Zum Kontext von Wirtschaftsethik heute

Wirtschaftsethische Fragen wurden im jüdisch-christlichen Kulturkreis vom Beginn der Geschichte Israels an diskutiert. Zu allen Zeiten gab es Not und Armut, die dazu herausforderten, nach Lösungen zu suchen, die vor den Grundsätzen der jeweiligen Glaubenstradition Bestand haben konnten. Doch während bis ins Mittelalter hinein beispielsweise die Armen ein integrierender Bestandteil der jeweiligen Gesellschaft waren und die Vermögenden die Pflicht hatten, Almosen zu geben, hat sich das mit Beginn der Industrialisierung, der Entstehung von Marktwirtschaft und dem Aufkommen des darauf aufruhenden kapitalistischen Systems grundlegend geändert. Aristoteles unterschied zwischen Geld als Tauschmittel und Geld als Geldkapital und wies darauf hin, »daß sich aus der Realisierung dieser Rolle des Geldes als Kapital eine ganz andere Wirtschaftsweise ergibt als aus der Verwendung des Geldes als reinem Tauschmittel ... Diese auf dem Prinzip des Geldkapitals beruhende Wirtschaftsweise wird von Aristoteles scharf verurteilt« (Flotow: Geld 37).

Heute ist es, ausgehend von den modernen Industrienationen ein Kennzeichen unserer ökonomischen und kulturellen Realität, dass Geld nicht nur »Relation ist«, sondern »Relation hat«, wie Georg Simmel dies in seiner Philosophie des Geldes herausgestellt hat (Simmel: Philosophie 131). Geld ist geradezu zu einer »Weltformel« (Rammstedt: Geld 22) avanciert und ist in die geistige Welt dermaßen verwoben, dass es zum Symbol für die Moderne geworden ist (Simmel: Einleitung 70ff.). Ja, Geld als letzter Bezugspunkt führt zur Umwertung aller Werte, so dass es nach Simmel »nicht Werte gibt, die wir als solche wollen, sondern dass wir umgekehrt einen Wert nennen, was wir wollen« (Simmel: Philosophie 274). Das Verhältnis zwischen Personen und Sachen wird zu einem vermittelten, weil sich zwischen Personen und zwischen Personen und Sachen das Geld schiebt, den kulturell gewachsenen Werthierarchien einen neuen Bezugspunkt gibt, nämlich das Geld. Die Entwicklung zu einer Geld-Gesellschaft und zu einer Geld-Kultur ist die Folge. Der Mammon wird damit zum neuen Herrn, dem jede/jeder dienen soll, auf den, wie der hebräische Wortstamm sagt, man/frau vertrauen, auf den sie setzen sollen. Das Geld hat es fertig gebracht, zum letzten Ziel, vom reinen Mittel zum letzten Zweck zu werden.

Simmel argumentiert: »Da das praktisch ökonomische Interesse sich aber fast ausschließlich an das einzelne Stück bzw. eine begrenzte Summe von Stücken heftet, so hat die Geldwirtschaft es wirklich zustande gebracht, daß unser Wertgefühl den Dingen gegenüber sein Maß an ihrem Geldwert zu finden

pflegt« (Simmel: Philosophie 274). Und er fährt fort: »Die Bedeutung des Geldes, – das größte und vollendetste Beispiel für
die psychologische Steigerung der Mittel zu Zwecken zu sein –,
tritt erst in ihr volles Licht, wenn das Verhältnis zwischen Mittel und Endzwecke noch näher beleuchtet wird« (Simmel: Philosophie 302).

Auf diese Weise ist es sogar möglich, dass sich das Geld als
letzter Wert an die Stelle des letzten Zieles, nämlich Gott zu setzen vermag. Simmel führt dazu aus: »Allein in Wirklichkeit hat
das Geld als das absolute Mittel und dadurch als der Einheits-
punkt unzähliger Zweckreihen in seiner psychologischen Form
bedeutsame Beziehungen gerade zu der Gottesvorstellung ....
Der Gottesgedanke hat sein tieferes Wesen darin, daß alle Man-
nigfaltigkeiten und Gegensätze der Welt in ihm zur Einheit gelangen, dass er nach dem schönen Worte des Nikolaus von Ku-
sa die coincidentia oppositorum ist.... Unzweifelhaft haben die
Empfindungen, die das Geld erregt, auf ihrem Gebiete eine psychologische Ähnlichkeit mit diesem. Indem das Geld immer
mehr zum absolut zureichenden Ausdruck und Äquivalent aller Werte wird, erhebt es sich in abstrakter Höhe über die ganze
weite Mannigfaltigkeit der Objekte, es wird zu dem Zentrum, in
dem die entgegengesetzten, fremdesten, fernsten Dinge ihr Gemeinsames finden und sich berühren« (Simmel: Philosophie
305).

Aufgrund der Tatsache, dass Geld als Wert für viele Menschen die »teleologischen Reihen« und Werthierarchien ab-
schließt, schaukelt es sich zum Endzweck auf, gewinnt die Bedeutung eines »absoluten Zweckes«, nimmt quasi religiöse
Züge an (Simmel: Philosophie 307). »Geld ist der normierende
Faktor der modernen Wirtschaft« (Binswanger: Geld II 81). Es
ist das Wasser, das die Mühlen der Wirtschaft in Gang setzt. Jede noch so kreative Idee oder Erfindung ist für ihre Verwirklichung vom Geldfluss abhängig. Das gilt für ökologisch als sinnvoll und notwendig erachtete Innovationen ebenso wie für
soziale Innovationen. Karl Polanyi folgert daraus, »daß die Ursprünge der Katastrophe in dem utopischen Bemühen des Wirt-
schaftsliberalismus zur Errichtung eines selbstregulierenden
Marktes lagen« (Polanyi: Transformation 49). Und er führt dazu weiter aus: »Der Mechanismus, der durch das Gewinnstre-

ben in Gang gesetzt wurde, war in seiner Wirksamkeit nur mit wildesten Ausbrüchen religiösen Eifers in der Geschichte zu vergleichen. Innerhalb einer Generation wurde die ganze menschliche Welt seinem kompakten Einfluss unterworfen und gelangte im Gefolge der industriellen Revolution in England in der ersten Hälfte des 19. Jhdts. zur Hochblüte.... Und so müssen wir die Ursprünge der Katastrophe im Aufstieg und Fall der Marktwirtschaft suchen«(Polanyi: Transformation 50).

Die ungeheuren sozialen und ökologischen Wunden, die die Umwertung der Werte und ihre Ausrichtung an Geld und Gewinn im Zuge der industriellen Revolution nach sich zogen, sind bis heute nicht geheilt. Aber sie werden uns mehr und mehr bewusst. Geld und das an der Vermehrung des Geldes orientierte Gewinnstreben macht sich alles untertan: Mensch und Natur. Natur wird so ebenso zum Subsystem der Wirtschaft, wird zum bloßen Produktionsmittel wie auch der Mensch, der nur noch als Arbeitskraft interessant ist. Wird er als Arbeitskraft nicht mehr gebraucht, wird er in der kapitalistischen Gesellschaft überflüssig. So können ganze Kontinente, wenn sie für das Gewinnstreben bzw. die Geldvermehrung nicht mehr benötigt werden oder nicht mehr nützlich erscheinen, für überflüssig erklärt werden wie etwa Afrika. Wir sprechen zwar immer noch von Überbevölkerung, aber aus der Perspektive der Gewinnmaximierung der Marktwirtschaft handelt es sich um überflüssige Bevölkerung. Diese Umwertung der Werte verlangte auch »eine Veränderung der Motivation der Glieder der Gesellschaft. Das Motiv des Lebensunterhaltes musste durch das Motiv des Gewinns ersetzt werden. Alle Transaktionen werden in Geldtransaktionen verwandelt.... Die von solchen Einrichtungen verursachten Verschiebungen müssen zwangsläufig die zwischenmenschlichen Beziehungen zerreißen und den natürlichen Lebensraum des Menschen bedrohen« (Polanyi: Transformation 63f.).

Goethe hat am Beginn der Industrialisierung die schlimmen Folgen der Freistellung des Geldes bzw. des Geldkapitals von allen ethischen Pflichten gesehen und in seinem Faust II beschrieben. Papier- und Bankgeldschöpfung wurden – so der Ökonom Binswanger – zusammen mit der Ausbreitung des neuen Eigentumsrechtes im Lauf des 19. Jahrhunderts zum Träger der industriellen Revolution bzw. des Wirtschaftswachstums, das sich aus der industriellen Revolution heraus entwickelt hat. Fausts Unternehmen ist zum Weltplan der Wirtschaft geworden. Es ist die moderne Wirtschaft. Auf der Grundlage dieser Feststellung kann man in Abwandlung des bekannten Wortes von Clausewitz, die Politik sei die Fortsetzung des Krieges mit anderen Mitteln, im Sinne Goethes sagen: »Die moderne Wirtschaft ist die Fortsetzung der Alchemie mit anderen Mitteln« (Binswanger: Geld I 56).

Eine Wirtschaftsordnung, in der die Bewertungen und Handlungen der Wirtschaftssubjekte von den Gesetzen der Kapitalverwertung bestimmt werden, ist Kapitalismus. Wenn Sakramente Zeichen der Nähe und Gnade Gottes sind, ist der, der Geld hat, im Besitz aller Gnaden der Besitz-orientierten kapitalförmigen Gesellschaft. Dann wird Kapitalismus zur Religion, Religion Marktwirtschaft (Walter Benjamin). Ja, Geld übt eine kultische Faszination aus; es verlangt Verehrung und ständige Feste/Events. Das Bereicherungsprinzip wird zum Götzen.

Die Absolutsetzung des Wirtschaftskapitals hat Folgen, nämlich einen unfairen und unsauberen Kapitalismus, der sowohl das Naturkapital als auch das Sozialkapital aufzehrt.

Wie wir gesehen haben, ist dieser Kapitalismus von seinen historischen Anfängen an unsauber. Er hat unhinterfragt die Privilegien der Feudalherrschaft übernommen:

- Dem Herrschaftsanspruch des Feudalherren über Land und Bauern entspricht die Privilegierung des Kapitaleigentums vor Natur und Arbeit, d.h. Abwälzung der Kosten auf die Natur und die Gesellschaft.
- Aus dem feudalistischen Recht auf Beute wurde die Ausbeutung der natürlichen Mitwelt, die Instrumentalisierung der Arbeitenden, Unterwerfung der Kunden unter die Marke, Ausnutzung der Gemeinschaft.
- Die oligarchische Schichtung von Herrschaft, Ansehen und Wohlstand im Feudalismus hat sich in den Ansprüchen der oberen Schichten und den Träumen der unteren Schichten erhalten, vor allem in der Tabuisierung der Verteilungsfrage.
- Das feudalistische Prinzip, nach dem die Lehnspflichtigen dem Lehnsherren verpflichtet waren, zum Kriegsdienst oder zum Bau von Burgen und Kirchen, verwandelte sich in die

Mitverpflichtung der Angehörigen der Arbeitskräfte, vor allem der Frauen, die unentgeltlich Leistungen erbringen müssen, ohne geachtet zu sein. Denn allein die Erwerbsarbeit zählt, ist geachtet (Hoffmann/Scherhorn: Kapitalismus 8–11; Hoffmann/Scherhorn: Gewinne 111–166).

2. Aufgabe von Wirtschaftsethik

Angesichts dieses Befundes ist Wirtschaftsethik dazu herausgefordert, die Marktwirtschaft und das mit der Absolutsetzung des Kapitals einhergehende kapitalistische System zukunftsfähig zu machen. Dieser Aufgabe hat sich Wirtschaftsethik in der Neuzeit immer gestellt, wenn auch mit ganz unterschiedlichen Mitteln und Methoden. Exemplarisch seien zwei Möglichkeiten angeführt: Der Freistellung des Kapitals von allen Pflichten außer der Vermehrung seiner selbst haben einige dadurch gegenzusteuern versucht, indem sie Unternehmer mit rational nachvollziehbaren Argumenten davon zu überzeugen versucht haben, dass sie sich sozusagen selbst verpflichteten, ethischen Normen im Umgang mit natürlicher und sozialer Mitwelt im Zuge der Produktionsprozesse und bei den Produkten Rechnung zu tragen. Das haben viele auch befolgt. Allerdings gerieten sie nicht selten gegenüber der Konkurrenz ins Hintertreffen, die sich solche Verpflichtungen nicht zu eigen gemacht hat.

Andere Wirtschaftsethiker haben versucht, mit Hilfe von Institutionen wie Kirchen oder Sozialverbänden auf Änderungen der wirtschaftlichen Rahmenbedingungen hinzuwirken. Das Konzept der Sozialen Marktwirtschaft von Alfred Müller-Armack und Ludwig Erhard sind dafür das beste und bedeutsamste Beispiel. Müller-Armack hat bis in die 1960er Jahre hinein die erforderlichen Anpassungen vorzunehmen versucht. Heute ist von diesem Modell in der Realität nicht mehr viel geblieben. Erst recht wurde keine Erweiterung des Konzeptes hin zu einer sozial-ökologischen Marktwirtschaft vorgenommen. Zu bestimmten Zeiten etwa in den Anfängen der Bundesrepublik bis in die 1960er Jahre hinein konnte Wirtschaftsethik in Verbindung mit Lobbyarbeit beachtliche Erfolge bei der Beeinflussung der Rahmenbedingungen erzielen. Heute sieht es so aus, dass Regierungen als Ansprechpartner für Änderungen von durchgreifenden Rahmenbedingungen kaum in der Lage sind, wenn sie wieder gewählt werden wollen.

Gerade in einer solchen Situation bietet es sich an, die Zivilgesellschaft in den Blick zu nehmen und den Einfluss zivilgesellschaftlicher Bewegungen dafür zu nutzen, ein Mehr an Ethik in den Markt zu bringen. Die Chancen dafür sind nicht schlecht. Soziologische Erkenntnisse und auch Erfahrungen der Friedensbewegung, der Ökobewegung etc. können uns dazu ermutigen, Hand anzulegen: Denn – soziologisch gesehen – ist alle Erkenntnis, sind alle technischen Entwicklungen, alle wirtschaftlichen Systeme, Mechanismen und Strukturen Ergebnisse sozialer Prozesse in Kulturen. Sie können durch soziale Prozesse in Gesellschaften und Kulturen wieder geändert werden, wenn bewusst wird, dass diese Strukturen der Erhaltung der Schöpfung, der Sicherung des sozialen Friedens und der Ermöglichung eines menschenwürdigen Lebens für alle Menschen entgegenstehen.

Ergebnis solcher sozialer Prozesse könnte ein Kapitalismus sein, der sich ethisch in die Pflicht nehmen lässt, damit Menschwerdung in Gemeinschaft im Mitsein mit der Schöpfung für alle Menschen gelingt, ein Kapitalismus, in dem Geld als soziale Institution gesehen wird, von der Gemeinschaft, dem Staat, geprägt und durch die Arbeit der Vielen in seinem Wert garantiert. Die kulturelle Zähmung unseres unfairen und unsauberen Kapitalismus und seine Transformation in einen zukunftsfähigen Kapitalismus käme als Vision und Realutopie in den Blick.

Ethisch orientierte Investoren, ethisch interessierte Finanzdienstleister, ethisch motivierte und lernfähige Unternehmer und ökologisch und ethisch orientierte Konsumenten könnten die Basis für eine breite zivilgesellschaftliche Bewegung werden, die die erforderlichen kulturellen und sozialen Prozesse zur Schaffung eines zukunftsfähigen Kapitalismus in Gang bringen.

3. Wie aber kann das geschehen?

Die nachhaltige Formierung relevanter zivilgesellschaftlicher Gruppen zu sozialen und ökologischen Bewegungen kann nur gelingen, wenn sich diese Gruppen hinreichend unabhängige Informationen zu eigen machen können, wenn sie eine auf Wissen und Erfahrung basierende methodengestützte Kriteriologie zur Bewertung von Kapitalanlagen haben und wenn sie kompetente zivilgesellschaftliche Institutionen im Hintergrund haben.

Die Projektgruppe »Ethisch-ökologisches Rating« hat sich auf dem Hintergrund dieser zivilgesellschaftlichen Anforderungen gebildet und dazu wichtige Beiträge geliefert. Der erste Schritt, dem sich die Projektgruppe Ethisch-ökologisches Rating zuwandte, war die Entwicklung einer systematischen theoriegestützten Kriteriologie. Der Wertbaum dieser Kriteriologie arbeitet mit drei Wertdimensionen, nämlich Kultur-, Sozial- und Naturverträglichkeit. Diese Kriteriologie, als Frankfurt-Hohenheimer Leitfaden (Hoffmann u.a.: Kriterien) veröffentlicht, hat die Projektgruppe zusammen mit der »oekom research AG«, einer kompetenten Ratingagentur in ein Corporate Responsibility Ratingkonzept umgeschweißt.

Das Corporate Responsibility-Rating bewertet die Verantwortung des Unternehmens gegenüber der Gesellschaft und den Kulturen (= Kulturverträglichkeit), ferner die Verantwortung gegenüber den von den Unternehmensaktivitäten betroffenen Menschen (= Sozialverträglichkeit) und die Verantwortung des Unternehmens gegenüber der natürlichen Mitwelt (= Naturverträglichkeit).

Damit existiert für ethisch motivierte Investoren nunmehr das erforderliche Know-how, um selbst über Vermögensverwalter ihr Geld nach ethischen Kriterien anlegen zu können. In einem solchen Rating bzw. einer solchen Bewertung werden die Unternehmen sowohl einzeln bewertet als auch ihr Rangplatz innerhalb der Branche, zu der sie gehören, festgestellt. Jedes an der Bewertung beteiligte Unternehmen erhält kostenlos die Einstufung des eigenen Unternehmens mitgeteilt. Viele Unternehmen wollen natürlich wissen, wie die Konkurrenten in der Branche abgeschnitten haben und warum diese möglicherweise besser sind als sie selbst. Im Abschlussbericht, den die am Rating beteiligten Unternehmen kaufen können, können die Unternehmen die Gründe im Einzelnen erfahren, warum das eine Unternehmen auf Platz eins, das andere dagegen auf Platz zehn der Rangliste gelandet ist.

In dem Augenblick, wo das geschieht, entwickelt sich auf der Grundlage des Ratings in Verbindung mit dem Branchenranking ein ethischer Wettbewerb innerhalb der Branchen. Und genau dies ist die Absicht dieses wirtschaftsethischen Ansatzes. Er versucht, mit den Mitteln des Marktes, nämlich dem Wettbewerb, die Ethik in den Kapitalmarkt zu bringen und die Geldflüsse nach ethischen Gesichtspunkten zu beeinflussen. In einem beachtlichen Umfang ist dies bereits am Kapitalmarkt geglückt. Mit dem Instrument des Corporate Responsibility-Rating werden zur Zeit bereits über 750 Millionen EURO in Deutschland und in Österreich verwaltet. Bisher wurden 600 internationale Großunternehmen in 25 Branchen bewertet. Darüber hinaus 200 mittlere und kleinere Unternehmen, die sich, was ihre Produkte und Produktionsverfahren betrifft, als Ökopioniere erwiesen haben. Damit existiert ein nach dem Frankfurt-Hohenheimer Leitfaden geartetes Anlageuniversum, das für jede nur denkbare Gestaltung von Anlageportfolien hinreichend ist und wie die Erfahrung mit Fondsgesellschaften zeigt, auch sehr gut handhabbar ist.

3.1 Rating von 30 OECD-Ländern

Um speziell im Bereich der festverzinslichen Anlagen ethisch orientierten Kunden ein größeres Anlagespektrum zu bieten, wurde ein Länder-Rating entwickelt, mithilfe dessen sämtliche am Markt befindliche Staatsanleihen nach Kriterien aus dem Bereich Umwelt und Soziales auf der Grundlage des Frankfurt-Hohenheimer Leitfadens bewertet werden können. Bisher liegt ein Länder-Rating von den 30 OECD-Ländern und Russland vor.

Ein solches Rating ist einer Momentaufnahme vergleichbar, die nach kurzer Zeit ganz anders aussehen kann. Also ist es notwendig, dass in regelmäßigen Abständen oder aber bei besonderen Anlässen das Bewertungsergebnis überprüft, ein Update erstellt wird. Die »oekom research AG« führt daher jährliche Updates durch und meldet an ihre Kunden monatlich, wenn sich gravierende Veränderungen im Verhalten der Unternehmen erkennen lassen.

Das Know-how für eine sehr transparente Form ethischer Anlagen ist also vorhanden. Darüber hinaus bietet die »oekom research AG« ihren Kunden die Möglichkeit, aus einer Fülle von Negativ- und Positivkriterien auszuwählen und einen indi-

viduellen Bewertungsansatz zu entwickeln. Der Vorteil ist, dass
dem Anleger eine ganz individuelle Gestaltung seines Portfolios
ermöglicht wird. Nachteilig ist, dass dies aufwändiger ist, weil
der Anleger sich intensiver mit den Kriterien auseinander setzen muss. Je nach individueller Präferenz wird der Anleger das
Anlagekonzept finden, das seinen Vorstellungen am nächsten
kommt.

3.2 Zur Qualität von Nachhaltigkeitsratings

Immer häufiger ist in der Presse von Skandalen in der Wirtschaft
zu lesen, von Bilanzfälschungen und anderen Täuschungsmanö-
vern, die die Investoren irritieren und die Aktienkurse in den
Keller gehen lassen. Dabei kommen auch Ratingagenturen und
Analysten ins Gerede. Das wirft die Frage auf, auf welche Weise Vertrauen und Glaubwürdigkeit am Aktienmarkt zurückge-
wonnen werden kann. Eine Voraussetzung ist, dass sich alle Akteure an ethischen Grundsätzen orientieren. Die Projektgruppe
»Ethisch-ökologisches Rating« der Uni Frankfurt hat hier zusammen mit »oekom« Qualitätsstandards für das Nachhaltig-
keitsrating entwickelt. Dazu gehört beispielsweise, dass eine Ratingagentur eine differenzierte und transparente Kriteriologie
benutzt. Zwischen der Agentur und den bewerteten Unternehmen dürfen keine Interessen- oder Kapitalverflechtungen bestehen. Außerdem muss eine Ratingagentur vom Asset-Mana-
gement institutionell und wirtschaftlich getrennt sein. Sie darf
auch nicht mit einem von ihr bewerteten oder zu bewertenden
Unternehmen in einem kommerziellen Beratungsverhältnis
stehen, das das Interesse an einer Hochstufung mit sich bringen
könnte. Letztlich wird auch die Zukunftsfähigkeit unserer Marktwirtschaft davon abhängen, ob durch glaubwürdige Ratings das
Vertrauen in die Wirtschaft und damit in den Aktienmarkt zu-
rückgewonnen werden kann.

Dieses Verfahren bietet dem Investor nicht nur eine transparente Möglichkeit, ethisch-ökologische Anlageentscheidungen
zu treffen. Vielmehr hat sein Entschluss nach dem »Best-in-
class«-System auch ethisch-ökologische Wirkungen auf die gesamte wirtschaftliche Entwicklung, weil mit diesem Prüfverfah-
ren sowohl innerhalb als auch zwischen den Branchen ein
ethischer Wettbewerb ausgelöst wird. Einem ethisch orientier-

ten Investor kommt dies sehr entgegen, weil er damit nicht nur seine individuellen Interessen verfolgen und sein Gewissen beruhigen kann, sondern in der Wirtschaft Entwicklungen anstößt, die auf breiter Basis ethisch-ökologische Innovationen auslösen und eine Veränderung des Kapitalmarktes hin zu mehr ethischer Performance bewirken.

Den Unternehmen wird mit einem marktwirtschaftlichen Mittel, nämlich der Etablierung eines ethischen Wettbewerbs innerhalb der Branchen, die Möglichkeit gegeben, ihre Verantwortung gegenüber Mensch und Mitwelt im eigenen Land und in anderen Kulturen bewusst wahrzunehmen. In diesem Wettbewerb profilieren sich diejenigen als geeignete Anlagekandidaten, die sich an Kriterien der Nachhaltigkeit ausrichten, also in ihren Unternehmen natur-, sozial- und kulturverträglich wirtschaften.

3.3 Formierung ethisch orientierter Investoren

Damit diese Effekte weiter wirken, muss das entwickelte Knowhow aktuell gehalten und auf breiter Ebene von Investoren genutzt werden. Kein Investor kann für sich allein die erforderlichen Recherchen und das notwendige laufende Controlling organisieren. Deshalb wurde ein Verein ethisch orientierter Anleger in Frankfurt gegründet. Er trägt den Namen »Corporate Responsibility Interface Center« (CRIC). Damit soll international signalisiert werden, dass der Verein sich als eine Schnittstelle für ethisch orientierte institutionelle und private Anleger versteht, der den Investorenmitgliedern als Forum für Informationsaustausch dienen will, aber auch wissenschaftliche Begleitforschung, Presse- und Öffentlichkeitsarbeit, internationale Vernetzung mit anderen Investorenvereinigungen leisten möchte. Er bietet einen Newsletter und ermöglicht den Mitgliedern vergünstigten Zugang zu den erforderlichen Bewertungen. Voraussetzung ist, dass sich möglichst viele ethisch orientierte Anleger im deutschsprachigen Raum unter diesem Vereinsdach als potente zivilgesellschaftliche Gruppe formieren, sich mit einer Bewertungsagentur als einer kompetenten zivilgesellschaftlichen Institution an der Seite am Kapitalmarkt bewegen und für kleinschrittige Veränderung des Normalbereichs hin zu mehr Natur-, Sozial- und Kulturverträglichkeit der Wirtschaft sorgen.

Literatur

Binswanger, H.C.: Geld und Magie, Stuttgart u.a. 1985. (Im Text: Geld I)

Binswanger, H.C.: Geld und Wachstumszwang, in: Binswanger, H.C./ Flotow, P. von (Hg.): Geld und Wachstum. Zur Philosophie und Praxis des Geldes, Wien 1994, 81–123. (Im Text: Geld II)

Flotow, P. von: Geld und Wachstum in der »Philosophie des Geldes« – die Doppelrolle des Geldes, in: Binswanger, H.C./Flotow, P. von (Hg.): Geld und Wachstum. Zur Philosophie und Praxis des Geldes, Wien 1994, 32–60.

Hoffmann, J. u.a. (Hg.): Ethische Kriterien zur Bewertung von Unternehmen. Frankfurt-Hohenheimer Leitfaden, Frankfurt a.M. 1997.

Hoffmann, J./Scherhorn, G.: Kann es sauberen Kapitalismus geben?, in: Forschung Frankfurt. Das Wissenschaftsmagazin, 20. Jg, 4/2002, 8–11.

Hoffmann, J./Scherhorn, G.: Saubere Gewinne. So legen Sie Ihr Geld ethisch-ökologisch an, Freiburg 2002.

Polanyi, K.: The Great Transfomation. Politische und ökonomische Ursprünge von Gesellschaften und Wirtschaftssystemen, Wien 1977.

Rammstedt, O.: Geld und Gesellschaft in der »Philosophie des Geldes«, in: Binswanger, H.C./Flotow, P. von (Hg.): Geld und Wachstum. Zur Philosophie und Praxis des Geldes, Wien 1994, 15–31.

Simmel, G.: Einleitung in die Moralwissenschaft. Eine Kritik der ethischen Grundbegriffe (Georg Simmel Gesamtausgabe 4), Frankfurt a.M. 1991.

Simmel, G.: Philosophie des Geldes (Georg Simmel Gesamtausgabe 6), Frankfurt a.M. 1989.

Informationen
www.cric-ev.de
www.oekom-research.com

Kulturethik

Dietmar Mieth

■ Kultur lässt sich bestimmen als Inbegriff oder Summe sozialer Lebensäußerungen, als das Ganze des gesellschaftlichen Lebens. Für eine nähere Differenzierung der Kultur sind Unterscheidungen (Natur-Kultur; Zivilisation-Kultur; Hochkultur-Massenkultur), die Bestimmung des Subjekts, ihre ethische ›Reichweite‹ dienlich. Sie stehen aber stets in der Gefahr, ideologisch verzerrt oder missbraucht zu werden.

■ Theologie und Kultur lassen sich als aufeinander bezogene Größen denken. Die Frage nach ihrer Beziehung ist vor allem durch die bereits praktisch gelebte Beziehung von Glaube und Kultur spezifiziert.

■ Ethik als Kulturethik entfaltet eine spezielle Perspektive der Ethik. Denn Ethik und Moral gehören zur Kultur, wie sie diese auch wiederum gestalten und verändern können.

■ Kulturethik zeichnet sich dadurch aus, dass sie nicht allein auf bestimmte Axiome (etwa Menschenwürde; Gerechtigkeit) ausgerichtet werden kann, weil in ihr das Deutungspotential der Kultur selbst stets zum Tragen kommt. Von daher stehen weniger Prinzipien, sondern vielmehr Modelle im Mittelpunkt einer Kulturethik. Die Modellethik ergänzt den formalen Rahmen der normativen Ethik um Entwürfe guten Lebens, die Dimension der Klugheit und der moralischen Phantasie, sowie um das Moment der Situationsgerechtigkeit.

1. Die vielen Nuancen des Wortes »Kultur«

Barbara Sichtermann formulierte einmal ein Beispiel für die Breite und Fallhöhe des Wortes »Kultur«: »Konsum ist Ausdruck unserer Kultur, er schärft die Sinne und verfeinert die Ästhetik«. Und: »Gut, wir sollten Marzipan und freie Wahlen nicht gegeneinander ausspielen, zumal wir beides brauchen – zusätzlich aber das Eingeständnis, dass Marzipan aus süßen Mandeln eine Kultur nicht minder ziert als freie Wahlen, dass es einen Zusammenhang gibt zwischen dem Geschmack, den die Zunge wahrnimmt und dem Geschmack, der über Kunst und Literatur urteilt.« (Sichtermann: Kultur 43).

Herbert Giersch, ein früherer Präsident des Institutes für Weltwirtschaft in Kiel, sieht Kultur als Bedürfnis, das nach der Sättigung der Grundbedürfnisse entsteht: »Der Marsch in die moderne Dienstleistungsgesellschaft hat begonnen und ist nicht mehr aufzuhalten. Für das Wachstum bedeutet dies, dass es weniger material- und energieintensiv sein wird als in der Vergangenheit und dass es viel mehr auf die Qualität als auf die Quantität ankommen wird. Nachdem unsere Grundbedürfnisse allenthalben befriedigt sind, geht es nicht darum, mehr zu essen und mehr zu trinken, sondern besseres Essen und bessere Getränke zu genießen. Wir wollen angenehmer wohnen, komfortabler reisen und vielleicht auch mehr für kulturelle Bedürfnisse ausgeben«. (Giersch: Zukunftsprobleme).

Die verschiedenen Niveaus des Kulturbegriffes können wir dessen Variablen entnehmen: Hochkultur, Massenkultur, Subkultur. Ist nun »Kultur« ein beschreibender oder ein normativer Begriff? Ist er elitär oder populistisch?

Der Kulturphilosoph Georg Simmel hat versucht, die Facetten der Kultur auf einen Nenner zu bringen: »Kultur ist der Weg von der geschlossenen Einheit durch die entfaltete Vielfalt zur gestalteten Einheit.« Er sieht in der Kultur die Vermittlung von Subjektiven und Objektiven (Simmel: Begriff 93), eine einzigartige »Synthese« (Simmel: Philosophie 278). Kultur kommt für ihn von Kultivierung. So nennt er die Veränderung der Obstbäume! Theodor W. Adorno und Max Horkheimer bezeichnen in ihren »Studien über Autorität und Familie« (Horkheimer/Adorno: Studien 6f.) Kultur als Inbegriff oder Summe »sozialer Lebensäußerungen«. Ähnlich fasst R. Maurer Kultur als »Gesamtzusammenhang von Theorie und Praxis in der Gesellschaft« auf (Maurer: Kultur).

Herbert Marcuse spricht von der »Verflochtenheit des Geistes in den geschichtlichen Prozeß der Gesellschaft.« (Marcuse: Kultur I 62.63) Er bezeichnet Kultur auch als »das Ganze des gesellschaftlichen Lebens, sofern darin sowohl die Gebiete der ideellen und materiellen Reproduktion (der »Zivilisation«) eine historische abhebbare und begreifbare Einheit bilden.«

Paul Tillich schreibt 1919 über die »Idee einer Theologie der Kultur«. In diesen Erörterungen über »Die religiöse Substanz der Kultur« heißt es: »Jeder kulturwissenschaftliche Allgemeinbegriff ist entweder unbrauchbar, oder er ist ein verhüllter Normbegriff, er ist entweder Umschreibung eines Nichts, oder er ist Ausdruck eines Standpunktes; er ist eine wertlose Hülse oder er ist eine Schöpfung.« (Tillich: Idee 13)

Der individuellste Standpunkt aber ist »eingebettet in den Boden des objektiven Geistes, den Mutterboden jeder Kulturschöpfung. Ihm entnimmt der konkrete Standpunkt die allgemeinen Formen des Geistigen, während der durch die (...) immer engeren Kreise und geschichtlichen Bestände konkreter Geistigkeit seine eigene konkrete Begrenzung findet, bis er in schöpferischer Selbstsetzung die neue individuelle und unvergleichbare Synthese von allgemeiner Form und konkretem Inhalt schafft«. (Tillich: Idee 13f.)

Der Historiker Franz Schnabel hebt angesichts des Problems der wachsenden technischen Kultur im 19. Jahrhundert (Schnabel: Geschichte 259) die moralische Bedeutung der Kultur hervor: »Kultur verwirklicht sich nicht nur in der Herrschaft der Vernunft über die Naturkräfte, sondern auch in der Herrschaft der Vernunft über die Gesinnungen«. Damit werden die beiden Bedeutungen der schöpferischen Selbstsetzung – Niklas Luhmann nennt sie später Autoporesis – sichtbar: die Selbstsetzung des Menschen in der Technik und die Autonomie des Menschen als Selbstgesetzgebung in der Moral.

2. Der systematische Ort der Kulturethik

Ich bestimme den Begriff »Kultur« im Sinne der schon erwähnten Definitionen der kritischen Sozialforschung als Inbegriff oder Summe »sozialer Lebensäußerungen«. R. Maurer spricht auch vom »Gesamtzusammenhang von Theorie und Praxis« in der Gesellschaft. Wenn Theorie und Praxis hier als von sozialen Einheiten mitbestimmte Artikulationen verstanden werden, ist das Gleiche gemeint. Ähnliche Bestimmungen finden sich bei G. Simmel (Simmel: Geschichte 86 ff.) und bei J. Messner in seiner Kulturethik. Beachtet wird also die »Verflochtenheit des Geistes in dem geschichtlichen Prozeß der Gesellschaft« und

Kultur ist dennoch »das Ganze des gesellschaftlichen Lebens, sofern darin sowohl die Gebiete der ideellen Reproduktion (...) als auch der materiellen Reproduktion (der »Zivilisation«) eine historisch abhebbare und eine begreifbare Einheit bilden« (Marcuse: Kultur 41.62).

Wird der Kulturbegriff mit dieser Ganzheitlichkeit seiner Vermittlung von Geist und Material, Praxis und Geschichte, Individuum und Gesellschaft aufgenommen, dann kann er für die Sozialethik einen dem Politikbegriff und dem Ökonomiebegriff vergleichbaren Schwerpunkt bilden. Eine Einteilung der konkreten Sozialethik in Politische Ethik, Wirtschaftsethik und Kulturethik bietet sich von daher an. Dabei ist freilich zu beachten, dass diese Ebenen als Bereiche ethischer Verantwortung nicht nebeneinander, sondern ineinander liegen, unterschieden nur durch die *Schwerpunktbildung* bei der staatlichen Institution, bei den materiellen Lebensgrundlagen und bei den gesellschaftlichen Lebensäußerungen. Daraus ergeben sich verschiedene ideologische und methodologische Probleme.

a) Das Problem der Verdoppelung und Hierarchisierung
Es gibt an sich durchaus sinnvolle Unterscheidungen der Dimension des kulturellen Lebens, z.B.
• die Unterscheidung von »Kultur« und »Natur«,
• die Unterscheidung von »Kultur« und »Zivilisation«,
• die Unterscheidung von (Hoch-)»Kultur« und (Massen-) »Unterhaltung«,
Dies sind freilich Unterscheidungen, die jedoch zur Aufwertung oder Abwertung der einen durch das andere benutzt werden können (vgl. Maurer: Kultur 823.827). Dann ist z.B. die »Kultur« – statt der »Natur« – transzendierende Natur des Menschen (Kant). Kultur ist Natur und eine Alternative zur Natur, indem sie diese durch die »Kultur« von Wissenschaft und Technik zum Gegenstand bzw. zum Instrument macht. Dann wird »Zivilisation« als das dem »Machen« Unterliegende vom »Handeln« (Praxis) des Menschen abgetrennt. Die Ableitung von *civilis* ergibt jedoch eine ganz andere Spur, und die Kultur als Praxis entspricht auch einer zivilisatorischen Ebene.

Oder die Unterscheidung einer »Hochkultur« (Kunst, Literatur) betont ein elitäres Refugium; dessen *splendid isolation* möglicherweise durch Irrelevanz (Hegel: »intellektuelle Dauerkirmes«) erkauft wird. Gegenüber solchen ideologischen Anfälligkeiten begrenzbarer Unterscheidungen seitens eines »methodologischen Materialismus« muss der Zugang zur Kultur in geistig-leiblichen Ausdrucksformen behauptet werden.

Das Problem der Verdoppelung lässt sich dialektisch lösen, weil jede Unterscheidung das davon Unterschiedene in sich ›aufhebt‹. Dies gilt z.B. für das Verhältnis der soziologischen Einheiten (etwa Familie und Gesellschaft), für Mikro- bzw. Makro-Strukturen der Kultur. Es gilt auch für die Konsistenz der Kultur, die Kontinuität und Wandel umfasst. Es gilt für das Verhältnis von herrschender Kultur und Subkulturen bzw. marginalen Kulturen. Auch hier besteht die ideologische Tendenz, an die Stelle pluraler Spannungseinheiten hierarchische Verhältnisse zu setzen.

b) Das Problem der sozialen Trägerschaft von Kultur
Ist die soziale Einheit, die eine kulturelle Einheit bedingt, geschlossen oder offen? Ist sie ethisch oder klassenspezifisch bedingt? Gibt es noch »nationale« Kulturen? Wie unterscheidet sich eine »Volkskultur« von einer »Massenkultur«? Diesen Fragen ist gemeinsam, dass sie das Subjekt der Kultur problematisieren. Nach dem soziologischen Prozeß der Ausdifferenzierung (Arbeitsteilung, Rollenbildung) und der Akzeleration des Wandels wird die Bestimmung der Subjekte von Kulturen erschwert. Auf der anderen Seite gibt es Überlegungen der Ausdifferenzierung durch eindimensionale Tendenzen (etwa: die technisch-ökonomische Zivilisation überlagert die Kultur der Praxis und der Beziehungen zwischen den Menschen).

c) Das Ethos der Kultur und die Ethik der Kultur der Ethik
Kultur formt auch Ethos. Man spricht etwa vom »Hochethos« auf der Basis entwickelter Kulturformen. Man könnte und müsste sogar die Frage nach einer »Kultur« in der Ethik stellen, die sich auf der Basis eines anerkannten Menschenrechtsethos ergibt. Inwieweit muss sie kultiviert werden? Inwieweit verträgt sie sich mit anderen Kulturen der Ethik? Z.B. mit stärker an der Harmonie mit der Natur oder am individuellen Gemeinwohl ausgerichteten Ansätzen? Jedenfalls scheint mit neuen

Technikkulturen auch neuer Bedarf an Ethik-Kulturen zu entstehen.

3. Theologie und Kultur

Man kann an das Verhältnis von Glaube und Kultur auf zwei Weisen herangehen: zum einen mit der Frage, wie sehr Theologie als Glaubenswissenschaft von Kultur abhängig sei und in welcher Weise sie diese Abhängigkeit reflektieren könne; zum anderen mit der Frage, ob und in welcher Weise die Theologie auf Kultur kritisierend, analysierend oder auch stimulierend eingehen könne. Theologie – beeinflusst von Kultur; Kultur – beeinflusst von Theologie: mindestens im europäischen Raum scheint sich beides wechselseitig zu bedingen. Am Beispiel der Wissenschaftsgeschichte ließe sich zeigen, wie die Theologie als Reflexion des christlichen Glaubens zugleich auch die Fragen des menschlichen Wissens mit transportiert hat.

Das Wechselspiel zwischen Theologie und Kultur ist jedoch nicht so einfach zu beschreiben, auch historisch nicht, weil der Begriff »Kultur« ziemlich unklar ist. In die deutsche Sprache wurde er erst am Ende des 17. Jahrhunderts aufgenommen und zugleich mit seiner agrarischen auch in seiner geistigen Bedeutung benutzt. Ciceros *cultura animi*, übersetzt als »Geisteskultur« und in der Folge inflationär gebraucht, z.B. historisch, soziologisch und literarisch, ist noch ethische Maxime; der moderne Kulturbegriff ist eher deskriptiv gemeint und dehnbar für alles, was in irgendeiner Weise vom Menschen gestaltet wird. Immerhin lassen sich in ihm wissenssoziologisch zwei Trends unterscheiden: der elitäre Trend, der vor allem die Lebensäußerungen von Religion, Wissenschaft und Kunst umfasst, und der mehr ›populistische‹ Trend, der alle Manifestationen gesellschaftlichen Lebens umschließt, weil er im Grunde geistiges Leben vor allem als gesellschaftliches Leben erfasst.

Wenn man bei einem weniger geistesgeschichtlichen und mehr sozialwissenschaftlichen Kulturbegriff ansetzt, ist Kultur alles, was Gesellschaft als Lebensform manifest macht, Summe sozialer Lebensäußerungen. Will man die moralische Potenz des Kulturbegriffs nicht verlieren, müsste man hinzufügen: Summe sozialer Lebensäußerungen, sofern sie einen spezifischen Beitrag zur Förderung der Menschlichkeit des Menschen darstellt. Damit würde der Kulturbegriff beschreibende und fordernde Aussagen miteinander verschränken; man muss sich bewusst sein, welche Seite des Begriffs man jeweils anwendet.

Dies gilt z.b. auch, wenn von ›christlicher‹ oder gar ›katholischer‹ Kultur die Rede ist, was interessanterweise z.b. in romanischen Ländern noch relativ unproblematisch geschehen kann, während dies im angelsächsischen oder im deutschsprachigen Bereich anders aussieht. Es ist schon ein Unterschied, ob man etwa in der Schweiz im beschriebenen Sinn von der »katholischen Kultur« als einer Art Subkultur spricht oder wenn etwa in Italien die »cultura cattolica« als Anspruch an alle verstanden wird.

Als beschriebener Begriff scheint »Kultur« auch unterschiedliche Lebensäußerungen christlicher Denominationen erfassen zu können. Man kann z.b. soziohistorisch zeigen, ob eine ›christliche‹ Kultur dominant oder marginal verbreitet ist. Problematisch wird die Sache jedoch sofort, wenn die kritische und damit auch ethische Potenz des Kulturbegriffes mit dem Wort ›christlich‹ oder ›katholisch‹ verbunden wird. Dies ist je nach geschichtlicher Situation umstritten: weltliche Gesellschaften gehen nach dem Vorgang der Säkularisierung von der »Autonomie« der Kultur aus, d.h. von der Vorstellung, dass sie sich ohne weltanschauliche Hegemonie entfaltet.

Demgegenüber ist z.b. in islamischen Gesellschaften noch der Kampf um die »Kultur«, der Kulturkampf – wie zwischen Kirche und Staat in Deutschland des 19. Jahrhunderts – möglich. Anders ist dies in bestimmten Ländern Lateinamerikas: dort erhält der Kulturkampf Züge eines ›christlichen‹ Klassenkampfes, weil sich hier verschiedene normative Vorstellungen vom gesellschaftlichen Leben, oft ausdrücklich im Namen des Christentums, entgegenstehen.

Dies führt uns von den Debatten um die Probleme des Begriffs zum »Sitz im Leben« der heutigen Debatte um »Theologie und Kultur«. Mir scheint, die Frage nach der Beziehung von Theologie und Kultur ist von vornherein durch die bereits praktisch gelebte Beziehung von Glaube und Kultur spezifiziert und diese Spezifikation beruht auf einer historischen Ausdifferenzierung. Der Glaube garantiert nicht die Kultur, die Kultur nicht den Glauben. Aber die Glaubenskultur – nicht nur in explizit kirchlicher Form – ist ein Bestandteil der Kultur und sie enthält Überzeugungen über richtiges Leben und Handeln, die auch die Ethik bewegen.

4. Entfaltung der Kulturethik als Modellethik

4.1 Ethik als Kulturethik

Ethik wird in der Philosophie und der Theologie als Reflexionstheorie der Moral verstanden. Die »Moral« als Gegenstandsbereich ist das Ensemble von genormten oder geformten Handlungen in der Gesellschaft. Die »Autonome Ethik« hat sich als Konvergenzmodell zwischen Philosophie und Theologie durchgesetzt, so dass sich im Hinblick auf die kritische Reflexion genormter oder geformter Handlungen keine methodologische Differenz zwischen Philosophie und Theologie ergibt. Wohl aber beansprucht die theologische Ethik Raum für eine spezifische Selbstreflexion ethisch relevanter Themen im Zusammenhang mit der explizit benennbaren theologischen Tradition.

Im Kontext von Glaubensformen und Glaubensnormen werden inhaltlich Werte gesetzt, vermittelt und kritisiert. In einer entsprechenden wertgebundenen Gemeinschaft agieren die Subjekte unter Umständen partikular, bleiben aber vor dem Forum ethischer Reflexion begründungspflichtig. Die Konvergenz von theologischer und philosophischer Ethik hat auch Einfluss auf die Beweislastverteilung. So müsste eine religiöse Ethik, insofern sie sich in Abhebung von einer Vernunftethik definieren wollte, dafür die Beweislast tragen.

Ethik als Kulturethik entfaltet eine spezielle Perspektive der Ethik. Die gelebte Moral und die reflexive Ethik gehören selbst zur Kultur, und die Ethik kann alle ihre Gegenstände als kulturbezogen interpretieren. Versteht man Kultur als »Summe sozialer Lebensäußerungen«, dann überlagern sich Kulturethik und Gesellschaftsethik, wenngleich sie unterschiedlich pointiert sind. Die ethische Frage nach dem guten und richtigen Handeln umfasst dabei sowohl die individuellen Lebensentwürfe (Ethik des guten Lebens) als auch die normativen Handlungsurteile (Sollensethik) sowie die institutionellen Rahmenbedingungen (Institutionenethik). Kulturethik ist also zugleich ein *Bereich* der so genannten Angewandten Ethik und eine *Perspektive* der Sozialethik, insofern diese mit kulturell genormten und geformten Handlungen umgeht.

4.2 Bereiche der Anwendung

Kulturethik überschneidet sich mit anderen Bereichen der so genannten Angewandten Ethik, z.B. mit der Medienethik, mit der Beziehungsethik, der Genderethik, der Moralpädagogik bzw. -andragogik. Man spricht auch von Arbeits- und Freizeitkultur; »Kultur« eignet sich offensichtlich als ein Verbindungswort, gerade wegen seiner Doppeldeutigkeit in Bezug auf die Ethik, in der es ja um die Ethik der Kultur und um die Kultur der Ethik zugleich gehen kann: Im gleichen Doppelsinn kann man z.B. von der Kultur der Gefühle und vom Gefühl für Kultur sprechen. Das ethische Spezifikum von »Kultur« ist darin greifbar, dass sich hier offenbar die ethische Urteilskraft mit der ästhetischen Urteilskraft verbündet.

An zwei Beispielen lässt sich dies verdeutlichen:

- Prosperierende Wirtschaften wirken sich im Alltag durch einen Überfluss an Gütern und durch einen Anreiz zum Konsumismus aus. Der Konsumismus umschließt Suchtphänomene im Gewand gut integrierter Normalität. Andere schließt er aus, befindet sich dabei aber in ständiger Begründungsnot, weil es eben z.B. Gesundheitsschäden gibt, die toleriert werden, und andere, die aus der Normativität der Kultur herausfallen, was in anderen Kulturen nicht unbedingt so sein muss. Der Ethik kommt hier die Aufgabe zu, die Unterscheidung zwischen Legitimierung, Tolerierung und Verbot zu begründen. Dazu braucht sie die erwähnte Doppelkompetenz: für Kultur und für ethische Maximen.
- Vor einem ähnlichen Problem steht die Sportethik als Teil der Kulturethik. Zum Leistungssport gehört die Explosion der Mittel, Leistung zu erzielen und dadurch auch den Anspruch der Sportkonsumenten zu befriedigen. Nun kann man hier an die alten Tugenden des Maßes erinnern, aber der Leistungssport ist als solcher strukturell maßlos. Die abschüssige Bahn des Doping oder der Gefährdung des Sportpartners durch Rohheit und Fouls kann mit Dämmen versehen werden. Aber dazu ist es notwendig, dass das Verdikt über Do-

ping nicht bloß an pragmatischen Listen festgemacht wird, sondern dass es auch ethisch aus der Selbstachtung und aus der Achtung des anderen in seiner Integrität ebenso begründet wird wie aus der Annäherung an faire Ausgangspositionen und Mittel. Das ist gar nicht so leicht, wenn auch diejenigen, die mitten im Kampf gegen Doping stehen, diesen Hintergrund leicht übersehen.

Es scheint für die Kulturethik eigentümlich zu sein, dass sie nicht, wie andere Bereiche der anwendungsbezogenen Ethik, auf eine Reihe von Axiomen gebracht werden kann, die als so genannte »mittlere Axiome« die fundamentalen Prinzipien, wie etwa die Menschenwürde und die Gerechtigkeit, den Graben zwischen allgemeiner und spezieller Ethik überbrücken. In der Medizinethik nennt man die mittleren Axiome auch »principle based pragmatism« (Dazu gehören z.B. die Patientenautonomie und das Nicht-Schadens-Prinzip). Dieser Zugang scheint in der Kulturethik schwierig zu sein, weil in jeder Anwendung von Prinzipien das Deutungspotential der Kultur, eben die ästhetische Urteilskraft, so eine große Rolle spielt.

Deshalb spielen auf dem Feld der Kultur – neben der Anwendung allgemeiner Normen wie der Unanstastbarkeit des menschlichen Körpers oder des Schutzes der Intimsphäre – eher moralische Typologien eine Rolle, die wir »Modelle« nennen, weil sie zugleich wegweisend sind und strittig bleiben, in jedem Falle aber zu denken geben.

4.3 Modelle in der Ethik

Modelle spielen in der Ethik auf vielfältige Weise eine Rolle: Sie exemplifizieren z.B. moralische Einsichten, deren Geltung nicht bezweifelt wird bzw. nicht bezweifelbar erscheint; sie zeigen als kontrafaktische Szenarien Handlungsweisen, die pointiert und radikalisiert die faktischen Gegebenheiten spiegeln sollen – dies geschieht häufig in anwendungsbezogenen Fragen; oder sie entwerfen Zukunftsbilder eines möglichen individuellen Lebens wie auch möglicher Strukturen, in denen moralische Gehalte zum Tragen kommen, d.h. sie beziehen sich mit der Intention der Orientierung oder der Normierung auf Handlungen, Haltungen oder institutionelle Strukturen.

Der normative Gehalt der im Begriff des Modells gefassten

ethischen Einsichten steht heute insofern zur Debatte, als die allgemeine und universale Geltung moralischer Urteile in Frage steht. Zeitweise wird durch die Suggestionskraft der Modelle diese fehlende Geltung verdeckt. Indem Modelle auf die Plausibilität erzählter Handlungssituationen oder anderer Anwendungsfälle von moralischer Relevanz abheben, scheinen sie eine Infragestellung der Hintergrundtheorien und Hintergrundannahmen nicht zuzulassen. Hier besteht der Bedarf, zwischen Reichweite und Grenzen ethischer bzw. ethisch relevanter Modelle zu unterscheiden. Demgegenüber gehe ich davon aus, dass Modelle eine »offene Form« der Normbildung darstellen, dass sie zugleich aber auch eine kritische Funktion gegenüber Normen haben.

4.4 Die moderne Modellethik

Die moderne »Modellethik« entsteht im weitesten Sinne in der Aufklärung (in verschiedenen Varianten bei Lessing, Herder, Moritz und in der Frühromantik nachvollziehbar). Hier lässt sich fragen: welche Rolle spielt die Kasuistik, nachdem die Normativität nicht mehr eindeutig festgelegt ist bzw. Normativitäten in Konkurrenz stehen? Welche »Modelle« ethischer Prägung kommen dabei zur ›Geltung‹ (im Sinne von unumgänglichen Bezugsmustern, z.B. Toleranz, weltbezogene Gemeinschaftsideen) und verlieren wieder an Einfluß (19. Jahrhundert)?

Diese historische Ebene der Subjektivierung der moralischen Verbindlichkeit hängt mit den Defiziten von Begründungstheorien, entweder an Einsehbarkeit oder an Durchsetzungsfähigkeit, zusammen. Ethische Modelle übernehmen in dieser historischen Situation unterschiedliche Funktionen: sie können als kasuistische Problemlösungen auftreten, die im Einzelfall zeigen, wie moralische Phantasie, Klugheit (*phronesis*) und Situationsangemessenheit aussehen können; sie können Entwürfe für das »gute Leben« darstellen (hier besonders die Experimentierform von Erzählungen und Romanen); sie können aber auch mehr in Richtung der normativen Ethik tendieren, indem sie die normative Relevanz bestimmter geformter Handlungen aufzeigen (Ungerechtigkeit, Missachtung von Personenrechten, Schuld usw.).

Modellbildung erscheint in den Disziplinen, die Kultur als Gegenstand behandeln, weitgehend als deskriptive Frage nach der Entstehung, Durchsetzung und Geltung von Modellen. Dabei gibt es normative Bezugspunkte, für welche die Ethik korrespondierend aufklärend wirken kann. Der spezifische Beitrag der Ethik besteht darin, dass sie Normativitäten nicht nur für die Modellbildung instrumentalisiert, sondern diese selbst in ihrer Verbindlichkeit überprüft und sich mit diesem Projekt zur Diskussion stellt bzw. hinterfragbar macht.

Die Modellethik, vor allem in der Form der ethischen Kasuistik (vgl. dazu etwa: Jonsen/Toulmin: Abuse) erscheint in dem formalen Reflexionsgerüst der Ethik als ein Scharnier zwischen der individuellen und der institutionellen Dimension der Moral einerseits sowie zwischen der Wertebene und der normativen Ebene andererseits. Während etwa individuelle moralische Rechte institutionell abgesichert werden müssen und damit unweigerlich die Frage nach der sozialen Gerechtigkeit aufgeworfen ist, zeigen ethisch relevante Modelle, z.B. in Geschichten, welche Rechte in welchen Handlungssituationen zum Tragen kommen, wie sie zu verstehen sind und vor welchem kulturellen und sozialen Hintergrund Gerechtigkeitsfragen geklärt werden müssen. Modelle haben darüber hinaus aber auch eine normenkritische Funktion, etwa hinsichtlich der anthropologischen Basis der Ethik, oder in der Konkretisierung ethischer Grundbegriffe wie »Freiheit«, »Verantwortung«, »Autonomie« usw.

5. Weitere Perspektiven der Kulturethik als Modellethik

Nach jahrzehntelangem Zurückdrängen der Frage nach den *Werten* (abgesehen von der sog. Grundwertedebatte mit ganz anderen Konnotationen) findet die »Entstehung der Werte« (vgl. Joas: Werte) besondere Beachtung. Das Wert-Paradigma scheint heute ein altes Anliegen am Ende des 19. Jahrhunderts wieder aufzugreifen: Zwischen seinsmetaphysischen Grundlagen, die in der Moderne überholt erscheinen, und geschichtsteleologischen Modellen, die an der historischen Erfahrung gescheitert sind, sollen Werte ihren spezifischen Stellenwert in einem besonderen Status von Geltungen finden, deren Herausbildung dem normativen Denken vorgelagert ist und welche die

Subjektivität der Entstehung mit der Objektivität der Geltung verbinden können. Weder die genauen Konturen von individuell und gesellschaftlich wirksamen Werten noch ihr Status innerhalb der geltungsbezogenen Fragestellung der Ethik sind jedoch bisher in ihren Konsequenzen ausgeführt. Die in den Projekten vorgesehene Erforschung von Modellbildung könnte gerade für die Wertentstehung und Wertvermittlung von zentraler Bedeutung sein. Wenn darüber hinaus gezeigt werden könnte, dass es einen Einfluß des Wertbestandes bzw. Wertewandels auf die normative Moral gibt, der eigens zu interpretieren ist, wäre die Wertediskussion auch geltungstheoretisch relevant. Das Verhältnis von deskriptiver Modellbildungsforschung und von präskriptiver Prüfung von Geltungsrelevanzen solcher Modelle unter generellen ethischen Kriterien bzw. Diskursen muss dabei eigens untersucht werden.

Zum zweiten hat sich in den letzten Jahrzehnten, zuerst zögerlich in den siebziger Jahren, derzeit jedoch mit einiger Breiten- und Tiefenwirkung, die »Narrativität« als Konstitutivum für die Entstehung der ethischen Perspektive des Individuums wie auch von Kollektiva etabliert. Zuletzt ist dies vom Philosophen Paul Ricoeur in großen Werken mit ausdifferenzierten Schritten geleistet worden. (Ricoeur: Zeit; Ricoeur: Selbst). Auch hier geht es im Sinne des vorstehenden Gesamtkonzeptes darum, dass Narrativität nicht primär als eine Technik der Illustration verwendet wird, die ohnedies gesicherte Verbindlichkeit eines allgemeinen Urteils zu steigern, sondern als ein Prozess zu fassen ist, der Verbindlichkeit erst herstellt. Trotz entsprechender Forschungen z.B. in der Frage nach der Zusammengehörigkeit von narrativer, moralischer und religiöser Identität, ist die Frage nach dem Verhältnis der Brückenfunktion exemplarischer Formen zur ethischen Modellbildung in der Kultur sowie zur Wertentstehung nicht zureichend geklärt. Das narrative Paradigma ist bisher eher mit dem neuen Schub einer Ethik des guten Lebens verbündet gewesen – dahin tendieren auch vorliegende ethische Literaturinterpretationen etwa zu Musil und Johnson –, das Verhältnis zur Kulturethik ist, trotz der bisherigen Bemühungen, jedoch noch unscharf.

Eine dritte Perspektive der Kulturethik geht darüber hinaus: kulturelle Partikularität wird hier als Chance angesehen, die vielfältigen Kontexte und Traditionen zu Gehör zu bringen. Geltungstheoretisch ist die Partikularität aber eben auch ein Problem, das die Kulturethik in besonderer Weise betrifft. In der Wissenschafts-, Technik- und Wirtschaftsethik oder im Ethos der Menschenrechte, in der philosophischen Debatte um Universalismus und Kommunitarismus sowie in der Ethnologie stößt man immer wieder auf die Kulturschranken der Werteinsicht, der Urteilsbildung und der institutionellen Vorgaben. Beispiele, die sich aufdrängen, gibt es zuhauf: ob in der Gleichberechtigung der Frau oder im Personbegriff, den die einen als norma normans (so das Christentum), die anderen als abhängige Größe (so der Buddhismus) verstehen. Jedenfalls ist angesichts der so genannten Globalisierung, welche zugleich die Regionalisierung als Kulturschranke zum Vorschein bringt, die Frage der interkulturellen Verständigung zur Überlebensfrage geworden.

Literatur

Ammicht-Quinn, R.: Kulturethik, in: Düwell, M. u.a. (Hg.): Handbuch der Ethik, Stuttgart 2002. (Lit.)

Baecker, D.: Wozu Kultur?, Berlin 2000.

Bauer, J.: Die Geschichte des Wortes »Kultur« und seiner Zusammensetzung, München 1951.

Bondolfi, A. u.a. (Hg.): Ethos des Alltags, Zürich 1983.

Cassirer, E.: Zur Logik der Kulturwissenschaften, Darmstadt [4]1980.

Geertz, C.: Dichte Beschreibung. Beiträge zum Verstehen kultureller Systeme, Frankfurt a.M. [4]1995.

Giersch, H.: Zukunftsprobleme unserer Wirtschaft, Sonderdruck der rheinland-pfälzischen Landesbank, Mainz 1979.

Gössmann, W.: Kulturchristentum, Düsseldorf 1990.

Horkheimer, M./Adorno, T.W.: Studien über Autorität und Familie (Schriften des Institutes für Sozialforschung 5), Paris 1936.

Habermas, J.: Technik und Wissenschaft als »Ideologie«, Frankfurt a.M. 1968.

Habermas, J. (Hg.): Stichworte zur »Geistigen Situation der Zeit« 2. Politik und Kultur, Frankfurt a.M. 1997.

Haker, H.: Moralische Identität, Tübingen 1999.

Joas, H.: Die Entstehung der Werte, Frankfurt a.M. 1997.

Jonsen A.R./Toulmin S.: The Abuse of Casuistry. A History of Moral Reasoning, Berkeley 1988.

Kennedy, E.: Tomorrows Catholics – Yesterdays Church. The two Cultures of American Catholicism, New York 1988.

Lévi-Strauß, L.: Natur und Kultur, in: Mühlmann, W.E./Müller, E.W. (Hg.): Kulturanthropologie, Köln-Berlin 1966, 80–103.

Marcuse, H.: Kultur und Gesellschaft. 2 Bde, Frankfurt a.M. 1965.

Maurer, R.: Kultur, in: Handbuch philosophischer Grundbegriffe 3, München 1973, 823–832. (Lit.)

Messner, J.: Kulturethik, Innsbruck u.a. 1954. (ältere Lit.)

Mieth, D. (Hg.): Erzählen und Moral. Narrativität im Spannungsfeld von Ethik und Ästhetik, Tübingen 2001.

Mieth, D.: Interkulturelle Ethik, in: Küng, H./Kuschel, K.J. (Hg.): Wissenschaft und Weltethos, Tübingen 1998, 359–382.

Mieth, D.: Interkulturelle Ethik, in: Hungerkamp, M./Linz, M. (Hg.): Grenzenüberschreitende Ethik, Frankfurt 1997, 115–148.

Mieth, D./Snijdewind, H. (Hg.): Religion zwischen Gewalt und Beliebigkeit, Tübingen 2001.

Pufendorf, S.A.: De iure naturae et gentium. Ed. Y. Mascovius, Frankfurt a.M. 1967.

Ricoeur, P.: Zeit und Erzählung. 3 Bde., München 1988–1991.

Ricoeur, P.: Das Selbst als ein Anderer, München 1996.

Rombach, H.: Leben des Geistes, Freiburg i.Br. 1977.

Schnabel, F.: Deutsche Geschichte im 19. Jahrhundert. Bd.6: Die moderne Technik und die deutsche Industrie, Freiburg u.a. 1965.

Sichtermann, B.: Kultur, in: Die Zeit (02.08.1991) 43.

Simmel, G.: Zur Philosophie der Kultur, in: ders.: Philosophische Kultur, Leipzig 1911, 245–319.

Simmel, G.: Geschichte und Kultur, in: ders./Landmann, H.: Brücke und Tür, Stuttgart 1957, 43–104.

Snow, P.: Die zwei Kulturen, Stuttgart 1967.

Tillich, P.: Idee einer Theologie der Kultur, in: ders.: Die religiöse Substanz der Kultur (GW 9), Stuttgart 1967, 13–31.

Medienethik

Andreas Greis

▨ Mediale Kommunikation ist ein umfassendes Geschehen. Es sind eine Vielzahl von Wechselwirkungen und Rückkopplungsprozessen zwischen Produzent und Rezipient unter Berücksichtigung der vom jeweiligen Medium vorgegebenen Distributionsmöglichkeiten zu beobachten. Fokussiert man den Blick auf alle Medien, so sind insbesondere Politik und Markt als Einflussgrößen mit zu reflektieren. Ethische Reflexion medialer Kommunikation muss deshalb die Gesamtheit und das Ineinander aller beteiligten Größen zu verstehen suchen, um kompetent ethisch argumentieren zu können.

▨ Diese Grundüberlegung ist letztlich eine Konsequenz aus der Beobachtung der medienethischen Reflexion in Deutschland in den letzten 30 Jahren. Als wesentliche Bezugsnorm ethischer Reflexion der medialen Kommunikation wurde vor dem Hintergrund der Frage nach einer Medienanthropologie die Ermöglichung menschlichen Personseins und menschlicher Lebensführung herausgearbeitet.

▨ Die Vielzahl von medienethischen Einlassungen mündete bisher noch nicht in den umfassenden Entwurf einer medienethischen Theorie (Medienethik). Erst in jüngster Zeit sind Vorschläge publiziert worden, Medienethik entweder als Metaethik zu betreiben oder unter pragmatischen Gesichtspunkten zu entwickeln.

▨ Die Notwendigkeit einer medienethischen Reflexion lässt sich sowohl auf individueller (Frage nach Identität), als auch auf sozialer (Frage der Öffentlichkeit) sowie auf ethischer Ebene (Frage der Vermittlung ethischer Einsichten) begründen.

▨ Die Theologie hat ein besonderes Interesse an Medien und Medienethik. Sie bringt insbesondere anthropologische Gesichtspunkte in die Diskussion ein und reflektiert die Medien sowohl inhaltlich als auch formal.

1. Grundzüge einer ethischen Reflexion medialer Kommunikation anhand eines Medienproduktes selbst

Bundestagswahlkampf 2002. In der letzten Woche vor der Wahl am 22. September tritt Bundesjustizministerin Hertha Däubler-Gmelin bei einer Veranstaltung des örtlichen DGB im Nebenzimmer eines Tübinger Sportvereins auf. Die Tübinger Lokalzeitung, das Schwäbische Tagblatt, berichtet am nächsten Tag, die Ministerin habe die Politik des US-Präsidenten George W. Bush gegenüber dem Irak als Methode interpretiert, von innenpolitischen Schwierigkeiten abzulenken. Diese Methode sei seit Adolf Hitler bekannt.

Die Meldung über diese Äußerung hatte weitreichende Folgen. Es gab Gegendarstellungen, ausführliche Berichterstattungen im Schwäbischen Tagblatt über die Vorgehensweise des Redakteurs, Erörterungen im Fernsehen und eine wochenlange Leserbriefdiskussion im Tagblatt selbst. Der Fall war schließlich auch Thema bei einer Pressekonferenz im Weißen Haus und führte letztendlich zum Verzicht Frau Däubler-Gmelins auf einen Posten in der neuen Regierung.

Unabhängig von einer Diskussion über historische Richtigkeit oder politische Klugheit der zitierten Äußerung, lässt sich anhand dieser Berichterstattung die Grundstruktur medialen Handelns nachzeichnen und damit auch die Grundstruktur medienethischer Reflexion. Folgende fünf Bezugsfelder lassen sich unterscheiden: Produktion, Distribution, Rezeption, Politik und Wirtschaft.

Produktion. Deutlich wurde in der Diskussion um die berichtete Däubler-Gmelin-Äußerung: die Berichterstattung in der Zeitung ist selbst ein Ereignis und nicht das Abbild eines Ereignisses. Es ist keine 1:1 Wiedergabe der stattgefundenen Wirklichkeit, sondern Produkt von Auswahl- und Interpretationsprozessen durch den Journalisten: er wägt ab, ob diese Veranstaltung überhaupt berichtenswert ist. Das wird sie beispielsweise durch die Anwesenheit einer Person des öffentlichen Interesses. Weiterhin entscheidet der Journalist, was er von der Veranstaltung berichtet. Reicht das bloße Erwähnen des Stattfindens oder wird auch inhaltlich berichtet? Dazu kommt noch die Entscheidung, wie über das Ereignis berichtet wird, an erster Stelle im Nachrichtenblock, auf Seite 1, mit besonderer Überschrift, in einer besonderen Rubrik. Alle diese Strukturprozesse der Herstellung eines medialen Produktes beruhen letztendlich auf Entscheidungen, die nicht im luftleeren Raum stattfinden, sondern eingebettet sind in bestimmte Wertvorstellungen und Überzeugungen.

Distribution. Veröffentlichungen haben Folgen in einem nicht mehr überschaubaren Maß. Die Distribution von medialen Produkten hat sich nachhaltig verändert und damit auch die Folgen und Auswirkungen beispielsweise einer Nachricht. Bis vor einigen Jahren wäre es sicherlich nicht vorstellbar gewesen, dass die Berichterstattung eines schwäbischen Provinzblattes bundesweit bzw. weltweit wahrgenommen werden würde. Man stelle sich vor: ein Gespräch im Nebenzimmer eines Tübinger Sportvereins wird zum Gegenstand einer Pressekonferenz des Weißen Hauses. Die Distributionskanäle verändern sich und integrieren unterschiedliche Reichweiten. Das Schwäbische Tagblatt betreibt neben der Printausgabe ein Webangebot und wird so einem breiteren Publikum zugänglich. Medienkonzerne berichten in mehreren Medien über das gleiche Produkt ihres Hauses oder Medienkonzerne agieren sowohl als content provider (Inhalteanbieter) und access provider (Zugangsanbieter). So war eine Motivation der Fusion von AOL und Time Warner, dass AOL hoffte, auf diese Weise Inhalte für das eigene Onlineangebot geliefert zu bekommen, bzw. über den Onlinedienst wiederum die Produkte von Time Warner bewerben zu können. Auch hier wird eine ethische Dimension deutlich. Der Raum der Öffentlichkeit wird größer und vernetzter und die Grenzen zwischen privat und öffentlich verschwimmen auf der einen Seite, auf der anderen Seite wird der Raum des Öffentlichen privatisiert, wenn es weder medieninterne noch medienübergreifende Konkurrenz- und Kritiksituationen mehr gibt, weil die einzelne Konzerne verschiedene Medienarten integrieren.

Rezeption. Die Frage nach den Zugangsmöglichkeiten führt direkt weiter zur Rezeption eines medialen Produkts. Breitere Zugänglichkeit kann mehr Rezeption nach sich ziehen und damit mehr unterschiedliche Interpretationen und Einordnungen. Werden die Interpretationen selbst zum Medienereignis, so können sie wiederum veränderte Rezeptionen hervorrufen. Konnte man also als Leser des Schwäbischen Tagblattes noch denken, dass Frau Däuber-Gmelin mal wieder die ihr zugeschriebene »Schwertgosch« durchgegangen sei und das Ganze als Ausrutscher abtun, veränderte sich diese Wahrnehmung, als klar wurde, dass diese Äußerung das deutsch-amerikanische Verhältnis stark belastete. Damit wird klar, dass auch die Rezeption eines medialen Produktes ethisch relevant ist. Denn jeder und jede nimmt ein mediales Produkt anders wahr. Ein Beispiel dafür liefert wiederum die Diskussion um die Äußerung von Frau Däubler-Gmelin, die über Wochen im Schwäbischen Tagblatt auf der Leserbriefseite nachvollzogen werden konnte. Der Rezipient ist eine entscheidende Größe bei der Wahrnehmung, Einordnung und Bewertung eines medialen Produktes. Angesichts des vielfältigen Medienangebots wird bereits die Entscheidung für das eine oder andere Produkt zur Entscheidung, mit welcher journalistischen Wahrnehmung man sich überhaupt auseinandersetzen will und mit welcher nicht. Mediale Kommunikation ist also immer eine Risikokommunikation. Wer über ein Medium eine Nachricht versendet, muss sich gewahr sein, dass sowohl das Medium als auch der Rezipient die Nachricht verändert. Es besteht also eine Unsicherheit darüber, ob die Inhalte, die vermittelt werden sollen, tatsächlich auch vermittelt werden.

Politik. Ein weiterer eminenter Teilbereich kann durch das Däubler-Gmelin-Beispiel aufgezeigt werden. Die Medien spielen eine zentrale Rolle in der politischen Kommunikation. Politische Information und politische Informiertheit sind Grundbedingungen einer freiheitlich-demokratischen Gesellschaftsordnung. Vor diesem Hintergrund erweist sich die Frage nach dem Modus der Vermittlung politischer Inhalte und politischer Information in dreifacher Hinsicht als eine ethische. Nimmt man die Aussage von der Grundbedingung einer freiheitlich-demokratischen Gesellschaft ernst, so wird politische Information und politische Informiertheit zur Grundbedingung von Ethik selbst. Denn nur eine solchermaßen verfasste Gesellschaft lässt Freiheitsentscheidungen eines autonomen sittlichen Subjektes zu, ohne dass dieses auf Grund der Tatsache einer Freiheitsentscheidung belangt würde. Im Gegenteil, jeder und jede ist in einer solchen

Gesellschaft dazu aufgerufen, sein Leben in Freiheit verantwortlich und verantwortbar zu gestalten. In einer freiheitlich-demokratisch organisierten Gesellschaft bedarf es des Forums der Öffentlichkeit, um politische Prozesse und Entscheidungsfindungen transparent zu machen und so für die Bürgerinnen und Bürger befürwortbar oder ablehnbar zu machen. Nur diese Transparenz in der Öffentlichkeit lässt eine kompetente und damit verantwortbare Entscheidung des Einzelnen für die eine oder die andere Option oder Position zu. Diese individualethische Perspektive findet auch sozialethisch ihr Komplement. Die Dimension der Öffentlichkeit bedeutet vor diesem Hintergrund eine Integration der Politik und der politischen Entscheidungs- und Mandatsträger in die Gesellschaft. Auf diese Weise wird Öffentlichkeit zum notwendigen kritischen Korrektiv der Politik.

Ist mit dieser Frage das ethische Interesse an der Frage der Vermittlung politischer Information hinreichend skizziert, gilt es noch den medienethischen Zugriff auf diese Frage zu begründen. Der wesentliche Modus, in einer komplexen Gesellschaft Öffentlichkeit zu organisieren, ist der via Massenmedien. Medien machen Inhalte öffentlich und ermöglichen so einen Diskurs über diese Inhalte bzw. leisten selbst einen solchen Diskurs.

Das Beispiel der berichteten Äußerungen von Frau Däubler-Gmelin führen vor diesem Hintergrund eine Problematik vor Augen. Zwei Tendenzen zeichnen die politische Berichterstattung in den letzten Jahren aus, nämlich Personalisierung und Skandalisierung. Politik erscheint nur dann berichtenswert, wenn von einer Person des öffentlichen Interesses gehandelt wird, der eine Äußerung, ein Statement zugeschrieben wird, die der wie auch immer eruierten öffentlichen Moral nicht entspricht. Umgekehrt wird dieser Mechanismus von Politikern dazu genutzt, durch kalkulierte Tabubrüche hohe Aufmerksamkeitswerte zu erreichen. Politiker nutzen die Dienste von Medienberatern, um mediengerecht auftreten zu können. Von Sachgerechtheit ist nicht die Rede. Medien erzeugen also Images und werden von Politikern genutzt, um Images zu erzeugen. Dies geschieht vor allem auch durch Auftritte in Unterhaltungsformaten, wie politischen Talk-Shows. Dies bedeutet nicht, dass Unterhaltungsformate per se keinen Beitrag zur politischen Kommunikation leisten bzw. leisten können, aber gerade in diesen Formaten geht es den Teilnehmern in erster Linie darum, ein positives Image zu vermitteln, und weniger, sich über eine Sache zu verständigen.

Wirtschaft. Skandalisierung und Personalisierung wiederum sind als Prozesse ökonomischen Interessen geschuldet. Beide Prozesse erzeugen hohe Aufmerksamkeitswerte. Diese wiederum sind die Währung, die die Medienunternehmen ihren eigentlichen Kunden, den Werbetreibenden anbieten können. Vor diesem Hintergrund hat sich der Bericht über Frau Däubler-Gmelins Auftritt in Tübingen gelohnt. Es wurde überall in Deutschland das Schwäbische Tagblatt zitiert, der Chefredakteur wurde im Fernsehen interviewt und das alles ohne einen Euro in Marketing-Maßnahmen investiert zu haben. Diese Beobachtung soll jetzt nicht unterstellen, das Tagblatt habe die ganze Sache aus Marketinggründen kühl vorangetrieben, es ist aber auch nicht auszuschließen, dass auch dieser Gesichtspunkt eine Rolle gespielt haben kann bei der Frage, ob veröffentlicht wird oder nicht. Wirtschaftliche Überlegungen und Gesichtspunkte haben einen Einfluss auf das Was und das Wie des medialen Produzierens. Angesichts des dramatischen Rückgangs der Anzeigen in den Zeitungen müssen diese, gerade auch die großen überregionalen Qualitätszeitungen, massiv Stellen abbauen. Werden Redakteure entlassen oder ganze Redaktionen geschlossen, geht dies aber zu Lasten der Binnenpluralität innerhalb eines Medienunternehmens, bzw. es werden nur die Redaktionen erhalten und nur die Sparten bedient, die hohe Aufmerksamkeitswerte sowohl beim Publikum als auch bei den Inserenten garantieren. Dadurch wird das Angebot inhaltlich dünner und gleichförmiger. Gerade dies ist vor dem Hintergrund der Bedeutung der Medien für die gesellschaftliche und politische Kommunikation in einer komplexen Gesellschaft aus ethischer Sicht kritisch zu hinterfragen.

2. Die Entwicklung der medienethischen Reflexion in Deutschland

Eine medienethische Theorie gibt es bislang noch nicht. Klar ist vor dem oben skizzierten Hintergrund, dass Medienethik entweder in einem umfassenden Sinne die angezeigten Strukturmerkmale durchbuchstabieren muss, oder sich auf ein Merkmal beschränkt, dann aber diese Beschränkung auch transparent macht. Bisherige Beiträge zur Medienethik machen dies nicht konsequent. Im Folgenden sollen die wesentlichen Züge nachgezeichnet werden.

Ursprünglich konzentrierten sich die Überlegungen auf die Person des Journalisten, eine Position, die insbesondere Hermann Boventer (Boventer: Ethik) vertrat. Boventer formuliert eine Reihe normativer Ansprüche an Journalisten und ihre Arbeit, die im Anspruch der Wahrhaftigkeit kulminieren und sich aus der Bedeutung und Funktion des Journalismus in einer demokratisch verfassten Gesellschaft begründen.

Diesem Ansatz stellen Manfred Rühl und Ulrich Saxer (Rühl/Saxer: Presserat) ihre Analysen gegenüber, die sie aus systemtheoretischer Sicht aus dem Journalismus erheben. Sie weisen insbesondere darauf hin, dass die Journalisten innerhalb des Systems der Medien eine Rolle ausfüllen und an diese Rolle systemimmanente Erwartungen formuliert werden, die dem Ethos eines Journalisten zwar widersprechen können, gleichwohl aber auf Grund der asymmetrischen Beziehung zwischen Journalist und Medienunternehmen von ihm erfüllt werden müssen. Primärer Ansprechpartner für medienethische Umsetzungsstrategien sind daher in der Perspektive von Rühl und Saxer die Medienunternehmen, eine Position, die in jüngerer Zeit auch von Matthias Karmasin unter Einbeziehung wirtschaftsethischer Überlegungen vertreten wird (Karmasin: Medienethik; Karmasin: Orientierung). Medienunternehmen müssten, so hier die Argumentation, medienethische Gesichtspunkte in ihre Unternehmensstrategien integrieren, damit eine Chance auf Durchsetzung dieser Gesichtspunkte bestünde.

So richtig und wertvoll diese Hinweise sind, so eignen sie sich jedoch auch als Entlastungsstrategie für Journalisten, die, statt selbst Verantwortung für ihre Produkte zu übernehmen, auf systemimmanente Zwänge verweisen können. Zudem wurde immer mehr deutlich, dass der Fokus medienethischer Überlegungen auf den Nachrichtenbereich der Medien den tatsächlichen medialen Angebots- und Nachfragestrukturen nicht mehr entsprach. Erste unterhaltungsethische Anstrengungen wurden daher unternommen, insbesondere von Thomas Hausmanninger (Hausmanninger: Grundlinien) und Peter Kottlorz (Kottlorz: Fernsehmoral). Während Hausmanninger das anthropologische Grundbedürfnis nach Unterhaltung argumentativ aufweist und damit bewahrpädagogische Vorbehalte hinsichtlich der Sinn- und Werthaftigkeit von Unterhaltungsangeboten aufbricht, stellt Kottlorz die Unterhaltungsangebote in den Kontext von Vorbild- und Sinnvermittlung und arbeitet in dieser Perspektive deren ethische Relevanz heraus.

Doch auch die Integration des Unterhaltungssektors umfasst noch nicht den gesamten Bereich des medialen Geschehens, was die Erarbeitung rezeptionsethischer Überlegungen dokumentiert. Deutlich wird dadurch: Auch die Person der Rezipienten muss in medienethischen Überlegungen eine Rolle spielen, zumal dessen Entscheidungs- und Handlungsoptionen sowohl inter- als auch intramedial enorm zunahmen und zunehmen. Hier ist insbesondere auf Veröffentlichungen von Hermann Lübbe (Lübbe: Mediennutzungsethik), Rüdiger Funiok (Funiok: Grundfragen) und Werner Veith (Veith: Ethik) zu verweisen.

Noch mal grundsätzlicher sind die Einwürfe, die Alfons Auer (Auer: Grundlegung) und Gerfried W. Hunold (Hunold: Öffentlichkeit) aus der Perspektive Theologischer Ethik zur Diskussion beitragen. Sie fragen ganz basal nach der Anthropologie der Medien und stellen heraus, dass Medien menschliche Grundbedürfnisse erfüllen und letztlich Instrumente sind, die Lebensführung des Einzelnen in einer pluralen Welt ermöglichen. Medienkompetenz wird daher zur Selbst- und Lebenskompetenz. Diese Position wird von Thomas Hausmanninger geteilt, der vor diesem anthropologischen Hintergrund als medienethische Zielnorm die »Ermöglichung und Förderung menschlichen Personseins« (Hausmanninger: Ansatz 304) begründet. Unter diesem Blickwinkel wird auch deutlich, dass nur ein integrativer Zugang, der das Gesamt des medialen Geschehens, der sowohl Produktion, Distribution und Reflexion und damit die Struktur des medialen Geschehens mit einbezieht, letztlich die Frage beantworten kann, ob Medien zur Weltbewältigung beitragen oder nicht. In diesen Fragehorizont einzuordnen ist auch der Ansatz von Elmar Kos. Kos beschreibt Kommunikation als einen Prozess in der Ambivalenz von Vermittlung von Inhalten und Verständigung von Personen. Zielperspektive medienethischer Reflexionen ist in seinem Ansatz die Ermöglichung menschlicher Verständigung durch mediale Kommunikation (Kos: Vermittlung).

Dem Anliegen der medienanthropologischen Beiträge versuchen in jüngerer Zeit mehr und mehr integrative Ansätze einer Medienethik gerecht zu werden, gerade weil einerseits, wie Barbara Thomaß in ihrem breit angelegten Vergleich der medienethischen Diskurse in Frankreich, Deutschland und Großbritannien zu Beginn feststellt, »die dominierenden Kriterien, nach denen sich die Entwicklungen von Medien vollziehen, mit Sicherheit nicht ethische sind« (Thomaß: Ethik 13), andererseits dennoch Ethik als Steuerungsmechanismus zunehmend gefragt wird, der Orientierung und Selbsttransparenz leisten soll (Thomaß: Ethik 14f). Um die Dichotomie zwischen Systemtheorie und Individualethik aufzulösen, orientiert sich Thomaß beispielsweise an einer Ethik unterschiedlicher Ebenen und Sachstandsbereiche, die sowohl die Prinzipienebene als auch die gesellschaftspolitische Ebene, die Systemebene, die Organisationsebene, die Berufsebene und die personale Ebene umfasst (Thomaß: Ethik 31; Loretan: Ethik 162).

Wendet man diesen Gliederungsvorschlag an, so sind die Überlegungen des Theologen Edmund Arens auf der Prinzipienebene einzuordnen. Er wendet das Instrumentarium der Diskursethik auf medienethische Fragestellungen an (Arens: Bedeutung; Loretan: Ethik). Als grundlegendes Desiderat der Diskursethik markiert er die fehlende Reflexion auf die Textualität und Medialität kommunikativen Handelns (Arens: Bedeutung 73). In den Geltungsansprüchen des kommunikativen Handelns, nämlich Wahrheit, Wahrhaftigkeit und Richtigkeit sieht er drei Prinzipien impliziert, die für eine Medienethik relevant sind: Wahrheitsorientierung, Wahrhaftigkeit und Gerechtigkeit (Arens: Bedeutung 90). Wahrheitsorientierung im Hinblick auf Medien durchbuchstabiert heißt, nur solche Aussagen zu machen, von deren Wahrheit man selbst überzeugt ist, bereit zu sein, sich einer Kritik dieser Aussagen zu stellen und anzuerkennen, dass der Kritiker sich im gleichen Prozess der Wahrheitsfindung befindet (Arens: Bedeutung 91). Wahrhaftigkeit setzt Arens mit Authentizität gleich, während sich Gerechtigkeit in Partizipation, in der möglichen Teilnahme an medialen Diskursen, in Emanzipation, in gleichberechtigter Teilnahme und in Advokation, in Stellvertretung für diejenigen, die sich nicht artikulieren können, vollzieht (Arens: Bedeutung 92ff.). Daraus zieht er die Schlussfolgerung, dass »Medienethik (....) so konzipiert werden [müsste], dass sie sich selbst als diskursiv versteht, d.h. dass sie in ihren eigenen Begründungs- und Anwendungsdiskursen die Bedingungen, Beschränkungen und Möglichkeiten medialer Kommunikation eruiert, nicht zuletzt mit dem Ziel, ihrerseits massenmediale Diskurse zu initiieren.« (Arens: Bedeutung 96)

Auf der gesellschaftspolitischen Ebene sind die Überlegungen Bernhard Debatins anzusiedeln. Er wendet sich dezidiert gegen eine einseitig entweder systemtheoretische oder individualethische Betrachtungsweise, weil in beiden Fällen Verantwortung reduziert wird (Debatin: Medienethik 289). Er schreibt der Medienethik wesentlich zwei Funktionen zu: Steuerung und Reflexion (Debatin: Grenzen 281). Steuerung soll integrieren, motivieren und legitimieren, Reflexion soll unter ethischer Perspektive kritisch reflektieren und medienethische Prinzipien begründen. Eine Medienethik, die nur eine der beiden Funktionen erfüllt, verfehlt ihr Ziel (Debatin: Grenzen 282). Die Steuerungsfunktion integriert sowohl die systemische als auch die individuelle Sichtweise und konkurriert daher mit systemischen Imperativen, wie Rentabilität, Markt- und Zielgruppenorientierung, Konkurrenz-, Zeit- und Erfolgsdruck usw. (Debatin: Grenzen 284). An dieser Stelle hat Medienethik zwei Aufgaben zu erfüllen: Sie muss klären, welche Verantwortung für welches Handeln dem Individuum zugeschrieben werden kann und welche dem Handlungssystem (Debatin: Medienethik 290), um so einer Verantwortungsdiffusion entgegenzuwirken. Insbesondere große Medienkonzerne begünstigen Verantwortungsdelegation und -diffusion (Weischenberg: Journalistik 151). Debatin beschreibt Medienunternehmen als institutionell, d.h. mit einer bestimmten Zwecksetzung, verfasste Organisationen mit bestimmten Mittelressourcen (Debatin: Medienethik 293). Damit sind sie auch kontrafaktisch als Akteure unter normativen Erwartungen zu bestimmen, die letztlich auch dann ethisch handeln, wenn sie mit dem Verweis auf Systemimperative ihre Handlungen ethisch neutralisieren wollen. Als Sanktionsinstan-

zen der beiden ausdifferenzierten Verantwortungsbereiche benennt Debatin das Gewissen und die Öffentlichkeit (Debatin:
Medienethik 297ff.). Die ethische Reflexion hat zum einen die
durch die Struktur der Medien vorgegebenen Kontingenzen
(Reduktion und Selektion) zu bedenken, zum anderen auch
problematische Inhalte zu kritisieren und schließlich grundlegend die Strukturen des Mediensystems in jeder Hinsicht zu
betrachten (Debatin: Grenzen 285). Eine solche Strukturbe-
trachtung zeigt z.B., dass die Zeitung ein Medium ist, das dem
Rezipienten Zeitsouveränität beim Genuss der Inhalte lässt
(Richter: Essentials 79), während das Fernsehen den Nutzer genau dieser Souveränität beraubt (Ibbotson: Quality 88). Wesentlich ist für Debatin noch der Hinweis, dass Medienethik nur
als intrinsisches Steuerungssystem wirksam werden kann (Debatin: Medienethik 299). Damit könnte hier ein Netzwerk unterschiedlicher Institutionen greifen, um den Ethikbedarf abzu-
decken: Selbstkontrollsysteme wie Presserat und Ombudsleute,
Journalistenausbildungsinstitutionen, metamedialer Diskurs in
den Medien selbst, interessierte Bürger und die Medienwissen-
schaft (Ruß-Mohl/Seewald: Diskussion 32).

Ebenfalls auf der gesellschaftspolitischen Ebene sind die Überlegungen Maximilian Gottschlichs einzuordnen. Der Wiener Ko-
munikationswissenschaftler sieht die Defizite der Medienrealität
eingebettet in Defizite bildungspolitischer Art (Gottschlich: Journalismus 16). Er formuliert als normativen Anspruch, dass die
Medienrealität eine den Rezipienten betreffende Realität sein
soll (Gottschlich: Journalismus 25). Das Publikum soll die Me-
dieninhalte mitvollziehen können, es soll teilhaben an der Medienrealität. Dieser Anspruch, auch wenn er etwas unspezifisch
und wenig operationalisierbar erscheint, hat Auswirkungen auf
die Medienproduktion und -distribution. Die Distribution muss
einen formalen Zugang zur Öffentlichkeit schaffen, die Produktion einen kommunikativen, weil ein formaler Zugang alleine
nicht reicht (Gottschlich: Journalismus 166). Als Determinanten der Teilhabe formuliert Gottschlich die Wahrnehmung von
Problemstellungen, Artikulationsfähigkeit und -möglichkeiten,
Motivation und Partizipation für partizipatives Verhalten, das
Zeitbudget des Partizipanten und eine unterstützende politische
Kultur (Gottschlich: Journalismus 170). Im Vordergrund der

Überlegungen Gottschlichs steht die durch Medienschaffende zu beantwortende Frage nach dem Zusammenhang von Inhalten und Sinn (Gottschlich: Journalismus 13), von Verstehbarkeit und Verwendbarkeit (Gottschlich: Journalismus 175).

Auf der System-, Organisations-, Berufs- und personalen Ebene sind die Diskurse einzuordnen, die Barbara Thomaß in den Ausbildungsinstitutionen und journalistischen Standesorganisationen analysiert (Thomaß: Ethik 297f., 315f., 318ff.). Während das Auftreten ethischer Problemstellungen häufig auf der personalen Ebene lokalisiert wird, werden die Ursachen auf den Ebenen des Systems und der Medienorganisationen angesiedelt. Lösungsperspektiven werden dagegen oft bei den Berufsorganisationen verortet, so lassen sich verkürzt die empirischen Ergebnisse der Hamburger Kommunikationswissenschaftlerin zusammenfassen.

Ebenfalls auf der personalen Ebene in Hinblick auf den Rezipienten sind die Beobachtungen von Dietmar Mieth zum Zusammenhang von Alltagskultur und Medien anzusiedeln. Er sieht in medialen Angeboten durchaus »auch Chancen, für eine ethisch-relevante Verarbeitung. Serielle Fernsehunterhaltung stellt bei aller Kritisierbarkeit einen Ansatzpunkt dar, chancenreich sich mit Alltagserfahrungen zu beschäftigen, und somit Einfluss auf das Ethos zu nehmen« (Mieth: Medien 149). Mieth beobachtet insbesondere die Darstellung des Alltagsverhaltens in Fernsehserien und die darin enthaltenen Wertorientierungen, wobei er offen lässt, ob diese Wertorientierungen den Alltag widerspiegeln oder in den Alltag hineinwirken. Allerdings ist diese Dialektik letztlich auch nicht aufzulösen, da beide Prozesse greifen und sich nicht festmachen lässt, welcher dem anderen zeitlich vorangeht.

Am Ende dieser Diskussion medienethischer Positionen lässt sich zusammenfassend sagen: Medienethik allein als Beschreibung eines journalistischen Ethos greift zu kurz. Medienethik muss vielmehr, wie es Hausmanninger (Hausmanninger: Kritik 532) formuliert, aus struktur-, inhalts- und unterhaltungsethischen Bausteinen aufgebaut sein. Zugleich erfordert die ethische Reflexion medialer Kommunikation das Führen und Aufsuchen eines interdisziplinären Diskurses, um so sachimmanent die relevanten Fragestellungen erkennen zu können (Hunold:

Öffentlichkeit). Daraus folgt zum einen, dass es einer umfassenden und integrierenden Betrachtung der gesamten Struktur medialer Kommunikation in den Bereichen Produktion, Distribution und Rezeption bedarf.[1] Zum zweiten ist aber auch eine Betrachtung des wechselseitigen Bedingungsverhältnisses von Medien und Politik, sowie Medien und Markt erforderlich. Damit ist durch diese Zusammenfassung das Programm einer medienethischen Theorie vorgezeichnet und zugleich ein methodologischer Grundpfeiler für die ethische Auseinandersetzung mit medialer Kommunikation aufgezeigt.

3. Medienethische Theorieversuche

Gerade in jüngster Zeit sind zwei Monographien erschienen, die sich um eine Grundlegung der Medienethik aus philosophischer Sicht bemühen.

Rainer Leschke stellt in seiner »Einführung in die Medienethik« heraus, dass Medienethik sich an ethischen Theorieansprüchen, wie sie für die philosophische Ethik und jeden daraus abgeleiteten Teilbereich der anwendungsbezogenen Ethik gelten, messen lassen und genügen muss (Leschke: Einführung 11). Um den von ihm aufgezeigten Aporien ethischer Begründungstheorien zu entgehen, will er Medienethik als Metaethik etablieren und ihr die Aufgabe zuweisen, das Zustandekommen, die Funktion und die Begründung normativer Muster in medialen Zusammenhängen zu analysieren. »Ziel einer metaethisch gewandelten Perspektive ist es also, die Dialektik von normativer Normalität und Abweichung in ihrer historischen Entwicklung zu analysieren und deren konstitutive Effekte auf mediale Formen, mediale Inhalte, die intermediale Auseinandersetzung und die ökonomischen, organisatorischen und institutionellen Verschiebungen im Mediensystem zu reflektieren« (Leschke: Einführung 372). Damit beschreibt Leschke letztlich einen strukturell angelegten Zugang zur Medienethik.

Dies wird noch deutlicher, wenn er als Analyseschritte nacheinander die Struktur eines Einzelmediums, dessen Rahmenbe-

---

[1] Diese Methodologie führen zur Produktion Bohrmann: Ethik, zur Distribution Hausmanninger: Ethik und zur Rezeption Veith: Ethik vor.

dingungen, einzelne Produkte und die Rezeption denkerisch durchdringen will und auf dieser Grundlage deren Wechselwirkungen zu beschreiben intendiert (Leschke: Einführung 179). Leschke zeigt auf, wie ästhetische Strukturen normative Muster transportieren, wie narrative Schicksale die normative Qualität der handelnden Personen bewerten (Leschke: Einführung 210ff.). Unterschieden werden können nach seiner Analyse zwei Möglichkeiten des Transports normativer Muster.

Zum einen wird im Befolgen ökonomischer Imperative die normative Ausstattung fiktionaler Medienprodukte mit den Erwartungshaltungen der anvisierten Zielgruppe abgeglichen, um einen möglichst hohen Aufmerksamkeitswert zu erreichen, der sich wiederum als Mehrwert an Werbekunden weiterverkaufen lässt (Leschke: Einführung 233). Dies zeigt zweierlei: Erstens müssen in einer strukturell angelegten medienethischen Diskussion ökonomische Gesichtspunkte ihren Platz haben und unbedingt Berücksichtigung finden. Zweitens wird die gestiegene Bedeutung der Rezipienten transparent, deren vermutete, unterstellte oder tatsächliche Interessen die Gestaltung medialer Produkte präformieren. Damit bedeutet die Ablehnung bestimmter normativer Muster in Medienprodukten auch die Ablehnung der Überzeugungen der anvisierten Zielgruppen.

Die zweite Möglichkeit des Transports normativer Muster will ästhetischen Ansprüchen gerecht werden, was sich auch darin zeigt, dass normative Muster nicht nur transportiert werden, sondern durch Neukombinationen, durch Polyvalenzen der handelnden Personen eine narrative Offenheit entsteht. Dadurch fordern diese Medienprodukte den Rezipienten zu einer Eigentätigkeit heraus (Leschke: Einführung 254). Leschke gelingt es damit, tief in die Struktur fiktionaler medialer Produkte vorzudringen und von dort aus Verknüpfungslinien und Anknüpfungspunkte zu weiteren Bereichen medialer Strukturen zu setzen. Da er aber dezidiert auf der beschreibenden Ebene verbleibt, entzieht er sich bewusst und gewollt jedes präskriptiven Zugangs und verzichtet auf die Begründung und Etablierung normativer Anforderungen an die Medien. Auch verbleibt unklar, auf welcher Grundlage er die von ihm herausgestellten normativen Muster als normativ bezeichnet. Damit vergibt er sich eine Chance. Denn sind hier Begründungen möglich, so müsste dies auch bei der Formulierung normativer Anforderungen möglich sein, was Leschke ja bestreitet. Eine auf der Grundlage seiner Analyse mögliche normative Anforderung könnte sein, Pluralität der normativen Muster und Polyvalenz einzufordern und nicht den Transport bestimmter normativer Muster vorzuschreiben.

Auch Felix Weil verfolgt mit seiner Dissertation implizit einen strukturellen Ansatz. Nach seiner Definition beantwortet Medienethik »Fragen nach dem Sollen unter Berücksichtigung des neuen Könnens in der Welt der Medien und des dort herrschenden Wollens« (Weil: Medien 16f.). Damit integriert Weil sowohl Möglichkeiten als auch Sachzwänge unterschiedlicher Provenienz, seien sie politischer oder ökonomischer Natur, in seine Analyse. Grundlage einer Reflexion sind die von ihm konstatierten Entwicklungen im Bereich der Medien, etwa deren Konvergenz auf der Grundlage der Digitalisierung und deren zunehmende Verschränkung mit der Lebenswelt. Weil bezeichnet vor diesem Hintergrund den Gebrauchswert im Raum der Kommunikation als Kriterium von Medialität (Weil: Medien 70). Dadurch werden Medien zum Träger dessen, was in der Lebenswelt präsent ist. Weil beschreibt eine grundlegende Entgrenzung dieses Kommunikationsraumes in die Weite durch die globalen Übertragungsmöglichkeiten, und in die Tiefe durch die Einbeziehung mehrerer Sinneskanäle, eine Entgrenzung auch durch die Behandlung vormaliger Tabuthemen in medialen Produkten durch die Geschwindigkeit der Übertragung (*realtime*) und durch die zunehmende Interaktivität (Weil: Medien 107). Diese Entgrenzungen sind insbesondere der Konvergenz der Medien geschuldet.

Angesichts dieser Entwicklungen formuliert Weil als Zieldimension von Medienethik den Schutz der freien kommunikativen Entfaltung (Weil: Medien 157) und die Sicherstellung prinzipieller Zugänglichkeit und Offenheit (Weil: Medien 161).

4. Zur Notwendigkeit einer ethischen Reflexion medialer Kommunikation

Mit den aufgezeigten Positionen ist ein Theoriegerüst medienethischer Reflexion skizziert. Zuletzt gilt es nun nach der Begründung der Notwendigkeit von Medienethik zu fragen. Die

Notwendigkeit einer medienethischen Reflexion lässt sich auf
drei Ebenen begründen:

- *Individuell:* Eine Vielzahl von Lebensvollzügen werden heute
  medial vermittelt vollzogen. Interpersonale Kommunikation
  verläuft häufig via Medien, bzw. das Internet bietet Settings
  zur Generierung von Persönlichkeiten. Medien durchdringen
  eine Vielzahl von Lebensbereichen und beeinflussen so Weltbilder und Normvorstellungen von Menschen. Sie liefern Beiträge zur Identitätsgenese und haben so Einfluss auf das Personsein und die Persönlichkeitsentwicklung von Menschen.
- *Sozial:* Die Kommunikation einer komplexen Gesellschaft
  verläuft wesentlich medial vermittelt. Es entstehen Öffent-
  lichkeiten und innergesellschaftliche Diskurse, die über die
  Medien ausgetragen oder durch die Medien initiiert werden.
  Medien transportieren und generieren Vorstellungen vom
  guten Leben und von gesellschaftlichen Wertvorstellungen.
- *Ethisch:* Streng genommen müsste man Medienethik als
  Querschnittsdisziplin zu allen Bereichen Angewandter Ethik
  betreiben. Denn alle ethischen Diskurse, z.B. zu Fragen medizinischer Ethik, werden medial vermittelt. Die Art und
  Weise, ob und wie ein ethisches Problem in den Medien dar-
  gestellt wird, präformiert den jeweiligen Diskurs.

Medienethik ist also notwendig in der heutigen Gesellschaft
und beginnt eine eigenständige Theorie herauszubilden. Als Desiderat verbleibt die Integration medienethischer Fragen und
Methoden in die schulischen und universitären Curricula. Auch
hier ist es keinesfalls ausreichend, ein Fach Medienethik zu
etablieren, vielmehr müsste gerade im schulischen Bereich Medienethik in alle Fächer integriert werden, um kontextbezogen
konkrete Fragen, die sich aus dem Umgang mit Medien und der
Art und Weise medialer Darstellung ergeben.

5. Die Theologie und die Medien(ethik)

Analysiert man die bisherigen Publikationen zur Medienethik,
so ist der Befund auffällig, dass es neben Kommunikationswis-
senschaftlern in erster Linie Theologen waren und sind, die den
medienethischen Diskurs vorantreiben. Genau diese Tatsache
treibt auch Reiner Leschke in seiner »Einführung in die Medi-

enethik« um. Er kritisiert diesen Zustand und fordert das Einhalten philosophischer Theoriestandards auch für die Medienethik ein. Zudem seien nach Leschkes Analyse medienethische Einwürfe häufig aktuellen Skandalen im Medienbereich geschuldet und weniger einer systematischen Reflexion (Leschke: Einführung 373). Leschkes Hauptvorwurf ist, dass medienethische Diksurse nicht-philosophischer Provenienz pragmatischen Interessen und nicht theoretischen gehorchen und vor allem dazu dienen, bestehende Praxen zu legitimieren oder interessegeleitete Kriterien für gute oder schlechte Medienpraxis zu begründen (Leschke: Einführung 109).

Leschkes Position hat auf den ersten Blick einiges für sich. Dennoch ist kritisch zu fragen, warum sich so wenige Philosophen bisher am medienethischen Diskurs beteiligen – trotz eines aufweisbaren Ethikbedarfs der Medien. Zu dem lässt sich nicht auf der Grundlage einiger zutreffender Beispiele pauschal jede nicht-philosophische medienethische Äußerung als von pragmatischen Interessen geleitet abqualifizieren. Völlig über das Ziel hinaus schießt Leschke, wenn er der Theologie, der neben der Kommunikationswissenschaft die meisten medienethischen Beiträge entstammen, als Interesse an Medienethik unterstellt, sie wolle einer Bedrohung des Wertemonopols der Kirchen durch Massenmedien und einem Verlust an medialem Einfluss nach der Etablierung des dualen Rundfunksystems entgegenwirken (Leschke: Einführung 139).

Erstens ist das »Wertemonopol« der Kirchen im Zuge der Aufklärung und der Moderne längst überwunden worden und zweitens scheint es Leschke entgangen zu sein, dass es zwischen kirchlicher Verkündigung und wissenschaftlicher Theologie zu differenzieren gilt und dass die Theologie gerade nicht, wie Leschke unterstellt, geringere Konsistenz- und Kohärenzansprüche als etwa die Philosophie hat (Leschke: Einführung 12), sondern sich im Gegenteil offensiv einem wissenschaftstheoretischen Diskurs gestellt hat (Kern u.a. Handbuch).

Theologische Ethik kann folglich Medienethik betreiben ohne unter dem Verdacht der mangelnden Wissenschaftlichkeit zu stehen. Als Ethik mit theologischem Vorzeichen bringt sie sich in den medienethischen Diskurs sowohl auf materialer Ebene als auch auf formaler Ebene ein.

5.1 Der materiale Zugriff Theologischer Ethik auf die Medien

In materialer Hinsicht reflektiert eine theologisch verortete Medienethik mediale Kommunikation in dreierlei Hinsicht:

1. *Theologische Ethik ist als Disziplin Teil der Theologie.* Sie hat als Ethik den Anspruch und die Aufgabe, ihre Positionen argumentativ aufzuweisen und plausibel und rational zu begründen, um so diskursfähig zu sein. Das Theologische der Theologischen Ethik steht somit nicht für eine exklusive Erkenntnis- und Begründungsweise gegenüber anderen Ethiken. Als Teil der Theologie allerdings ist Theologische Ethik immer auch Glaubenswissenschaft und kirchliche Wissenschaft (Hunold u.a.: Annäherungen 3ff.). Von daher ist die Behandlung und Thematisierung von Glauben und Kirche in den Medien für eine solche Ethik von Bedeutung. Glaube und Kirche kommen in den Medien sowohl in Informations- als auch in Unterhaltungsformaten vor, ganz abgesehen von spezifisch religiösen Angeboten, wie die Übertragung von Gottesdiensten oder des Papstsegens »Urbi et Orbi«. Im Hinblick auf Informationen über Medien lässt sich beobachten, dass vor allem der Papst, seine Verlautbarungen und seine Reisen hohen Nachrichtenwert zu besitzen scheinen. Daneben wird vor allem über Positionen der Kirchen zu gesellschaftlich-strittigen Fragen, wie etwa der Irak-Krise 2003, berichtet, und immer dann, wenn es Äußerungen seitens der Kirche gibt, die spontan als überholt und dem (post)modernen Weltbild nicht entsprechend eingeordnet werden. Im Anschluss an den Entwurf von Felix Weil lässt sich fragen, ob eine angemessene Präsenz von Kirche in den Medien vorliegt. Für Unterhaltungsformate lässt sich festhalten, dass in den einschlägigen Serien wie »Oh Gott, Herr Pfarrer«, »Mit Leib und Seele«, »Schwarz greift ein« oder aktuell »Um Himmels willen« ein durchweg positives Bild der dargestellten kirchlichen Akteure gezeichnet wird, das mitunter so positiv erscheint, dass es fast als Karikatur wirkt. Die theologisch spannende Frage ist, ob hinter und in diesen Unterhaltungsformaten der Verkündigungsauftrag der Kirche transparent wird.

2. *Kirche ist selbst Medienanbieter.* Dieses Angebot reicht von Zeitungen und Zeitschriften über Radiosender bis hin zu Internetportalen und BibelTV. Daneben liefert Kirche auch Beiträ-

ge für öffentlich-rechtlich oder private Anbieter. Der Tübinger Pastoraltheologe Ottmar Fuchs hat in mehreren Beiträgen die für ihn entscheidende Frage im kirchlichen Umgang mit den Medien diskutiert. Im Vordergrund darf nicht die Effektivität stehen, also wie viele Menschen mit einem kirchlichen Angebot erreicht werden, sondern muss die theologische Angemessenheit reflektiert werden, nämlich ob der Beitrag Hoffnungs- und Humanitätssteigerung vorantreibt (Fuchs: Umgang 518). Die Nutzung der Medien bleibt rückgebunden an ihren Beitrag zur Verwirklichung des Reiches Gottes (Fuchs: Kirche II 417f.). Die alleinige Beachtung der Effektivität führt nämlich dazu, so die Kritik Fuchs', dass die Kirche verzweifelt versucht öffentlichkeitswirksam zu sein, um sich so selbst zu behaupten und dabei die eigentlichen Inhalte und ihre eigentliche Identität vergisst (Fuchs: Kirche I 32). Als theologisch wie pastoral angemessenen Weg Öffentlichkeitswirksamkeit zu erreichen, sieht Fuchs das Bemühen, in den Gemeinden das Evangelium zu verwirklichen und christlichen Glauben authentisch zu leben (Fuchs: Kirche I 36). Dies nennt er den Weg der »leisen Öffentlichkeit« (Fuchs: Kirche I 37). Andernfalls sieht Fuchs die Gefahr, dass die Kirche als zwar durchsetzungsfähige Interessengruppe in den Medien präsent ist aber letztlich ohne Identität und Inhalte. Nötig ist eine Öffentlichkeit, »die sich deswegen herumspricht, weil in unserer Gesellschaft Menschen und Gemeinschaften da sind, die das Evangelium in der Begegnung leben und in der sozialen und politischen Solidarität für andere (besonders die Schwächeren und Fremden) einlösen« (Fuchs: Kirche I 77). Das Öffentlichkeitsproblem der Kirche ist damit nicht eines der mangelnden Präsenz in den Medien, sondern eines der eigenen Identitätsverwirklichung. Fuchs wendet sich also dagegen, verzweifelt mediale Aufmerksamkeit zu organisieren, indem Sendeplätze gesichert werden, sondern baut auf den Aufmerksamkeitswert der Verwirklichung des Reiches Gottes, an dessen Gehalt er auch mediale Produktionen der Kirche misst.

3. *Schließlich kann Theologie bzw. eine theologisch verortete Medienethik auch die indirekte Thematisierung von Glaube, Kirche und religiösen Formen entschlüsseln.* So kopierte z.B. die mediale Inszenierung der Boxkämpfe von Henry Maske Anfang der

90er Jahre alle Elemente der Osternacht. Der Schlägersänger Guildo Horn wiederum, der im Wesentlichen ein Medienphänomen darstellte, wurde von seinen Anhängern »Meister« genannt, verhieß ihnen seine »Liebe« und verteilte als »Kommunion« Nussecken. Auch »Deutschland sucht den Superstar« bietet reichlich religiöse Parallelen. Hier wurde einer, Alexander, zum Ersten unter seinesgleichen, auf dem der »Messias« Dieter Bohlen seine zukünftigen Produktionserfolge aufbauen kann. Es gibt einen Judas (Daniel Lopez), einen Narren in Christo (Daniel Küblböck) und eine Nachwahl aus dem breiteren Jüngerkreis nach der Verstoßung des Judas. Es fehlte nur noch, dass es zwölf Kandidaten in der Endausscheidung gewesen wären. Angesichts dieser Beobachtungen wird das Theologische zur Entschlüsselungskompetenz medialer Codes und Symbole.

5.2 Der formale Zugriff Theologischer Ethik auf die Medien

Sowohl die evangelische als auch die katholische Kirche haben die Medienentwicklung der letzten Jahrzehnte in einer Reihe von Schriften kritisch begleitet.

Mit das bedeutendste lehramtliche Dokument von katholischer Seite stellt die Pastoralinstruktion »Communio et Progressio« (CeP) von 1971 dar. Hier wurde mit großer Sachkenntnis sowohl eine theologische Erörterung der christlichen Sicht der Kommunikation vorgelegt als auch eine Analyse der Kommunikation als Faktor der menschlichen Gesellschaft.

Als Ziel sozialer Kommunikation formuliert die Instruktion Gemeinschaft und Fortschritt der menschlichen Gesellschaft (CeP 1). Medien haben darum die Aufgabe für Transparenz der Gesellschaft zu sorgen und so Verständigung (CeP 6) und einen tieferen Sinn für Gemeinschaft (CeP 8) zu ermöglichen. Die Medien werden so als Mittel der Förderung des Zusammenlebens der Menschen interpretiert (CeP 161).

Theologisch gedeutet wurzelt Kommunikation in der trinitarischen Gemeinschaft von Vater, Sohn und Geist (CeP 8) und findet ihren Ausdruck in der Kommunikation von Gott zu den Menschen, wie sie sich insbesondere in Jesus von Nazareth manifestiert. Dieser wird als Meister der Kommunikation bezeichnet (CeP 11).

Die Instruktion argumentiert auch normativ. Sie weist den Medien die Aufgabe zu, zu bilden, zu integrieren, zu informieren und zu unterhalten (CeP 16). Sowohl Kommunikatoren als auch Rezipienten stehen in der Verantwortung (CeP 15) für eine aufrichtige, zuverlässige und wahre Kommunikation (CeP 17). Nur dann fördern die Medien Ziele wie Verständnis und Rücksichtnahme, die mit den Zielen der Kirche in Einklang stehen (CeP 18).

Medien stellen Foren der Gesellschaft dar (CeP 19) und organisieren das innergesellschaftliche Gespräch (CeP 44). Sie überwinden räumliche und zeitliche Grenzen und ermöglichen so Anteilnahme an den Problemen anderer Menschen (CeP 19f). Als Probleme der Medien sieht die Instruktion die Herstellung von Objektivität und Authentizität, die Instrumentalisierung für fragwürdige Zwecke und die befürchtete Verkümmerung personaler Beziehungen und ihr Ersatz durch mediale Substitute (CeP 21).

»Communio et Progressio« bekennt sich zum Recht auf Information (CeP 33) und zum Pluralismus der Meinungen (CeP 24) und fordert dazu auf, monopolistischen und vereinheitlichenden Bestrebungen entgegenzuwirken (CeP 62).

Die Instruktion sieht drei Funktionen der Medien für die Kirche: Über die Medien kann sich die Kirche in der Welt verständlich machen. Daher fordert auch »Communio et Progressio« zu kirchlicher Medienarbeit auf. Über die Medien kann sich Welt in der Kirche verständlich machen und Medien können die innerkirchliche Kommunikation verbessern (CeP 125). Die Instruktion fordert explizit auch zu innerkirchlicher Kommunikation auf (CeP 116).

Der Päpstliche Rat für die sozialen Kommunikationsmittel machte in dem Schreiben »Aetatis novae« (AN) von 1992 einige grundsätzliche Aussagen. Aetatis Novae verortet jede menschliche Kommunikation in der Selbstmitteilung Gottes in Christus (AN 6). Kommunikation hat von daher ihre Würde und ihre eigene theologische Charakteristik. Die Medien sollen daher zur Kommunikation anregen und nicht zwischenmenschliche Kommunikation ersetzen (AN 7). Die Medien, so das Schreiben, entwerfen eine sekundäre Architektur der Wirklichkeit und beeinflussen so nicht nur die Denkweisen, sondern auch die Inhalte des Denkens von Menschen selbst (AN 4). Das grundlegende Problem der jüngeren Medienentwicklung sehen die Autoren dieses Dokumentes in dem Vorrang der Popularität eines Medienproduktes vor dessen Qualität und in einer Art Kulturimperialismus durch die massenhafte Distribution und Rezeption populärer Medienprodukte einer Kultur in einer anderen (AN 5). Kirche muss daher auch hier die Option für die Armen und Schwachen ergreifen und die zu Wort kommen lassen in den Medien, die sonst keine Mittel hätten, sich und ihren Anliegen Gehör zu verschaffen (AN 4).

Die jüngste Äußerung schließlich von Lehramtsseite ist das Schreiben »Ethik in der sozialen Kommunikation« (ESK) wiederum vom päpstlichen Rat für die sozialen Kommunikationsmittel aus dem Jahr 2000. Mit diesem Schreiben wird auf die Globalisierung und Digitalisierung der Medien reagiert. Grundsätzlich wird auch hier festgehalten, dass die Kirche den Medien positiv gegenübersteht (ESK 4), wendet sich aber auch gegen jede Form des Anthropomorphismus und betont den Werkzeugcharakter von Medien (ESK 4). Auf diese Weise wird klar eine Verantwortung der Medienproduzenten eingefordert. Im Vordergrund steht die Forderung, dass Medien dem Menschen dienen sollen ein glückliches Leben zu führen (ESK). Funktionen in dieser Hinsicht können die Medien in wirtschaftlicher, politischer, kultureller, erzieherischer und religiöser Weise ausfüllen (ESK 12). Das Dokument weist aber auch in allen diesen Bereichen auf Fehlformen hin. So ist in wirtschaftlicher Hinsicht die breite Kluft zwischen Informationsreichen und Informationsarmen zu konstatieren (ESK 14). Das Dokument wendet sich auch gegen Demagogie, Oberflächlichkeit, Kulturimperialismus und plädiert für eine Kultur des gegenseitigen Verständnisses von Religion und Medien. Abschließend formuliert das Dokument einige ethische Prinzipien und geht dabei strukturethisch vor, in dem es Botschaft, Prozess und System medialer Kommunikation in die Analyse integriert (ESK 20). Zentral sind für den päpstlichen Rat folgende Punkte: Die Medien sollen dem Wohlergehen des Menschen (ESK 21) und dem der Gesellschaft unter dem Stichwort des Gemeinwohles (ESK 22) dienen. Sie sollen frei freie Meinungsäußerungen (ESK 23) und Teilhabe am politischen Prozess (ESK 24) ermöglichen.

Schließlich verweist das Dokument auch auf die Verantwortung der Medienrezipienten.

Der Tübinger Moraltheologe Auer fordert darüber hinaus eine anthropologische Grundlegung der Medienethik (Auer: Grundlegung). Damit sollen auch im Sinne einer immanenten Ethik die Sachgesetzlichkeiten und Sinnziele sozialer Kommunikation zum Tragen kommen (Auer: Vermittlung 41). In seiner Sichtweise greift auch ein integrierender Ansatz, der sowohl Produzenten- als auch Rezipientenseite berücksichtigt, zu kurz, wenn nicht auch auf die Verwiesenheit des Menschen auf Sozialität und Kommunikation und das Angewiesensein auf technisch-instrumentelle Vermittlung reflektiert wird (Auer: Grundlegung 536). Die Technik hat Anteil an der anthropologischen Würdehaftigkeit des sozialen Kommunikationsprozesses (Auer: Grundlegung 543). Damit scheint auch hier die Frage nach den inhärenten Strukturen des medialen Geschehens auf. Mediale Kommunikation ist notwendig, um die Komplexität der Welt zu reduzieren. Von daher könnte sich der Anspruch auf Wahrheit begründen. Aber in einer pluralen Welt, in der die Vermittlung der Ereignishaftigkeit der Welt immer begrenzt ist, sind die Medien nicht der Raum der Wahrheitspräsentation, sondern der Wahrheitsfindung (Auer: Grundlegung 542). Dieser Prozess der Wahrheitsfindung unterliegt aber den grundlegenden ethischen Dispositionen der vollständigen Informierung des Publikums, der Ausgewogenheit der Berichterstattung und der kritischen Solidarität (Auer: Vermittlung 46). Allerdings gibt Auer eine Begrenztheit der Verantwortung der Medienschaffenden zu bedenken und umgeht damit die Gefahr eines rein individualethischen Ansatzes (Auer: Vermittlung 48). Die Pluralität der Welt gibt damit nicht die Präsentation von Wahrheit, sondern die Integration von Einzelmeinungen im Sinne einer Verständigung als Ziel medialer Kommunikation vor (Auer: Grundlegung 544).

Diese Integrationsfunktion ist auch ein eminenter Topos in den Überlegungen von Gerfried W. Hunold, der sich in mehreren Artikeln immer wieder dem Problem der Medienethik zugewandt hat. Ganz grundlegend hält er fest: »Medienethik kann keine Sonderethik sein, sondern müsste grundsätzlich als Entfaltungsmoment verantwortlicher Lebensgestaltung überhaupt verstanden werden« (Hunold: Medienethik 226). Sie darf keine Bevormundung sein und muss sich einer sachbezogenen Wirklichkeitsauseinandersetzung stellen. Medien bieten in seiner Sichtweise Teilnahme an der Erfahrungsvielfalt der Welt in einer sekundären Architektur (Hunold: Medienethik 220). Diese Architektur verdankt sich wesentlich den Selektionsprozessen sowohl auf Produzenten- als auch auf Rezipientenseite. Medienschaffende selegieren durch Stereotypisierung, Personalisierung und Gewöhnung, das Publikum hingegen wählt aus, indem es dissonante Informationen ausblendet, mit einem geprägten Vorwissen ausgestattet ist, sich von eigenen Überzeugungen und Interpretationen leiten lässt (Hunold: Medienethik 221ff.). Vor dem Hintergrund dieser Reduktionsprozesse soll Medienethik im Anspruch der Unverfügbarkeit der Person die Sorge um die Wahrhaftigkeit der sachlichen Information betreiben (Hunold: Öffentlichkeit) und ähnlich wie Auer es skizziert hat für einen Lernprozess menschlicher Wahrheitsoffenheit eintreten (Hunold: Medien).

Damit konnte das doppelte Interesse theologischer Reflexion sowohl in inhaltlicher als auch in formaler Hinsicht aufgewiesen werden. Kirche und Theologie melden sich nicht nur zu Wort im medienethischen Diskurs, sie befördern diesen Diskurs auch durch ihre Integration anthropologischer Gesichtspunkte.

Literatur

Arens, E.: Die Bedeutung der Diskursethik für die Kommunikations- und Medienethik, in: Funiok, R. (Hg.): Grundfragen der Kommunikationsethik, Konstanz 1996, 73–96.

Auer, A.: Anthropologische Grundlegung einer Medienethik, in: Hertz, A. u.a. (Hg.): Handbuch der christlichen Ethik 3, Freiburg i.Br. ²1993, 535–546.

Auer, A.: Verantwortete Vermittlung. Bausteine einer medialen Ethik, in: Wilke, Jürgen (Hg.): Ethik der Massenmedien, Wien 1996, 41–52.

Bohrmann, T.: Ethik der Produktion und des Inhalts, in: Hausmanninger, T./Bohrmann, T. (Hg.): Mediale Gewalt, München 2002, 315–334.

Boventer, H.: Ethik des Journalismus. Zur Philosophie der Medienkultur, Konstanz 1985.

Christians, C.G.: An Intellectual History of Media Ethics, in: Pattyn, B. (Hg.): Media Ethics. Opening Social Dialogue, Leuven 2000, 13–46.

Debatin, B.: Ethische Grenzen oder Grenzen der Ethik? Überlegungen zur Steuerungs- und Reflexionsfunktion der Medienethik, in: Bentele, G./Haller, M. (Hg.): Aktuelle Entstehung von Öffentlichkeit. Akteure – Strukturen – Veränderungen, Konstanz 1997, 281–290.

Debatin, B.: Medienethik als Steuerungsinstrument? Zum Verhältnis von individueller und korporativer Verantwortung in der Massenkommunikation, in: Weßler, H. u.a. (Hg.): Perspektiven der Medienkritik: die gesellschaftliche Auseinandersetzung mit öffentlicher Kommunikation in der Mediengesellschaft, Opladen 1997, 287–303.

Erbring, L.: Nachrichten zwischen Professionalität und Manipulation. Journalistische Berufsnormen und politische Kultur, in: Langenbucher, W.R. (Hg.): Publizistik und Kommunikationswissenschaft. Ein Textbuch zur Einführung, Wien 1994.

Fuchs, Ottmar: Kirche, Kabel, Kapital. Standpunkte einer christlichen Medienpolitik, Münster 1989. (im Text: Kirche I)

Fuchs, Ottmar: Kirche und Medien auf dem Weg in das Jahr 2000, in: Stimmen der Zeit 106 (1991) 411–421. (im Text: Kirche II)

Fuchs, Ottmar: Kirchlicher Umgang mit Medien, in: concilium 29 (1993) 518–525.

Funiok, R.: Grundfragen einer Publikumsethik, in: ders. (Hg.): Grundfragen der Kommunikationsethik, Konstanz 1996, 107–122.

Galtung, J.: State, Capital, and the Civil Society: The Problem of Communication, in: Vincent, R. u.a.: Towards equitiy in Global Communication, Creskill/NJ 1999, 3–21.

Gottschlich, M.: Journalismus und Orientierungsverlust, Wien u.a. 1980.

Hall, P.C.: Alltägliche Unmoral. Über schleichende Anpassung und strukturelle Korrumpierbarkeit, in: Wunden, W. (Hg.): Medien zwischen Markt und Moral. Beiträge zur Medienethik, Stuttgart 1989, 101–120.

Haller, M./Holzey, H.: Die Frage nach der Medienethik, in: dies. (Hg.): Medien-Ethik. Beschreibungen, Analysen, Konzepte, Opladen 1992, 11–19.

Hausmanninger, T./Bohrmann, T. (Hg.): Mediale Gewalt, München 2002.

Hausmanninger, T.: Ansatz, Struktur und Grundnormen der Medienethik, in: ders./Bohrmann, T. (Hg.): Mediale Gewalt, München 2002, 287–314.

Hausmanninger, T.: Ethik der Distribution und institutionalisierten Kommunikationskontrolle, in: ders./Bohrmann, T. (Hg.): Mediale Gewalt, München 2002, 335–376.

Hausmanninger, T.: Grundlinien einer Ethik medialer Unterhaltung, in: Wolbert, W. (Hg.): Moral in einer Kultur der Massenmedien, Freiburg i.Br. 1994, 77–96.

Hausmanninger, T.: Kritik der medienethischen Vernunft. Die ethische Diskussion über den Film in Deutschland im 20. Jahrhundert, München 1993.

Hunold, G.W.: Öffentlichkeit um jeden Preis? Überlegungen zu einer Ethik der Information, in: forum medienethik (1994. Heft 1) 7–18.

Hunold, G.W.: Medienethik, in: Gründel, J. (Hg.): Leben in christlicher Verantwortung, Düsseldorf 1992, 217–231.

Hunold, G.W.: Medienethik 2. Ethisch, in: Lexikon der Bioethik 2, Gütersloh 1998, 627–630.

Hunold, G.W. u.a.: Annäherungen. Zum Selbstverständnis Theologischer Ethik, in: ders. u.a. (Hg.): Theologische Ethik. Ein Werkbuch, Tübingen 2000, 1–9.

Ibbotson, P.: Quality and Responsibility in Broadcasting, in: Hamm, I. (Hg.): Verantwortung im freien Medienmarkt. Internationale Perspektiven zur Wahrung professioneller Standards, Gütersloh 1996, 85–92.

Karmasin, M.: Medienethik als Wirtschaftsethik medialer Kommunikation?, in: Communicatio socialis 4 (1999) 343–366.

Karmasin, M.: Stakeholder Orientierung als Kontext zur Ethik von Medienunternehmen, in: Funiok, R. u.a. (Hg.): Medienethik – die Frage der Verantwortung, Bonn 1999, 183–211.

Kern, W. u.a. (Hg.): Handbuch der Fundamentaltheologie 4: Traktat Theologische Erkenntnislehre, Freiburg i.Br. 1988.

Konner, J.: Is Journalism Losing its Professional Standards?, in: Hamm, I. (Hg.): Verantwortung im freien Medienmarkt. Internationale Perspektiven zur Wahrung professioneller Standards, Gütersloh 1996, 35–47.

Korff, W.: Die Welt der Medien als autonomer Kultursachbereich, in: Wolbert, W. (Hg.): Moral in einer Kultur der Massenmedien, Freiburg i.Br. 1994, 17–30.

Kos, E.: Vermittlung oder Verständigung. Die kommunikative Ambivalenz als Zugangsweg einer theologischen Medienethik, Frankfurt a.M. 1997.

Kottlorz, P.: Fernsehmoral. Ethische Strukturen fiktionaler Fernsehunterhaltung, Berlin 1993.

Künzli, A.: Vom Können des Sollens. Wie die Ethik unter den Zwängen der Ökonomie zur Narrenfreiheit verkommt, in: Haller, M./Holzey, H. (Hg.): Medien-Ethik. Beschreibungen, Analysen, Konzepte, Opladen 1992, 280–293.

Leschke, R.: Einführung in die Medienethik, München 2001.

Limburg, V.E.: Electronic Media Ethics, Boston-London 1994.

Loretan, M.: Ethik des Öffentlichen. Grundrisse einer Diskursethik der Medienkommunikation, in: Holдеregger, A. (Hg.): Kommunikations- und Medienethik: Interdisziplinäre Perspektiven, Freiburg/CH 1999, 153–183.

Lübbe, H.: Mediennutzungsethik. Medienkonsum als moralische Herausforderung, in: Hofmann, H. (Hg.): Gestern begann die Zukunft. Entwicklung und gesellschaftliche Bedeutung der Medienvielfalt, Darmstadt 1994, 313–318.

Meier, U.: Die Gesellschaft im Netz. Mediatisierung und Informatisierung als Thema für Theologie und Kirche, in: Holderegger, A. (Hg.). Ethik der Medienkommunikation, Freiburg i.Br. 1992, 51–75.

Mieth, D.: Medien und Alltagskultur, in: Holderegger, A. (Hg.): Kommunikations- und Medienethik: Interdisziplinäre Perspektiven, Freiburg i.Br. 1999, 135–150.

Müller-Schöll, U./Ruß-Mohl, S.: Journalismus und Ethik, in: Jarren, O. (Hg.): Medien und Journalismus. Eine Einführung, Opladen 1994, 267–294.

Nordenstreng, K.: The Structural Context of Media Ethics. How Media Are Regulated in Democratic Society, in: Pattyn, B. (Hg.): Media Ethics. Opening Social Dialogue, Leuven 2000, 69–87.

Richter, J.: Unternehmerische Essentials für die Zeitung von morgen – Verantwortung in den Printmedien, in: Hamm, I. (Hg.): Verantwortung im freien Medienmarkt. Internationale Perspektiven zur Wahrung professioneller Standards, Gütersloh 1996, 76–84.

Rühl, M./Saxer, U.: 25 Jahre Deutscher Presserat. Ein Anlaß für Überlegungen zu einer kommunikationswissenschaftlich fundierten Ethik des Journalismus und der Massenkommunikation, in: Publizistik 26 (1981) 471–507.

Ruß-Mohl, S./Seewald, B.: Die Diskussion über journalistische Ethik in Deutschland – eine Zwischenbilanz, in: Haller, M./Holzey, H. (Hg.): Medien-Ethik. Beschreibungen, Analysen, Konzepte, Opladen 1992, 22–36.

Saxer, U.: Journalistische Ethik im elektronischen Zeitalter – eine Chimäre?, in: Holderegger, A. (Hg.): Ethik der Medienkommunikation, Freiburg i.Br. 1992, 105–119.

Saxer, U.: Konstituenten einer Medien- und Journalismus-Ethik. Zur Theorie von Medien- und Journalismus-Regelungssystemen, in: Wilke, J. (Hg.): Ethik der Massenmedien, Wien 1996, 72–88.

Saxer, U.: Publizistische Ethik und gesellschaftliche Realität, in: Communicatio socialis 3 (1970) 25–39.

Schönbach, K.: Erträge der Medienwirkungsforschung für eine Medienethik, in: Haller, M./Holzey, H. (Hg.): Medien-Ethik. Beschreibungen, Analysen, Konzepte, Opladen 1992, 97–103.

Thomaß, B.: Journalistische Ethik. Ein Vergleich der Diskurse in Frankreich, Großbritannien und Deutschland, Opladen 1998.

Veith, W.: Ethik der Rezeption, in: Hausmanninger, T./Bohrmann, T. (Hg.): Mediale Gewalt, München 2002, 377–390.

Weil, F.: Die Medien und die Ethik. Grundzüge einer brauchbaren Medienethik, Freiburg-München 2001.

Weischenberg, S.: Journalistik. Theorie und Praxis aktueller Medienkommunikation, 1: Mediensysteme, Medienethik, Medieninstitutionen, Opladen 1992.

Wiegerling, K.: Medienethik, Stuttgart-Weimar 1998.

Wilke, J.: Massenmedien im Spannungsfeld von Grundwerten und Wertkollisionen, in: Mast, C. (Hg.): Markt – Macht – Medien. Publizistik zwischen gesellschaftlicher Verantwortung und ökonomischen Zielen, Konstanz 1996, 17–33.

Kirchliche Dokumente

Pastoralinstruktion »Communio et Progressio« über die Instrumente der sozialen Kommunikation, kommentiert von H. Wagner, Trier 1971. (im Text: CeP)

»Aetatis novae« 1992 (im Text: AN)

»Ethik in der sozialen Kommunikation« 2000 (im Text: ESK)

Ökologische Ethik

Hans Halter

■ Umweltethik befasst sich als relativ junge ethische Disziplin um der gegenwärtigen und künftigen Menschheit und um der nichtmenschlichen Natur willen mit dem verantwortlichen Umgang mit der belebten und unbelebten Natur in all ihren Teilen.

■ Die ökologische Diskussion geht recht früh von dem Vorwurf aus, dass gerade die jüdisch-christliche Tradition eine jenseitsorientierte, anthropozentrische und naturverachtende Einstellung befördert hat. Dem steht nicht nur auf praktischer Ebene das frühe Engagement der Kirchen für die »Bewahrung der Schöpfung« entgegen. Theologisch ist zudem zu betonen, dass die früher als ›Herrschaftsauftrag‹ verstandene Ermächtigung des Menschen (»Macht euch die Erde untertan«) heute durchweg als Ermächtigung zum verantwortlichen Umgang mit der ganzen Schöpfung verstanden wird.

■ Vor diesem Hintergrund kommt der Frage nach der Stellung des Menschen in der Natur eine zentrale Bedeutung zu. Theologisch lässt sich gerade mit Blick auf die biblischen Texte allein ein gemäßigter Anthropozentrismus ausmachen: dem Menschen kommt hier als Verantwortungssubjekt und echtem Gegenüber zu Gott der Vorrang zu.

■ Setzt man in Fragen der Umweltgefährdung so beim Menschen an, dann tritt unabweisbar in den Blick, dass der Mensch trotz seines – wenn auch nur beschränkten – Wissens um ökologische Probleme Mühe bekundet, die gewonnenen Erkenntnisse auch umzusetzen. Die motivationale Kraft der religiösen Einsichten, etwa in den Eigenwert der Schöpfung, könnten hier in besonderer Weise zu einem ökologischen Handeln ermuntern, das angesichts der globalen Umweltzerstörung notwendig ist.

Der Sommer 2002 war in Deutschland und Österreich die Jahreszeit der katastrophalen *Überschwemmungen,* die an manchen Orten alles übertrafen, woran man sich erinnern konnte. Dass die Medien dieser Länder an gleichzeitigen Überschwemmungen in benachbarten Ländern, vor allem aber in Asien, nicht mehr sonderlich interessiert waren, ist angesichts der eigenen Not verzeihlich, in unserem Zusammenhang aber nicht unwichtig. Es ist öfter registriert worden, dass in den letzten Jahren und Jahrzehnten schwere Naturkatastrophen, Dürren, Überschwemmungen und schwere Stürme weltweit zugenommen haben.

Die Frage, was angesichts solcher Katastrophen zu tun ist, muss als individual- wie sozialethische Frage verstanden werden, denn hier geht es um die Bedrohung menschlicher Existenz im physischen wie im wirtschaftlichen und sozialen Sinn. Es geht um den Schutz von ganzen Siedlungsräumen, von Wohnungen und Unternehmungen, von Arbeitsplätzen und Kulturgütern, seien es landwirtschaftliche Kulturen oder Bauten. Es geht aber auch um den Schutz von Landschaften, ihrer Fauna und Flora, die ebenfalls der Zerstörung ausgesetzt sind. Letzteres tangiert den Umweltschutz und damit die umweltethische oder öko-ethische Problematik (was hier synonym verwendet wird). Allerdings haben wir es da – jedenfalls auf den ersten Blick – nicht mit dem mittlerweile klassischen Ansatz des Umweltschutzes zu tun. Warum?

Im Falle von Überschwemmungen und andern Naturkatastrophen geht es primär um den *Schutz des Menschen vor der Natur*, genauer vor zerstörerischen Naturgewalten, sekundär auch um den Schutz vor allem der landwirtschaftlich kultivierten Natur als Lebensgrundlage für Menschen und Haustiere, also im Interesse der Menschen. Beim Umweltschutz im modernen Sinn geht es umgekehrt – und durchaus auch im Interesse der Menschen – um den *Schutz der nichtmenschlichen Natur vor dem Menschen*, sofern sich das menschliche Leben in verschiedensten Aktivitäten störend oder auch zerstörend auf das nichtmenschliche Leben (Flora und Fauna), auf erwünschte Gesetzmäßigkeiten und Zustände der Natur (Zyklen, ökologische Gleichgewichte, Landschaften, Klima) oder auf die grundlegenden Naturelemente wie Luft, Boden und Wasser auswirkt. Seit den 1970er Jahren geben über den Zustand der Umwelt global und regional, über die Ursachen der Umweltprobleme und deren Bekämpfung Umweltberichte aus globaler, staatlicher und kommunaler Sicht erschöpfend Auskunft (siehe: *Umweltberichte im Literaturverzeichnis*).

Zurück zu den Überschwemmungen: Was bis vor kurzem als reines Naturereignis – als Schicksalsschlag, früher als Strafe Gottes – erlitten wurde, verursacht durch unvorhersehbare, unberechenbare extreme Niederschläge, wird seit einigen Jahren im Rahmen des sog. *Klimawandels* im Sinne einer weltweiten *Klimaerwärmung* noch anders bewertet. Diese klimatische Entwicklung erscheint von ihren sicheren, wahrscheinlichen oder möglichen Folgen her als für die Menschheit und die Umwelt überwiegend negativ, ja bedrohlich. Die schon erwähnte Zunahme schwerer Naturkatastrophen wird auch als eine Folge der feststellbaren Klimaerwärmung interpretiert.

Wiewohl Klimaänderungen gewissermaßen zum Wesen des Klimas gehören und also von Natur aus dauernd im Gang waren und sind, gibt es zunehmende Indizien dafür, dass die beobachtbare Klimaerwärmung, wenn nicht einfach durch menschliche Aktivitäten, primär durch den Ausstoß von Treibhausgasen[1], bewirkt, so doch durch diese verstärkt wird. Wir haben es hier mit einem der gravierendsten Umweltprobleme der heutigen Zeit zu tun, womit auch die jüngsten schweren Überschwemmungen und deren präventive Bekämpfung in einem neuen Licht erscheinen. Es reicht nicht, Überschwemmungen rein symptomatisch, z.B. durch bauliche Maßnahmen an Siedlungen und Flussläufen, bewältigen zu wollen, so notwendig dies auch ist, denn mit schweren Überschwemmungen ist auf jeden Fall zu rechnen. Es gilt, präventiv da anzusetzen, wo heute die Ursache

---

[1] Das Intergovernmental Panel on Climate Change definiert die Treibhausgase folgendermaßen: »Treibhausgase sind diejenigen gasförmigen Bestandteile in der Atmosphäre (sowohl natürlichen wie anthropogenen Ursprungs), die diejenige Strahlung spezifischer Wellenlängen innerhalb des Spektrums der Infrarotstrahlung absorbieren und wieder ausstrahlen, die von der Erdoberfläche, der Atmosphäre und den Wolken ausgestrahlt wird. Diese Eigenschaft verursacht den Treibhauseffekt. Wasserdampf (H_2O), Kohlendioxid (CO_2), Lachgas (N_2O), Methan (CH_4) und Ozon (O_3) sind die Haupttreibhausgase in der Erdatmosphäre. Außerdem gibt es eine Anzahl von ausschließlich vom Menschen produzierten Treibhausgasen in der Atmosphäre, wie die Halogenkohlenwasserstoffe und andere chlor- und bromhaltige Substanzen, die im Montreal-Protokoll behandelt werden. Neben CO_2, N_2O, und CH_4 befasst sich das Kyoto-Protokoll mit den Treibhausgasen Schwefelhexafluorid (SF_6), Fluorkohlenwasserstoffe (HFCs) und Perfluorkohlenstoffe (PFCs).« (Intergovernmental Panel 114)

für die zunehmend häufiger und schwerer werdenden Unwetter und andere problematische Erscheinungen – es geht ja nicht bloß um Überschwemmungen – wenn nicht eindeutig diagnostiziert, so doch mit guten Gründen vermutet werden: Bei der Klimaerwärmung, soweit sie menschlich (mit)verursacht ist. Wiewohl naturwissenschaftlich (noch) nicht mit Sicherheit feststeht, ob und wieweit die Klimaerwärmung durch die von Menschen insbesondere bei der Verbrennung fossiler Brennstoffe produzierten Treibhausgase, allen voran CO_2, (mit)verursacht wird und welches genau die befürchteten negativen Folgen als Symptome der Klimaerwärmung sein werden, wie groß wo und für wen die Wahrscheinlichkeit des Eintritts dieser Folgen ist und wie gewichtig diese für die betroffenen Regionen, die Menschen und die nichtmenschlichen Lebewesen sein werden, kann nicht zugewartet werden, bis naturwissenschaftlich alle Fragen geklärt sind, weil es dann für Gegenmaßnahmen zu spät sein dürfte. Es muss darum im Sinne des im internationalen Umweltrecht entstandenen sog. Vorsorgeprinzips jetzt schon aufgrund möglichst international koordinierter Regelungen mit allen zur Verfügung stehenden Mitteln dafür gesorgt werden, dass der Ausstoß von Treibhausgasen soweit wie technisch möglich und wirtschaftlich verkraftbar vermindert wird.

Das Problem des bedrohlichen Klimawandels, seiner Beobachtung und Einschätzung (risk assessment) und seiner Bewältigung (risk management) durch weltweit koordinierte und geregelte Maßnahmen ist seit Anfang der 1990er Jahre Teil der gewichtigen Umwelt-Programme der UNO im Rahmen des Prinzips der Nachhaltigkeit, d.h. einer weltweiten wirtschaftlichen Entwicklung, die langfristig gesehen sowohl sozial- wie umweltverträglich ist (siehe: *Umwelt-Konferenzen und -Konventionen* im Anhang).

Hinter den Konferenzen, Deklarationen und Konventionen der UNO steckt die ethische Überzeugung, dass wir der befürchteten Klimaentwicklung mit ihren negativen Folgen für die Menschheit und die Umwelt nicht tatenlos zusehen dürfen. Sozialethisch (strukturenethisch) erfordert das die Schaffung einer weltweit gültigen Rahmenordnung, weil das Problem ein globales ist und nur durch eine globale Anstrengung die Chance der Bewältigung hat. Allerdings darf der individualethische Aspekt, der die Verantwortung von Individuen und Gruppen ins Auge fasst, nicht vernachlässigt werden.

Wenn es nicht gelingt, die Mehrheit der Bevölkerungen der Mitgliedstaaten der UNO für die Notwendigkeit der Reduktion von menschlichen Aktivitäten, welche negative klimatische Folgen nach sich ziehen, zu gewinnen, kommen verbindliche internationale Regelungen entweder gar nicht zustande oder sie werden nicht umgesetzt. Die Umsetzung erfordert insbesondere in den reichen Industrieländern eine Änderung des Konsumverhaltens bzw. des Lebensstils, was etwa deutlich wird im Blick auf die Verbrennung fossiler Brennstoffe im Bereich der Mobilität.

Eine Umweltethik, die sich um der gegenwärtigen und künftigen Menschheit und um der nichtmenschlichen Natur willen mit dem verantwortlichen Umgang mit der belebten und unbelebten nichtmenschlichen Natur in all ihren Teilen befasst, muss also das hier am konkreten Beispiel der Überschwemmungen skizzierte Problem thematisieren, was zunächst eine gründliche naturwissenschaftliche Information über das Phänomen des Klimawandels, seiner Ursachen und Wirkungen verlangt. Sodann sind die Verantwortungsträger und -ebenen zu benennen (Politik international und national; Unternehmen; Konsumierende) und die vorgeschlagenen Maßnahmen nicht nur an der Effizienz in der Erreichung der Zielsetzung, sondern auch an ethischen Prinzipien der Gerechtigkeit (Verteilung der Lasten bzw. Kosten zwischen Industrie-, Schwellen- und Entwicklungsländern), der Sozial-, Umwelt- und Wirtschaftsverträglichkeit zu überprüfen, soweit es darum geht, Alternativen (Technik, Konsum, Lebensstil) zur Minderung des Ausstoßes von Treibhausgasen einzuführen und durchzusetzen.

1. Die Kirchen und die Umweltproblematik

Eine Umweltethik im umfassenden Sinn gibt es erst, seit die Gefährdung der Umwelt als globales Problem in den Blick kam. Die so genannte ›Ökokrise‹ ist im Jahre 1972 mit dem Erscheinen des Buches »Die Grenzen des Wachstums« von *Dennis L. Meadows u.a.* (Meadows: Grenzen) der Weltöffentlichkeit fast schlagartig bewusst geworden (vgl. den Textausschnitt in Halter/Lochbühler: Theologie 1, 21–24). Sollte – so die aufschreckende Botschaft des Berichts des Club of Rome – das Wachstum der Weltbevölkerung, der Industrie- und Nahrungsmittelproduktion, des Rohstoffverbrauchs und die damit verbundenen Umweltbelastungen so weitergehen wie bisher, wäre etwa im dritten Jahrzehnt des 21. Jahrhunderts mit einem Kollaps der Ökosysteme und der Wirtschaft mit katastrophalen Folgen für die Menschheit und die Umwelt zu rechnen.

Aufgeschreckt durch diesen Bericht wurde bei der nun einsetzenden Suche nach Ursachen auch nach tieferen Hintergründen und Schuldigen der verheerenden Entwicklung geforscht und dabei besonders seitens der Geisteswissenschaften rasch diagnostiziert, dass die Ur-Ursache des Ökodesasters in einer falschen menschlichen Einstellung zur nichtmenschlichen Natur liege, was den sorglosen und grenzenlos ausbeuterischen Umgang der Menschheit mit Tieren, Pflanzen und weiteren Ressourcen der Natur verursache. Alsbald verbreitete sich rasch die in den USA schon früher geäußerte Überzeugung (White: Roots), dass der Ur-Grund dieser üblen anthropozentrischen und darum naturverachtenden Einstellung die jüdisch-christliche Tradition mit dem in den Schöpfungsberichten der Bibel grundgelegten Verständnis von Mensch und Natur sei (Mensch als Abbild Gottes, als Krone der Schöpfung hoch über der übrigen Natur; Vermehrungs- und Herrschaftsauftrag). *Carl Amery* (Amery: Ende) monierte zusätzlich, dass diese problematische Einstellung durch die christlich-eschatologische Verheißung einer garantierten Heilsgeschichte der Menschheit noch verstärkt worden sei (vgl. Textausschnitte dazu in Halter/Lochbühler: Theologie 1, 24ff. 30ff.).

Zum damals auch erhobenen Vorwurf, die Kirchen und die Theologie hätten wieder einmal ein wichtiges Menschheitsthema verschlafen, ist immerhin kritisch zu sagen, dass seitens der Amts*kirchen* schon seit Mitte der 1960er Jahre Probleme der wissenschaftlich-technischen Entwicklung aufgegriffen worden waren, die auch die Umweltproblematik berührten, und dies schon vor der ›Geburt‹ der globalen Ökokrise anno 1972. Besonders zu erwähnen sind diesbezüglich die Aktivitäten im Rahmen des Ökumenischen Rates der Kirchen (Halter: Theologie 186). Auf katholischer Seite wurde das Umweltproblem und seine Ursachen ausdrücklich und eindringlich schon von Paul VI. in seiner Enzyklika »Octogesima adveniens« vom Jahre 1971 (Nr. 21) angesprochen.

Selbstverständlich mehrten sich die kirchlichen Stellungnahmen nach 1972 auf internationaler und nationaler Ebene, wobei häufig nicht nur die Umweltproblematik im Allgemeinen, sondern auch spezielle Probleme wie etwa die Energiefrage, insbesondere die friedliche Nutzung der Kernenergie und seit den 1990er Jahren die Klimaproblematik behandelt wurden und werden. Im Hinblick auf die Kirchen ist besonders zu erwähnen, dass die Umweltproblematik aus christlicher Sicht nicht nur in konfessionellen Alleingängen, sondern auch wirklich ökumenisch angegangen wurde, was regional gesehen im deutschsprachigen Raum besonders auffällt (vgl. Halter: Theologie 186–188; Lochbühler: Verlautbarungen; Texte dazu in: Halter/Lochbühler: Theologie 2, 151–197).

Abgesehen von gemeinsamen kirchenamtlichen Stellungnahmen ist hier besonders der so genannte »konziliare Prozess für Gerechtigkeit, Frieden und Erhaltung der Schöpfung« zu erwähnen, der seit der sechsten Vollversammlung des Ökumenischen Rates der Kirchen anno 1983 in Vancouver zu einer starken ökumenisch-kirchlichen Bewegung anwuchs und 1989 an der Europäischen Ökumenischen Versammlung in Basel und 1990 an der »Weltkonvokation« in Seoul seinen Höhepunkt erreichte (vgl. Yu: Umweltbewegung). Seit Beginn der 1990er Jahre hat der ökumenische konziliare Prozess zumindest als »trinitarisches« Programm allerdings rasch an Bedeutung verloren. Während die (auch kirchliche) Friedensbewegung mit dem Zusammenbruch des West-Ost-Konflikts ebenfalls zusammengebrochen ist und erst im Irak-Krieg 2003 wieder aufflackerte, erfuhr die bei der ›Gerechtigkeit‹ angesiedelte Dritte-Welt-Bewegung in der zweiten Hälfte der 1990er Jahre im Rahmen des jetzt neu wahrgenommenen Globalisierungs-Phänomens neuen Auftrieb. Am stärksten hat sich auch als kirchliches Anliegen die »Bewahrung der Schöpfung« gehalten, die zu Beginn des »konziliaren Prozesses« als jüngster und schwächster Spross zu den einst vorrangigen Anliegen des internationalen Friedens (Ost-West-Konflikt: Atomare Abschreckung) und der internationalen Gerechtigkeit (Nord-Süd-Problematik) hinzugenommen wurde.

Ob sich eine neue globale Umweltbewegung auch kirchlicher oder gar interreligiöser Art bilden wird, muss offen bleiben (vgl. Yu: Umweltbewegung). Regional wird aufgrund von Institutionalisierungen nach wie vor einiges versucht, auch wenn die ökumenischen Anstrengungen nachgelassen haben. Immerhin haben sich die Deutsche Bischofskonferenz und der Rat der EKD 1997 in ihrem gemeinsamen Wort »Für eine Zukunft in Solidarität und Gerechtigkeit« nachdrücklich für das Prinzip der *Nachhaltigkeit* ausgesprochen bzw. – in Weiterentwicklung des Nachhaltigkeitsprinzips – für ein »Bewusstsein von der *Vernetzung* der sozialen, ökonomischen und ökologischen Problematik« (EKD/Deutsche Bischofskonferenz: Zukunft 32.122–125; 224–232; ausführlicher dazu: Die deutschen Bischöfe: Zukunft 106ff.,118ff.,127ff.; vgl. Schweizer Bischofskonferenz/ Schweizerischer Evangelischer Kirchenbund: Zukunft 134–149). Das vom katholisch-theologischen Sozialethiker *Wilhelm Korff* (Korff: Wirtschaft 168) in die öffentliche Diskussion eingebrachte »Retinitätsprinzip« (Vernetzungsprinzip) hat sich sowohl säkular wie kirchlich eingebürgert. Kirchenamtliche Stellungnahmen stehen heute auch im Blick auf die Umweltproblematik auf einem erfreulich hohen und differenzierten Niveau, wobei jene der Kommission für gesellschaftliche Fragen der deutschen Bischöfe »Handeln für die Zukunft der Schöpfung« ebenso vorbildlich wie lesenswert ist (Die deutschen Bischöfe: Zukunft).

2. Was tragen Glaube und Theologie zur Bewältigung der Umweltproblematik bei?

Spätestens seit 1972 herrscht Konsens, dass es das gravierende Problem der Umweltzerstörung gibt, sowohl lokal wie global. Die Erkenntnis der schleichenden Umweltzerstörung im Blick auf Boden, Wasser und Luft mit gravierenden Folgen für das menschliche und nichtmenschliche Leben wurde drastisch ›ergänzt‹ durch Aufsehen erregende technische Katastrophen für Menschen und Umwelt, wobei hier bloß an die Reaktorkatastrophe von Tschernobyl erinnert sei. Alle sind für Umweltschutz! Die Einsicht in die Problematik und die Motivation zu deren Bewältigung sind offensichtlich nicht auf einen religiösen Hintergrund angewiesen – ohne weltanschaulichen Hintergrund geht's allerdings auch nicht. Was können da der Glaube und die Theologie zur Diagnose und zur Therapie beitragen?

Da der erwähnte gravierende Vorwurf an die jüdisch-christliche Tradition vor allem bei den alttestamentlichen Schöpfungsgeschichten ansetzte, galt die erste Aufmerksamkeit – sowohl der Fachexegeten wie der ökologisch engagierten Theologen – vorerst biblischen Texten, in denen das Verhältnis von Mensch und nichtmenschlicher Natur und ihren Lebewesen oder die Natur als Schöpfung insgesamt zur Sprache kommen. Die Theologie musste innerhalb ihrer Grundthemen der Schöpfung, der Erlösung (Soteriologie) und der Vollendung (Eschatologie), worin es in der Dogmatik besonders seit dem Sieg der Naturwissenschaften über religiöse (biblische) Welt- und Naturerklärungen nur noch um die Menschheit gegangen war, die nichtmenschliche Natur gewissermaßen neu entdecken und nach ihrer theologischen Bedeutung im Rahmen der Heils- und Unheilsgeschichte fragen. Mit andern Worten: Die Entdeckung der Umweltzerstörung und der Vorwurf an die jüdisch-christliche Schöpfungslehre, verstärkt durch die neutestamentliche Erlösungs- und Vollendungslehre, führten zunächst zu einer gründlichen Relecture der Bibel unter ökologischen Vorzeichen.

Im Vordergrund des Interesses standen zuerst die alttestamentlichen Schöpfungserzählungen, besonders Gen 1 mit dem von der Kritik als fatal bezeichneten Herrschaftsauftrag an die Menschen als Abbild Gottes (vgl. auch Gen 9,1–7 mit dem nach der Sintflut verschärften Herrschaftsauftrag bzgl. der Tiere). Gen 2 – bes. 2,15: »bebauen und bewahren« – und Gen 9,9–17 (Noach-Bund) wirkten dagegen für die ökologisch kritisierte Theologie wie Balsam. Oft beachtet wurden und werden noch immer Psalm 8 (Was ist der Mensch?), der Schöpfungspsalm 104 und andere Texte wie die Verheißung des Naturfriedens (Jes 11,6–8; 65,17–25). Das Neue Testament ist ökologisch weniger erschöpfend, die wichtigsten Texte sind hier die christologisch-kosmologischen wie Kol 1,15–20 und insbesondere Röm 8,18–27, weil das von Paulus erwähnte Seufzen der ganzen Schöpfung seit der Ökokrise nun plötzlich fast laut zu hören war (vgl. die Textauswahl zur Relecture der Bibel in: Halter/Lochbühler: Theologie 1, 121–191).

Mit Ausnahme von *Eugen Drewermann* (Drewermann: Fortschritt), welcher der Kritik an der Anthropozentrik der Bibel voll zustimmte, wurde und wird der Vorwurf im Blick auf die biblischen Texte durch die Exegeten und systematischen Theologen beider Konfessionen unisono zurückgewiesen. Öfter wird aber eingeräumt, dass die Christen bzw. Kirchen dem ursprünglichen Schöpfungsauftrag nicht oder nicht immer entsprochen hätten. Es sei also zu unterscheiden zwischen der ursprünglichen biblischen Botschaft und ihrer Wirk- und Auslegungsgeschichte.

Was ist das exegetische Resultat der modernen Relecture der einschlägigen, insbesondere der schöpfungstheologischen biblischen Texte vor dem Hintergrund der Ökokrise? Zwar – so der Mainstream – hat der Mensch besonders gemäß dem priesterschriftlichen Schöpfungsbericht (Gen 1,1–2,4; vgl. Gen 9,1–7) eine Sonderstellung in der Schöpfung (Abbild Gottes; Herrschaftsauftrag), aber – und darauf liegt jetzt der Akzent – der Mensch wird biblisch ebenso sehr als *Mitgeschöpf* unter allen andern Geschöpfen in *Einheit mit der ganzen Natur* und in Verwiesenheit auf sie gesehen. Die Schöpfung mit all ihren Geschöpfen ist ständiges, lebensgewährendes Segens-Geschehen des gütig-vorsorglichen Gottes für alle Geschöpfe. So wird die *Natur als Schöpfung eine in sich sinnvolle Lebens- und Sinnvorgabe*, und zwar nicht nur zum Nutzen des Menschen. Die Natur hat auch als nichtmenschliche Schöpfung ihren *Eigenwert* (einen Selbstzweck und Rechte, wie manche fordern). Der Mensch ist nicht Gott, nur dessen *Abbild*; als solches ist er nur Statthalter Gottes auf Erden, Verwalter auf Zeit oder Treuhänder der Schöpfung in Verantwortung gegenüber Gott (»*Stewardship*«). Der Auftrag zur *Herrschaft* über alle Tiere, der Auftrag, die ganze Erde zu bevölkern und sie in Besitz zu nehmen in Gen 1, 26–29 ist nichts anderes als die Ermächtigung der Menschen zur und die Beauftragung mit der *Verantwortung* für die Schöpfung zum Segen für den Menschen und die ganze übrige Schöpfung. Allerdings ist der Mensch ein Sünder, was sich negativ auf die ganze Schöpfung auswirkt (vgl. Sintflut). So ist die ganze Schöpfung eingebunden in die Heils- und Unheilsgeschichte Gottes mit den Menschen. Das Paradies gibt es nicht mehr (Gen 3–11). Der jahwistische Schöpfungsbericht (Gen 2,4b–25; 3,1–24) bestätigt diese Deutung des Herrschaftsauftrages im P-Schöpfungsbericht: Adam, der von der Erde ('adama) Genommene, soll den ihm von Gott gegebenen Garten »*bebauen und bewahren*« (Gen 2,15), wobei jetzt das Bewahren angesichts der Ökokrise ein ganz anderes Gewicht erhält. Richtig ausgeübte Herrschaft über die Erde, kultivierendes in Besitz Nehmen muss im Rahmen der Hege und Pflege der Natur, also dem Leben dienend, geschehen.

Die Exegese neutestamentlicher Texte angesichts der Ökokrise ergab vor allem, dass auch die nichtmenschliche Schöpfung am christologisch-eschatologischen Erlösungsgeschehen partizipiert, was deren Eigenwert bestätigt oder gar steigert. Die deutschen Bischöfe stellen nach der Zusammenfassung der neueren Exegese zum Vorwurf an die jüdisch-christliche Tradition mit Recht fest: »Eine Erlaubnis zur rücksichtslos ausbeutenden und zerstörenden Willkürherrschaft über die Natur ist damit vom Ansatz her abgewehrt. Vielmehr kommen dem Menschen Ordnungs- und Konfliktregelungsaufgaben zu, die auf eine Entfaltung der guten Anlagen und eine Kontrolle der zerstörerischen Kräfte in der Natur zielen« (Die deutschen Bischöfe: Zukunft 68).

Historische Untersuchungen haben zudem ergeben, dass das jüdisch-christliche Schöpfungsverständnis mit dem Herrschaftsauftrag im Laufe der Christentumsgeschichte auf den Umgang mit der Natur eher mäßigend als zerstörerisch gewirkt hat (Krolzik: Umweltkrise; Münk: Umweltkrise). Das entschuldigt freilich nicht die bis zu Beginn der 1970er Jahre geringe Sensibilität der Christenheit für die nichtmenschliche Natur, von einzelnen wegweisenden Vorläufern abgesehen (vgl. Halter/Lochbühler: Theologie 1, 98–120).

Die später folgenden systematisch-theologischen Ansätze, insbesondere die ökologisch erneuerte Schöpfungstheologie in beiden Konfessionen und andere Ansätze wie die lutherische Kreuzes- und Rechtfertigungstheologie, die Orientierung an Leben und Lehre Jesu (Jesus als Vorbild), die feministische Theologie und die Befreiungstheologie verstärkten und vertieften die genannten Aussagen, meist in Korrektur der herkömmlichen Theologie (vgl. die Textauswahl dazu in: Halter/Lochbühler: Theologie 1, 193–256).

Trendmäßig kann man das Resultat des theologischen Bemühens im Gefolge der neu erkannten Ökokrise etwa so zusammenfassen: Die Theologie ist sich darin weithin einig, dass die nichtmenschliche Natur als Schöpfung in ihrem *Eigenwert* gegenüber ihrem Nutzwert für den Menschen wieder gesehen und respektiert werden muss. Die *Natur* (Schöpfung) als vorgegebene Größe wird wieder stärker als *sittlich bedeutsames Kriterium*, ja als Norm des Handelns gesehen, womit der alte Naturrechtsgedanke im Sinne einer verbindlichen Natur- als Schöpfungsordnung eine Renaissance erfährt – wie damit einhergehend allerdings auch die bekannte Gefahr naturalistischer Fehlschlüsse.

Während die nichtmenschliche Natur aufgewertet wird, wird *der Mensch* jetzt stärker oder ganz als *Teil der Natur* gesehen und insofern vom hohen Podest heruntergeholt. Nicht der Mensch, sondern der Sabbat ist die Krone der Schöpfung. Die Geschöpfe werden gewissermaßen demokratisiert. Das normative Leitbild heißt *Mitkreatürlichkeit*, die Geschöpfe sind als Geschöpfe gleich, was je nach Position als Gleichwertigkeit und Gleichberechtigung (Recht auf Dasein und Sosein, auf artgerechtes Leben) verstanden wird. Die *Gottebenbildlichkeit* des Menschen benennt bloß eine besondere *Funktion* des Menschen, ebenso der Herrschaftsauftrag, *nicht aber einen Vorrang*. Die Sonderstellung des Menschen besteht eigentlich bloß in seiner *Verantwortung* für sich und seinesgleichen und die ganze übrige Schöpfung zum Segen für alle Beteiligten in Orientierung am Handeln Gottes. Dass Eingriffe in die Natur der Rechtfertigung bedürfen, ist klar. Hierarchisierungen werden abgebaut oder abgelehnt. Bestimmend ist jetzt die *Solidarität* zumindest mit allen Lebewesen und die *Gerechtigkeit* für alle oder alles, was seinen Ausdruck finden soll in einer »Rechtsgemeinschaft«.

Auch das *Gottesbild* ändert sich: Ist früher die Differenz zwischen Schöpfer und Schöpfung betont worden, so wird jetzt die Einheit betont, aufgezeigt im Einwohnen Gottes in seiner Schöpfung (Moltmann: Gott) bis hin zum mitleidenden und mitsterbenden Gott mit seiner malträtierten und leidenden Schöpfung, der aber durch den Tod hindurch neues Leben schafft und so Hoffnung gibt (Altner: Schöpfung 120ff.145ff.; ders.: Fortschritt 193ff. 210ff. u.ä.). Angestoßen durch die Ökokrise erkennt der Glaube im Hinhören auf den sich in Schöpfung und Heilsgeschichte offenbarenden Gott Grundhaltungen, die direkt oder indirekt auch für den Umgang mit der nichtmenschlichen Schöpfung bedeutsam sind: Liebe, Ehrfurcht, Solidarität, Gerechtigkeit, Partnerschaftlichkeit, Empathie, Selbstbeschränkung, Gewaltlosigkeit, usw.

Die theologischen Arbeiten als Antwort auf die Umweltkrise waren lange Zeit in erster Linie Beiträge zu einer *neuen Schöpfungsspiritualität*, die ein *ökologisches Ethos* impliziert, welche die nichtmenschliche Natur nun auch vom Glauben her in ihrem Eigenwert erkennt und diesen bekräftigt und von da her mit Recht zur Ehrfurcht vor der ganzen Natur als Schöpfung und zu einem sorgsamen Umgang mit ihr plädiert. Spezifisch theologische Arbeiten liegen bis heute vornehmlich auf dieser Linie. *Umweltethik* im engeren Sinn ist das noch nicht, denn eine solche darf sich nicht mit der Statuierung von Grundhaltungen und Zielsetzungen begnügen, sie muss sich den Zielkonflikten stellen, muss im Licht von umgreifenden Prinzipien konkretere Kriterien bzw. Vorzugsregeln zu deren Bewältigung anbieten und schließlich auch möglichst konkrete Normen für die verschiedenen Problemfelder und Handlungsbereiche erarbeiten, und das individual- sowie sozialethisch.

Wiewohl die Umweltethik heute in Lehre und Forschung zum festen Bestandteil sowohl der Moraltheologie wie der theologischen/christlichen Sozialethik gehört, sind systematische Umweltethiken, vor allem in Form von Monographien, von theologischen Ethikerinnen und Ethikern – wie in der Philosophie – erst seit Mitte der 1980er Jahre erschienen und sie sind aufgrund der Komplexität der anstehenden Probleme und Aufgaben nicht sehr zahlreich, was sowohl für allgemeine Entwürfe von Umweltethiken gilt (vgl. Auer: Umweltethik; Die deutschen Bischöfe: Zukunft; Höhn: Sozialethik; Hofmeister: Naturverständnis; Irrgang: Umweltethik; Lochbühler: Umweltethik; Rock: Umwelt; Schlitt: Umweltethik; Schmitz: Schöpfung; Stückelberger: Umwelt) wie für solche, die sich speziellen Bereichen der Umweltethik oder damit zusammenhängenden Themen widmen, etwa der Tierethik (Linzey: Theology; Röcklinsberg: Schwein), der Spannung zwischen Ökonomie und Ökologie (Schramm: Geldwert) oder der Mobilitätsproblematik (Ökumenischer Rat: Mobilität). Am meisten ist von theologischer Seite zur Energieproblematik geschrieben worden (vgl. Altner: Atomenergie; Korff: Energiefrage; Lienemann u.a.: Möglichkeiten).

3. Problemanzeige

Was leistet also die Theologie – jedenfalls in ihrem Mainstream – zur Diagnose und Therapie der Ökokrise? Sie zeigt, dass der biblisch orientierte jüdisch-christliche Glaube in Entkräftung des Vorwurfs an diese Tradition durch und durch ökologisch eingestellt ist und darum zu einer gewichtigen Kraft wird, ein falsches Verhältnis des Menschen zur Natur zu korrigieren und so zu einer Wende im zerstörerischen Umgang mit der Natur beizutragen. Die Theologie ist im Nachgang zur Ökokrise offensichtlich plötzlich grün geworden und unterstützt trendmäßig das, was die ökologischen Propheten als Übel diagnostizieren und als Konversion in Einstellung und Verhalten fordern, um die Katastrophe abzuwenden. Jedenfalls war das in den ersten Jahren nach Entdeckung der Umweltkrise offensichtlich so. Diese erstaunlich rasche Ökologisierung der Theologie hat(te) allerdings ihren Preis, was hier in zweifacher Hinsicht skizziert sei:

1. Zwar gilt exegetisch unbestritten der historisch-kritische Grundsatz, dass bei der Frage nach der Bedeutung von biblischen Texten die je andere Situation zur Zeit der Entstehung dieser Texte und ihrer Interpretation heute zu beachten ist. Angesichts des Schocks der zu Beginn der 1970er Jahre erst erkannten Umweltkrise und aufgrund der Defensive, in die die Theologie wegen des Vorwurfs der Umweltfeindlichkeit der biblischen Botschaft geraten war, ist es zwar begreiflich, dass die Theologie bemüht war und immer noch ist, ihre verbindlichen Grundtexte möglichst ökologisch, zumindest nicht antiökologisch erscheinen zu lassen. Es ist aber wirklich erstaunlich, dass in der Exegese nach 1972 genau die biblischen Texte, insbesondere Gen 1 – mit Gen 9,1–7 tat man sich immer schwerer –, die für Lynn White, Car Amery und andere Hauptbelege für die antiökologische biblische Grundhaltung waren, nun in der exegetischen Relecture geradezu zu ökologischen Paradetexten werden. Die Abschwä-

chung von aus heutiger ökologischer Sicht problematisch oder gar gefährlich scheinender biblischer Aussagen sticht in die Augen (vgl. dazu Halter: Theologie 173–175). Obwohl es mittlerweile eine Binsenwahrheit sein dürfte, dass der biblische Herrschaftsauftrag nicht als Freipass für die willkürliche Ausbeutung oder gar Zerstörung der nichtmenschlichen Schöpfung gedacht war, so unnötig ist die ökologische Frisierung gewisser biblischer Aussagen. Tatsache ist, dass die ökologische Problematik, wie wir sie heute als globales Phänomen wahrnehmen, in biblischen Zeiten so schlicht nicht existierte, weil der Mensch der Natur damals völlig anders gegenüberstand. Ist heute die Menschheit schon allein zahlenmäßig, erst recht mit ihren insbesondere technischen Möglichkeiten, zur Bedrohung der übrigen Natur geworden, so war früher die Natur bei allen Segenserfahrungen doch auch und immer wieder eine den Menschen bedrohende übermächtige Natur, was durch ein animistisches Weltverständnis noch verstärkt sein konnte. Darum entspricht eine Auslegung der damaligen Realität wohl eher, welche im priesterschriftlichen Schöpfungstext Gen 1 eine »Ermutigung des Menschen zu einem von Ängsten gegenüber der Numinosität der Welt freien Umgang mit ihr« (Jüngling: Erde 31) sieht, als Auslegungen, die in erster Linie auf die schon biblisch betonten Grenzen, ökologischen Konfliktregelungen und Mahnungen zum Bewahren der Schöpfung abheben (vgl. Liedke: Bauch). Gerade weil die letztgenannten Anliegen, die uns heute begreiflicherweise über alles wichtig sind, in den biblischen Schöpfungsberichten so wenig im Vordergrund stehen, ist es nur zu verständlich, warum Juden und Christen – was häufig bedauert wird – eben nicht die ersten waren, die gegen die modernen Naturzerstörungen auf die Barrikaden gingen. Moderne christliche Ethik kann auf die Bibel nur als eine unter verschiedenen Quellen zurückgreifen, und das nur im Blick auf sehr grundsätzliche Fragen: Menschenbild, Sinn des Lebens und der Geschichte überhaupt, Verhältnis des Menschen zur nichtmenschlichen Natur. Man sollte aber bei biblischen Rückfragen angesichts der Ökokrise die Bibel in ihrer Antwortmöglichkeit auf unsere modernen Fragen nicht überfordern (vgl. dazu Steck:

Welt, und die Texte zur hermeneutischen Problematik in: Halter/Lochbühler: Theologie 1, 125–135).

2. Dadurch, dass die Theologie im Gefolge der Erkenntnis der globalen Umweltkrise trendmäßig rasch auf den Zug der ökologischen Bewegung aufgestiegen ist und deren Anliegen nicht nur kräftig gestützt, sondern öfters noch radikalisiert hat, hat sie sich der Chance begeben, ihr ureigenes ideologiekritisches Potential zur Diagnose und Therapie der Umweltkrise in Anschlag zu bringen. Zugespitzter gesagt: Die Mainstream-Ökotheologie entwickelte ihr kritisches Potenzial primär gegenüber traditionellen philosophischen und theologischen Positionen, aber kaum gegenüber den neu erstandenen ökologischen. Das ist an einem Punkt zu zeigen, an dem seit den Anfängen bis heute Dissens in der Umweltdiskussion herrscht, und das sowohl philosophisch wie theologisch. Ökologisch engagierte Theologinnen und Theologen sprachen und sprechen sich immer noch mehrheitlich gegen den so genannten *Anthropozentrismus* aus. Dieser wird von der Kritik rein negativ verstanden als verengte, ja überhebliche und egoistische menschliche Perspektive, die alles nur im menschlichen Interesse sehen kann. Die nichtmenschliche Natur ist nur für den Menschen da, hat jedenfalls nur für den Menschen einen Wert, wird darum in jedwedem menschlichen Interesse ausgebeutet. Umweltschutz braucht es zwar – das ist auch aus anthropozentrischer Perspektive unbestritten – aber eben nur um des Menschen willen.

Diesem scharf kritisierten Anthropozentrismus, der den Menschen auf Kosten der Umwelt zum Maß aller Dinge macht und darum das Herzstück der falschen Einstellung zur nichtmenschlichen Natur sei, wird dann philosophisch eine *nichtanthropozentrische Position* gegenübergestellt, dies nun allerdings in verschiedenen Variationen, die hier der Deutlichkeit halber in ihrer radikalen Version kurz beschrieben werden. Postuliert wird ein *pathozentrischer* Ansatz, der alle leidensfähigen Lebewesen – ob Mensch oder Tier – gleicherweise und gleichberechtigt um ihrer selbst willen in die ethische Betrachtung einbezieht (Regan: Case; Singer: Befreiung; ders.: Ethik; Wolf, U.: Tier; Wolf, J.-C.: Tierethik; theologisch: Linzey: Theology), oder man huldigt einem *bio-*

zentrischen Ansatz, der alles Lebendige – ob Mensch, Tier oder Pflanze bis hin zu den Mikroben – gleicherweise und gleichberechtigt um ihrer selbst willen zum moralischen Objekt macht (Schweitzer: Kultur; ders.: Ehrfurcht; Taylor: Respect; theologisch: Altner: Theologie). Oder man denkt *physiozentrisch* oder *holistisch* und macht alles Seiende der Erde, ob belebt oder unbelebt, in gleicher Weise und gleichberechtigt um seiner selbst willen zum moralischen Objekt (Meyer-Abich: Wege; theologisch: Degen-Balmer: Gott; Hofmeister: Naturverständnis).

Mitwelt-Schutz ist nicht nur um des Menschen willen, sondern auch oder gar primär um der in den verschiedenen Positionen ins Auge gefassten Mitwelt willen notwendig. Man sieht nur so die Chance, die Mitwelt vor der Zerstörung zu retten und ihr darüber hinaus gerecht zu werden, wobei die Mitweltschutzforderungen der nichtanthropozentrischen Positionen normalerweise radikaler ausfallen als die anthropozentrischen (vgl. die Textauswahl in Halter/Lochbühler: Theologie 2, 41–127; Röcklinsberg: Schwein 85–242). Gewisse Theologinnen und Theologen suchen allerdings zur Überwindung dieser einseitigen Zentrismen bei einer alles umfassenden *Theozentrik* Zuflucht, was aber – ausgehend vom Geschaffensein alles Seienden – de facto auf einen holistischen Ansatz hinausläuft (z.B. Daecke: Anthropozentrik; Röcklinsberg: Schwein).

Fragt man nach dem Beitrag der Theologie zur Diagnose und Therapie der Umweltproblematik, so ist es schon verwirrend genug, dass sich Theologinnen und Theologen in allen genannten Positionen – dem anthropozentrischen und den nichtanthropozentrischen – finden. Die Sache wird noch schwieriger, wenn man beachtet, dass protestantische Theologinnen und Theologen mehrheitlich den nichtanthropozentrischen Ansatz, meistens den biozentrischen oder holistischen vertreten (exemplarisch neben den schon genannten noch: Altner u.a.: Manifest; Moltmann: Gott; Röcklinsberg: Schwein), während sich katholische Theologen, vor allem wenn sie Ethiker sind, mehrheitlich bei der Anthropozentrik ansiedeln (vgl. Auer: Umweltethik; Die deutschen Bischöfe: Zukunft; Hausmanninger: Bewältigung; Höhn: Sozialethik;

Irrgang: Umweltethik; Korff: Technik; Lochbühler: Umweltethik; Schlitt: Umweltethik; Weiß: Anthropozentrik).

4. Müssen Theologie und Kirchen der Anthropozentrik abschwören?

Die Antwort ist ja und nein. Ist Anthropozentrik das, was deren
Kritiker dafür halten, dann muss man sich von ihr distanzieren.
Allerdings wird diese ›humanegoistische‹ oder *radikale* Ausprägung der Anthropozentrik seit Beginn der 1970er Jahre kaum
mehr von Philosophen oder Theologen vertreten (was nicht
heißt, dass es diese Einstellung in Wissenschaft, Wirtschaft und
im Alltag nicht tatsächlich gibt).

Die heute noch und wieder gerade auch von Theologen bewusst vertretene Anthropozentrik ist demgegenüber eine *gemäßigte oder integrierende oder anthroporelationale Anthropozentrik*, weil
sie nicht nur den Menschen in die Mitte stellt und Umweltschutz
im Interesse der gegenwärtigen und künftigen Menschheit einfordert, sondern weil sie auch die Anliegen der nichtanthropozentrischen Ethikansätze (mehr oder weniger weitgehend) zu
integrieren versucht und einer Ehrfurcht vor der nichtmenschlichen Natur, dem Respekt vor ihr, dem sorgfältigen, pfleglichen
Umgang mit ihr durchaus zustimmt, und zwar auch um der Umwelt willen, nämlich im Blick auf deren Eigenwert (der Begriff ist
unklar bzw. umstritten, vgl. Weiß: Anthropozentrik 260ff.), Ei-
genbedeutung, Selbständigkeit oder gar »Würde« (Selbstzweck-
lichkeit).

Allerdings muss dann dieser zu respektierende Eigenwert
usw. differenzierend als *abgestuft* verstanden werden, schon mal
zwischen Mensch und Tieren, auch innerhalb der Tierwelt (die
gewaltigen Differenzen zwischen Menschenaffen und Amöben
kann niemand bestreiten), zwischen der Tier- und Pflanzenwelt, allenfalls auch innerhalb der Pflanzenwelt (wir gehen mit
Bäumen nicht nur der Größe wegen anders um als mit Gräsern)
und nochmals zwischen dieser und der nichtbelebten Natur
und ihren Elementen. Diese wertende Abstufung ist unumgänglich einerseits im Blick auf die großen Unterschiede zwischen den verschiedenen Geschöpfen und anderseits darum –
dies steht im Vordergrund –, weil die betont nichthierarchi-
schen Gleichheitskonzepte im Sinne von Gleichwertigkeit

oder gar Gleichberechtigung angesichts der Konflikte zwischen gerechtfertigten menschlichen Interessen und jenen der nichtmenschlichen Natur (sofern man auch hier Interessen analog zu den menschlichen anerkennt) vom Menschen nicht lebbar sind.

Gerade auch christlich untermauerte, gemäßigt anthropozentrische Ansätze können also der nichtmenschlichen Natur durchaus einen *status moralis* zuerkennen, also den Menschen als verpflichtet ansehen, die nichtmenschliche Natur – je nach Weite des Ansatzes die (höher entwickelten?) Tiere, die Pflanzenwelt oder sogar das Ganze der nichtmenschlichen Natur – um ihrer selbst willen und nicht bloß wegen ihres Werts für den Menschen (materieller Nutzen; ästhetischer oder religiöser Wert) in moralische Erwägungen einzubeziehen, was zumindest bedeutet, dass Eingriffe in die nichtmenschliche Natur einer angemessenen Rechtfertigung bzw. Güterabwägung bedürfen (vgl. die Textauswahl zur gemäßigten Anthropozentrik in: Halter/Lochbühler: Theologie 2, 15–40.127–150).

Auf der andern Seite gibt es nicht nur die radikalen Varianten des Patho-, Bio- oder Physiozentrismus, wie oben beschrieben, es gibt analog zum gemäßigten Anthropozentrismus auch *gemäßigte nichtanthropozentrische* Ansätze (etwa Ricken: Anthropozentrismus; siehe die Textauswahl dazu in: Halter/Lochbühler: Theologie 2, 57–60.68–77.81–85). So hat sich mittlerweile selbst bei eingefleischten Nichtanthropozentrikern herumgesprochen, dass die Anthropozentrik im Sinne der menschlichen Wahrnehmung (erkenntnistheoretisch) – auch bei der viel geforderten Empathie mit nichtmenschliche Lebewesen – unumgänglich ist (so bes. Irrgang: Umweltethik 63ff.). Auch ist bei nichtanthropozentrischen Ethikansätzen zumindest vorausgesetzt, dass nur der Mensch sittliches Subjekt und damit Verantwortungsträger sein kann. Diese Sonderstellung des Menschen in der Natur ist unbestreitbar.

Der evangelische Theologe *G. Hofmeister*, der eine ziemlich radikale egalitäre Physiozentrik vertritt, spricht von der unumgänglichen »Anthropozentrik der Verantwortung« (»Anthroponomie«). Der abzulehnenden »Anthropozentrik des Wohls« aber stellt er eine »Physiozentrik des Wohls« gegenüber, »denn aus der Anthroponomie folgt keinesfalls zwingend eine Einstellung, die menschlichem Wohl grundsätzlich Vorrang vor dem Wohl der nichtmenschlichen Natur gewährt« (Hofmeister: Naturverständnis 155–164.159).

. Das führt uns zur entscheidenden Weichenstellung zwischen Anthropozentrik und Nichtanthropozentrik. Die auch angesichts gemäßigter Positionen gebliebene *Gretchenfrage* ist, was man nun vom Menschen im Vergleich zu den nichtmenschlichen Geschöpfen gerade im Sinne einer Wertung hält (so richtig Weiß: Anthropozentrik). Die Kernfrage ist die, ob man dem Menschen innerhalb der Natur als Schöpfung noch einen prinzipiellen – das heißt nicht einen absoluten, also im Konfliktfall ausnahmslosen! – *Vorrang* vor den anderen Geschöpfen einräumt oder ob man aus naturphilosophischen oder auch theologischen Gründen meint, dies nicht mehr zu dürfen. Anders gefragt: Geht man von einer *Gleichwertigkeit* und evt. auch *Gleichberechtigung* innerhalb der leidensfähigen Lebewesen (Pathozentrik) oder aller Lebewesen (Biozentrik) oder alles Seienden überhaupt (Physiozentrik/Holismus) aus oder gibt es da doch eine grundsätzliche Rangordnung, eine Abstufung in der Wertigkeit, was natürlich Konsequenzen hat, wenn die anstehenden Konflikte zwischen Mensch und Tier- oder Pflanzenwelt oder der nichtmenschlichen Natur überhaupt zu lösen sind?

Es ist nicht möglich, hier die primär philosophische Problematik der nichtanthropozentrischen Ansätze hinsichtlich ihrer Begründung und ihrer praktischen oder rechtlichen Umsetzbarkeit zu behandeln (vgl. dazu: Hausmanninger: Bewältigung; Irrgang: Umweltethik; Lochbühler: Umweltethik, 263–320; Weiß: Anthropozentrik). Ich betone, dass zumindest die radikalen nichtanthropozentrischen Ansätze die Bedeutung der (gleichen) Menschenwürde wenn nicht leugnen, so doch faktisch in Frage stellen, sofern man alle leidensfähigen oder alle Lebewesen oder alles Seiende oder das Ganze der Natur als gleichwürdig oder gleichwertig und gleichberechtigt bezeichnet. Die angeblich zwingende theologische Begründung der Gleichheit – trotz unbestrittener Andersartigkeit – im Sinne der grundsätzlichen Gleichwertigkeit und Gleichberechtigung stützt sich wenig überzeugend auf die Schöpfungstheologie (AT) und das Einbezogensein der ganzen Schöpfung in das Erlösungs- und Vollendungsgeschehen (NT).

Die abstrakte Gleichheit im Geschaffensein bedeutet aber biblisch keine Gleichwertigkeit und Gleichberechtigung alles Geschaffenen vom Menschen über Tiere und Pflanzen oder Ökosysteme bis hin zu anorganischen Elementen. Man muss exegetisch schon von einem selbstgebauten ökologistischen Kanon im Kanon ausgehen oder sich einseitig auf biblische Stellen stützen, worin Tiere, Pflanzen oder die ganze Natur (scheinbar) gleichwertig und gleichberechtigt dargestellt werden wie die Menschen (Ps 104?), oder man überliest Stellen, die nicht in ein egalitäres patho- oder biozentrisches Credo passen, etwa Adams vergebliche Suche nach einem gleichwertigen Partner unter den Tieren in Gen 2 oder Jesu Bemerkung in der ökologisch so beliebten Gleichnisrede in der Bergpredigt über die quasi vorbildlichen ›Vögel des Himmels‹: »Seid ihr nicht viel mehr wert als sie?«, und gleich danach: »Wenn Gott schon das Gras so prächtig kleidet, das heute auf dem Feld steht und morgen ins Feuer geworfen wird, wie viel mehr dann euch, ihr Kleingläubigen!« (Mt 6,26.30), oder man gibt sich unendlich viel Mühe, biblische Begriffe (Gottebenbildlichkeit), Sätze (Herrschaftsauftrag) oder ganze Perikopen (Gen 9,1–7 u.a.), die modernem ökologischem Empfinden nicht mehr zumutbar sind, so lange zu drehen und abzuschleifen, bis sie ökologisch zumindest verträglich sind oder gar zu ökologischen Wegweisern werden, oder man übt – was ich auf der Basis historisch-kritischer Exegese für die ehrlichste und sauberste Lösung halte – Sachkritik an der Bibel und empört sich über einen Satz wie jenen von Paulus: »Kümmert sich Gott etwa um Ochsen!?« (1 Kor 9,9) usw. Man muss also die Bibel (und die ganze jüdisch-christliche Tradition nach ihr erst recht) schon kräftig gegen den Strich bürsten, um die – wohlverstanden: gemäßigte – biblische Anthropozentrik wegretouchieren zu können. Bleibt man theologisch auf biblischem Boden, dann lassen sich egalitäre pathozentrische, biozentrische oder gar physiozentrische Ansätze jedenfalls seitens der Theologie nicht vertreten: Im AT und NT geht es primär um die Menschheit im Gegenüber zum schöpferischen, die Menschen zum freien, verantwortungsvollen Handeln ermächtigenden und fordernden, begleitenden, erlösenden und vollendenden Gott. Die nichtmenschliche Natur als Schöpfung Gottes ist für diese Geschichte Gottes mit den Men-

schen sowohl die Voraussetzung wie das Umfeld oder die Mitwelt, die an der Heils- und Unheilsgeschichte positiv und negativ beteiligt und in sie einbezogen ist, aber der Vorrang des Menschen vor allen andern Geschöpfen ist im ganzen biblischen
Kanon mehr als eindeutig.

Gerade um die menschliche Verantwortung auch im Blick
auf den Umgang mit der nichtmenschlichen Natur begründen
und aufrechterhalten zu können, muss am grundsätzlichen –
nicht absoluten! – Vorrang des Menschen festgehalten werden.
Wer den Menschen mit der nichtmenschlichen Natur gleich-
setzt oder ihn darin aufgehen lässt, entzieht letztlich auch der
Umweltethik den Boden. Eine ökologisch sensibilisierte Theologie muss darum nicht nur gemäßigt anthropozentrisch den
menschlichen Vorrang festhalten, sie sollte heute angesichts der
ökologischen Einheitsmystiken auch wieder monieren, dass
zwischen Schöpfer und Schöpfung klar zu unterscheiden ist,
dass Natur in ihren Teilen oder als Ganzes nicht wiederum mys-
tifiziert oder gar divinisiert und also verabsolutiert wird. Jüdisch-christliche Theologie kann sich mit dem wieder einmal
aktuellen Pantheismus nicht anfreunden. Die explizite oder de
facto Heiligsprechung allen Lebens im *biozentrischen Ansatz* ist
weder theologisch haltbar noch zur Lösung der anstehenden
Konflikte zwischen menschlichem, tierischem und pflanzli-
chem Leben hilfreich und sie führt – vorausgesetzt man hält die
Heiligkeit, sprich Gleichwertigkeit allen Lebens konsequent
durch wie *Albert Schweitzer* – in eine unausweichliche menschliche Schuld, welche die Wahrnehmung der menschlichen Verantwortung auf Dauer gerade nicht stützt, sondern relativiert,
da wir ja ohnehin schuldig werden, ob wir nun so oder so handeln.

Die *egalitäre radikale Pathozentrik* widerspricht nicht nur dem
jüdisch-christlichen Menschen- und Tierverständnis (Gen 1–2;
9 u.ä.), sie nimmt zudem die höher entwickelten Tiere – kein
Tierschützer setzt sich für Mücken und Fliegen ein! – de facto in
den Kreis der Menschheit auf, was die ethischen Ansprüche betrifft, und überwindet so nicht den angeprangerten anthropozentrischen »Speziesismus« (Singer), sondern erweitert ihn
einfach um einige Tierarten. Die grundsätzliche Nivellierung
zwischen Mensch und Tier, die Bestreitung eines allein mit dem

Menschsein als solchem verbundenen Vorrangs vor anderen Lebewesen (gleiche Würde aller Menschen) im Interesse der »Befreiung der Tiere« und des Tierschutzes führt früher oder später zur Einschränkung des Schutzes von menschlichem Leben, wie uns Singer mit seiner Personalisierung von Tieren und der Entpersonalisierung von Menschen ohne ausreichendes (Selbst-)Bewusstsein drastisch gezeigt hat (Singer: Ethik; dazu: Münk: Umweltkrise).

Die radikale Pathozentrik verunmöglicht darüber hinaus eine landwirtschaftliche Tiernutzung, andererseits bietet sie abgesehen von der Radikalisierung des Schutzes der Wirbeltiere bzw. Nutztiere keine Lösung für die ökologische Problematik an, weil Pflanzen und erst recht die unbelebte Natur ethisch höchstens indirekt in den menschlichen Pflichtbereich einbezogen werden können, nämlich nur soweit sie als Lebensgrundlage für Mensch und Tier von Interesse sind. Bei der *radikalen Physiozentrik* spitzen sich sowohl die Verständnis- wie die Begründungs- und Umsetzungsprobleme noch erheblich zu, vor allem dann, wenn die Gleichwertigkeit und Gleichberechtigung aller Naturteile oder deren Funktion oder Beziehung im Ganzen der Natur als Globalsubjekt rechtlich umgesetzt werden sollen.

Zum Schluss: Wir wissen zwar in gewissen Bereichen der Umweltgefährdung noch viel zu wenig – besonders im Blick auf den eingangs angesprochenen Klimawandel –, aber wir wissen doch so viel und größtenteils auch genug über menschliche Aktivitäten, welche die Umwelt und damit letztlich immer auch den Menschen kurz- oder langfristig in mehr oder weniger schwerwiegender Weise gefährden. Das größte Problem ist heute nicht das Nicht-genau-Wissen, sondern dass die Menschheit ihr reichlich vorhandenes Wissen über die nachhaltige Entwicklung mit der Vernetzung der wirtschaftlichen, sozialen (auch individuellen) und ökologischen Erfordernisse, die ein anderes individuelles Verhalten und andere Strukturen bedingen würden, entweder nicht oder jedenfalls zu wenig in die Tat umsetzt. Man erinnere sich an das noch immer nicht in Kraft getretene Kyoto-Protokoll (Umweltkonferenzen und -Konventionen: Protocol)!

Insofern ist in unserer Zeit neben den schon wissenschaftlich ausreichend begründeten Einsichten in das zu Tuende und zu Unterlassende eine zusätzliche religiöse, auch theologisch geklärte Motivation zum ökologischeren Handeln wahrlich kein Luxus. Theologie und Kirchen haben hier eine bleibende und nicht genügend wahrgenommene Aufgabe sowohl um der Menschheit wie um der Umwelt willen, und zwar auch darum, weil sich die Menschheit nicht mehr wie zu Beginn der 1970er Jahre vor dem möglichen ökologischen Weltuntergang fürchtet. Dazu kommt, dass die ökologische Theologie bzw. die ökologische theologische Ethik als Individual- und Sozialethik eine ideologiekritische Funktion wahrzunehmen hat, und zwar nicht bloß im Blick auf die seit Jahrzehnten als Ur-Ursache der Umweltzerstörung hart kritisierte (radikale) Anthropozentrik, sondern auch im Blick auf nicht-anthropozentrische Ansätze, wobei selbstkritisch zur Kenntnis genommen werden sollte, dass theologische Ansätze Ideologisierungen nicht nur aufdecken, sondern leider auch kräftig beflügeln können.

Literatur

Altner, G.: Schöpfung am Abgrund, Neukirchen-Vluyn 1973.

Altner, G.: Atomenergie. Herausforderung an die Kirchen, Neukirchen-Vluyn 1977.

Altner, G.: Fortschritt wohin? Der Streit um die Alternative, Neukirchen-Vluyn 1984.

Altner, G. (Hg.): Ökologische Theologie, Stuttgart 1989.

Altner, G. u.a.: Manifest zur Versöhnung mit der Natur. Die Pflicht der Kirchen in der Umweltkrise, Neukirchen-Vluyn [2]1984.

Amery, C.: Das Ende der Vorsehung. Die gnadenlosen Folgen des Christentums, Hamburg 1972.

Auer, A.: Umweltethik. Ein theologischer Beitrag zur ökologischen Diskussion, Düsseldorf 1984.

Daecke, S.: Anthropozentrik oder Eigenwert der Natur?, in: Altner, G. (Hg.): Ökologische Theologie, Stuttgart 1989, 277–299.

Degen-Balmer, S.: Gott – Mensch – Welt. Eine Untersuchung über mögliche holistische Denkmodelle in der Prozesstheologie und der ostkirchlich-orthodoxen Theologie als Beitrag für ein ethikrelevantes Natur- und Schöpfungsverständnis, Frankfurt a.M. 2001.

Drewermann, E.: Der tödliche Fortschritt. Von der Zerstörung der Erde und des Menschen im Erbe des Christentums, Regensburg 1981.

Die deutschen Bischöfe: Kommission für gesellschaftliche und soziale Fragen 19, Handeln für die Zukunft der Schöpfung, 22. Oktober 1998, Bonn 1998.

Für eine Zukunft in Solidarität und Gerechtigkeit. Wort der Evangelischen Kirche in Deutschland und der Deutschen Bischofskonferenz zur wirtschaftlichen und sozialen Lage in Deutschland, Hannover-Bonn 1999.

Haering, S. u.a. (Hg.): Gnade und Recht (FS G. Holotik), Frankfurt a.M. 1999.

Halter, H.: Theologie, Kirchen und Umweltproblematik. Der Beitrag der Theologie zu einer ökologischen Ethik, in: Furger, F./Pfammatter, J. (Hg.): Katholische Soziallehre in neuen Zusammenhängen (Theologische Berichte 14), Zürich u.a. 1985, 165–211.

Halter, H./Lochbühler, W.: Ökologische Theologie und Ethik. Texte zur Theologie, Abteilung Moraltheologie, hg. von G. Hunold, 2 Bde. Graz 1999.

Hausmanninger, T.: Bedarf die Bewältigung der ökologischen Krise einer Ethik?, in: Gruber, H.G./Hintersberger, B.: Das Wagnis der Freiheit (FS J. Gründel), Würzburg 1999, 354–372.

Höhn, H.-J.: Ökologische Sozialethik. Grundlagen und Perspektiven, Paderborn 2001.

Hofmeister, G.: Ethikrelevantes Natur- und Schöpfungsverständnis, Frankfurt a.M. 2000.

Hofmeister, G.: Zwischen Divinisierung und Zugriff. Zum widersprüchlichen Verhältnis von Mensch und Natur, in: Diakonia 32 (2001) 386–392.

Intergovernmental Panel on Climate Change WMO/UNEP/IPCC. Summary for Policymakers, Geneva 2002; dt. Zwischenstaatlicher Ausschuss für Klimaänderung (IPCC), Klimaänderung 2001. Zusammenfassung für politische Entscheidungsträger, hg. von ProClim, Bern 2002. (www.ipcc.ch)

Irrgang, B.: Christliche Umweltethik. Eine Einführung, München-Basel 1992.

Jüngling, H.-W.: »Macht euch die Erde untertan« (Gen 1,28), in: Schmitz, P. (Hg.): Macht euch die Erde untertan. Schöpfungsglaube und Umweltkrise, Würzburg 1981, 9–38.

Kirchenamt der Evangelischen Kirche in Deutschland/Sekretariat der Deutschen Bischofskonferenz (Hg.): Verantwortung wahrnehmen für die Schöpfung, Köln 1985.

Korff, W.: Technik – Ökologie – Ethik (Kirche und Gesellschaft 91), Köln 1982.

Korff, W.: Wirtschaft vor der Herausforderung der Umweltkrise, in: Zeitschrift für Evangelische Ethik 36 (1992) 163–174.

Korff, W.: Die Energiefrage. Entdeckung ihrer ethischen Dimension, Trier 1992.

Korff, W. u.a. (Hg.): Lexikon der Bioethik 1–3, Gütersloh 1998.

Krolzik, U.: Umweltkrise – Folge des Christentums?, Stuttgart 1979.

Liedke, G.: Im Bauch des Fisches. Ökologische Theologie, Stuttgart 1979.

Lienemann, W. u.a. (Hg.): Alternative Möglichkeiten für die Energiepolitik, Opladen 1978.

Linzey, A.: Animal Theology, Chicago 1995.

Lochbühler, W.: Verlautbarungen des katholischen Lehramtes zur Umweltproblematik, in: Theologie der Gegenwart (1997) 37–53.

Lochbühler, W.: Christliche Umweltethik, Frankfurt a.M. 1996.

Meadows, D.L. u.a.: Die Grenzen des Wachstums. Bericht des Club of Rome zur Lage der Menschheit, Stuttgart 1972. (engl.: The Limits to Growth, New York 1972.)

Meyer-Abich, K.M.: Wege zum Frieden mit der Natur. Praktische Naturphilosophie für die Umweltpolitik, München 1984.

Moltmann, J.: Gott in der Schöpfung. Ökologische Schöpfungslehre, München 1985.

Ökumenischer Rat der Kirchen: Mobilität. Perspektiven zukunftsfähiger Mobilität, Genf 1998.

Münk, H.J.: Umweltkrise – Folge und Erbe des Christentums?, in: Jahrbuch für christliche Sozialwissenschaften 28 (1987) 133–206.

Münk, H.J.: Der Mensch – Verlierer in neuen Ethikansätzen?, in: ETHICA 5 (1997) 45–61.

Regan, T.: The Case for Animal Rights, Berkley/Los Angeles 1983.

Ricken, F.: Anthropozentrismus oder Biozentrismus?, in: Theologie und Philosophie 62 (1987) 1–21.

Rock, M.: Die Umwelt ist uns anvertraut, Mainz 1987.

Röcklinsberg, H.: Das seufzende Schwein. Zur Theorie und Praxis in deutschen Modellen zur Tierethik, Erlangen 2001.

Schlitt, M.: Umweltethik. Philosophisch-ethische Reflexionen – theologische Grundlagen – Kriterien, Paderborn 1992.

Schmitz, P.: Ist die Schöpfung noch zu retten? Umweltkrise und christliche Verantwortung, Würzburg 1985.

Schramm, M.: Der Geldwert der Schöpfung. Theologie – Ökologie – Ökonomie, Paderborn 1994

Schweitzer, A.: Kultur und Ethik, in: ders.: Gesammelte Werke in fünf Bänden 2, hg. v. R. Grabs, Berlin [2]1975, 99–420.

Schweitzer, A.: Die Ehrfurcht vor dem Leben. Grundtexte aus fünf Jahrzehnten, hg. v. H.W. Bähr, München [4]1984.

Schweizer Bischofskonferenz/Schweizerischer Evangelischer Kirchenbund: Wort der Kirchen: Miteinander in die Zukunft. Ökumenische Konsultation zur sozialen und wirtschaftlichen Zukunft der Schweiz, Bern 2001, 65–72.

Singer, P.: Befreiung der Tiere. Eine neue Ethik zur Behandlung der Tiere, München 1982. (engl. Animal Liberation, New York 1975.)

Singer, P.: Praktische Ethik, Stuttgart ²1994. (engl. Practical Ethics, Cambridge ²1993.)

Steck, O.H.: Welt und Umwelt (Biblische Konfrontationen), Stuttgart 1978.

Stückelberger, C.: Umwelt und Entwicklung. Eine sozialethische Orientierung, Stuttgart 1997.

Taylor, P.: Respect for Nature. A Theory of Environmental Ethics, Princeton NJ 1986.

Weiß, A.C.: Anthropozentrik in der Defensive?, in: Haering, S. u.a. (Hg.): Gnade und Recht (FS G. Holotik), Frankfurt a.M. 1999, 249–271.

White, L.: The Historical Roots of our Ecological Crisis, in: Science 155 (1967) 1203–1207.

Wolf, U.: Das Tier in der Moral, Frankfurt 1990.

Wolf, J.-C.: Tierethik. Neue Perspektiven für Menschen und Tiere, Freiburg/CH 1992.

Yu, T.: Eine globale Umweltbewegung? Die Kirchen im konziliaren Prozess, Münster 1998.

Umwelt-Berichte (Auswahl)

UNEP (United Nations Environment Programme), Global Environment Outlook 2000. (http://www.unep.org/geo2000)

European Environment Agency, Environmental signals 2001. (http://reports.eea.eu.int/signals-2001)

Deutschland: Bundesministerium für Umwelt, Naturschutz und Reaktorsicherheit, Umweltbericht 2002. Bericht über die Umweltpolitik der 14. Legislaturperiode. (http://www.bmu.de/download/dateien/umweltbericht_2002.pdf)

Österreich: Umweltbundesamt/Federal Environment Agency – Austria, Umweltsituation in Österreich. Umweltbericht des Bundesministers für Land- und Forstwirtschaft, Umwelt und Wasserwirtschaft an den Nationalrat, Wien 2001. (http://www.ubavie.gv.at)

Schweiz: Bundesamt für Umwelt, Wald und Landschaft BUWAL, Umwelt Schweiz 2002. Politik und Perspektiven, Bern 2002. (http://www.umwelt-schweiz.ch/buwal/de/medien/umweltbericht/index.html)

Umwelt-Konferenzen und -Konventionen der UNO (Auswahl)

→ Die englischen Original-Versionen sind im Internet abrufbar: http://www.unep.org

Convention on Biological Biodiversity (Biodiversitätskonvention), Rio 1992. (Dt.: http://www.admin.ch/ch/d/sr/i4/0.451.43.de.pdf)

United Nations Framework Convention on Climate Change (UNFCCC) (Rahmenübereinkommen der Vereinten Nationen über Klimaänderungen), Rio 1992. (Dt.: http://www.umwelt-schweiz.ch/imperia/md/content/oekonomie/klima/klimakonvention/35.pdf)

Protocol to the United Nations Framework Convention on Climate Change (Protokoll von Kyoto zum Rahmenübereinkommen der Vereinten Nationen über Klimaänderungen), Kyoto 1997. (Dt.: http://www.umwelt-schweiz.ch/imperia/md/content/oekonomie/klima/kyoto/1.pdf)

Cartagena Protocol on Biosafety to the Convention on Biological Diversity (Cartagena Protokoll über die biologische Sicherheit), Cartagena/Montreal 2000. (Dt.: http://www.umwelt-schweiz.ch/imperia/md/content/buwalcontent/cartagena/2.pdf)

Konferenz von Johannesburg 2002. (www.johannesburgsummit.org)

Sekundärliteratur zum Überblick über die UNO-Konferenzen und Konventionen

Centre for Our Common Future, Erdgipfel 1992. Agenda für eine nachhaltige Entwicklung. Eine allgemeinverständliche Fassung der Agenda 21 und der anderen Abkommen von Rio, Geneva 1993. (Vgl.: http://www.bmu.de/download/dateien/agenda21.pdf)

Witzsch, G.: Von Rio nach Kyoto. Die großen Umweltkonferenzen der Vereinten Nationen in den 90er Jahren, Münster u.a. 1999.

Zu den Autoren

Biesinger, Albert
Geb. 1948, Dr. theol., Dipl. Päd.; Inhaber des Lehrstuhls für Religions-
pädagogik, Kerygmatik und Kirchliche Erwachsenenbildung an der
Katholisch-Theologischen Fakultät der Universität Tübingen.

Droesser, Gerhard
Geb. 1948, Dr. phil., Dr. theol.; Professor für Christliche Sozialwis-
senschaft an der Katholisch-Theologischen Fakultät der Universität
Würzburg.

Greis, Andreas
Geb. 1970, Dr. theol.; Lehrer am Heinrich Heine Gymnasium Ostfildern.

Gründel, Johannes
Geb. 1929, Dr. theol.; em. Professor für Moraltheologie an der Katholisch-Theologischen Fakultät der Universität München.

Halter, Hans
Geb. 1939, Dr. theol.; Professor an der Theologischen Fakultät der
Universitären Hochschule Luzern.

Hoffmann, Johannes
Geb. 1937, Dr. theol.; em. Professor für Moraltheologie und Sozial-
ethik an der Katholisch-Theologischen Fakultät der Universität
Frankfurt.

Kießling, Klaus
Geb. 1962, Dr. phil., Dr. theol., Dipl. Psych.; stellvertretender Leiter
des Instituts für berufsorientierte Religionspädagogik an der Katholisch-Theologischen Fakultät der Universität Tübingen.

Laubach, Thomas
Geb. 1964, verh. Weißer, Dr. theol.; Privatdozent für Theologische
Ethik an der Katholisch-Theologischen Fakultät der Universität Tü-
bingen.

Limbeck, Meinrad
Geb. 1934, Dr. theol.; 1974–1981 Wissenschaftlicher Referent beim
Katholischen Bibelwerk, Stuttgart; 1981–2000 Akademischer Ober-
rat für Biblische Sprachen an der Katholisch-Theologischen Fakultät der Universität Tübingen.

Mercks, Karl-Wilhelm

Geb. 1939, Dr. theol.; 1974–1981 Wiss. Referent und Geschäftsführer der Bischöflichen Studienförderung Cusanuswerk, Bonn; seit 1981 Professor für Moraltheologie an der Theologischen Fakultät Tilburg/Universiteit van Tilburg/Niederlande.

Mieth, Dietmar

Geb. 1940, Dr. theol.; 1974–1981 Professor für Moraltheologie (Freiburg/CH); seit 1981 Professor für Theologische Ethik/Sozialethik an der Katholisch-Theologischen Fakultät der Universität Tübingen.

Müller, Sigrid

Dr. theol.; Wissenschaftliche Angestellte am Forschungsprojekt »Thomism, Albertism, Nominalism« der Niederländischen Forschungsgemeinschaft (Katholische Universität Nimwegen) und Mitarbeiterin des De Wulf-Zentrums für antike und mittelalterliche Philosophie (Universität Leuven).

Riedl, Alfons

Geb. 1937, Dr. theol.; emeritierter Professor der Moraltheologie (1979–2002) an der Katholisch-Theologischen Privatuniversität Linz/Österreich.

Sautermeister, Jochen

Geb. 1975, Dipl. theol.; wissenschaftlicher Mitarbeiter am Lehrstuhl für Theologische Ethik an der Katholisch-Theologischen Fakultät der Universität Tübingen.

Virt, Günter

Geb. 1940, Dr. theol.; 1983–1986 Professor für Moraltheologie in Paderborn; seit 1986 Professor für Moraltheologie an der Katholisch-Theologischen Fakultät der Universität Wien.

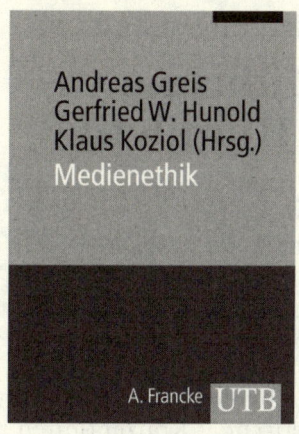

Andreas Greis
Gerfried W. Hunold
Klaus Koziol (Hrsg.)

Medienethik
Ein Arbeitsbuch

UTB 2370 M, 2002, 280 Seiten,
div. Abb. u. Tab.,
€ 19,90/SFr 33,50
UTB-ISBN 3-8252-2370-1

Medienethik steht nicht primär auf der Agenda der in der Öffentlichkeit diskutierten ethischen Fragestellungen, sie hat aber immer dann Konjunktur, wenn Medienunternehmen in Skandale verwickelt sind. Doch gerade aufgrund dieses Befundes ist es unerlässlich medienethische Fragen zu verhandeln. Denn Medien durchdringen alle Lebensbereiche. Diesen Prozess zu beleuchten, ist Ziel dieses Buches. Es betrachtet drei unterschiedliche Medien (Fernsehen, Internet, Zeitung) in ethischer Perspektive. Die Gliederung des Buches lässt ein schnelles Nachschlagen in Bezug auf Einzelfragen ebenso zu wie eine grundlegende Bearbeitung des gesamten Spektrums. Die Arbeitstexte sind durch Ein- und Ausleitungen miteinander vernetzt und durch Leitfragen erschlossen. Das Buch eignet sich daher insbesondere für den Unterricht in der Sekundarstufe II, an der Universität oder in der Erwachsenenbildung.

A. Francke

Wilfried Engemann

Einführung in die Homiletik

UTB 2128 S, 2002, XVI, 502 Seiten,
€ 19,90/SFr 33,50
UTB-ISBN 3-8252-2128-8

Dieses Buch führt in das gesamte Gebiet der Predigtlehre ein, wobei theologische Aspekte, homiletische Konzeptionen, Impulse aus der Geschichte der Homiletik sowie predigtanalytische und -praktische Fragen gleichermaßen Berücksichtigung finden. Es ist Lehrbuch und Kompendium, Studienbuch und Arbeitshilfe in einem. Nach einer systematischen Analyse gegenwärtiger Probleme der Predigt (Teil I) wird der spezifische Mitteilungscharakter und -prozeß der Predigt theologisch erörtert (Teil II). Ausgehend von den einzelnen Elementen dieses Prozesses werden nach dem Schema Problemgeschichte – Gegenwärtige Reflexionsperspektiven – Homiletische Kategorien die einzelnen methodischen Grundlagen der Homiletik erschlossen (Teil III). Teil IV führt in die Ansätze, Schritte und Leitfragen der Predigtanalyse ein. Ein umfangreicher Anhang bietet neben einem "Modell zur Erarbeitung einer Predigt" und ausführlichen Registern weiteres Material für die homiletische Praxis.

A. Francke

Gerfried W. Hunold / Thomas Laubach /
Andreas Greis (Hrsg.)

Theologische Ethik

Ein Werkbuch

UTB 1966, 2000, XII, 338 Seiten,
€ 18,90/SFr 32,30
UTB-ISBN 3-8252-1966-6

Wie ist christliches Handeln in einer weltlichen
Welt möglich? Die Frage hat für alle Gewicht, denen
das Christsein keine Belanglosigkeit bedeutet. Doch
sie beantwortet sich weder aus den Vorgaben der
Vergangenheit noch aus dem Bestand vorgefertigter
Handlungsmuster. Gut und Böse sind keine äußeren Naturereignisse. Beides erfährt der Mensch als
abhängig von seinem eigenen Tun. Christlicher
Glaube setzt dabei auf die notwendige Veränderung
des Lebens selbst. Auseinandersetzung, Standortsu-
che, Überzeugungsfindung sind angesagt. Das Buch
will eine Arbeitshilfe auf diesem Weg sein.

A. Francke

Annemarie Pieper

Einführung in die Ethik

UTB 1637, 5., überarb. u. akt. Aufl., 2003, 339 Seiten,
€ 18,90/SFr 32,30
UTB-ISBN 3-8252-1637-3

Ethische Fragen haben in vielen Lebensbereichen besondere Aktualität gewonnen. Annemarie Pieper stellt die verschiedenen Disziplinen der Ethik, ihre Bezüge zu anderen Wissenschaften sowie die Grundfragen und argumentativen Grundformen der Ethik vor, erläutert und kommentiert sie.

„Annemarie Piepers neuaufgelegte Einführung in die Ethik umfaßt das gesamte Spektrum der gegenwärtigen Moralphilosophie (...). Piepers Einführung in die Ethik ist außerordentlich klar und verständlich, umfassend und aktuell. Nach meiner Einschätzung handelt es sich um die derzeit beste einführende Darstellung der Moralphilosophie."

E. Hilgendorf, Archiv für Rechts- und Sozialphilosophie

„Eine verläßliche und in weiten Teilen leicht faßliche Einführung in die Ethik (...), ein auch wegen seiner häufigen Fallbeispiele anregender Band." *Bücherwelt*

A. Francke